국어과 교사 전문성 신장 노트 2

국어교육 평가론

국어과 교사 전문성 신장 노트 2

국어교육 평가론

2021년 9월 9일 초판 1쇄 찍음
2021년 9월 16일 초판 1쇄 펴냄

지은이 류수열·주세형·남가영

펴낸이 윤철호·고하영
책임편집 정세민
편집 김채린·정용준
디자인 김진운
본문조판 토비트
마케팅 최민규

펴낸곳 ㈜사회평론아카데미
등록번호 2013-000247(2013년 8월 23일)
전화 02-326-1545
팩스 02-326-1626
주소 03993 서울특별시 마포구 월드컵북로6길 56
이메일 academy@sapyoung.com
홈페이지 www.sapyoung.com

ISBN 979-11-6707-020-3 93370

국어과 교사 전문성 신장 노트 2

국어교육 평가론

류수열 · 주세형 · 남가영

사회평론아카데미

머리말

평가가 시험의 유의어 정도가 아니라 동의어로 통용되던 시절이 있었고, 지금도 여전히 일각에서는 그러한 등식에 대한 믿음이 유령처럼 배회하고 있는 것 같다. 우리는 처음부터 그러한 등식에 대한 믿음을 떨쳐 내는 것을 근본적인 과제로 삼았다. 그리고 이 책을 마무리하는 지금, 그간 공부를 하면서 얻었던 가장 큰 소득이 그 등식에 대한 믿음을 무너뜨린 것이라고 생각한다.

그런 믿음이 무너진 자리에는 평가가 교수·학습의 일환이나 교수·학습의 동반자라는 생각이 무럭무럭 자라나고 있었다. 그런데 마침 집필을 하는 과정에서 이른바 과정 중심 평가라고 하는, 평가론의 새로운 패러다임이 대두된 시대를 맞았다. 불행인지 다행인지, 이제는 그러한 생각을 우리들의 독점적 소득이라고 하기에는 다소 민망하게 되었다.

지금은 바야흐로 평가의 시대. 학교에서만이 아니라 직장과 사회에서도 평가가 없으면 발전도 진보도 없다는 생각은 상식이 되었다. 이런 점에서 보면 평가는 성찰과 유의 관계에 있다. 더 깊은 이해를 도모하는 식견을 위해, 더 넓은 범위를 보는 안목을 위해, 더 높은 수준으로 고양되는 능력을 위해서는 현재의 식견, 현재의 안목, 현재의 능력을 성찰하는 것이 필수적이다. 이는 결국 더 나은 삶을 추구하는 인간의 본성을 보여 주는 한 단면이라 할진대, 이후 미래 교육에서도 평가의 본질로 삼아야 한다.

우리는 평가가 '저울'이 아니라 '거울'로 기능하기를 기대한다. 인간을 측량하는 저울의 눈금도 평가에서 중요한 역할을 하지만, 거기에 그치면 더 나은 삶을 추구하는 인간의 본성을 존중하는 데 실패하기 십상이다. 이 실패의 위험을 피하는 유력한 방법은 평가가 거울로 기능하도록 하는 일이다. 이를 통해 더 나은 발전과 성장을 도모하도록 하는 일, 그것이 바로 성찰 아니겠는가.

이 책은 흔히 객관식 문항으로 일컫는 선택형 평가, 그리고 특히 국어과 수업의 상당 부분을 차지하고 있는 읽기 및 문학 영역을 중심으로 논의를 펼쳤다. 선택형 평가의 한계를 모르는 바 아니지만, 학교 현장에서는 여전히 선택형 평가 도구를 많이 활용할 수밖에 없는 현실을 고려하였다. 그러나 사실 생각해 보면, 국어과 읽기 및 문학 영역에서는 오히려 선택형 평가 도구가 가진 미덕에 주목할 수 있을 뿐만 아니라 그 가능성을 높이 살 수도 있다. 그래서 한계는 한계대로 인정하되 그 한계를 넘어서서 가능성을 살릴 수 있는 방안을 여러모로 궁리하였다. 그 가운데 타 영역이나 다른 평가 도구를 함께 논의하기도 하였다. 이것이 이 책이 가진 미덕이라면 미덕이라 하겠다.

우리는 교육학의 한 하위 영역으로 배치되어 있는 교육평가론 일반의 원리에 충실하면서도 한편으로는 이에 과감하게 도전하기도 하였다. 언제나 그러하듯 추상적 원리가 구체적 상황에 적용될 때 일어나는 긴장과 갈등은 흥미로운 과제이다. 교육평가론이라는 일반 성층과 국어교육론이라는 특수 성층 사이에서 일어나는 긴장과 갈등에 주목하면서 우리는 '국어교육 평가론'이라는 새로운 연구 영역의 가능성을 드러낼 수 있었다. 이 책이 또 하나의 미덕을 가진다면 바로 이 지점이라 하겠다.

물론 이 책이 온전히 미덕으로만 점철되어 있는 것은 아니다. 이론과 실제의 두 층위를 넘나들며 '국어교육 평가론'을 간판으로 내건 최초의 시도인 만큼 서툴고 거친 제안이 없지 않을 것이다. 그러나 이마저도 여러 동학들의 건설적이고 비판적인 질정이 동반된다면 더 나은 평가론으로 진화해 갈 것임을 믿는다.

우리 저자들이 이런 책을 쓰자고 의기투합을 했던 시점으로부터 무려 5년의 세월이 흘렀다. 방황과 배회의 시간이 길어진 데는 게으름이 무엇보다 큰 이유였겠지만, 전범이 될 만한 책이 보이지 않았던 사정도 큰 이유가 되었다. 그러나 조금씩 다른 배경 학문을 기반으로 연구를 해 온 이력 때문인지 서로가 만나서 느끼는 불협화음의 긴장은 그 자체로 흥미로운 성장의 경험이었다.

다소 장황하다 싶을 정도의 자료가 곳곳에 배치되는 등 이 책은 편집에서도 많은 난관을 겪었을 줄로 안다. 그뿐만 아니라 급히 쓰느라 난잡해진 글을 자자(字字)이 구구(句句)이 읽어 가면서 바로잡아 주신 사회평론아카데미의 정세민 선생의 노고를 각별히 기억해 두고자 한다. 더불어 우리의 작업에 든든한 주춧돌이 되고 소중한 단서들을 담은 연구 결과를 내놓으신 선배와 동학들에게도 큰 빚을 졌다. 부디 이 책이 교육 현장에서 분투하시는 선생님들과 그 현장으로 나아가기 위해 자신을 갈고닦는 예비 교사들에게 국어교육 평가론의 가치를 일말이라도 드러내 줄 수 있기를, 그리고 국어과 평가로 가는 걸음을 일보라도 거들 수 있기를 바란다.

2021년 9월
저자 일동

차례

V 선택형 평가의 새로운 방향 365

일러두기

1. 이 책에서는 '교육과정-수업-평가 일체화'에 따라 국어교육의 각 영역에서, 교수·학습의 각 국면에서 평가관의 변화를 유도하는 것이 궁극적인 목적이다. 전반적으로는 '국어교육 평가론'이라는 제목에 걸맞은 내용으로 구성하고 있으나, 평가 도구 선정이나 문항 제작 과정에서 고려해야 할 원리를 설명해야 하는 맥락에서는 '국어과 평가', '국어과 평가 이론'이라는 용어를 혼용하여 쓰기도 했다. '국어교육 평가론'은 '국어과 평가론', '국어과 평가에 대한 이론화' 등을 모두 포괄하는 개념이다.

2. 이 책은 '국어과 교사 전문성 신장 노트 시리즈'의 두 번째 책이다. 이 시리즈는 이른바 '중간 층위의 이론'을 지향하고 있다. 즉 국어교육 개론서나 일반교육학에서 논의되는 수준의 이론보다는 더 구체적이고, 교수·학습이나 평가의 실제적 국면을 지침 차원에서 다루는 수준보다는 더 이론적이라는 것을 의미한다. 교사는 중간 층위의 이론을 흡수함으로써 현장에서의 수많은 변수들에 보다 유연하게 대처할 수 있다.

3. 이 책은 국어교육 분야에서 '평가'에 초점을 맞춘 개론서를 지향하고자 하였다. 그러나 평가의 개념역이 광범위해진 만큼, 국어교육의 모든 국면에서 이루어지는 평가 양상을 빠짐없이 다루기는 어려웠다. 이론과 실제를 매개하는 중간 층위 이론에서 적절히 논의를 전개할 수 있는 방법은 핵심 사례를 중심으로 실천적인 국면을 놓치지 않으면서도, 관련된 다른 사례들에 유연하게 대처할 수 있는 구성을 취하는 것이다. 그 결과 이 책에서는 장별로 논의의 수준에 다소 차이가 있다. 평가론 전반의 핵심 개념과 국어교육의 주요 국면을 연결시키고자 하는 목적을 지닌 장에서는 '교육과정－수업－평가 일체화'라는 틀에서 보다 포괄적으로 논의를 전개하였다. 그러므로 이러한 성격의 장에서는 준거 지향 평가 도구 개발의 관점에서 평가 도구를 어떻게 선택할 것인지, 평가 도구가 평가 목적과 부합하는지 등의 논의가 전개된다. 반면 보다 구체적인 논의를 진행하고자 하는 장에서는 읽기 및 문학 영역과 선택형 평가 도구를 중심으로 다룬다. 나아가 평가 도구를 선택형 도구로 결정한 이후의 장면을 중심으로 평가 문항 제작 과정을 다루는 장도 있다. 맥락에 따라 '선택형 평가 도구'와 '선택형 평가'를 혼용하여 썼다.

4. 이 책에서는 맥락에 따라 읽기 제재, 독서 제재, 비문학 지문, 정보 텍스트 등을 번갈아 사용하였다. 교육과정 분석과 교수·학습 맥락을 전제할 경우에는 '제재'라는 용어를 썼다. '독서'의 경우, 일반적 의미의 '독서'가 쓰일 때도 있고, 선택 과목으로서의 『독서』를 가리킬 때도 있으며, 수능 국어 영역에서의 하위 영역으로서의 독서 영역을 가리킬 때도 있다. 평가 문항 제작 맥락에서 텍스트를 선택하는 문제를 다룰 때에는 전통에 따라 '지문'이라는 용어를 선택하였다. 특히 문제가 되는 용어는 '비문학 지문'이다. 이 용어는 지문의 특성을 고려하여 만들어진 용어가 아니기에 대체하는 용어가 만들어져야 하겠지만, 오랜 기간 통용되어 왔기에 이 책에서도 함께 썼다. 다만 최근 학계에서 대체 용어로서 제안된 '정보 텍스트'도 혼용하여 썼다.

5. 이 책에서는 두 종류의 '자료'가 나온다. 4강에서 주로 설명되는 '자료'는 제재, 지문, 언어 자료를 통칭하는 개념으로서의 '자료'에 해당한다. 반면 IV부에서의 〈자료〉는 선택형 문항의 구성 요소 중 일부로서 〈보기〉와 비슷한 지위를 지니는 것이다.

I

국어교육 평가론의 기초

1강

왜 국어교육 평가론인가

1) 국어교육 평가론을 내놓은 맥락

이 책은 국어 교사의 전문성 신장을 위해 기획되었다. 국어 교사의 전문성은 여러 가지 층위에서 논의될 수 있다. 국어과 교육의 성격과 내용, 그리고 학습자에 대한 이해가 있어야 하며, 국어과 교육과정을 분석할 수 있는 능력, 교육과정에 따라 교재를 구성할 수 있는 능력, 교재에 따라 교수·학습 활동을 조직하고 운영할 수 있는 능력도 필수적이다. 그리고 또 하나 빠뜨릴 수 없는 것이 바로 평가 능력이다. 여기에는 국어과 평가를 설계하고 실행하며, 평가 결과를 해석하고 활용하는 능력이 포함된다.

이 책은 그중에서 국어 교사의 평가 전문성 신장을 목표로 삼는다. 그렇다면 평가를 잘한다는 것은 무엇을 의미하며, 그것은 왜 중요한가? 이를 두 가지 측면에서 설명하고자 한다.

첫째, 새로운 교육과정 패러다임이 대두하였다. 전통적으로 평가는 교수·학습의 최종 실행 단계로 간주되었다. 타일러(Tyler, 1949)의 목표 모형은

교육과정이 '목표 설정 → 내용(학습 경험)의 선정 → 수업 → 평가'의 과정
을 거쳐 실행된다고 본다. 여기서 평가는 교육 목표의 달성 여부를 확인하는
주요한 도구이며, 후속 수업의 목표를 설정하고 교수·학습을 개선하는 데에
필요한 자료를 제공한다. 이처럼 평가가 교수·학습의 최종 실행 단계로서
교육 목표 및 내용, 수업에 귀속되는 실체임에도 불구하고, 실제 수업에서는
평가의 유형이나 방향이 교수·학습의 방향과 성격을 결정짓는 이른바 워시
백 효과(washback effect)를 자주 목격한다. 이는 비단 대학 입시에 직접적인
영향을 받는 고등학교 급에만 해당되는 사안이 아니다. 초등학교에서 지필
평가를 없애거나 성적표에 석차를 명기하지 않는 것, 중학교에서 자유학기
(학년)제의 시행을 통해 평가를 벗어나 다양한 체험과 학습을 유도하려는 것,
초·중·고 모두에서 서술형·논술형 평가와 수행 평가의 비중을 높이는 등의
평가혁신 정책이 꾸준히 입안, 추진되는 것은 모두 평가가 교수·학습에 미
치는 지대한 영향을 인지한 결과라 할 수 있다.

그런데 평가의 이러한 높은 위상을 이른바 '꼬리가 몸통을 흔드는' 부
정적인 현상으로만 바라보아서는 안 된다. 최근 교육책무성 강화 흐름에 맞
춰 실제로 평가의 위상은 점차 높아지고 있다. 특정 학년의 전체 학습자를 대
상으로 주기적으로 실시되는 국가 수준의 대규모 표준화 검사인 미국의 국
가교육향상평가(National Assessment of Educational Progress: NAEP), 영국
의 국가교육과정평가(National Curriculum Assessment: NCA), 오스트레일리
아의 국가수준문해력·수리력평가(National Assessment Program-Literacy and
Numeracy: NAPLAN) 등은 국가 수준에서 단위 학교 교육의 질을 관리하고자
하는 책무성 강화 의지를 보여 주는 구체적인 사례이다. 이처럼 평가를 통해
교육과정의 성과를 명확히 확인하고 관리하려는 흐름은 1980년대 후반 미
국에서 도입되어 전폭적인 호응을 얻은 '이해 중심 교육과정(Understanding
by Design)' 담론과도 관련이 있다(Wiggins & McTighe, 2005).

이해 중심 교육과정은 교과 교육이 교과 지식과 관련한 학습자의 '영속적 이해(enduring understanding)'를 이끌 수 있어야 한다고 강조하면서, 이를 위해 교과의 본질을 이해하는 데 근간이 되는 주요 개념과 고유한 탐구 방법, 이른바 '빅 아이디어(big idea)'를 교육 내용으로 제안한 담론이다. 여기서 빅 아이디어는 브루너(Bruner, 1960)의 '지식의 구조'에 근간한 것으로 교과를 교과답게 가르치는 것과 관련된 개념이다. 이런 점에서 이해 중심 교육과정은 학문 중심 교육과정과 맥이 닿아 있다고 할 수 있다. 전통적으로 학문 중심 교육과정이 교육의 수월성(秀越性)을 추구한 담론이었다는 점을 떠올리면, 교육의 성과를 체계적으로 관리하여 교육의 질을 제고하고자 하는 이해 중심 교육과정이 학문 중심 교육과정의 전통을 잇고 있다는 점은 비교적 명확하다.

그런데 이해 중심 교육과정에서는 교육책무성 강화와 관련하여 교과를 교과답게 가르치기 위한 방법으로 '백워드 설계(backward design)'를 제안하였다는 점이 특징적이다. 백워드 설계란 '목표 설정 → 내용 선정 → 수업 → 평가'로 이어지는 일반적인 교육과정 실행 절차를 뒤집어, '바라는 결과의 확인(목표 설정) → 수용 가능한 증거의 수집(평가 계획) → 교수·학습 내용의 선정'과 같이 교수·학습 내용 선정보다 평가 기획을 앞세우는 교육과정 및 수업 설계 방식이다([그림 1-1] 참조). 즉, 목표가 달성되었음을 확인할 수 있는 가시적 증거가 무엇인지 검토하여 평가 계획을 수립하고, 학습자가 그러한 가시적 증거를 내보일 수 있도록 수업 내용을 선정하여 가르치는 방식이기에 평가가 수업 내용을 결정하는 매우 높은 위상을 지니게 된다. 그 결과 백워드 설계로 구현되는 이해 중심 교육과정에서는 목표한 바를 가르치고, 가르친 것을 평가하는 이른바 '교육과정-수업-평가 일체화'의 가능성이 더욱 높아진다.

우리나라의 경우, 2015 개정 교육과정에서 명시적으로 이해 중심 교육

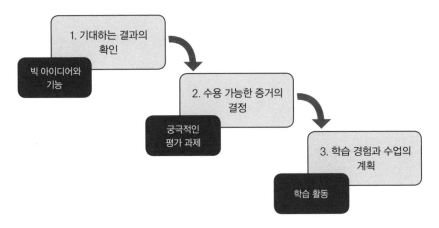

[그림 1-1] 백워드 설계(Wiggins & McTighe, 2005)

과정을 수용함으로써 평가를 통한 교육책무성 강화 흐름에 발맞추고 있다. 비록 정치적·사회적 이유로 국가 수준 학업성취도 평가가 2017년 이후 전수평가에서 표집평가로 전환되긴 하였으나, 교육의 성과를 체계적으로 관리하여 교육의 질을 담보하고자 하는 공감대는 점차 강화되고 있다.

그렇다면 이러한 학문 담론과 교육 현실의 맥락에서 교사가 '평가를 잘한다'는 것은 무엇을 의미할까? 평가란 단순히 교육과정 실행의 최종 단계에서 교수·학습의 결과를 확인, 성찰하고 학습자의 성취 정도를 점검하는 행위에 국한되는 것이 아니다. 평가란 교과의 핵심 개념인 '빅 아이디어'를 온전히 이해한 상태가 무엇인지 구체화하고, 그러한 상태를 드러내는 가시적 증거를 확보하는 방법을 설계하는 행위이다. 다시 말해, 평가는 교과를 통해 가르치고자 하는 바가 무엇인지, 이를 통해 궁극적으로 기대할 수 있는 지점이 어디인지, 그것은 구체적으로 어떠한 활동 가운데 드러나는지에 대한 해석, 즉 교육과정 풀어내기(curriculum unpacking) 작업에 해당한다. 따라서 평가 계획을 수립하고 실행한다는 것은 교육과정에 대한 총체적 이해가 응축된 실천 행위이다. 이런 점에서, '훌륭한 교사'의 이미지가 '훌륭한 수업 실행가'에서 '훌륭한 평가자'로 이동하고 있다는 언급(강현석·이지은, 2018)은 시사하는 바가 크다.

둘째, 평가 문항은 그 자체로 가치가 있으며, 따라서 좋은 평가 문항은 그 자체로 가치 있는 교수·학습 장치이자 내용이 된다. 예를 들어 주어진 텍스트에서 어떤 정보를 가치 있게 판단하느냐, 또 그 정보를 어떻게 읽어 내느냐가 읽기 능력의 핵심이라고 할 때, 적실하게 설계된 읽기 평가 문항이 제시되면 학습자가 해당 문항을 해결하는 과정에서 텍스트를 읽는 보람이 배가된다. 교과서의 학습 활동을 떠올리면 이를 쉽게 이해할 수 있다. 교과서 학습 활동은 교수자를 통해 주어지는 질문(question)의 일종이며, 학습자는 그 질문에 응답(answer)해야 하는 임무를 부여받기 때문이다. 그러나 평가 문항과 교과서 학습 활동 사이에는 결정적인 차이가 있다. 학습 활동은 '읽는 중' 혹은 '읽은 후'에 일어나는 인지적 과정을 돕는 비계로서 일종의 과제(task) 역할을 한다. 따라서 주어진 과제에 대해 학습자들이 해야 할 임무는 수행(performance)이다. 이와 달리 평가 문항은 대개 '읽은 후' 단계를 지나 학습 활동이 종료된 이후에 투입되는 문제(problem)로서 학습자에게 부여된 임무는 해결(solution)이다. 그런데 과정 중심 평가(▶7강)의 개념에 따르면 평가 또한 얼마든지 학습 활동의 일환으로 제시될 수 있다. 따라서 목표에 적실한 평가 문항은 학습자의 성취 정도를 가늠하는 척도가 되고, 이는 다시 교수·학습 과정에 피드백되면서 새로 투입될 교수·학습의 내용과 이에 따른 교수·학습의 방법을 결정하는 시금석이 된다. 이때 새로 투입될 교수·학습 내용은 결국 평가 문항이 표상하는 내용 그 자체인 경우가 많다. 평가 문항이 다시 교수·학습의 내용이 되는 것이다.

평가 문항을 해결하면서 학습자들이 경험하는 사고 및 수행 과정은 그 자체로 유의미한 교수·학습 경험이기도 하다. 예를 들어 읽기 문항의 경우 문두, 선택지, 〈보기〉 등 다양한 장치를 통해 학습자에게 지문을 읽는 방법을 다양하고 체계적으로 안내할 수 있다. 따라서 잘 설계된 읽기 평가 문항은 그 자체로 읽기 방법에 대한 교수·학습 기능을 수행할 수 있다. 이처럼 읽기 평가 문항이 이른바 '안내된 읽기'를 정교하게 계획하고 유도할 수 있다는 점은, 평가 문항이 평가의 기능을 수행함과 동시에 교수·학습 기능을 수행할 수 있음을 잘 보여 준다. 이런 점에서 정교하고 수준 높은 평가 문항을 설계할 수 있는 평가 전문성의 중요성은 재차 강조되어도 지나치지 않는다.

한편, 교사 양성 기관의 교육과정, 보다 근본적으로는 국어과 평가 이론에 한계가 존재한다. 예비 교사들은 교직 이론 과목으로 '교육과정 및 교육평가' 또는 '교육평가' 과목을 필수로 수강한다. 이 강좌를 담당하는 교수자는 교육평가론을 세부 전공으로 연마한 연구자로서, 교육평가의 정의, 목적, 종류를 비롯하여 문항 제작의 원리, 평가 결과의 분석 방법과 그 환류 등에 대해 전문가적 안목을 발휘하여 한 학기 동안 강의를 진행할 것이다. 그러나 정작 개별 교과로 돌아오면 무엇이 남는가 하는 의문이 생긴다. 교육평가론을 수강했다고 해서 국어과 평가에 대한 전문성이 충분히 확보되는 것은 아니기 때문이다. 오히려 교육평가론을 통해 습득한 이론이 개별 교과의 평가 국면에서는 무력화되는 경우도 있다. 그런가 하면 개별 교과 교육에서는 평가론을 부실하게 다룬다. 가령 국어 교사를 양성하는 사범대학의 국어교육과나 교육대학원의 국어교육 전공의 교육과정에서 '국어교육 평가론'을 배치하고 운용하는 경우는 극히 드물다. '국어(과) 교육론'이나 '국어 교재 연구 및 지도법' 등의 기본 이수 과목에서 스치듯 지나가는 정도가 태반인 것이 현실이다.

보다 근본적으로는 국어 교과의 특수성을 반영한 국어과 평가 이론이 미비하다는 문제가 있다. '국어교육 평가론' 과목이 개설되었다 하더라도 국어과의 전문 지식과 이론을 뒷받침할 수 있는 국어과 평가 이론을 찾아보기 힘들다. 평가의 중요성을 강조하는 새로운 패러다임이 대두하고 평가 문항 자체의 교수학적 위상이 높다 해도 타당도와 변별도를 갖춘 평가 문항을 개발하고 실행할 수 있는 전문성의 근간이 되는 국어과 평가 이론이 부재한다면 평가 전문성을 신장하는 것은 요원한 일이다. 평가 문항을 개발, 검토, 수정하는 실제 실행 과정을 통해 평가 전문성이 숙련되고 신장되었다는 현장 교사의 체험과 목소리는, 국어과 평가 이론이 추상적 이론과 광대한 실천의 두 영역 사이에 놓인 중간 범주의 이론(조진수, 2021)을 지향해야 함을 시사한다.

그리하여 지금 우리에게 요청되는 것은 국어과 교사의 평가 전문성 신장, 그리고 이를 위한 국어과 평가 이론의 개발이다. 이 책은 읽기 및 문학 영역의 평가 문항 개발과 관련한 이론적 지식을 제공함으로써 국어과 교사의 평가 전문성을 신장하는 데 일차적 목적을 둔다. 또한 이러한 과정을 통해 국어과 평가 이론이 이론과 실제를 아우르는 중간 범주 이론으로서 어떻게 가시화될 수 있는지를 보여 주는 데 궁극적인 목적이 있다.

2) 읽기 및 문학 선택형 평가에 주목하는 이유

이 책에서는 국어과 평가의 내용 중에서는 '읽기 및 문학 영역', 도구 중에서는 '선택형 평가'에 주목한다. 그 이유는 다음과 같다.

첫째, '읽기 및 문학 영역'은 텍스트 또는 작품을 읽고 해석하는 능력을 키우는 데에 그 목표가 있다는 점에서 국어과 평가 내용의 실체를 드러내기에 최적화된 영역이다. 국어과 평가의 특수성은 국어과의 교육 및 평가 내용을 파악하기 쉽지 않다는 점에서 잘 드러난다. 이를테면 평가에 대해 학생을 포함한 교육 주체들이 가지고 있는 흔한 편견 중의 하나는 이른바 시험 범위의 개념이다. 교과서에 실린 텍스트를 읽고 학습 활동을 한 후에 시행되는 평가에서 시험 범위를 몇 페이지부터 몇 페이지까지, 혹은 몇 단원에서 몇 단원까지라고 정해 주는 일이 많다. 그리고 실제 평가 문항에서는 교과서에서 읽은 바 있는 익숙한 텍스트나 작품을 지문으로 삼고 이런저런 유형의 문항을 제시하곤 한다. 이는 대개 국어과 평가 내용을 텍스트나 작품으로 볼 것인가, 아니면 능력 혹은 성취기준으로 볼 것인가에 대한 인식의 차이에서 기인한다. 특정 텍스트가 중요한가, 아니면 어떤 텍스트이든 특정한 전략을 구사하여 이를 읽어 내는 능력이 중요한가 하는 쟁점은 국어교육의 본질에 접근하는 중요한 시금석이다. 사회과나 과학과 같은 다른 교과에서는 쟁점이 될 만한 사안이 아닌데 국어과에서만 중요한 이슈가 된다는 것은 국어교육의 본질과 접촉되는 특수성의 문제가 가로놓여 있음을 말해 준다. 이런 점에서 읽기 및 문학 영역은 국어 교과의 특수성을 잘 보여 주는 핵심 내용 영역이라 할 수 있다.

또한 읽기 및 문학 영역의 평가 계획은 결국 '어떤 지문(자료 혹은 작품)을 택해 어떻게 물을 것인가?'에 대한 것이며, 그 핵심에 '지문의 선택'이 놓여 있다는 점에서 읽기 및 문학 영역 평가가 요청하는 전문성은 여타 영역보다 다소 복합적이다. 교과서에 실린 지문을 그대로 활용하는 학교 시험의 맥락에서 벗어나, 국가나 교육청 수준의 출제 맥락을 경험해 본 교사들은 하나같이 타당도 높은 지문을 선정하는 것이 가장 어려웠다고 고백한다. 평가 요소에 부합하는 지문을 선정하고 구성하는 경험은 특정 성취기준을 어떠한 지문과 활동으로 풀어낼 것인지 고민하는 교과서 개발 경험과 구조적으로 동질적이라는 점에서 그 자체로 교육과정 풀어내기 경험이다. 이런 점에서 지문의 분석, 선정, 구성을 포함하는 읽기 및 문학 영역의 평가는 고도의 평가 전문성이 요청되는 영역이라 할 수 있다. 읽기 및 문학 평가 문항이 대다수 평가 도구에서 가장 높은 비중을 차지하고 있는 것 또한 이 두 영역의 중요성을 경험적으로 뒷받침한다.

둘째, 선택형 평가는 최근 대안적 패러다임의 도입으로 이론적 힘을 잃어 가고 있으나 오랫동안 국어과의 핵심 평가 도구였다는 점에서 그 가능성과 한계에 대해 보다 면밀히 검토하고 분석할 필요가 있다. 그간 평가 일반론 논의를 바탕으로 국어교육 차원에서 전개한 평가론은 적지 않았다. 국어과 평가의 대체적인 방향이나 원칙은 충분히 모색되었고, 그 결과들도 연구 집단은 물론 정책 집행 집단과 실행 집단의 대체적인 동의 혹은 승인을 얻은 것으로 판단된다. 이들 연구를 간략하게 정리하면, 국어과 평가는 단순 지식보다는 고차원적 사고력에, 결과보다는 과정에, 교사보다는 학생에게, 내용보다는 방법에 초점을 맞추어야 한다는 것이다. 이러한 방향에서, 국어과 평가의 총체성과 실제성을 도모하기 위해서는 선택형 지필 평가보다 실제적인 수행 평가로 나아가야 한다는 데 어느 정도 공감대가 형성되었다고 할 수 있다.

그러나 이러한 패러다임의 변화와 방향성에 동의한다고 하더라도, 우리가 의존해 왔던 기존 평가 방식과 도구들에 과연 장점도 없었던가, 장점이 있었다면 그것을 존중할 수는 없겠는가, 또 폐해가 생겨난 것은 평가 도구들의 근원적 한계인가 시행상의 오류에 불과한가 등의 문제에 대한 검토는 충분하지 못한 것으로 보인다. 또한 평가 일반론적 진술이 간과하기 쉬운 진단 평가, 형성 평가, 총괄 평가의 개별적 위상과 역할에 대한 고려도 섬세하지는 않은 것으로 보인다. 선발을 위한 평가와 진단이나 형성을 위한 평가의 차이에 대한 관심도 마찬가지다. 선택형 문항을 통해서는 과정 중심 평가, 정의적 영역의 평가, 발산적 사고력 평가 등이 불가능한가, 만일 그런 방안이 있다면 그것은 어떻게 가능한가에 대한 정밀한 논의 역시 필요하다.

물론 선택형 평가에 대한 비판적 목소리는 역사도 유구하고 편폭도 넓다. 무엇보다 그 한계가 뚜렷하기 때문이다. 선택형 평가는 문항이 요구하는 바에 대해 전혀 알지 못하더라도 선택지 4~5개 중 하나를 선택하는 형식으로 인해 20~25%의 확률로 정답에 반응할 수 있다. 그래서 간혹 모르는 내용에 대해서도 응답만 하면 문항에 부여된 점수를 받게 되는 현상이 생기게 된다. 이와 반대로 문항의 요구 사항에 대해 상당 부분 알고 있더라도 정답에 반응하지 못하면 점수를 전혀 받지 못하는 현상도 발생한다. 결과적으로 한 문항에 대해 정답을 골라서 배점을 받거나 정답을 고르지 못해서 배점을 전혀 받지 못하는 두 가지 경우만 있을 뿐, 정답과 오답 사이의 수준은 측정할 수 없다. 또한 피험자들이 답으로 반응하기까지의 절차와 과정은 알 수 없고 반응의 결과만 알 수 있다는 한계도 있다. 그 결과 평가를 통해 교사에게 제공해 주는 정보가 지극히 제한적이고, '학습을 위한 평가'를 고려할 때 평가 결과의 활용도가 매우 낮다.

그러나 이러한 한계들 때문에 선택형 평가가 지니는 장점은 무덤으로 가야 하는가? 질 높은 문항 개발이 매우 까다롭고 정답 오류의 가능성을 늘 안고 있는 고부담 평가라는 선택형 평가의 난점까지 떠올리면, 선택형 평가의 입지는 더욱 좁은 듯하다. 그러나 대안적 평가가 이론적·실제적으로 강조되고 그와 관련한 평가 혁신이 이루어지고 있음에도, 여전히 상당수의 국어과 평가는 선택형 평가로 이루어지고 있다. 따라서 선택형 평가의 한계를 명확히 직시하면서도 그 가능성을 온전히 포착함으로써 선택형 평가를 유의미한 평가 도구로 활용하는 것이 우리의 과제일 것이다. 이 책에서는 선택형 문항에 초점을 두고, 그 강점과 잠재된 가능성을 발견하여 이를 극대화할 수 있는 이론적·실천적 지식을 제공하고자 한다.

그렇다면 문항의 모호성을 배제할 수 있고, 주어진 시험 시간에 많은 문항으로 검사를 실시할 수 있어 검사도구의 내용 타당도를 증진할 수 있으며, 채점이 쉽고 신뢰도와 객관성이 높다(성태제, 2002: 180-181)는 등의 일반적인 강점 외에 국어과의 특수성 층위에서 발견할 수 있는 선택형 문항의 장점에는 어떤 것이 있을까?

이에 답하기 위해 하나의 사례를 보자. 지문으로 주어진 글은 이곡(李穀)의 〈차마설(借馬說)〉로, 제6차 교육과정기의 고등학교 『국어』에 실린 이래 현재까지도 여러 국어과 교과서에 자주 실리는 글이다.

나는 집이 가난해서 말이 없기 때문에 간혹 남의 말을 빌려서 타곤 한다. 그런데 노둔하고 야윈 말을 얻었을 경우에는 일이 아무리 급해도 감히 채찍질을 하지 못하면서도 금방이라도 쓰러지고 넘어질 것처럼 전전긍긍하기 일쑤요, 개천이나 도랑이라도 만나게 되면 말에서 내려서 걸어가곤 한다. 그런 까닭으로 후회하는 일이 거의 없다.

반면에 발굽이 높고 귀가 쫑긋하며 잘 달리는 준마를 얻었을 경우에는 의기양양하여 방자하게 채찍을 갈기기도 하고 고삐를 놓기도 하면서 언덕과 골짜기를 마치 평지인 양 생각하고 매우 유쾌하게 질주하곤 한다. 그러므로 간혹 위험하게 말에서 떨어지는 환란을 면하지 못한다.

아아, 사람의 감정이라는 것이 어쩌면 이렇게까지 달라지고 뒤바뀔 수가 있단 말인가? 남의 물건을 빌려서 잠깐 동안 쓸 때에도 오히려 이와 같은데, 하물며 진짜로 자기가 가지고 있는 경우에야 더 말하여 무엇 하겠는가?

그런데 사람이 가지고 있는 것 어느 하나도 남에게 빌리지 않은 것이 또 무엇이 있다고 할 것인가? 임금은 백성으로부터 힘을 빌려서 존귀하고 부유하게 되는 것이요, 신하는 임금으로부터 권세를 빌려서 총애를 받고 귀한 신분이 되는 것이다. 그리고 자식은 어버이에게서, 지어미는 지아비에게서, 비복(婢僕)은 주인에게서 각각 빌리는 것이 또한 심하고도 많은데, 대부분 자기가 본래 가지고 있는 것처럼 여기기만 할 뿐 끝내 돌이켜 생각해 보려고 하지 않는다. 이 어찌 미혹(迷惑)된 일이 아니겠는가?

그러다가 ㉠혹 잠깐 사이에 그동안 빌렸던 것을 돌려주어야 하는 일이 생기게 되면, 만방(萬邦)의 임금도 독부(獨夫)가 되고 백승(百乘)의 대부(大夫)도 고신(孤臣)이 되어 버리는 판인데, 더군다나 미천한 자의 경우야 더 말해 무엇 하겠는가?

맹자(孟子)도 말하기를 "오래도록 빌려 쓰고서 돌려주지 않았으니, 그들이 자기의 소유가 아니라는 것을 어떻게 알겠는가?"라고 하였다.

내가 이 말을 접하고서 느껴지는 바가 있기에, 차마설을 지어서 그 뜻을 부연해 보았다.

앞의 글은 글쓴이 자신이 말을 빌려 탄 경험을 권력 혹은 인간관계에 유추하여 새로운 의미를 발견하는 사고 과정을 보여 준다. 글의 주제는 '모든 것은 빌린 것이니 자기 것인 양 착각하면 안 된다' 정도로 정리할 수 있을 것이다. 그런데 글을 읽어 가다 보면 ㉠이 쉽게 와닿지 않는다. '독부'나 '고신'이라는 어휘가 어려워서 생기는 문제라면 사전을 찾아 금방 해결할 수 있다. 그러나 그 뜻이 각각 '포악한 정치를 하여 국민에게 외면을 당한 군주'와 '임금에게 버림받은 신하'임을 확인한다고 해도 맥락적 의미가 순순히 다가오지는 않는다. 글의 거의 마지막 대목에 배치되어 있는 것으로 보아 여기에는 상당한 정보가 함축되어 있는 것이 분명하다. 이런 문장이나 단락은 평가 문항으로서의 가치가 충분할 것이라고 짐작해도 무방할 것이다.

이때 가령 '㉠에 담긴 함축적 의미를 쓰시오.'라는 문제를 낼 수도 있다. 그러나 이런 문제를 출제하게 되면 아는 학습자는 알고 모르는 학습자는 영원히 모르게 된다. 이를 다음과 같은 선택형 문항으로 출제했다고 가정해 보자.

01 ㉠의 의미에 대한 이해로 가장 적절한 것은?

① 모든 권세는 남에게 빌려 쓰는 것이므로 돌려줄 때를 잘 알아야 한다.
② 남에게 빌려서 쓰는 권세는 오래가지 못하므로 스스로 권세를 만들어야 한다.
③ 남에게 권세를 빌려 쓰는 대신 자신도 남에게 권세를 빌려주는 것이 마땅하다.
④ 남에게 빌린 권세를 돌려주는 일이 일어나지 않도록 각자의 역할에 충실해야 한다.
⑤ 남에게 빌린 권세는 언젠가는 돌려줄 수밖에 없으므로 여기에 집착하지 말아야 한다.

먼저 정답이 무엇일지 스스로 판단해 보길 권한다. 모호한 구절이지만 그 후보가 될 만한 몇몇 뜻풀이를 제시하면 그중에서 문맥상 가장 타당하다고 간주되는 선택지가 선택될 것이다. 꼼꼼하게 생각해 보지 않고 직관적으로 판단하면 적절하지 못한 해석으로 이어질 수 있고, 그러한 결과도 선택지 중의 하나로 포함되어 있다. 정답은 ④번이다. 수직적인 위계질서하에서 위로부터 부여받은 권세를 돌려준다는 것은 곧 그 권세를 잘못 부려 자격을 박탈당한다는 뜻이다. 그러니 권세를 되돌려 주는 일이 없도록 자신의 직분에 충실해야 한다는 의미를 담고 있는 것이다. 이런 선택형 문제라면 틀리고 나서도 보람을 얻을 수 있다. 지문을 읽는 보람은 물론이고, 문항을 푸는 보람도 얻을 수 있는 것이다. 이러한 보람은 서술형 문항에서 얻기가 쉽지 않다.

이처럼 선택형 문항은 제대로 만들기만 하면 그 한계를 넘어서는 장점을 발휘할 수 있다. 필요에 따라 사실·개념·용어에 대한 이해도 물을 수 있고, 문항의 질을 향상시켜 추론 능력·판단력·비판력 같은 고차원적 사고력도 측정할 수 있다. 즉, 선택형 문항이 갖는 융통성이나 신축성이 그만큼 크다. 특히 현재의 대학수학능력시험은 고차원적 사고력을 측정하는, 선택형 문항의 고도화된 형태를 잘 보여 준다. 또한 선택지를 5개 정도로 하고 매력적인 오답지를 포함하면 추측에 의해 정답을 맞힐 수 있는 가능성은 상당히 낮아진다. 여기에 더하여 문두, 선택지, 〈보기〉 등의 장치를 통해 정교하게 설계된 선택형 문항은 그 자체로 수렴적이면서 발산적인 사고 과정을 안내하고 유도하는 교수·학습 기능을 담당할 수 있으며, 선택지 반응 분석을 거친다면 학습자 개인에 대한 진단적 자료를 얻을 수 있는 이점도 있다. 우리가 선택형 문항에 주목하는 것은 바로 이러한 장점 때문이다. 여전히 국어과의 핵심 평가 도구로서 위상을 점하고 있는 선택형 문항의 이점을 충분히 활용하여 질 높은 평가 도구를 개발하는 것, 이것이 지금 이 시점에서 선택형 문항을 제작하는 데 필요한 교사의 평가 전문성을 도모해야 하는 가장 중요한 이유이다.

2강

국어교육 평가론을 위한 핵심 질문에는 무엇이 있는가

1) 핵심 질문에 주목해야 하는 이유

국어교육 평가론은 실제 평가 도구를 제작하는 교사들에게 타당한 절차와 원리를 제공하고, 학교 현장에서 의미 있는 이론으로 작동할 수 있어야 한다. 이를 위해 이 책에서는 국어교육 평가론의 주요 쟁점들을 겨냥한 '핵심 질문'을 구성하고, 이를 중심으로 하여 국어과 평가의 이론과 실제를 탐색해 보고자 한다.

'핵심 질문(essential question)'이란 원래 교과 학습에서 도달하고자 하는 영속적 이해(enduring understanding)를 위해 학생들에게 제공되어야 하는 본질적 질문으로, 위긴스와 맥타이(Wiggins & McTighe, 2005)에 의해 제시된 개념이다. 핵심 질문은 교과의 핵심 아이디어를 관통하는 질문으로, 학습의 전 과정에서 학생들에게 여러 형태와 수준으로 주어진다. 학생들은 해당 질문에 끊임없이 답을 찾아가면서 영속적 이해에 도달할 것이라 기대된다. 결국 핵심 질문은 '무엇을 배우는가'를 넘어 '왜 배워야 하는가'에 대한 교과 연구자 및 교사의 해석 산물이자, 교과 학습을 통해 도달하고자 하는 학습자 상에 대한 관점과 가치의 집약체라 할 수 있다.

이 책에서는 두 가지 이유로 핵심 질문에 주목한다. 첫째, 핵심 질문은 교과 연구자 및 교사에게 교과라는 하나의 지식 체계를 해석하는 핵심 조직자의 역할을 한다. 국어과 평가를 설계·실행하면서 우리는 '국어과 평가란 무엇이며, 평가를 설계하고 실행하는 과정에서 어떠한 문제 사태가 발생하며, 이와 관련한 이론적 쟁점은 무엇인가?'라는 문제에 직면한다. 이 책은 이러한 문제에 대해 보다 효과적으로 탐색할 수 있는 도구이자 경로로 핵심 질문을 설정하고자 한다. 독자는 몇몇 핵심 질문을 중심으로 국어과 평가의 이론적·실제적 문제 사태들이 어떻게 서로 연계되는지, 관련된 국어과 평가의 핵심 쟁점들은 무엇인지 등을 보다 집약적으로 경험하게 될 것이다.

둘째, 핵심 질문을 통해 교사들이 평가 상황에서 마주할 수 있는 개별적 질문들을 수렴할 수 있다. 평가의 실행 주체로서 교사는 평가 실행의 과정에서 무엇을 어떻게 평가할 것인지 끊임없이 고민한다. 이러한 현장의 고민은 실제 평가의 맥락에서 나오기 때문에 매우 실제적이고 구체적이다. 국어교육 평가론이 현장 견인력이 있는 이론으로서 힘을 갖기 위해서는 이러한 고민에 답할 수 있어야 한다. 그러나 그 답이 현장에서 제기되는 개별 질문들에 즉자적으로 대응하는 형태일 수는 없다. 결국 교사들이 평가를 구체적으로 실행하는 맥락에서 맞닥뜨리는 질문은 어느 정도 추상화된 형태로 수렴되어야 한다. 따라서 이 책에서는 평가 주체로서 국어 교사의 평가 경험에 주목하여 핵심 질문을 설정하고자 하였다. 즉 교사들이 평가 상황에서 맞닥뜨릴 수 있는 구체적 질문들을 중간 범위의 이론(주세형·남가영, 2014; 조진수, 2021)을 견인하는 핵심 질문의 형태로 추상화하고 가공하여 핵심 질문들을 구성하였으며, 이를 중심으로 국어과 평가의 이론과 실제를 구체적으로 탐색해 보고자 한다.

2) 국어교육 평가론 구축을 위한 핵심 질문들

국어과 평가의 이론과 실제를 탐색하기 위해 이 책에서는 12가지 핵심 질문을 국어과 평가 철학, 선택형 평가의 쓰임새, 선택형 평가의 짜임새, 선택형 평가의 가능성이라는 네 가지 영역으로 나누어 제시하였다.

㉮　국어과 평가의 철학을 구현하기 위한 질문

　　1. 국어과 교육과정-수업-평가의 일치는 항상 추구되어야 하는가

　　2. 국어과 평가의 내용은 자료인가, 능력인가

㉯　선택형 평가의 쓰임새를 위한 질문

　　3. 선택형 평가로 학습자의 수행을 평가할 수 있는가

　　4. 선택형 평가로 발산적 사고를 평가할 수 있는가

　　5. 선택형 평가로 과정 중심 평가를 실현할 수 있는가

㉰　선택형 평가의 짜임새를 위한 질문

　　6. 평가용 지문의 특성은 무엇인가

　　7. 평가 요소별로 어떠한 지문을 선정해야 하는가

　　8. 선택형 문항에서 문두의 역할과 조건은 무엇인가

　　9. 선택형 문항에서 선택지는 어떤 위상을 지니는가

　　10. 선택형 문항에서 〈보기〉의 역할은 무엇인가

㉱　선택형 평가의 가능성을 위한 질문

　　11. 선택형 평가의 한계를 넘어서는 방안은 무엇인가

　　12. 서술형 문항은 어떻게 구성되어야 하는가

각 핵심 질문의 의미와 역할을 개관하면 다음과 같다.

[핵심 질문 1] 국어과 교육과정-수업-평가의 일치는 항상 추구되어야 하는가

교육의 책무성을 강조하며 교육의 성과를 체계적으로 관리하고자 하는 최근 경향에 따라 학교 현장에서는 교육과정-수업-평가의 일치, 이른바 '교수평 일체화'를 강조하고 있다. 가르쳐야 할 것을 가르치고 가르친 것을 평가하는 것이 당연하다는 점에서, 가르쳐야 할 것을 가르치지 않거나 가르친 것을 평가하지 않거나 가르치지 않은 것을 평가하는 현상은 교수학적으로 바람직하지 않은 문제 사태이다. 교수평 일체화는 이 중에서도 가르친 것과 평가가 불일치하는 것을 주요한 문제 상황으로 다루며, 이를 '평가하려는 것을 가르치는' 방식으로 해결하고자 한다. 즉, 평가를 교육 실행의 중점에 두고 평가에서 기대하는 수준에 부합하는 학습 경험을 선정·설계·제공하는 방식이다. 그러나 텍스트를 통해 교육 내용을 가르치고 평가하는 국어 교과의 특성을 고려할 때, 해당 텍스트를 가지고 교육 내용만을 가르치고 또 그것만을 평가하는 것이 가능하고 과연 바람직한가?

이에 '국어과 교육과정-수업-평가의 일치는 항상 추구되어야 하는가'라는 핵심 질문을 통해, 국어과의 특수성에 의해 발생하는, 교육과정-수업-평가가 일치되지 않는 여러 사태를 어떻게 바라봐야 할 것인지 생각해 보고자 한다. 또한 어떠한 관점에서 국어과 평가를 실행해야 하는지, 이와 관련한 국어과 평가의 쟁점은 무엇이 있는지 탐색해 볼 것이다.

핵심 개념 교수평 일체화, 국어교육관, 의도된 교육과정, 전개된 교육과정, 백워드 설계, 과정 중심 평가, 인지 활동의 복합성, 텍스트의 총체성, 지식의 체계성과 구조성

[핵심 질문 2] 국어과 평가의 내용은 자료인가, 능력인가

타 교과와 달리 국어과에는 평가 자료로서 텍스트가 존재한다. 가르친

것을 평가한다는 당연한 원리를 감안할 때, 이는 결국 '국어 교과의 교육 내용이 무엇인가' 하는 문제와 직결되어 있다. 평가 장면에서 국어 교사나 학생이 흔히 맞닥뜨리는 문제 사태 중 하나는 시험 범위에 대한 서로의 생각이 다르다는 것이다. 시험 범위를 국어 교과서의 몇 페이지부터 몇 페이지까지, 구체적으로는 해당 범위에 속한 특정 작품이나 텍스트라고 규정하는 학생들의 현실적인 판단은 '국어과 평가의 내용은 자료인가, 능력인가'라는 질문을 우리에게 던진다. 또한 그간 국어과 교육과정의 역사를 살펴보건대, 가르쳐야 할 읽기 능력이 텍스트와 유리된 추상적 능력인지, 아니면 특정 텍스트 유형을 읽는 방법과 관련한 구체적 층위의 능력인지는 여전히 모호한 형국이다.

이에 '국어과 평가의 내용은 자료인가, 능력인가'라는 핵심 질문을 통해 국어과 평가의 특수성을 다시금 고찰해 보고, 일반 교육학의 타당도 개념 체계에 입각하여 국어과 평가 사태를 다각도로 살펴보고자 한다.

핵심 개념 평가 내용, 자료, 능력, 적성 검사, 성취도 검사, 내용 타당도, 교수 타당도, 교과 타당도, 연계 지문

[핵심 질문 3] 선택형 평가로 학습자의 수행을 평가할 수 있는가

국어 활동의 실제성과 수행성을 고려할 때, 수행 평가는 국어 능력을 타당도 높게 평가할 수 있는 대안적 평가로 꾸준히 강조되어 왔다. 그러나 수행 평가를 통해 직접 관찰할 수 있는 활동의 수행성이 무엇인지, 국어과 내에서 직접 평가와 간접 평가는 어떤 의미가 있는지는 명확히 탐색되지 못했다. 무엇보다도 학교 국어교육에서 중핵을 차지하고 있는 읽기 영역의 경우, 수행성의 개념과 수행 평가의 적합성에 대한 고찰이 부족했다.

이에 '선택형 평가로 학습자의 수행을 평가할 수 있는가'라는 핵심 질문을 통해, 실제성과 타당도의 측면에서 수행 평가의 가능성과 한계를 탐색해 보고, 수행의 결과를 가시적으로 확인하기 어려운 읽기 영역의 평가에서 선

택형 문항이 어떤 의의와 역할을 갖는지 살펴보도록 한다.

> **핵심 개념** 수행 평가, 관찰 지표, 채점 기준, 직접 평가, 간접 평가, 내용 타당도, 언어의 총체성,
> 대안적 평가, 수행 과제, 채점의 공정성, 신뢰도

[핵심 질문 4] 선택형 평가로 발산적 사고를 평가할 수 있는가

선택형 평가는 학교 현장에서 읽기 평가를 위해 사용되는 전형적인 도구이지만, 관습적으로 학생의 읽기 능력이나 고차원적 사고를 다루기에는 한계가 있는 평가 도구로 취급된다. 요컨대 선택형 평가가 일정한 조건에 따라 답을 찾게 하는 조작적인 방식이기 때문에 학습자의 발달을 구속하며 수렴적 사고만을 평가한다는 비판이 있다.

이에 '선택형 평가로 발산적 사고를 평가할 수 있는가'라는 핵심 질문을 통해, 대안적 평가를 제안하면서 선택형 평가가 국어 능력을 측정하기에 부적합하다고 본 그간의 실천과 인식을 성찰해 본다. 그리고 읽기 능력 평가의 하위 요소를 세밀하게 탐색한 뒤, 이에 기반하여 평가 도구의 기능과 역할을 재조명해 보고자 한다. 아울러 선택형 평가에서 다양한 장치들을 활용해 발산적 사고를 평가하는 구체적인 양태를 문항 사례를 중심으로 살펴본다.

> **핵심 개념** 국어과 사고력, 수렴적 사고, 발산적 사고, 수렴적 사고와 발산적 사고의 균형,
> 선택형 평가 장치, 복합 지문, 읽기 평가 틀, 수능 평가 틀

[핵심 질문 5] 선택형 평가로 과정 중심 평가를 실현할 수 있는가

최근 학습자의 성장과 발달을 위한 평가를 지향하면서 과정 중심 평가가 강조되고 있다. 하지만 과정 중심 평가는 명확한 이론적 토대에 근거하지 않아 그 개념이 불명확하여 현장에서 상당한 혼란이 나타나고 있다. 사실 평가 장면에서 학습자의 수행이나 사고, 학습의 결과만이 아니라 그러한 결과를 가져온 과정도 중요하게 살펴봐야 한다는 입장은 그리 낯선 것이 아니며

그 연원 또한 짧지 않다. 그러나 최근의 과정 중심 평가는 여기에 머무르지 않고, 평가가 학습 결과의 사정(査定)뿐 아니라 학습자의 학습을 위해 존재해야 한다는 점을 강조함으로써 '학습을 위한 평가', 더 나아가 '학습으로서의 평가'를 지향하고 있다.

이에 '선택형 평가로 과정 중심 평가를 실현할 수 있는가'라는 핵심 질문을 통해 과정 중심 평가를 둘러싼 여러 개념적 혼란을 유관 개념(형성 평가, 수행 평가, 수업 중 평가 등)을 중심으로 재정리하고, 이러한 평가 지향 안에서 선택형 문항이 어떠한 역할을 수행할 수 있는지 탐색해 보도록 한다.

> **핵심 개념** 과정 중심 평가, 학습을 위한 평가, 학습으로서의 평가, 형성 평가, 총괄 평가, 수행 평가

[핵심 질문 6] 평가용 지문의 특성은 무엇인가

'국어과 평가, 특히 읽기 및 문학 영역의 평가에서 어떤 지문을 선정할 것인가?'는 가르친 텍스트가 그대로 평가 지문이 되는 단위 학교 지필 평가를 제외하면, 국어과 평가 장면에서 교사를 괴롭히는 질문 중 하나이다. 이는 일차적으로 '국어 교과에서 가르칠 텍스트, 즉 교육용 텍스트는 어떠한 속성을 지니는가?'라는 질문과 관련되어 있다. 국어과 평가용 텍스트는 지면과 시간의 제약을 고려할 때 교육용 텍스트보다 더 엄정한 요건을 갖출 것을 요구받는다. 국어과 평가용 텍스트가 갖추어야 할 기본적 자질은 무엇인가? '완결성', '정보 압축성' 등 몇 가지 추상적인 속성을 떠올릴 수 있다면, 이 속성들을 실제로 가늠하여 특정 텍스트의 적부(適否)를 판정할 수 있는 구체적인 잣대는 무엇인가? 또한 문학 영역이라면 어떠한 속성을 가진 작품들이 평가용 텍스트의 범위 안에 들어올 수 있는가?

이에 '평가용 지문의 특성은 무엇인가'라는 핵심 질문을 통해 국어과 평가용 텍스트의 속성을 탐색해 보고, 이 속성을 지지하고 설명하는 구체적인

이론과 원리 들을 살펴보도록 한다.

> **핵심 개념** 교수·학습용 텍스트, 평가용 텍스트, 정보 텍스트, 문학 텍스트, 텍스트 분류 모형, 완결성, 정보 압축성, 전문 분야 텍스트, 응집성, 일관성, 통일성, 텍스트 난도

[핵심 질문 7] 평가 요소별로 어떠한 지문을 선정해야 하는가

[핵심 질문 6]이 국어과 평가용 지문이 갖추어야 할 기본 자질에 대한 것이라면, 이 질문은 평가 요소별로 적절한 지문을 선정하는 문제이다. 예를 들어 읽기 영역의 보편적인 평가 요소로 글의 중심 내용 파악하기, 목적이나 의도 또는 세부 내용 추론하기 등이 있다고 할 때 이 요소들을 평가하기 위해서 각기 어떠한 속성을 지닌 텍스트를 지문으로 선정할지 결정해야 한다.

이에 '평가 요소별로 어떠한 지문을 선정해야 하는가'라는 핵심 질문을 통해 읽기 및 문학 영역의 평가 요소별로 적절한 지문을 선정하는 방법을 구체적인 문항 사례와 함께 탐색해 보도록 한다.

> **핵심 개념** 학습 요소, 사실적 이해, 추론적 이해, 비판적 이해, 평가적 이해, 창의적 이해, 배경지식, 주제, 목적, 의도, 내용 전개 방식, 구조, 관점

[핵심 질문 8] 선택형 문항에서 문두의 역할과 조건은 무엇인가

선택형 문항에서 문두는 평가 요소를 표상하면서 학습자로 하여금 특정한 방향에서 문제 사태에 접근하도록 하는 역할을 한다. 학습자가 해결해야 할 일종의 문제 사태이자 답해야 할 질문을 문항이라고 할 때, 그러한 문제 사태나 질문을 표상하는 것이 바로 문두이다. 검사지의 문두만 훑어보아도 대략 해당 검사지에서 평가하고자 하는 요소가 무엇인지 파악할 수 있는 것도 이 때문이다. 문두는 하나의 검사지 안에 다양한 유형의 문항을 배분하는 데 중요한 표지 역할을 하기도 한다.

이에 '선택형 문항에서 문두의 역할과 조건은 무엇인가'라는 핵심 질문

을 통해 문두의 역할 및 내용적·형식적 조건 등을 구체적인 문항 사례와 함께 탐색해 보도록 한다.

| **핵심 개념** 문두, 평가 요소, 문항 유형, 대표 문항, 매개 문항, 문두의 형식적 요건

[핵심 질문 9] 선택형 문항에서 선택지는 어떤 위상을 지니는가

선택형 문항에서 선택지는 '주어진 선택지 안에서 답을 고르는' 선택형 문항의 본질을 구현하고 있는 요소이다. 선택형 문항의 질은 대개 선택지의 구성에 달려 있다. 보통 선택형 문항의 단점으로 추측을 통해 정답을 맞힐 수 있는 가능성, 평가 결과가 제공하는 정보의 부족을 꼽는다. 그렇다면 추측 요인을 최대한 낮추기 위해 어떻게 선택지를 구성해야 할 것인지, 평가 결과에 따른 문항 분석은 어떻게 해야 할 것인지 등 선택지 구성과 관련한 사안이 주된 이슈가 될 것이다.

이에 '선택형 문항에서 선택지는 어떤 위상을 지니는가'라는 핵심 질문을 통해, 독자의 의미 구성을 강조하는 구성주의 철학을 바탕으로 주어진 선택지 안에서 답을 고르도록 하는 것의 교육적 의미는 무엇인지 탐색해 보고, 유의미하게 선택지를 구성하는 방법, 체계적으로 문항을 분석(오답지 분석)하는 방법 등을 구체적인 문항 사례와 함께 살펴보도록 한다.

| **핵심 개념** 선택지, 매력적인 오답, 문항 반응 분석

[핵심 질문 10] 선택형 문항에서 〈보기〉의 역할은 무엇인가

선택형 문항은 오랜 기간 국가 수준의 표준화된 고부담 평가를 거치면서 주어진 한계 안에서 상당히 고도화된 형태로 발달해 왔다. 선택형 문항의 발전은 다양한 형식과 기능의 〈보기〉가 도입·활용되어 온 사실과 관련이 높다. 〈보기〉가 활용되면서, 선택형 문항이 다룰 수 있는 평가 요소의 범위가 확대되고 비교적 종합적이고 발산적인 사고를 평가할 수 있게 된 것이다.

이에 '선택형 문항에서 〈보기〉의 역할은 무엇인가'라는 핵심 질문을 통해 〈보기〉가 어떻게 정답을 확정하는 근거로 작용하는지, 〈보기〉를 통해 학습자가 다양한 방향으로 사고하도록 문항을 어떻게 설계할 수 있는지 등을 다양한 문항 사례와 함께 탐색해 보도록 한다.

| **핵심 개념** 상호텍스트성, 수렴형 보기, 발산형 보기, 종합형 보기

[핵심 질문 11] 선택형 평가의 한계를 넘어서는 방안은 무엇인가

앞선 핵심 질문들을 통해 살펴본 다양한 장점에도 불구하고 선택형 문항은 주어진 선택지 안에서 정답을 고르게 한다는 점에서 여전히 한계를 지닌 평가 도구라 할 수 있다. 그렇다면 선택형 평가의 장점을 유지하면서 이러한 한계를 극복할 수 있는 대안은 없는가?

이에 '선택형 평가의 한계를 넘어서는 방안은 무엇인가'라는 핵심 질문을 통해 선택형 문항의 다양한 가능성을 구체적인 사례를 중심으로 타진해 보고, 그 현실화 가능성을 탐색해 본다.

| **핵심 개념** 능력 평가, 선택지별 부분 배점, 선택형 복수 정답 문항, 선택 후 설명형 문항

[핵심 질문 12] 서술형 문항은 어떻게 구성되어야 하는가

지필 평가 도구는 대개 선택형 문항과 약간의 서술형 문항으로 구성되어 있는 경우가 많다. 시·도 교육청의 평가 정책에 의거하여, 일선 학교에서 실시되는 지필 평가에서도 서술형 문항을 30% 이상의 비중으로 포함하는 경우가 많다. 2028년 대학수학능력시험부터 논술형·서술형 평가가 포함될 것이라 예고되고 있긴 하나, 현재 대규모로 실시되는 국가 수준의 표준화된 지필 평가에는 서술형 평가가 거의 없다. 또한 서술형 평가 시행에 투여되는 시간적·물리적 부담이 크다 보니, 실제 단위 학교에서도 서술형 문항으로서 다소 부실한 문항이 출제되곤 한다.

이에 '서술형 문항은 어떻게 구성되어야 하는가'라는 핵심 질문을 중심으로, 서술형 평가로 평가하기에 더 적합한 평가 영역이나 요소, 서술형 문항을 서술형 문항답게 출제하기 위해 따라야 할 원리, 서술형 문항을 개발할 때의 주의점 같은 세부적인 내용을 구체적인 자료와 함께 탐색해 보도록 한다.

| **핵심 개념** 서술형 문항, 채점 기준, 채점 기준의 타당성, 채점자 간 신뢰도

II

국어과 평가의 철학

3강

국어과 교육과정-수업-평가의 일치는
항상 추구되어야 하는가

나 교사는 국어과가 다른 과목에 비해 교사의 재량권이 유연하게 발휘될 수 있는 교과라고 생각한다. 그 재량권은 전문성에 의해서 뒷받침되어야 한다는 당위도 잊지 않는다. 그런데 몇 년 전부터 교육청의 각종 공문과 연수에서 교육과정-수업-평가-기록의 '일체화'가 부쩍 강조되고 있다는 것을 감지하였다. 당연한 과제라는 생각도 들지만, 한편으로 국어교육에서는 이러한 구도가 반드시 이상적이지만은 않다고 느껴졌다. 자료를 찾아보니 일체화라는 말은 영어 'alignment'의 번역어였다. '일치, 정렬, 배열, 조절, 조준' 등 다양한 의미를 지닌 말이었다. 일체화라는 역어를 선택할 때 많은 고민이 있었겠지만, 이 말의 어감이 오히려 본래 취지를 갉아먹는 건 아닌가 하는 생각이 든다. 국어교육은 교육과정에 명시된 학습 요소를 가르치고 배우는 것을 넘어 교과서 편찬자나 교사의 재량에 의해 교육과정이 재구성됨으로써 더욱 풍성해진다고 믿기 때문이다.

1) 국어교육의 구도와 평가의 위치

국어교육의 전체 구도에서 평가에 대해 접근하기 위해서는 먼저 평가가 어떤 자리에 놓이는지를 확인해야 한다. 이를 위해 국어교육의 전체 구도를 목적(Why)-내용(What)-방법(How)의 층위로 구분해 보면 다음과 같다.

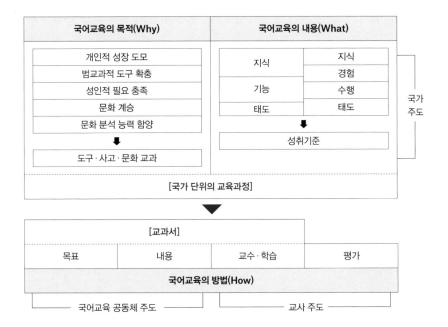

[그림 3-1] 국어교육의 전체 구도

이 구도를 이해하기 위해서 우선 교육과정(教育課程, curriculum)의 개념을 짚고 넘어가기로 하자. 교육과정이란 통상적으로 교육 내용과 활동의 조직을 가리키는데, 일반적으로는 국가 주도로 구성되며 목적과 목표, 내용이 명시되는 형태를 취한다. 이를 일반적으로 '의도된 교육과정'이라고 한다. 그리고 교실에서 교과서와 같은 교재를 매개로 수업을 통해 투입되는 교육과정이 있다. 이를 '전개된 교육과정'이라고 한다. 그리고 수업 이후 학생들에게 일어난 변화나 성장의 요소를 가리키는 '실현된 교육과정'이 있다. 물론 이 세 층위의 교육과정이 일치하지는 않는다. 의도된 교육과정이 고스란히 전개된 교육과정으로 전이되지는 않으며, 전개된 교육과정 또한 일괄적으로 실현되지는 않을 것이다. 교과서를 포함한 교재의 차이, 학교 및 학급 환경의 차이, 국어교육에 대해 교사가 갖고 있는 철학의 차이에 따라 무수한 변주가 일어날 것이고, 무엇보다도 학생 개개인의 차이에 따른 불일치가 큰 변수로 작용할 것이기 때문이다.

그런데 이러한 구도에 따르면 통상적으로 사용되는 '교수·학습'이라는 용어가 '전개된 교육과정'과 유의어 혹은 동의어 관계에 있음을 알 수 있다. 교수·학습은 교사가 학생과 더불어 교과서나 다른 교재를 매개로 교육과정을 실행하는 의도적이고 전략적인 행위이기 때문이다. 그리고 이러한 교수·학습을 보통 '수업'이라고 부른다. '교사가 학생에게 지식이나 기능을 가르쳐 줌'이라는 수업의 사전적 의미에 기대면, 수업은 교사가 그 주체가 되지만, 여기에 학습자의 위치를 병렬해 놓으면 교수·학습이 되기 때문이다. 이때 평가는 교수·학습이 이루어지기 전에 학습자들의 준비 상태를 진단하고, 교수·학습이 이루어지는 도중에 과정을 점검하며, 교수·학습이 이루어진 후에 목표에 도달한 정도를 확인하는 목적으로 교사에 의해 실행된다. 그런 점에서 평가는 '실현된 교육과정'을 가시적으로 확인하기 위한 것이다. 교수·학습이 교육과정에 근거한 교과서에 의해 매개되는 데 비해, 평가는 전적으로 교사에 의해 설계되고 시행된다는 점에서 교사의 책무성이 압도적으로 강해지는 국면이다.

이처럼 교육은 결국 교육과정-수업-평가-기록의 순환에 기대어 실천된다. 여기에서 이른바 교-수-평-기 일체화의 가치가 급부상하고 있다. 교-수-평-기 일체화(alignment)[1]란 교육과정의 성취기준을 중심으로 국가 수준

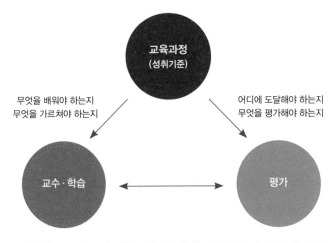

[그림 3-2] 교육과정(성취기준)-교수·학습-평가의 연계(교육부·한국교육과정평가원, 2014: 16)

의 '의도된 교육과정'을 교사가 단원 수준에서 재구성하고, 성취기준에 따른 목표에 초점을 맞추어 '수업'을 진행하고, 그 수업 결과를 이어받아 '평가'를 하며, 이를 충실하게 기록하되 그 결과를 다시 교수·학습 과정으로 투입한 다는 원칙을 일컫는 말이다. 또한 교-수-평-기 일체화는 각각이 분절된 별도의 과업이 아니라 유기적으로 연속되는 교육 실천 활동이라는 점을 강조하는 개념이며, 학생을 이 모든 활동의 중심에 두고 삶의 주체로 성장시킨다는 의미를 함축한다(박승철 외, 2015).

　교-수-평-기 일체화에 대한 관심은 그동안 교육 실천의 각 요소가 유기적 관련성을 맺지 못하고 별개로 움직였다는 점을 보여 주는 것이기도 하다. 교-수-평-기 일체화는 기본적으로 모든 교과에서 이상적인 구도이다. 특히 이는 최근에 각광을 받고 있는 이해 중심 교육과정 및 백워드 설계(backward design)(▶1강)의 관점에서 근본적으로 제기하는 문제이기도 하다. 백워드 디

....

1　'일체화'는 2007년에 간행된 리사 카터(Lisa Carter)의 저서 *Total Instructional Alignment: From Standards to Student Success*를 번역하는 과정에서 'alignment'에 대응되는 말로 선택된 것이다.

자인은 기존 교수·학습과 평가가 불일치 상태에 있었다는 반성에서 비롯된 새로운 패러다임이다. 교사들은 주로 주어진 학습 목표를 보고 어떤 재미있는 활동을 수업에 포함시킬 것인가를 생각하고, 수업이 모두 이루어진 후에 평가를 실시하였다. 그러나 이러한 과정은 학습 활동을 목표에 집중시키는 구심력이 보장되지 않으면 산만하거나 비유기적인 학습 활동으로 이어지기 쉽다. 경우에 따라서는 수업이 활동으로만 구성되기나 교재를 처음부터 끝까지 샅샅이 훑어 가는 방식으로 진행되면서 학생들은 진정한 이해(authentic understanding)에 실패하게 된다고 본다. 이에 따라 백워드 설계에서는 학습 목표 성취 여부를 판가름할 수 있는 증거(evidence)를 먼저 설계한 후에 교수·학습 내용을 선정하고 조직하는 절차적 매뉴얼을 제안했다. 그 증거를 확보하는 방법은 곧 평가이다. 그 결과 백워드 디자인에서는 평가의 위상이 상대적으로 높아진다. 평가가 교수·학습 이후에 배치되는 전통적인 구도와는 달리, 평가를 먼저 설계하고 이에 따라 교수·학습을 설계하고 실천해야 하기 때문이다. 이러한 절차적 매뉴얼이 지켜지면 교-수-평-기 일체화는 자연스럽게 이루어진다.

한편 교수·학습이 철저하게 목표 지향적이며 계획적으로 이루어지고, '증거'라는 개념을 바탕으로 학습자의 성장 과정을 수시로 점검하는 평가를 강조하며 평가 결과의 피드백을 중시하는 백워드 설계의 특성이 과정 중심 평가와 만나는 지점이 있다는 사실도 주목할 만하다. 2015 개정 교육과정부터 부상하고 있는 과정 중심 평가(▶7강)란 교육과정의 성취기준에 기반한 평가 계획에 따라 교수·학습 과정에서 학생의 변화와 성장에 대한 자료를 다각도로 수집하여 적절한 피드백을 제공하는 평가이다(교육부·한국교육과정평가원, 2017). 여기에서 주목해야 할 것은 과정 중심 평가가 교육과정의 성취기준에 기반한다는 점, 그리고 그것이 교수·학습 과정에서 이루어진다는 점이다. 전자는 성취기준에 대한 평가의 종속성 혹은 평가에 대한 성취기준의 구속력을, 후자는 교수·학습에 대한 평가의 종속성 혹은 평가에 대한 교수·학습의 구속력을 의미한다. 이 종속성이나 구속력이 바로 교-수-평-기 일체화를 낳는 조건이 된다.

이런 맥락에서 과정 중심 평가는 기본적으로 교수·학습을 극대화하는 평가, 정보 수집을 위한 도구 및 과정으로서의 평가, 학습 전략 및 교수법 교정을 위한 평가, 교수·학습과 연계된 순환적 구조 속에서의 평가를 추구한다(전경희, 2016). 과정 중심 평가를 폭넓게 보면 강의식 수업에서 설명 도중에 던지는 '이해됐나요?', '알겠죠?' 같은 단순한 확인성 질문도 목표 도달 여부를 확인하기 위한 형성 평가가 상시화된 것으로 볼 수 있기 때문에 과정 중심 평가에 포함할 수 있다. 이러한 관점에서 평가는 그 자체로 교수·학습의 일환이면서 교수·학습을 위한 보조적인 도구로 기능하기도 한다. 과정 중심 평가의 구도에서 교-수-평-기 일체화는 자연스럽게 이루어질 것으로 보인다.

이처럼 교-수-평-기 일체화는 두 가지 관점에서 필연적으로 구축되어야 하는 구도이다. 백워드 디자인의 관점에서는 학습자들이 핵심 개념에 대한 진정한 이해에 도달하도록 만들며, 과정 중심 평가의 관점에서는 교육과정의 성취기준에서 설정된 목표를 향해 나아가도록 하기 때문이다. 물론 굳이 백워드 설계나 과정 중심 평가라는 특정한 관점에 기대지 않더라도 교-수-평-기 일체화는 교과를 불문하고 이상적인 구도이다. 교육과정에 근거해서 수업이 진행되고, 수업 시간에 이루어진 교수·학습의 결과를 평가를 통해 검증하는 것이 상식이기 때문이다.

그렇다면 우리는 또 다른 의문에 맞닥뜨리게 된다. 우리는 왜 그동안 이러한 상식을 온전히 실천하지 못했는가? 그 이유가 교육과정, 수업, 평가 각각의 패러다임에 있는가? 이러한 불일치 현상이 타 교과에 비해 국어과에서 두드러지는 이유는 무엇인가?

2) 교-수-평 일체화를 둘러싼 국어교육관의 다양성

[사례 1]은 어느 고등학교 중간고사 문제 중 일부이다.

사례 1

[1-3, 서술형 1] 다음 글을 읽고 물음에 답하시오.

아침 신문을 뒤적이다가 ⓐ<u>원로</u> 배우 백성희의 사진이 크게 난 것을 보았다. 표정은 기사에서 밝히고 있는 연세를 믿을 수 없을 만큼 젊고 품위 있고 당당해 보였지만 손은 보통의 할머니처럼 거칠고 늙어 보였다. 나는 그 사진으로 그의 전체를 본 것처럼 느꼈고 존경하는 마음과 친밀감으로 흐뭇해졌다. 인상적인 손 때문이었을까, ⓑ<u>달포</u>도 넘게 전에 전철 안에서 당한 일이 생각났다. 너무 창피해서 내 자식들한테도 안 하고 묻어 두었던 얘기다.

노약자석에 앉아 있는 내 옆자리에 어린이 손 잡고 탄 엄마가 앉았다. 너덧 살가량 돼 보이는 귀여운 아기가 내 얼굴은 쳐다보지 않고 내 손만 유심히 바라보았다. 그러다가 마침내 말을 걸어왔다. "할머니 손엔 왜 이렇게 주름이 많아?" 당돌한 질문이지만 귀엽기도 해서 성의 있게 대답하려고 노력했다."넌 내가 할머니인 걸 어떻게 알았어?" "이렇게 주름이 많으니까." "그래 맞았어. 오래 살면 남들이 할머니라는 걸 알아보라고 주름이 생긴 거야. 아줌마나 언니들하고 헷갈리지 말라고." 아이는 쉽게 고개를 끄덕이고는 그다음에는 손등에 푸르게 내비치는 힘줄에 대해서 물었다. "이건 힘줄인데 네 몸에도 있지만 예쁜 살 속에 숨어서 안 보이는 거야. 주사 맞을 때나 필요한 건데 아이들은 주사 맞기 싫어하잖아. 그래서 꼭꼭 숨어 있는데 늙으면 주사 맞을 일도 자주 생기고, 주사 맞는 걸 좋아하니까 자꾸 겉으로 나오나 봐." 말대꾸를 해 주니까 아이는 계속해서 이것저것 묻고 또 물었다. 나도 계속해서 그런 식으로 대답했다.

우리는 어느 틈에 서로 ⓒ<u>죽</u>이 잘 맞는다는 걸 느끼고 재미있어하고 있었다. 그쯤 되자 아이는 나하고 충분히 친해졌다고 믿은 것 같다. 다시 내 손에 관심을 보이더니 내가 끼고 있는 반지의 알을 손가락으로 만져 보면서 "이 반지 나

주면 안 돼?" 하고 물었다. 나는 웃으면서 반지를 빼려고 했다. 물론 반지를 그 아이에게 주려고 그런 건 아니다. 그런 어리광을 부려도 될 만큼 그 반지는 아이 눈에도 만만해 보이는 반지였고, 실제로도 비싼 반지가 아니지만 나에게는 추억이 깃든 소중한 건데 아무리 귀엽더라도 오다가다 만난 아이에게 빼 주겠는가. 나는 일단 아이 손가락에 끼어 보게 할 작정이었다. 끼어 보면 보나마나 헐렁할 테고 그러면 "이건 네 손가락에 안 맞으니까 네 것이 아니잖니?" 하면서 도로 빼 가지면 알아들을 아이지 그래도 막무가내 떼를 쓸 아이가 아니라는 것 정도는 서로 알아볼 만큼 우리는 친해져 있었다. 또 그 반지는 아이들이 좋아하는 반지라는 걸 나는 벌써부터 알고 있었다. 우리 손녀도 어렸을 때 그 반지만 보면 "할머니, 그 반지 얼마짜리 뽑기에서 뽑았어?" 물어보곤 했더랬다. 그때만 해도 동네 문방구점 앞에는 백 원짜리나 오백 원짜리를 넣고 돌리면 내용물이 빙글빙글 돌다가 동그란 게 하나 굴러떨어지는데 까 보면 사탕이나 반지나 열쇠고리 같은 싸구려 장난감이 들어 있곤 했다. 그걸 뽑기라고 했다. 그만큼 아이 눈에 만만해 보이는 반지라는 걸 알고 있었기 때문에 가벼운 마음으로 일단 끼어 보게 하려고 했는데 뜻하지 않은 일이 생겼다.

아이 엄마가 아이 팔을 거칠게 낚아채더니 자리를 박차고 일어섰다. 정거장도 아닌데 출입문 쪽으로 아이를 끌고 가면서 중얼거렸다. ㉠"보자 보자 하니 나잇살이나 먹어 가지고……." 다음 말은 알아듣지 못했다. 나잇살이나 처먹어 가지고, 였는지도 모르겠다. 모욕감 때문에 더는 듣고 싶지 않았다. 전동차가 멎자 모자는 황급히 내렸다. 아이가 나를 자꾸 돌아보았지만 나는 그 아이를 웃는 얼굴로 배웅할 수 없었다. 그 역은 실은 내가 내릴 역이었지만 내리지 못했다.

나이가 들면 기억력뿐 아니라 식성, 취미 등에도 유턴 현상 같은 게 일어나 옛날 것만 다 좋은 것 같고 마음이 통하는 것도 우리가 길러 낸 삼사십 대보다는 어린이가 편하다. 특히 오늘의 주역인 삼사십 대의 본데없음과 상상력 ⓓ결핍은 우리가 저들을 어떻게 길렀기에 저 모양이 되었나, 죄책감마저 들게 한다. 상상력은 남에 대한 배려, 존중, 친절, 겸손 등 우리가 남에게 바라는 심성의 원천이다. 그리하여 ㉡좋은 상상력은 길바닥의 걸인도 함부로 ⓔ능멸할 수 없게 한다.

01 윗글의 글쓴이에 대한 이해로 적절하지 <u>않은</u> 것은? (3점)

① 자신이 겪었던 일을 회상하면서 그에 대한 정서적 반응을 가치중립적으로 드러내고 있다.

② 글쓴이에게 원로 배우의 손은 그 주인의 삶을 말없이 드러내는 것으로 받아들여지고 있다.

③ 지하철에서 만난 아이에게 눈높이를 맞춰 이야기함으로써 아이에 대한 호감을 드러내었다.

④ 반지를 달라는 아이의 요구를 묵살하지 않고 최대한 수용한 후 이해시켜 달래려는 모습을 보인다.

⑤ 아이 엄마의 발언으로 인해 심리적인 모욕감을 느끼고 이를 곱씹으면서 대인관계에 필요한 요소를 떠올리고 있다.

서술형 1 〈보기〉 중에서 윗글의 ㉠이 위반하고 있는 대화의 원리를 찾아 이를 '○○의 격률'이라는 형태로 지적한 뒤 이 원칙에 따라 적절한 표현으로 바꾸어 보라. (4점)

> ① 상대방에게 부담이 되는 표현 대신 이익이 되는 표현을 하라는 규칙을 (   )이라고 한다.
> ② 문제를 자신의 탓으로 돌리는 표현을 하여 상대방이 이를 너그럽게 받아들이도록 말하라는 규칙을 (   )이라고 한다.
> ③ 다른 사람에 대한 비방은 최대한 줄이고 칭찬을 많이 하라는 규칙을 (   )이라고 한다.
> ④ 스스로를 낮추어 겸손하게 말하라는 규칙을 (   )이라고 한다.
> ⑤ 서로 의견이 다를 때, 차이점을 말하기보다 일치점을 강조하여 말하라는 규칙을 (   )이라고 한다.

(   )

02 다음 중 윗글 ⓛ의 의미와 가장 가까운 것은? (2.6점)

① 동상이몽(同床異夢)　② 청출어람(靑出於藍)　③ 유유상종(類類相從)

④ 전전긍긍(戰戰兢兢)　⑤ 역지사지(易地思之)

03 글의 밑줄 친 ⓐ～ⓔ의 의미가 적절하지 않은 것은? (2.6점)

① ⓐ원로: 한 가지 일에 오래 종사하여 경험과 공로가 많은 사람.

② ⓑ달포: 한 달이 조금 넘는 기간.

③ ⓒ죽: 곡식을 오래 끓여 알갱이가 좀 무르게 만든 음식.

④ ⓓ결핍: 있어야 할 것이 없어지거나 모자람.

⑤ ⓔ능멸: 업신여기어 깔봄.

　[사례 1]에서 지문으로 쓰인 글은 박완서의 수필 〈운수 안 좋은 날〉이다. 선택형 1번 문항은 '글쓴이에 대한 이해'를 묻는 문항으로서, 선택지는 글쓴이의 쓰기 방식과 작중 상황에서의 정서나 태도를 중심으로 구성되어 있다. 2번 문항은 특정 구절에 함축된 의미를 나타내기에 적절한 한자성어를 찾는 문항이다. 3번 문항은 어휘력을 측정하는 문항이다. 서술형 1번 문항은 대화의 격률을 준거로 삼아 작중 인물의 말을 평가할 것을 요구하고 있다. 그런데 이 문항들만으로 지문의 글이 어떤 학습 목표를 내세운 단원에 실려 있을지 추정할 수 있을까? 쉽지 않을 것이다.

　이 평가 문항은 고등학교 2009 개정 국어과 교육과정(2011. 8)을 반영한 『국어 I』(박영목 외, 2014) 교과서의 한 소단원에 근거를 두고 있다.

단원 구성	대단원 1. 공감과 소통	소단원 (3) 배려하는 말하기
단원 학습 목표	1. 대화의 원리를 이해하고, 상황과 상대방에 맞게 언어 예절을 갖추어 말할 수 있다. 2. 공감적 듣기의 방법을 이해하고, 대화와 타협을 통해 문제를 해결할 수 있다. 3. 부정적 언어 표현의 폐해를 인식하고, 바람직한 의사소통 문화를 형성하려는 태도를 지닌다.	1. 부정적 언어 표현의 문제점을 인식하고, 배려하는 말하기를 할 수 있다. 2. 품위 있고 바람직한 의사소통 문화를 형성하려는 태도를 지닌다.

그리고 교과서의 학습 활동은 다음과 같이 구성되어 있다.

[내용 학습]

1. '운수 안 좋은 날'의 중심 내용 정리하기
2. 글쓴이가 글의 제목을 '운수 안 좋은 날'이라고 붙인 이유 찾기

[목표 학습]

1. 글쓴이와 아이 엄마의 말을 살피며 상대방을 배려하고 존중하는 말하기에 대해 알기
   (1) 글쓴이와 아이 엄마가 한 말 속에 숨어 있는 생각과 그 말이 상대방에게 미친 영향이 무엇인지 파악하기
   (2) 글쓴이에게 상처를 준 아이 엄마의 말을 상대방을 배려하는 말로 바꾸어 보기
2. 부정적 언어 표현에 대해 알아보기
   (1) 몇 가지 사례를 상대방을 비하하는 표현, 다른 사람을 차별하는 표현으로 나누어 보기
   (2) 위의 두 가지 유형을 일상생활에서 접하는 경우 찾기
   (3) 부정적 언어 표현을 많이 사용하면 우리 사회에 어떤 영향을 미치게 될지 함께 이야기해 보기

3. 배려하며 말하는 태도 기르기
   (1) 다른 사람의 말에 모욕감을 느끼거나 상처를 받았던 경험 이야기하기
   (2) 어떤 태도로 말하는 것이 바람직한지 '운수 안 좋은 날'의 마지막 부분을 참고하여 말해 보기
   (3) 부정적 언어 표현을 사용하기 쉬운 상황에서 짝과 함께 역할을 정해 상대방을 배려하며 말하는 연습해 보기

[목표 학습]을 통해 구현되고 있는 단원의 성격을 고려하면, 앞에서 제시한 모든 문항 중에서 단원의 학습 목표를 표상하는 문항은 서술형 1번뿐이다. 물론 선택형 1번 문항도 학습 목표와 무관하지는 않지만, 몇몇 선택지에 학습 목표와는 거리가 먼 학습 요소들이 포함되어 있어서 학습 목표를 고스란히 표상한다고 보기는 어렵다. 그 외의 문항은 모두 내용 타당도를 지니지 못한다. 그렇다면 이 나머지 문항들에 대해 우리는 어떻게 판단할 수 있을까? 다음과 같은 몇 가지 입장을 살펴보자.

ⓐ 단원 학습 목표에 어긋나므로 교수·학습 과정에서 다룰 필요가 없고 문항의 내용 타당도를 저해하므로 배제되어야 한다.
ⓑ 단원 학습 목표에 어긋나더라도 교수·학습 과정에서 다룬 내용이라면 출제할 수 있다.
ⓒ 교수·학습 과정에서 다룬 내용이라 하더라도 내용 타당도를 저해하므로 배제되어야 한다.
ⓓ 교수·학습 과정에서 다루지 않았다 하더라도 글쓴이에 대한 이해나 어휘력은 항존적인 국어 능력의 일환이므로 평가 요소로 출제할 수 있다.
ⓔ 화법 단원이라 하더라도 중량감 있는 작가의 글을 실은 취지를 살려 내용이나 표현을 평가 요소로 출제할 수 있다.

이러한 입장에 대한 선택은 평가론적 층위의 판단에 의존할 것인가, 국어교육에 대한 철학이나 교과서관 층위에서의 판단도 고려할 것인가에 따라 달라질 수 있다. 오직 평가론적 판단에만 의존한다면 ⓐ와 ⓒ가, 다음과 같은 국어 교과서관에 동의한다면 ⓑ, ⓓ, ⓔ가 정당하다고 생각할 것이다.

교과서는 현실적으로 모든 교수·학습과 평가에 가장 유력한 자료이자 준거로 작용한다. 이는 교실에서 이루어지는 교사와 학생 간 의사소통의 가장 직접적인 매개체이기도 하다. 교과서는 국가 수준의 교육과정에서 제시한 목표와 내용을 학습 활동을 위해 구조화한 결과물이기 때문이다. 특히 국어 교과서는 다양한 독서 자료의 보고로, 그 자료들은 즐거움의 원천, 상상력의 자극, 간접 체험의 수단, 언어 발달의 통로 등 독서가 지니는 다양한 가치를 실현할 수 있어야 한다(김대행, 2002). 어떤 면에서 구술 담화 자료도 교과서에서는 독서를 통해 접근되곤 한다. 이를 위해서 '꼭 읽어야 할 것'이나 '읽을 만한 가치가 있는 것', 즉 단원의 학습 목표와 무관하게 한번 읽어 보는 것만으로도 생각의 폭을 넓히고 깊이를 갖추게 함으로써 개인의 성장을 촉진하고, 공동체 구성원으로서의 정체성을 강화할 수 있다고 판단되는 글들이 선택된다. 물론 이러한 글을 선별하는 객관적 지표가 있는 것은 아니다. 앞에서 [내용 학습]으로 제시된 활동도 텍스트를 읽는 경험 그 자체의 가치를 실현하려는 의도의 소산이었을 것으로 보인다.

나아가 ⓐ~ⓔ 중 어떤 입장이 더 바람직한지 명확하게 선언하기 어려운 이유에는 교-수-평-기 일체화와 관련된 국어과 교육의 여러 특수성이 복합적으로 개입한다. 여기에는 가르친 모든 것은 평가할 수 있는가 혹은 평가해야 하는가 하는 질문도 포함된다. 이러한 논점은 결국 '실현된 교육과정'의 준거를 국가 수준의 '의도된 교육과정'과 교재를 매개로 한 학교 혹은 교실 수준의 '전개된 교육과정' 중 어디에서 찾을 것인가 하는 문제로 귀결될 것이다. 이 지점에 교-수-평-기 일체화를 둘러싼 국어교육 평가론의 특수성이 놓여 있다.

3) 교-수-평 일체화를 통해 본 국어교육의 특수성

교-수-평-기 일체화는 교육의 표준성과 효율성 확대, 학습자의 성장 중심이라는 가치를 갖는다는 점에서 매우 이상적이다. 그런데 국어과의 특수성을 바탕으로 접근해 보면, 이에 대한 회의적 질문과 만나게 된다. 논의의 편의를 위해 '교-수-평-기' 중에서 기록을 제외하고 '교육과정-수업-평가'만 두고 접근해 보기로 하자. 교-수-평의 일치도에 관한 경우의 수는 산술적으로 다음의 다섯 가지가 될 수 있을 것이다.

㉠ 교육과정 = 수업 = 평가

㉡ 교육과정 = 수업 ≠ 평가

㉢ 교육과정 ≠ 수업 = 평가

㉣ 수업 ≠ 교육과정 = 평가

㉤ 교육과정 ≠ 수업 ≠ 평가

('='는 일치, '≠'는 불일치를 뜻함.)

'교-수-평-기 일체화'를 추구하는 입장에서 가장 이상적인 구도는 ㉠일 것이다. ㉡~㉣은 하나의 항목이 나머지 다른 항목과 일치하지 않는다. ㉡은 교육과정에 충실하게 수업을 진행하지만 평가 요소가 수업에서 벗어난 경우로, 학습자 입장에서는 생뚱맞아 보이는 문항이 출제되었을 것이다. ㉢은 교육과정의 구속력을 무시하여 표준성을 벗어난 것이 문제일 수 있으나 교사의 자율성이 발휘되었다고 볼 여지가 있다. ㉣도 교사가 교육과정의 구속력을 벗어난 채 수업을 진행하는 양상을 보인다. 다만 평가 국면에서는 다시 교육과정의 구심력에 조응하는 양상을 보여 준다. ㉤은 공교육에서 현실적으로 존재하기 어려운 구도로 짐작하기 쉽다. 그런데 과연 그렇기만 할까 하는 질문을 남기면서 우선은 다른 항목에 대한 검토를 시작해 보기로 하자.

여기에서 ⓒ은 어떠한 논리로도 합리화하기 어려워 보인다. 그러니 이를 다시 제외하고 ⓓ과 ⓔ에 해당하는 사례가 왜 생겨났으며 어떤 의의가 있는지 탐색해 보기로 하자.

교과서의 읽기나 문학 단원에는 반드시 독서 자료가 제시된다. 그리고 각 단원에는 핵심적인 지식이나 기능이 포함된 '학습 목표'가 있고, 이 학습 목표를 겨냥해서 독서 자료에 대한 학습 활동이 설계되고 조직된다. 문제의 출발은 우선 각 단원의 학습 목표의 준거가 되는 교육과정의 성취기준이 대체로 분절적이라는 데 있다. 가령 읽기 영역에서라면, '예측하며 읽기, 요약하며 읽기, 추측하며 읽기, 질문하며 읽기, 점검 및 조정하며 읽기, 설명 방법 파악하며 읽기, 논증 방법 분석하며 읽기' 등의 성취기준이 학교급별 혹은 학년별로 배분된다. 고등학교 『독서』 과목의 교육과정에서도 사실적 읽기(중심 내용, 주제, 글의 구조, 전개 방식), 추론적 읽기(필자의 의도나 목적, 숨겨지거나 생략된 내용), 비판적 읽기(관점, 내용, 표현 방법, 의도나 신념), 감상적 읽기(공감, 감동), 창의적 읽기(해결 방안이나 대안)가 별도의 성취기준 항목으로 제시된다. 『문학』 과목도 마찬가지다. 비유, 상징, 화자나 서술자, 구성, 사회·문화적 배경, 역사적 맥락 등을 포함하도록 성취기준이 구성되고 학년에 따라 나뉜다. 포괄적인 성격의 성취기준도 있지만 지나치게 추상적이어서 초점이 명확하지 않은 경우가 많다.

성취기준의 분절성은 크게 세 가지 측면에서 문제가 된다. 첫째, 성취기준의 분절성은 기본적으로 복합적인 인지 활동인 읽기 행위와 궁합이 잘 맞지 않는다. 읽기에서 예측과 요약, 질문, 점검과 조정 등의 인지 활동은 동시다발적으로 일어난다. 분절된 성취기준, 그리고 이에 근거하여 분절된 학습 활동을 바탕으로 수업을 한다고 해도 읽기와 관련된 다른 활동을 완전히 배제하는 것은 불가능하다. 가령 '예측하며 읽기' 단원이라 해서 '요약하며 읽기'나 '질문하며 읽기' 활동을 생략할 수 없고, 작품의 사회·문화적 배경을 고려하는 학습 활동이 제시되어 있다고 해서 이미지나 화자의 정서를 다루지 않을 수 없다.

둘째, 모든 언어 자료가 총체적인 구조물이라는 사실과 조화되지 않는다. 문학 작품을 비롯한 언어 자료는 형식과 내용, 표현 등의 요소가 어우러진 구조물이다. 그런데 성취기준은 각 요소별로 구성되는 경향이 있다. 그리하여 비유나 상징을 학습 목표로 내세운 단원에서는 화자의 정서가 도외시되거나 가볍게 처리된다. 사회·문화적 배경에 근거한 작품 이해가 학습 목표라면, 구성상의 특성은 주변으로 밀려나기도 한다. 그러나 설명 방법 파악하며 읽기가 단원 학습 목표일지라도 전체적인 내용에 대한 이해를 외면할 수 없고, 논증 방식 파악하며 읽기를 추구하는 단원이라 해도 필자의 의도나 핵심 주제를 간과할 수 없다. 이처럼 분절적인 성취기준에 의존하면 한 편의 글을 총체적인 구조물로 다루기 어려워진다.

셋째, 지식의 본질과 위배된다. 지식이 정보와 구별되는 것은 체계, 구조, 맥락의 유무이다. 기본적으로 지식은 체계이자 구조로서 맥락 안에서 존재한다. 체계를 떠난 지식, 구조를 벗어난 지식, 맥락에서 이탈된 지식은 지식으로서 본질적인 의미와 성격을 상실하기에 그러한 지식은 진정한 의미의 지식이라 하기 어렵다. 반면 단편적·파편적 지식을 일러 정보라고 한다. 지식이 특정 맥락 안에서의 '체계적 앎', '구조적 앎'을 의미하는 것이라면 정보는 맥락이나 체계, 그리고 구조와는 관계없는 '개체적 앎', '낱낱의 앎'이라고 할 수 있다(장상호, 2000: 266-279). 이런 관점에서 본다면 이미지와의 관계를 외면한 채 이루어지는 비유에 대한 학습이나 글의 거시 구조에 대한 고려 없이 이루어지는 설명 방법에 대한 이해는 정보에 가깝다. 비유를 핵심 개념으로 내세운 단원에서는 필연적으로 이미지에 대한 학습이 일어나야 하며, 설명 방법을 핵심 개념으로 내세운 단원에서는 글의 거시 구조에 대한 학습이 일어나야 한다.

이런 점에서 수업에서 학습 목표만을 다루고 내용의 이해나 감상을 건너뛰는 것은 학습 요소가 분절적일 수 없는 국어과의 특성을 간과한 것이다. 이는 학습 위계는 물론 개별적 학습 요소 간의 경계가 비교적 뚜렷한 수학과의 특성과 대비된다. 국어과 수업, 그중에서도 특히 읽기와 문학 수업에서는 일반적으로 학습 목표와 무관하게 항상적으로 존재하는 학습 요소가 있다. 이에 따라 국어과에서는 이전에 학습한 내용을 다음 학기나 학년에서 감싸안고 가는 것이 일반적이며, 결국 학습 내용이 나선형적인 구도를 지니게 되는 것이다.

이와 같은 특성은 다시 평가의 국면으로 이어진다. '설명 방법 파악하기'에 관한 단원에서 글의 내용을 묻는 문항은 배제해야 하는가? 마찬가지로 운율을 핵심 요소로 삼고 있는 단원에서는 운율 문항만 잔뜩 내야 하는가?

물론 교육과정에서 이러한 우려를 외면하고 있지만은 않다. 2015 개정 국어과 교육과정에서는 다음과 같은 '교수·학습 방법 및 유의 사항'이나 '평가 방법 및 유의 사항'을 제시하고 있다.

중학교 『국어』
(라) 평가 방법 및 유의 사항
⑤ 비유, 상징, 갈등, 운율, 반어, 역설, 풍자 등 문학 용어와 관련하여 평가를 할 때에는 각 용어의 형식적 구별에 치중하기보다는 표현 효과를 중심으로 한 전체적인 감상 및 창작 능력에 중점을 두도록 한다.

고등학교 『문학』
(다) 교수·학습 방법 및 유의 사항
② 작품을 수용할 때에는 성취기준에 명시된 내용만을 분절적, 지엽적으로

다루는 것은 지양하고 작품의 전체적인 감상이 이루어지도록 안내한다.

중학교 문학 영역의 '평가 방법 및 유의 사항' ⑤는 비유·상징, 갈등, 반어·역설·풍자로 분할된 세 가지 성취기준에 기반한 단원의 평가에 대한 안내이다. 여기에서 주목되는 것은 '각 용어의 구별에 치중하기보다는' 작품에 대한 '전체적인 감상 및 창작 능력'에 중점을 두도록 한다는 언급이다. 이는 수업이 개념적 지식을 가르치는 것으로 진행됨으로써, 어떤 문학적 표현 방법을 찾고 그것을 특정한 용어와 연결 짓는 식의 평가가 이루어질 가능성을 차단하려는 의도로 보인다. 고등학교『문학』의 '교수·학습 방법 및 유의 사항' ② 또한 성취기준의 핵심 내용과 작품을 일대일로 연결하려는 구도에 갇혀서 작품 전체에 대한 감상 활동을 생략하는 것은 바람직하지 않다는 점을 염두에 둔 안내일 것이다.

읽기 영역이나『독서』과목의 교육과정 문서에서는 성취기준의 분절성에 따른 단원 교수·학습의 분절성을 적극적으로 방지하려는 의도를 찾아볼 수 없다. 물론 교육과정에서 명시적으로 안내하지 않았다고 해서 텍스트에 대한 종합적인 접근을 추구하지 않았다고 판단할 수는 없다. 실제로 교과서에서는 보통 독서의 과정에서 항상적으로 동반되는 인지 활동이 반영된 학습 활동을 구성한다. 교과서의 날개 등에 제시되는 '읽는 중 활동'이 이에 해당한다.

교-수-평 일체화와 관련하여 또 하나 고려해야 할 것은 무언가를 가르치고 배울 수 있다고 해서 모든 것을 평가라는 형식으로 수렴할 수 없다는 사실이다. 교육과정 상의 용어로 한다면 '태도' 범주의 성취기준이 대표적인 사례이다. 주지하듯 태도는 정의적인 요소에 해당되는 내용으로서 대개는 추상적, 포괄적, 총체적, 지속적인 성격을 띤다. 경우에 따라 정의적 요소 또한 평가 대상이 되기도 하고, 특히 과정 중심 평가에서는 이를 매우 중시하긴 하지만, 대개는 정성적인 방법으로 평가할 수밖에 없다. 그만큼 교육과정과 평가의 일체화, 즉 성취기준에 명시된 요소별로 항목화하여 평가하기는 쉽지 않다. 여기에서도 교-수-평 일체화와 관련한 국어과의 특수성이 발견된다.

이런 사정을 감안하면 국어과 교육에서 교-수-평 일체화는 매우 유연한 개념으로 이해되어야 한다. 교육과정, 수업, 평가 간의 일치도가 지나치게 높다는 것은 작품이나 텍스트의 총체성과 인지 활동의 복합성을 배반하고 있다는 뜻일 수도 있다. 교-수-평 일체화가 유연한 개념으로 이해되어야 한다는 것은 다음과 같은 의미를 함축한다. 첫째, 중심적인 것과 주변적인 것, 혹은 주된 것과 부차적인 것 사이의 위계 관계를 승인하는 수준에서, 어떤 단원에서는 주변적이거나 부차적인 것이 다른 단원에서는 중심적이거나 주된 것으로 자리 잡을 수 있다는 것이다. 둘째, 교육과정의 성취기준에서는 단일한 개념을 다룬다고 하더라도 교수·학습이나 평가의 국면에서는 그 범위를 넘어서는 다른 요소들, 나아가 텍스트나 작품의 전모를 다룰 수 있다는 것이다. 셋째, 가르치고 배울 수 있다고 해서 모든 것이 평가 국면으로 수렴될 수 있는 것은 아니라는 점이다.

따라서 국어과 교육의 구도에서 교과서를 매개로 이루어지는 교수·학습은 교육과정의 성취기준과 일치하지 않을 수 있으며, 평가 또한 성취기준과 일치되기 어렵다. 그리고 교수·학습의 모든 내용을 평가 국면으로 고스란히 이양하기 어렵다는 점에서 교수·학습과 평가 역시 일체화가 쉽지 않다. 오히려 일체화를 슬쩍 비껴감으로써 인지 활동의 복합성, 텍스트의 총체성, 지식의 체계성과 구조성에 더 충실한 교육이 이루어질 수도 있다. 그렇다면 교육과정의 위계성을 위배하지 않고 수업에서 다루지 않은 내용 요소를 평가한 경우가 아니라면, 오히려 ⑩이 가장 현실적이면서도 이상적인 구도가 될 수도 있음을 알 수 있다.

이상에서 논의된 국어과 교육과정의 성취기준-교수·학습-평가의 일치

[그림 3-3] 국어과 교육과정의 성취기준–교수·학습–평가의 일치 정도

정도는 [그림 3-3]과 같이 나타낼 수 있다. 교재를 매개로 이루어지는 교수·학습, 곧 '전개된 교육과정'은 '의도된 교육과정'에 다가가기 위해서, 그리고 텍스트나 작품에 대한 온전한 이해를 위해서 대개의 경우 잉여적인 내용을 포함할 수밖에 없다. 그 잉여성은 교–수–평 일체화를 흔드는 외부적 방해 요소가 아니라 오히려 국어교육의 자장을 넓힐 단서로 작용할 수 있다. 예컨대 범교과적 학습 주제라 할 수 있는 용기나 절제 등의 개인적 인성, 정직, 약속, 배려, 존중, 책임감, 준법 의식 등의 사회적 덕목, 다문화적 감수성, 성인지 감수성, 인권 감수성, 생태 감수성 등 타자에 대한 이해를 함양하는 데에 국어교육이 기여할 수 있는 여지가 마련되는 것이다. 그리고 평가의 국면에서는 교수·학습에서 다루어졌던 내용 중 평가가 불가능한 요소를 배제할 수밖에 없다. 그런데 이를 염두에 두지 않고 교–수–평 일체화를 경직되게 추구하다 보면 오히려 국어교육의 자장을 축소시키는 결과를 초래한다. 인지 활동의 본질, 텍스트의 본질, 지식의 본질 그 어느 것과도 부합하지 않는 것이다.

　이제 다시 교–수–평의 일치·불일치 구도 중 ⓒ과 ⓔ에 집중해 보기로 하자. ⓒ은 교육과정의 표준성을 벗어났다는 점에서 문제적일 수 있지만, 교육과정을 무시한 수업과 평가가 아니라 교육과정을 감싸 안고 넘어서는 수업과 평가의 구도라면 충분히 의의가 있다. 아마도 교사는 교육과정 성취기준의 분절성을 극복하려 했을 것이고, 교과서의 학습 활동에도 얽매이지 않았을 것이다. 그리고 학습 목표 외의 요소도 교수·학습의 내용으로 포함시켰으므로 이를 평가 요소로 삼았을 것이다.

　ⓛ 또한 교사가 교육과정의 구속을 벗어나고자 하는 노력의 산물로 볼 수 있다. 다만 이는 ⓒ과는 달리 평가를 교육과정에는 일치시키면서도 결과적으로 교사 본인이 실행한 수업과의 일치도를 굳이 낮춘 경우에 해당한다. 아마도 교수·학습의 진행에서는 교사로서의 자율성을 충분히 발휘하면서도 평가 국면에서는 교육과정 성취기준의 준거성을 존중한 결과로 보인다.

　결국 ⓒ과 ⓛ의 차이는 교수·학습과 교육과정 중에서 무엇을 평가의 준거로 삼느냐 하는 데 있다. 교-수-평 일체화의 구도를 기준으로 보면, ⓒ은 '교수·학습 → 평가'라는 평면적 구도를, ⓛ은 '교육과정 → 평가'라는 우회적 구도를 그리는 것이다. 이해 중심 교육과정과 백워드 디자인의 관점에서는 모두 일탈적인 측면이 있긴 하지만, 굳이 우열을 따지자면 ⓒ보다는 ⓛ이 더 바람직한 구도가 될 것이다. ⓛ은 적어도 내용 타당도를 갖추는 데 유리하기 때문이다. 그러나 읽기에 수반되는 인지 활동의 복합성과 언어 자료의 총체성을 고려하면 ⓒ이 잘못된 방향이라고 일방적으로 규정하기는 어렵다. 여기에 국어과 읽기와 문학 영역의 평가가 지니는 특수성이 있기 때문이다.

　이상에서 서술한 내용은 사실 교-수-평 일체화에 대한 지나친 강박이 초래할 수 있는 폐단에 대한 경계를 담고 있다. 그러다 보니 오히려 교육과정의 구속력에서 과감하게 벗어날 필요가 있는 것처럼 오해될 여지가 없지 않다. 그러나 교육과정의 위계성은 충분히 존중되어야 한다. 가령 중학교 1학년 교과서에 〈홍길동전〉이 실려 있는 경우 영웅 서사의 계보나 영웅의 일대기 구조, 작가 허균의 생애와 작품의 관련성 등을 운운하는 친절은 과잉이다.

교육과정 혹은 교재와 무관하게 한 작품의 모든 것을 수업에서 다룬다는 것은 폭력일 수 있다. 요컨대 해당 단원에서 명시적인 목표로 다루는 학습 요소와 항존적이고 지속적으로 다루어 왔고 앞으로도 다루어 갈 학습 요소를 구별하면서 양자 간의 균형을 유지하는 것이 이른바 교-수-평 일체화의 기본적인 취지를 지키는 길이 될 것이다.

이와는 또 다른 맥락에서 교-수-평 일체화가 어떤 강박을 부르는 데는 일체화라는 말의 경직된 어감도 일조하는 듯하다. 그렇다면 이 번역어를 폐기하고 실상에 맞는 용어로 대체할 필요가 있다. 그럴 경우 교수·학습의 국면에서나 평가의 국면에서나 성취기준의 핵심 내용에 대한 학생의 숙달 정도 혹은 성취 정도는 놓치지 않으면서 전략적 선택을 통해 여타의 경로들을 포섭하는 유연성을 발휘한다는 점에서 교-수-평의 연계성 강화라는 의미로 통용되는 것이 바람직해 보인다.

4강

국어과 평가의 내용은 자료인가, 능력인가

김 교사는 항상 시험 범위에 해당하는 모든 지문을 자세하게 다룬다. 읽기 단원이라면 특히 교과서의 지문 자체를 주석 매기듯이 자세히 분석한다. 읽기의 방법과 전략을 배우고 연습하는 단원이더라도 말이다. 이러한 수업을 받은 학습자는 지문 분석 내용을 상기하며 지필 평가 준비를 할 것이다. 읽기 방법이나 전략이 아닌, 지문의 내용을 학습했다고 생각하기 때문이다. 김 교사 역시 가르친 방식 그대로, 지문 내용을 평가하는 문항을 출제할 것이다. 그렇다면 김 교사가 만든 문항은 읽기 능력을 측정하기에 적합하다고 할 수 있을까?

이에 대해 수업 시간에 이미 배운 글은 평가를 위한 언어 자료로 사용되기 어렵고, 읽기 능력을 제대로 측정하기 위해서는 교과서 밖에서 평가 자료를 끌어와야 한다는 의견이 많다. 이론적으로는 타당한 주장이지만, 막상 구체적인 평가 장면을 들여다보게 되면 글 분석 내용을 완전히 무시할 수도 없다.

국어과 평가 내용이란 대체 무엇인가? 자료인가, 아니면 자료를 통해 익힌

지식, 기능, 태도인가? 이 문제가 해결되어야만 교사가 출제한 각 문항의 타당도를 더 분명히 할 수 있지 않을까?

---

1) 국어과의 평가 내용 정체성 탐구

이 절에서는 국어과 평가 내용의 정체성을 탐구하기 위해 2007 개정 교육과정에 주목할 것이다. 왜 최신 교육과정이 아닌 2007 개정에 주목하는지는 아래에서 설명될 것이다. 2007 개정 교육과정의 이론적 발전을 고찰하고 관련 쟁점을 분석해 보는 과정을 통해 국어과 평가 요소가 자료+능력의 균형임을 이론적으로 논증한다.

'가르친 것을 평가한다.'라는 명제는 많은 교과에서 당연하게 받아들여지지만, 국어과에서는 그리 간단한 문제가 아니다. 예를 들어 역사과의 경우 수업에서 자료에 대한 역사적 사실과 함께 그 해석도 가르친다. 이를 통해 자료를 해석하는 비판적 사고력이나 역사적 상상력도 신장할 수 있겠지만 그 능력을 수업의 목표나 평가의 대상으로 삼지 않는다 할지라도 크게 문제되지 않는다. 이와 달리 국어과에서는 능력을 토대로 자료를 스스로 해석할 수 있어야 하고 수업에서도 궁극적으로 학습자의 능력 신장을 목표로 하기에, 자료 자체가 평가 내용이 될 수는 없다.

이러한 이유로 학계에서는 국어과가 지향하는 능력과 이를 실현하기 위한 내용이 무엇인지 탐색해 왔고, 현재 국어과 교육과정에서 내용의 범주로 생각하고 있는 것은 대체로 지식, 기능, 태도이다. 그러나 이러한 개념들이 이론적으로 명확하게 정립되어 있더라도 교사, 특히 예비 교사가 자료와 능력을 구분하며 수업하기는 쉽지 않은 일이다. 이로 인해 자료와 능력에 대해 다음과 같이 인식할 수 있다.

첫째, 자료가 능력보다 더 명확해 보인다. 능력은 복합적이면서도 명확히 가시화되는 실체가 아닌 반면, 눈앞에 주어진 한 편의 글은 가시적으로 확인할 수 있는 실체이다. 이로 인해 한 편의 글을 대상으로 읽기 문항을 설계할 때 학습자의 능력을 사정(査定)한다는 목적보다는 개별 텍스트에 실현된 언어들에 초점을 맞추는 경우가 많다. 능력이 아닌 자료를 대상으로 문항을 설계하는 것이 더 수월하며, 평가의 신뢰도와 완성도를 확보할 수 있다고 생각하기 때문이다.

둘째, 자료와 능력이 동일시되기 쉽다. 읽기 능력의 상당 부분은 글의 이해도를 통해 측정할 수 있기에 이 둘을 동일하게 여기기 쉽다. 이론적으로는 구분이 되더라도 실제 층위에서는 동시에 관찰되기 때문이다. 게다가 학교 시험에서도 학습자 요인이 아닌 글 요인을 중시하다 보니 '읽기 평가＝개별 글의 이해도를 사정하는 것'이라는 잘못된 믿음이 생기게 된다. 이러한 믿음이 굳어지면, 다양한 읽기 능력을 측정하려는 의도와 달리 자료에 근거한 문항을 설계함으로써 사실적 이해라는 한정적 능력만을 사정하게 될 가능성이 크다.

이처럼 실제 문항 구현 과정에서는 평가 내용이 자료인지, 능력인지 명확히 구분되지 않는 경우가 많다. 따라서 개별 평가 맥락에 따라 상대적 비중을 달리하여 문항을 설계하곤 한다. 그러나 이 두 가지는 이론적으로는 분명하게 구분된다. 교육과정을 중심으로 이를 짚어 보고자 한다.

(1) 국어교육과정사(國語敎育課程史)를 통해 본 교육 내용 논쟁점

5·6차 교육과정 시기는 심리학을 기반으로 내용을 선정하고 배열한 기능 중심 교육과정이었다. 여기에서는 능력을 강조하면서 상대적으로 자료, 즉 텍스트를 적극적으로 기술하지 않았다. 이러한 기능 중심 교육과정은 텍스트

를 소홀히 함으로써 결과적으로 국어과의 본질과 전문성을 떨어뜨린다는 비판을 받게 되었다. 이 같은 맥락에서 '2007 개정 교육과정'이 만들어졌다.

2007 개정 교육과정부터는 자료가 아니라 텍스트군에 대한 교육 내용을 일반 원리로 제공하여 이를 성취기준으로 기술해야 한다고 생각하게 되었다. 자료를 넘어 텍스트군의 특성을 익힐 수 있는 지식·기능·태도를 기술하기 시작한 것이다. 다시 말해 국어과 교육 내용의 정체성은 텍스트에 방점을 두어야 한다는 것을 다시금 정립한 시기이다.

물론, 텍스트에 주목한 교육 내용이 이전 교육과정에 없었던 것은 아니다. 하지만 2007 개정 교육과정은 한 편의 글이나 작품을 구체적인 텍스트로 제시하는 것이 아니라, 한 단계 추상화한 이론적 수준에서 기술했다는 점이 특징적이다. 구체적인 개별 텍스트는 교육 목표를 달성하기 위해 필요한 자료일 뿐이며, 교육 내용은 텍스트군에 접근할 수 있는 지식·기능·태도를 제공해야 한다고 여긴 것이다. 예를 들어 성취기준이 설명문의 이해와 관련되어 있다면, 내용 요소는 해당 설명문을 이해하는 데 직접 관련되는 지식·기능·맥락을 중심으로 선정하였다. 이러한 점에서 2007 개정 교육과정은 '장르/텍스트 중심 교육과정'이라는 별칭으로도 불린다.

이처럼 2007 개정 교육과정을 기점으로 교육 내용의 정체성을 명확히 하여 자료와 능력을 제대로 구분하였다. 아울러 이론적 추상화의 층위를 확보하여 교육 내용의 선정과 배열 원리를 제대로 구상할 수 있게 되었다.

교육 내용의 정체성을 명확히 하긴 했지만, 여전히 성취기준은 추상적으로 느껴진다. '자료와 능력 차원의 균형'이 잡힌 교육과정을 완성하기 위해서는 '자료'에 대한 문제가 구체적으로 성취기준에 부합해야 하는데, 현 연구 상황은 물론이고 당시에는 더더욱 그럴 수 없었기 때문이다. 다음과 같은 문제점은 결국, 국어과 평가 내용의 위계화가 '자료' 중심으로 완성이 되어야 함을 의미한다. 이에 대해 (2)에서 살펴보고자 한다.

(2) 국어과 평가 내용의 위계화

어떤 내용을 어느 시기에 평가하면 되는지 교육과정에 제시되어 있다면 평가 행위는 훨씬 체계적으로 이루어질 것이다. 그동안 읽기 영역에서는 이러한 고민 아래 위계화에 대한 연구를 축적해 왔다.

무엇보다도 텍스트 난도가 문항의 난도를 좌우한다는 점에서 관련 연구를 살펴볼 필요가 있다. 전통적으로 개별 텍스트에 대한 난도를 판단하는 연구들이 있었다. 텍스트 난도란 한마디로, (특정한 개별) 글이 얼마나 어려운가를 보여 주는 지표이다. 텍스트 난도는 국어과 교수·학습 계획과 실행에서 핵심 요인이기에 학계에서는 이를 양적·질적으로 평가하고자 노력한다. 영어권에서는 전통적으로 텍스트 난도를 양적 평가 방법을 적용하여 평가해 왔다. 즉 이독성 공식을 수정하며 텍스트 난도를 판단했는데, 최근에는 어떤 텍스트이든지 입력하기만 하면 해당 텍스트의 난도를 측정해 주는 사이트들이 생겨날 정도로 정교해졌다(서혁·류수경, 2014: 447). 그러나 한국어 텍스트의 경우, 이독성 공식 등의 양적 평가만으로는 한계가 있어 질적 평가를 위한 기준과 요인을 정교화하는 것이 더 현실적이다(정혜승, 2010). 텍스트 위계화 문제에서 보다 중요한 것은 학습자 요인이며 텍스트의 이독성 연구에서 학습자의 인지 발달, 정의 발달, 언어생활 실태, 담화에 대한 친숙도, 활용도가 고려되어야 한다(서영진, 2010: 141).

이처럼 읽기 영역에서의 위계화 관련 연구에서는 개별 텍스트 자료 자체의 특성만으로는 난도를 판단할 수 없어 학습자의 능력 요인을 중시하는 방향으로 진행되고 있음을 알 수 있다. 즉, 자료 자체의 난도를 객관적으로 평가할 수 있다고 믿었던 양적 평가 모형보다는 교사 개개인의 경험에 근거하되 요인과 기준을 정교화하여 평가할 수 있는 질적 평가 모형이 더 유용하다고 보는 것이다. 이는 연구의 방향이 자료와 능력의 균형성을 지향한 것으로 보인다.

그렇지만 이러한 연구 방향만으로는 교육과정 문서를 체계화할 수 있을 정도의 위계화 문제를 완성하기가 어렵다. 국어과의 능력이란 자료를 기반으로 하여 수준 판단이 이루어져야 하는 것이고, 그러한 데이터가 쌓여야 능력에 대한 '단계화(staging)'가 가능하기 때문이다. 즉, 교육과정상의 위계화 문제를 따라서 개별 텍스트와 텍스트군을 구분하여 연구가 진행되어야 한다. 개별 텍스트에 대한 텍스트 난도 판단 및 원형 장르에 대한 장르성 인식 발달을 구분해야 한다는 것이다.

예를 들어 한국어 텍스트의 원형 장르 중에서 서사(narrative)가 제일 먼저 발달하기 시작하며, 묘사(description)는 학령기 이후에 세상을 자세히 관찰하는 인지 기능이 발달하면서 집중적으로 발달하기 시작한다. 서사라는 원형 장르에 포함되는 모든 텍스트 종류가 다 쉬운 것은 아니다. 이처럼 텍스트군의 위계는 개별 텍스트와 따로 다루어야 하는 문제이다. 그래야 읽기 평가 국면까지 제대로 연계되어 적용될 수 있다. 그러나 이러한 데이터가 충분히 쌓이지 못하여 아직 '능력'을 성취하기 위한 적절한 '자료'에 대한 판단은 구체적 맥락에서 교사 스스로 해야 하는 경우가 많다.

정리하면 2007 개정 교육과정은 자료(텍스트)와 능력(기능) 모두를 균형 있게 고려해야 한다는 이론적 반성을 반영하여 국어과 전문성을 확보하려고 하였다. 그러나 2007 개정 교육과정은 성취기준을 진술할 때 명시해야 할 세 가지, 즉 담화나 글의 유형, 내용 요소(지식·기능·태도), 행동(분석하기, 해석하기, 평가하기, 조사하기 등)의 상관관계를 입증하지 못한 채 그저 결합하여 제시한 경우가 대부분이었다는 한계가 있다. 또한 학년별 내용의 범위는 내용 요소가 아닌 텍스트의 유형에 적용되어 있으며, 이조차 성취기준에 따라 제시되는 개수나 종류가 제각각이라는 점도 문제로 지적된다. 결과적으로 2007 개정 교육과정은 제대로 실행되기가 어려웠고, 텍스트, 텍스트군(장르)

이라는 조직자는 다음 교육과정 개정에서 곧바로 폐기되었다.

그렇지만 그 기본 취지는 지금까지도 여전히 남아 있어,[1] 2015 개정 국어과 교육과정의 성취기준에서도 텍스트 종류와 상관관계가 있는 지식·기능·태도를 교육 내용으로 기술하여, 자료와 능력의 조화를 이루고 있다. 다만 전술했듯이 아직 자료의 위계화 연구가 완성된 상태가 아니니, 교사는 각 성취기준이 어떤 텍스트(군)를 전제·포함하고 있는지를 파악해야 한다. 성취기준에 따라서는 모든 텍스트군을 대상으로 실행할 수 있는 것도 있을 것이고, 일부 텍스트군을 대상으로만 실행하는 것이 훨씬 효율적인 경우도 있을 것이다. 전자로는 글 요약하기, 문장의 중요도 평정하기, 후자로는 절차와 결과가 드러나게 글 쓰기(보고서), 정보를 선정·재구성하여 글 쓰기(기사문)가 대표적이다.

2) 일반 교육학의 개념을 통한 국어과 평가 장면 재해석

여기에서는 일반 교육학의 개념 체계, 즉, 적성 검사·성취도 검사, 타당도에 근거하여 국어과 평가 장면에서 맞닥뜨리는 문제적 상황을 개념적으로 재해석해 본다. 다음은 국어과 평가 실행 과정에서 전형적으로 맞닥뜨릴 수 있는 문제 상황이다.

....

1 이는 두 가지 측면에서 확인할 수 있다. 첫째, 학계에서 한국어 텍스트의 전체적인 분포를 파악하기 위한 연구, 텍스트 종류의 장르성과 상관관계를 지니는 언어 목록을 개발하는 연구가 점차 본격화되고 있다. 특히 후자의 경우 국어교육 내용으로서의 가치를 인정받아, 2015 개정 교육과정 『언어와 매체』 과목에 갈래와 언어 형식의 관계에 대한 성취기준이 새로이 제시되었다. 둘째, 2015 개정 교육과정 읽기 영역에서 어떤 종류의 텍스트군을 바탕으로 학습자가 능력을 획득할 수 있는지 타당하게 주장할 수 있는 성취기준들을 확인할 수 있다. '[9국02-04] 설명 방법 파악하며 설명하는 글 읽기, [9국02-05] 논증 방법 파악하며 주장하는 글 읽기'가 그 예이다.

김 교사와 류 교사는 읽기 영역에서 기능이 평가 요소인 단원을 중심으로 읽기 지필 평가 문항을 설계하였다. 시험 범위 내에 있는 지문 및 지문에 대한 교사의 해석을 모두 기억하는 학습자 A가 모든 문항을 수월하게 해결하였다. 이에 대한 총평을 어떻게 할 것인가? 기능이 향상된 것인가, 기억력이 훌륭한 것인가?

김 교사는 학습자 A의 국어과 성취도가 높다고 평가한다. 즉, 학습자 A는 수업 시간에 충실히 학습했다는 증거를 보여 주었으니 교과 시간에 성취가 있었다고 판단한 것이다. 이에 동의하지 않은 류 교사는 다음과 같이 문제 제기를 하였다.

- 김 교사는 국어과 성취도에 대해 잘못 규정하고 있다. 국어과 성취도는 수업 시간에 충실히 학습을 했다고 해도 달성할 수 있는 것이 아니다.
- 해당 지문 및 지문에 대한 교사의 해석을 모두 이해한 학생은 국어과 읽기 능력이 있다고 볼 수 있다. 그러나 이를 모두 기억하기만 한 학생은 국어과 읽기 능력이 있다고 확신할 수 없다. 학습자 A가 이해한 것인지, 기억하기만 한 것인지 구분할 수 있는가?
- (특히 학교 지필 평가의 맥락에서) 학습자 A가 이해한 것인지, 기억하기만 한 것인지를 구분할 수 있는 문항이었는가?

위 사례는 시험 범위가 존재하는 학교 지필 평가에서 '자료 vs. 능력'이 쟁점이 되고 있는 전형적인 상황을 잘 보여 준다. 타당도 개념에 입각해 보면, 학교 지필 평가는 교수 타당도와 교과 타당도가 충돌할 수밖에 없으며 학생 입장에서 안면 타당도가 떨어지는 시험으로 느껴질 가능성이 크다. 이러한 문제 상황 역시 국어과 교육 내용의 정체성이 모호하다는 점에서 비롯된다. 이하에서는 적성 검사와 성취도 검사를 구분하고 타당도 개념 체계에 입각하여 이러한 문제 상황을 개념적으로 해석하고 관련 쟁점을 추출해 본다.

이로써 일반 교육학의 개념들이 보다 국어과 특수성을 띠는 형태로 적용될 수 있을 것이다.

(1) 적성 검사와 성취도 검사

시험 범위가 정해져 있는 학교 지필 평가에서 '자료 vs. 능력' 쟁점은 시험의 성격이 '적성 검사 vs. 성취도 검사' 중 무엇으로 귀결되는지와도 관련된다. 먼저 적성 검사와 성취도 검사의 정의부터 살펴보자. 적성 검사(aptitude test)란 개인이 미래의 학습을 얼마나 잘할 수 있는지를 예견하기 위한 검사로, 예측 타당도가 중시되고 축적된 학습 내용을 측정한다. 성취도 검사(achievement test)란 개인의 지식·기술·성취의 현재 수준을 측정하기 위한 검사로, 내용 타당도가 중시되고 최근에 배운 학습 내용을 측정한다.

이러한 정의를 보면 적성 검사와 성취도 검사의 구분은 시험 범위와 관련이 있다. 두 검사가 측정하는 학습 내용이 최근에 배운 내용인지 아니면 이를 넘어서는 내용인지, 배운 것 그대로를 평가하는지 아니면 개인의 능력이 개입되는 잠재력을 포함하는지 등에 따라 구분되기 때문이다. 국어과의 모든 성취도 검사는 어느 정도 적성 검사의 성격을 지닐 수밖에 없다. 시험 범위를 한정하고 성취도 검사에 충실하게 문항을 출제한다 하더라도, 국어과에서 목표로 하는 능력은 잠재적 교육과정, 환경적 요인, 유전적 요인 등 적성 관련 요인에 영향을 받기 때문이다.

학습자는 명확한 실체인 '자료'를 시험 범위라고 생각하기 쉽지만, 실제 학교 성취도 평가에서 시험 범위를 자료 중심으로 인식하면 성취도 평가가 기억력 검사가 될 우려가 있다. 그런데 기억력을 측정한다는 것은 학교 교과 평가의 성격으로는 적절하지 않다. 그리하여 교사는 능력을 측정하기 위해 교과서 밖 지문에서 문항을 출제한다. 이 경우 학습자는 배운 자료 그대로 문제가 나오지 않으니 시험 범위 밖에서 출제되었다거나, 국어과는 공부할 필요가 없다거나, 공부했더니 더 점수가 안 나온다는 등의 불만을 토로하게 된다. 성취도 검사를 기대했던 학습자가 학교 시험을 적성 검사로 느끼는 것이다.

대학수학능력시험 국어 영역은 적성 검사인가, 성취도 검사인가?

2014학년도부터 대학수학능력시험 언어 영역은 국어 영역으로 명칭이 수정되었다. 그 이전 수능이 적성 검사로 출발했다면, 2014학년도부터는 성취도 검사로서의 속성이 강화된 것이다. 그러나 학습자는 수능을 온전한 성취도 평가라고 느끼지 못할 수도 있다. 이는 첫째, 국어과의 특성상 기본적으로 모든 시험이 적성 검사로서의 성격을 지니고 있으며, 둘째, 수능이라도 낯선 텍스트를 대상으로 문항 설계를 해야 하는 것은 다르지 않기 때문이다. 영역별로 본다면 문학 영역에서는 낯설지 않은 텍스트를 제공하기 위해서 EBS 교재 연계를 원칙으로 하고 있어 상대적으로 성취도 평가의 성격이 강하나, 독서 영역에서는 낯선 텍스트를 제공할 수밖에 없기 때문에 적성 평가로 느낄 수밖에 없다.

현재 대학수학능력시험은 다양한 소재의 지문과 자료를 활용하여 대학수학에 필요한 국어 능력을 측정하는 적성 검사인 동시에, 현행 국어과 고등학교 교육과정을 통해 성취한 국어 능력을 측정하는 성취도 검사의 성격을 모두 가지고 있다. 그러나 과거 학력고사의 문제점을 극복하려는 취지가 무색해지고 현행 국가 수준 학업성취도 평가와 차별성이 없다는 비판도 있다.

(2) '타당도 개념 체계'로 교사와 학생 입장 명료화하기

　타당도 개념 체계[2]를 중심에 두고 교사의 입장과 학생의 입장에서 지필 평가 범위 쟁점을 어떻게 판단하는지를 살펴보고자 한다. '타당도'란 측정하려고 의도하는 것을 측정하고 있는 정도, 동시에 관련이 없는 요인들이 영향을 받지 않는 정도를 나타낸다. 측정 대상이 분명한 물리 측정에서는 타당도가 문제 되지 않지만, 성격이나 지능과 같이 직접 관찰하기 어려운 추상적인 개념을 대상으로 하는 교육 및 심리 측정에서는 의도하는 특성을 제대로 측정하는 데 타당도가 매우 중요한 의미를 갖는다. 타당도는 전체 검사지를 대상으로(교과 타당도, 교수 타당도, 내용 타당도), 또는 개별 문항을 대상으로(문항 타당도) 하여 증거를 수집한다.[3]

　측정 전문가는 검사지의 타당도를 측정하기 위해 검사 전체에 대한 평가와 문항 하나하나에 대한 평가라는 두 단계 절차를 구분하여 측정을 실시하며, 상당 부분 교과 전문가의 의견을 신뢰하며 진행된다. 검사지 전체의 타당도를 분석할 때 각 교과 전문가는 이를 통계적으로 분석하기보다는, 교과 타당도와 교수 타당도를 종합하여 각 문항별로 검사 문항들이 특정하고자 하는 영역을 충실하게 반영하고 있는지 살핀다.

....

2　이하에서 다루는 '타당도 및 변별도' 개념은 권대훈(2016: 116-138)을 참고하여 재구성한 것이다.

3　① 교과 타당도: 검사 문항들이 교육과정에서 다루는 내용을 얼마나 잘 대표하는가를 나타내는 타당도. 학업성취도 검사의 타당성을 분석할 때 중요하게 다루어지는 개념이다.
　② 교수 타당도: 검사 내용이 교사가 학생에게 가르친 수업 내용과 일치하는 정도. 학생들이 학교에서 배운 지식과 기술을 검사가 얼마나 충실하게 측정하는가를 나타내는 개념으로, 검사 내용이 학급이나 과제물에서 다루어진 것과 얼마나 가깝게 부합하는가, 학생들에게 평가된 것을 배울 기회가 주어졌는가와 같은 질문에 대한 답을 통해 추정할 수 있다. 수업에서 강조한 것과 검사 내용이 일치하는지 반드시 점검해야 한다.
　③ 내용 타당도: 가장 포괄적인 개념으로, 검사 문항들이 측정하려고 하는 전체 영역을 대표하고 있는가에 관한 증거와 문항의 적절성에 관한 증거를 수집함으로써 입증되는 타당도에 해당한다.

이렇게 보면 시험 범위가 존재하는 국어과 지필 평가에서는 교과 타당도와 교수 타당도가 충돌할 수밖에 없다. 예를 들어 자료를 충실히 읽었는지 평가하는 문항에 대해 이 문항이 읽기 능력과 관련성이 없다고 할 수 있는가? 목표에는 부합하지 않더라도 타당도가 아예 없는 것은 아니다. 여기에 적성이나 성취도 개념까지 결합하면 설명이 다소 복잡해진다. 교사 입장에서는 교과 타당도와 교수 타당도를 모두 확보하고 싶겠지만 사실상 둘 중 하나라도 확보하겠다는 생각으로 문항을 정교화해야 한다. 문제는 개별 자료에 대한 이해와도 상관이 없는 문항, 즉 교과 타당도는 물론이고 교수 타당도도 부족한 문항이 출제되는 경우가 있다는 것이다. 이러한 문항은 대개 교사가 변별도를 중시해야 하는 상황에서 어쩔 수 없이 선택한 결과물일 때가 많다.

국어과의 이러한 특수성은 안면 타당도 개념을 고려하면 한층 더 복잡해진다. 안면 타당도란 피험자, 즉 비전문가의 입장에서 볼 때 검사 문항이 측정하고자 하는 것을 제대로 측정하고 있는지를 판단할 수 있는 정도를 뜻한다. 안면 타당도는 검사가 무엇을 재고 있는 것 같다는 주관적인 인상을 중심으로 기술되며, 피험자에게 이 평가가 적절한 것처럼 '보이는' 것이다. 안면 타당도는 내용 타당도를 대신할 수는 없으나, 비전문가에게도 평가가 타당하게 '보이는' 것도 중요하기에 강조된다. 안면 타당도가 낮을 경우 학생은 검사가 공정하지 않다는 느낌을 가질 수 있다.

지금까지 정립된 타당도 개념[4]을 바탕으로 다음 문항을 살펴보자.

....

4 물론 검사 자체의 특성으로 인해 타당도에 영향을 받는 경우도 많다. 타당도 계수에 영향을 주는 검사 요인으로는 '불명료한 지시, 복잡하거나 난해한 어휘 및 구문, 모호한 표현, 시간제한의 부적절성, 측정하기 쉬운 내용만 강조하는 문항, 문항 형식의 부적절성, 문항의 결함, 문항 수 및 배열의 부적절성, 정답의 규칙적 패턴' 등이 있다. 이들은 안면 타당도에도 많은 영향을 주는 요인들이기도 하다.

(다) ⊙가시리 가시리잇고 나는

　버리고 가시리잇고 나는

　위 증즐가 대평성대(大平盛代)

　ⓛ날러는 어찌 살라 하고

　버리고 가시리잇고 나는

　위 증즐가 대평성대(大平盛代)

　ⓒ잡사와 두어리마나는

　선하면 아니 올세라

　위 증즐가 대평성대(大平盛代)

　ⓔ설온 님 보내옵나니 나는

　가시는 듯 ⑩돌아오소서 나는

　위 증즐가 대평성대(大平盛代)

05 (다)에 대한 설명으로 적절한 것은?

① 지은이는 '박병채'이다.

② 조선 시대에 쓰인 작품이다.

③ 기승전결의 4단 구성이 나타난다.

④ 3.3.2조의 2음보 율격이 나타난다.

⑤ 매 연마다 반복되는 '위 증즐가 대평성대'는 이 시의 주제와 밀접한 관련이 있다.

　　[사례 1]은 중학교 3학년『국어』과목에서 "문학이 인간의 삶에 어떤 가
치가 있는지 이해한다."라는 학습 목표를 가진 단원과 관련하여 출제되었다.

이 단원에서는 작품 속에서 다양한 삶을 만나고 이를 통해 인간과 세계를 이해하고 자신을 성찰하는 것이 주된 활동이며, 소단원 제재로는 현대시, 외국소설, 고전수필이 제시되었다. 지문에 사용된 시 〈가시리〉는 '더 읽어보기'에 '역/주석 박병채'가 명기된 채 실린 제재로, 시적 화자의 삶을 재구성하고 작품의 문학사적 가치를 탐구하는 활동을 하도록 되어 있다.

답은 ③번이지만 문항 자체의 성립 여부를 비평하는 데 초점이 있는 것이 아니므로 ①번 선택지에만 주목해 보자. 언뜻 보면 ①번 선택지는 단편적인 지식을 기술하고 있으며 작품에 나타난 삶을 이해하는 것과는 관련이 없어 보인다. 그런데 고려가요라는 장르 자체가 지은이를 논할 수 없는 경우가 많다는 것을 고려하면 판단은 달라질 수 있다. 고려가요는 고려 시대 일반 서민들의 대중적 감성을 노래한 장르이며, 이것은 고려가요가 지닌 문학사적 가치 중 하나이다. 대중의 노래라는 고려가요의 특성상 일반적으로 작가가 알려져 있지 않다는 사실을 알고 있었던 학습자라면 ①번 선택지가 교과 타당도를 지녔다고 판단하게 될 것이다.

그러나 이를 문학사적 가치와 연계하지 못하고 ①번 선택지의 축자적 의미의 틀에서 머물고 있는 학습자라면 이 선택지가 그저 단편적 지식 확인에 불과하며 교과 타당도와 거리가 멀다고 생각할 수도 있다. 교과서 한쪽 면에 작게 명기되었던 '역/주석 박병채'라는 정보를 '지은이 박병채'로 살짝 바꾸어 놓았을 뿐이라고 생각할 것이기 때문이다. 이러한 학생들에게 ①번 선택지는 안면 타당도가 떨어지는, 변별도만을 지나치게 고려한 선택지라고 인식될 가능성이 크다.

그런데 이 선택지의 타당도에 대한 판단은 무엇보다도 교사가 실제로 수업에서 어떻게 가르쳤는지에 따라 달라질 수 있다. 즉, 교수 타당도에 따라 교과 타당도에 대한 해석이 달라질 수 있는 것이다. 만약 수업 시간에 '역/주석 박병채'를 짚어 주면서 익명성을 지닌 대중의 애환을 담은 시가라는 고려가

요의 장르적 특성을 의미화했다면 ①번 선택지는 교수 타당도와 교과 타당도를 지닌다. 그런데 이를 충분히 의미화하지 않고 고려가요의 장르적 특성을 지식적으로 정리하는 데 그쳤다면 이 문항은 교과 타당도 면에서 의미가 떨어진다.

지금까지 학교 지필 평가에서 자주 맞닥뜨리는 문제 상황에 대한 교사와 학생 각각의 입장 및 세부 쟁점 등을 적성 평가와 성취도 평가의 구분, 타당도 개념 체계를 중심으로 살펴보았다. 시험 범위가 주어지는 학교 지필 평가 맥락에서의 문제 상황은 '국어과 평가의 내용은 자료인가, 능력인가'라는 핵심 질문과 밀접하게 관련되어 있으며, 국어과 평가의 특수성을 선명하게 보여 준다.

3) 문항을 중심으로 본 자료와 능력의 조화 양상

앞 절에서 살펴본 국어과 교육과정의 특성에 대하여 이제는 실제 문항을 중심으로 살펴보고자 한다. 출제자가 자료와 능력 중 무엇에 초점을 두었는지 생각해 보면서, 읽기 및 문학 문항에서 자료와 능력을 어떻게 조화롭게 설계할 수 있는지 확인해 보자.

(1) 읽기 영역

읽기 영역에서 읽기 방법이나 전략을 평가 요소로 하는 문항을 설계할 경우에는 개별 텍스트로서의 자료의 내용과 구체적으로 조화를 이루어야 한다.

[10~11] 다음 글을 읽고 물음에 답하시오.

최근 '힙합'이라는 음악 장르가 관심을 끌고 있다. 방송 프로그램에 힙합 가수들이 출연해 다양한 끼와 랩 실력으로 ㉠주목을 받고 있고, 힙합 가수를 꿈꾸는 청소년들도 늘어나고 있다. 이렇게 힙합 음악이 대중화된 상황에서 힙합 가수들에게는 어떠한 창작 태도가 필요할까? 힙합 음악의 중요한 창작 수단으로 인식되어 온 '샘플링'을 중심으로 이를 알아보고자 한다.

1960년대 미국에서 힙합이 '거리 음악'으로 막 시작되고 성장해 가던 시기의 샘플링은 단순히 원곡의 일부나 혹은 전체를 빌려 쓰는 것이었다. 당시에는 완전히 새로운 음악 창작 방법이었으며, 저작권에 대한 인식이 확고하지 않았던 때라 샘플링에 큰 제약도 없었다. 샘플링에 대한 이런 인식은 1990년대 초반까지 이어지며 확대되었다.

하지만 힙합 음악이 대중적으로 ㉡관심을 끌면서 샘플링에 대한 인식도 점차 발전적으로 변화하였다. 특히 1992년 미국에서 샘플링과 관련하여 제기된 저작권 소송이 변화의 중요한 계기가 되었다. 이후 힙합 음악에서 샘플링은 원곡에 대한 충분한 이해와 원작자에 대한 존경심을 바탕으로 그의 허락을 받아 자신만의 방식으로 재해석하는 예술 기법으로 인식되고 있다.

이런 변화 속에서 우리나라에서도 1990년대에 힙합 음악이 본격적으로 발표되기 시작했고, 지금까지 많은 양적, 질적 ㉢성장을 이루어 내고 있다. 그런데 우리나라의 일부 힙합 가수들은 여전히 샘플링을 쉽고 간단한 '복사하고 붙여 넣기' 방법 정도로 이해하고 있다. 이러한 베끼기 수준의 샘플링은 표절 문제를 피하기 어렵다. 원곡에 새로운 의미를 부여하거나 원곡의 가치를 더 높이려는 태도를 보이지 않는다면, 힙합 음악의 대중화 열풍을 가져왔던 샘플링이 오히려 힙합 발전의 ㉣발목을 잡을 수도 있다.

현재 우리나라에서 힙합 음악은 '거리 음악'의 ㉤단계를 벗어났다. 대중 매체 속 음악 프로그램의 음원 차트를 보면, 이제 힙합은 대중음악의 중요한 갈래 중 하나로 인정받고 있다. 이런 상황에서 힙합 가수들은 샘플링이 원곡에 대한 더 진지한 이해와 존경을 바탕으로 한 재창조라는 점을 더욱 분명하게 인식해야 할 것이다. 그리고 샘플링을 넘어서는 새로운 창작 방법을 찾기 위한 노력도 해야 할 것이다.

10 윗글의 주장과 근거에 대한 설명으로 가장 적절한 것은?

① 힙합 음악의 시대적 요구에 근거하여 '거리 음악' 시대의 힙합 정신으로 돌아갈 것을 주장하고 있다.

② 힙합 음악의 사례를 토대로 우리나라 대중음악의 창작 방법으로써 샘플링의 확대를 주장하고 있다.

③ 달라진 힙합 음악의 위상을 토대로 우리나라 힙합 가수들의 샘플링에 대한 인식 개선을 요구하고 있다.

④ 우리나라 힙합 음악의 특수성에 근거하여 원작자의 음악을 마음껏 활용하도록 해야 함을 주장하고 있다.

⑤ 힙합 음악에 대한 대중의 관심을 바탕으로 '복사하고 붙여 넣기'를 샘플링에 활용할 것을 권장하고 있다.

[사례 2]의 평가 기준은 '글의 목적이나 글의 특성을 고려하여 글의 내용을 요약한다.'로, 학습자가 글의 특성에 주목하여 읽기 활동을 하도록 유도하고 있다. 학습자는 글의 특성 중 하나인 주장과 근거 중 가장 적절한 것을 찾아내야 하므로, 글의 특성을 고려하여 글의 중심 내용을 요약하는 과정을 수행하게 된다. 그러므로 위 문항에서는 출제자가 자료와 능력 모두를 중시하고 있음을 읽어 낼 수 있다.[5] 사실상 이 성취기준 자체가 자료와 능력을 모

....

5   이는 출제자의 의도가 자료와 능력 중 어디에 비중을 두었을까를 판단해 본 것이지, 문항의 내

두 중시하도록 요구한다. 개별 텍스트가 아니라 텍스트군에 대한 지식이 개별 텍스트에 대한 이해에 활용된 사례에 해당한다.

다음으로, 독해 방법이나 전략을 평가하기 위한 문항을 생각해 보자. 교사가 방법이나 전략을 학습자에게 명시적으로 강조하고, 이를 시험에도 출제한다면 어떻게 될까? 미숙련 학습자, 숙련 학습자 모두에게 지식으로 느껴질 가능성이 크다. 즉 미숙련 학습자는 방법과 전략을 체화하지 못해 명제적 지식처럼 느껴지고, 숙련된 학습자는 이미 전략으로 잘 활용하고 있는데 이를 군이 메타적으로 인식하고 반복적으로 암송하게 되어 지식처럼 느낄 수 있다. 예를 들어 교과서에서 가르친 지문을 대상으로 다음과 같은 문항을 출제했다고 가정해 보자.

사례 3   저자 구성

01 다음은 윗글을 읽기 전에 내용을 예측한 것이다. 적절하지 <u>않은</u> 것은?

   ① 글쓴이에 대한 정보를 바탕으로 글의 의도를 생각해 보았다.

   ② 제목을 바탕으로 글의 내용을 예측해 보았다.

   ③ 차례를 보며 글의 구성을 파악해 보았다.

   ④ 글의 주제를 파악하고 더 알고 싶은 내용을 찾아보았다.

   ⑤ 배경지식을 바탕으로 글의 내용을 예측해 보았다.

[사례 3]은 학습자가 읽기의 방법과 전략을 갖추고 있는지 확인하는 것이 핵심이다. 원래 교과서에서는 특정 텍스트 종류의 글을 읽는 방법 및 전략

....

용 타당도를 판단한 것은 아니다. 또한 정답을 맞힌 피평가자가 지문을 이해했다고 판단할 수 있는지는 별도로 평가해야 한다.

에 대해 정리하는 활동이 있었을 것이고, 이를 고려하여 문항을 출제하였다. 그런데 문제는 학습자가 그 방법과 전략을 여러 번 회상하여 명제적 지식의 형태로 기억할 가능성이 크다는 것이다. 이렇듯 학습자가 읽기 방법이나 전략을 명제적 지식으로 암송한 상태라면, 위와 같은 문항을 접했을 때 지문을 읽지 않고도 문항을 해결하게 된다. 평가 요소의 원래 위상은 학습자가 자신의 읽기 기능을 향상시키기 위해 방법과 전략을 적극적으로 활용하는 것이지만, 실제 학습자가 문항을 해결하는 과정에서는 선택지들만 보고도 답이 무엇인지 판단할 수 있는 것이다. 이러한 문제점을 해결하기 위해서는 개별 텍스트에 대한 이해를 묻는 선택지를 추가하여 자료와 능력을 충분히 조화시켜야 한다. 그렇지 않으면 자료를 이해하고 감상하는 방법을 평가하려고 했다가 지식을 평가하게 될 수 있다.

(2) 문학 영역

문학 영역에서도 자료와 능력은 조화를 이루어 출제되어야 한다. 예를 들어 비유적 표현의 이해에 관한 성취기준을 다루기 위해 〈별 헤는 밤〉이라는 제재를 활용한 교과서 단원이 있다고 하자. 이 단원에서 시험 문제를 낸다면, 꼭 비유적 표현과 관련된 문항만을 출제하고 개별 작품 내용을 이해하기 위한 문항은 지양해야 하는가? 답은 '아니다'일 것이다. 문학 작품 역시 텍스트이므로 문학 능력(기능)을 평가하는 것과 개별 텍스트를 이해하는 것이 분리되지 않는다. 따라서 개별 텍스트에 대한 해독 능력을 묻는 것은 당연하다.

그렇다면 작품을 이해하는 데 필요한 문학사적 지식을 묻고자 하는 경우는 어떨까? 문학사적 지식은 '지문에서 단서를 찾을 수 없는 차원'의 배경지식에 해당한다. 독서 영역에서는 그러한 배경지식은 출제할 수 없다. 그렇지만 문학 영역에서는 수업 시간에 문학사적 지식을 배경지식으로 제공했다면, 학교 지필 평가에서 해당 내용을 출제한다 하더라도 문학 능력을 묻지 않는 문항이라고 단정하기 어렵다. 문학사적 지식이 개별 작품을 감상하는 데 꼭 필요한 방법적 지식으로 작동하는 경우가 많기 때문이다. 문학사적 지식을 광범위하게 지니면 지닐수록 사실상 문학 감상 능력이 배가된다고 말할 수 있는 것이다.[6]

이러한 점에서 문학 영역은 독서 영역과는 다른 특수성이 존재한다. 문학 영역은 개별 텍스트 자체가 가치를 지니는 것이다. 즉, 문학 교육에서 개별 작품이란 문학적 지식을 학습하기 위한 대상이자 자료이기도 하지만 그 자체가 학습해야 할 중요한 교육 내용이다. 따라서 문학 작품에 관한 문항을 설계할 때에는 능력보다 자료에 초점을 두는 경우가 훨씬 많다. 독서 영역에 비해 작품 자체가 능력과 곧바로 연계되는 경향이 있어서 성취기준과 상관관계가 높은 보편적인 작품 목록이 존재하는 것이다.[7] 문학 영역에서 자료와 능력의 균형을 갖추기 위해 각 세트 문항은 다음과 같이 구현되곤 한다.

사례 4　　　　　　　　　　　　　　　　　　　　　　　　　　　　　저자 구성

21 위와 같은 글을 읽을 때 유의할 점은?

① 등장인물의 갈등에 초점을 맞추어 읽는다.
② 글에 나타난 비유와 상징을 파악하며 읽는다.
③ 글쓴이의 주장과 근거가 타당한지 생각하며 읽는다.
④ 글에 나타난 정보를 정확하게 파악하며 읽는다.
⑤ 작품에 나타난 사회상을 현재와 비교하며 읽는다.

....

6　대학수학능력시험에서는 문학 영역의 경우에도 이러한 지식은 직접적인 출제 대상이 될 수 없고 〈보기〉나 선택지 등에서 단서로 활용된다.
7　이에 대해서는 9강에서 살펴볼 것이다.

[사례 4]를 일면적으로 보면 그저 글의 특성에 대한 지식을 묻는 문항일 뿐, 자료와 능력이 조화를 이룬 문항이라고 판단하지 않을 수도 있다. 그런데 이 문항이 출제된 시험의 범위가 '시, 현대소설, 고전소설, 논설문, 설명문'이 었다면, 학교 지필 평가 맥락에서는 이러한 문항이 타당성을 지닌다고 볼 수도 있다. 선택지 ①~⑤번이 학교 지필 평가 범위에 포함된 텍스트 각각의 특성을 포함하기 때문이다. 즉, 이 문항이 해당 지문의 특성을 시험 범위 내에 있는 다른 지문의 장르와 비교하여 기본 지식으로 정리하고 있는지를 평가하고자 했다고 보면 성취도 평가의 목적에 부합하는 타당한 문항이라고 판단할 수 있다.

4) 연계 지문 활용하기

구체적인 평가 맥락 및 교사의 신념에 따라 이미 배운 지문을 대상으로 하는 학교 지필 평가에 대한 가치 판단이 달라질 수 있음을 살펴보았다. 자료에 대한 기억력을 확인하는 데 그치기 쉬운 지필 평가에서 학습자의 읽기 능력을 평가하기 위한 방안 중 하나는 연계 지문을 활용하는 것이다. 연계 지문이란 수업에서 학습한 내용과 관련되면서도 수업에서 다루지 않은 새로운 지문을 뜻한다. 이때 연계 지문은 반드시 평가 목표에 부합해야 한다. 그래야 배운 것을 적용하여 읽는 능력을 평가할 수 있다. 연계 지문을 활용할 때에도 평가의 대상은 자료가 아니라 능력에 방점을 두어야 하는 것이다. 따라서 자료 자체를 어떻게 물을지 고민하기보다 학습자에 대한 평가를 어떻게 할 것인지를 생각해야 한다.

연계 지문은 교과서 지문이 실린 책의 다른 부분이나 다른 필자가 쓴 비슷한 수준의 글 혹은 권장 도서 목록에서 가져올 수 있다. 이러한 시도는 읽기 평가의 목표와 관련된 타당도를 제고하며, 제재의 다양화를 통해 피험자들의 독서 지평을 확장하는 효과도 가져온다.

이러한 연계 지문의 효용을 이해하더라도 막상 교과서 밖 지문을 연계하여 문항을 출제하는 작업은 매우 어렵다. 문항이 타당도를 갖추기 위해서는 담화의 종류가 단원의 학습 목표와 어울려야 하고, 지문의 분량이 적절하면서도 자체적인 완성도를 갖추어야 하기 때문이다. 완전히 낯선 자료를 대해야 하는 학생들의 입장도 고민될 수 있다. 이러한 상황에서는 EBS 교재를 연계해서 출제하는 수능을 모델로 삼아 지필 평가 지문의 확장을 도모할 수 있다. EBS 교재의 지문을 변형하여 수능 시험 문제를 도출하는 것처럼 교과서의 지문을 바탕으로 교과서 밖의 지문을 찾아 지필 평가에 출제하는 것이다.

여기에서는 EBS 교재를 연계하여 출제하는 방식을 안내하여, 학교 지필 평가에서 연계 지문을 구성하는 데 도움을 주고자 한다. 수능에서 EBS 교재를 연계하는 방식은 크게 자료 활용, 문항 아이디어 활용, 개념 원리 활용, 핵심 제재·논지 활용, 지문 활용의 다섯 가지로 구별된다.[8] 이 중에서 특히 독서·문학 영역과 관련된 자료·지문 활용 방식과 핵심 제재·논지 활용 방식을 살펴본다.

(1) 자료·지문 활용

EBS 교재의 〈보기〉에 실려 있는 작품을 지문으로 구성하는 경우이다.

....

8　자료 활용은 지문의 핵심 제재나 〈보기〉를, 문항 아이디어 활용은 문제의 유형을 연계하는 방식이다. 개념 원리 활용은 문법 문제의 개념을 연계한 것으로 문제 연계와는 거리가 멀다. 핵심 제재·논지 활용은 독서 영역에서 연계 교재의 핵심 제재만을 가져와 지문을 변형하는 것이다. 지문 활용은 연계 교재의 지문 일부와 수능 지문이 일치하는 연계 방식이다. 현실적으로 자료 활용과 지문 활용은 거의 같다고 볼 수 있다.

연계 교재에서 〈보기〉에 짧게 실린 부분의 앞이나 뒤에 있는 대목을 추가하여 지문으로 활용하는 것이다.

■ EBS 연계 교재

〈 보기 〉

큰나큰 기운 집의 마누라* 혼ᄌ 안자 / 긔걸*을 뉘 드르며 논의(論議)을 눌라 홀고
낫 시름 밤 근심 혼자 맛다 계시거니 / 옥 ᄀᄐ 얼굴리 편ᄒ실 적면 날이리
이 집 이리 되기 뉘 타시라 홀셔이고 / 헴 업는 종의 일은 못도 아니 ᄒ려니와
도로혀 헤여ᄒ니 마누라 타시로다 / 닉 항것* 외다 ᄒ기 종의 죄 만컨마ᄂ / 그러
타 뉘을 보려* 민망ᄒ야 숣ᄂ이다*
숫 쇠기 마ᄅ시고 내 말솜 드로쇼셔 / 집일을 곳치거든 종들을 휘오시고
종들을 휘어거든 상벌(賞罰)을 볼키시고 / 상벌(賞罰)을 발키거든 어른 종을 미드쇼셔
진실노 이리ᄒ시면 가도(家道) 졀노 닐니이다   – 이원익, 「고공답주인가」에서

*마누라: 상전. *긔걸: 명령. *항것: 상전.
*뉘을 보려: 세상을 보려니까. *숣ᄂ이다: 사뢰나이다.

■ 2016학년도 대학수학능력시험

(가)
어와 동량재(棟梁材)*를 뎌리 ᄒ야 어이 홀고
헐쓰더 기운 집의 의논(議論)도 하도 할샤
뭇 목수 고자(庫子) 자* 들고 허둥대다 말려ᄂ다

– 정철 –

(나)
바깥 별감* 많이 있어 ㉠바깥 마름 달화주*도
제 소임 다 바리고 몸 ᄭ릴 ᄯ룬이로다

비 시여 셔근 집을 뉘라셔 곳쳐 이며

옷 버서 문허딘 담 뉘라셔 곳쳐 쓸고

ⓛ불한당 구멍 도적 아니 멀니 단이거든

화살 츤 수하상직(誰何上直)* 뉘라셔 힘써 홀고

큰나큰 기운 집의 마누라* 혼자 안자

명령을 뉘 드르며 논의를 눌라 홀고

낫 시름 밤 근심 혼자 맛다 계시거니

옥 ᄀᆞ튼 얼굴리 편ᄒᆞ실 적 몃 날이리

이 집 이리 되기 뉘 타시라 홀셔이고

혬 업는 죵의 일은 뭇도 아니 ᄒᆞ려니와

도로혀 혜여ᄒᆞ니 마누라 타시로다

ⓒ늬 주인 외다 ᄒᆞ기 죵의 죄 만컨마는

그러타 셰상 보려 민망ᄒᆞ야 사뢰나이다

ⓔ새끼 소기 마르시고 내 말ᄉᆞᆷ 드로쇼셔

집일을 곳치거든 죵들을 휘오시고

죵들을 휘오거든 상벌을 밝히시고

ⓜ상벌을 밝히거든 어른 죵을 미드쇼셔

진실노 이리 ᄒᆞ시면 가도(家道) 절노 닐니이다

- 이원익, 「고공답주인가(雇工答主人歌)」 -

*동량재: 건축물의 마룻대와 들보로 쓸 만한 재목. *고자 자: 창고지기가 쓰는 작은 자.
*별감: 사내 하인끼리 서로 존대하여 부르던 말.
*달화주: 주인집 밖에서 생활하는 종들에게서 주인에게 내야 할 대가를 받아 오는 일을 맡아 보던 사람.
*수하상직: "누구냐!" 하고 외치는 상직군.   *마누라: 상전, 마님 등을 이르는 말.

학교 지필 평가에서라면 교과서에 일부만 수록된 자료, 예컨대 소설이나 극의 나머지 대목을 활용해서 새로운 지문을 구성할 수 있다. 또는 교과서에 실린 작품 하나에 교과서 밖의 작품 하나를 묶어서 한 세트를 구성할 수도 있다. 독서 자료의 경우 교과서의 활동 보조 자료나 심화 단계에 일부만 제시된 글의 나머지 부분을 활용할 수 있다. 다른 출판사 교과서의 유사 단원에 수록된 자료를 활용하는 것도 한 방법이다.

(2) 핵심 제재·논지 활용

EBS 연계 교재에 수록된 지문의 일부 내용을 심화·발전시켜 수능 지문으로 활용하는 경우이다.

■ EBS 연계 교재

'광전자 증배관'이란 미세한 빛을 통해 방출된 전자를 증배하여 전류로 측정하는 장치이다. 초고진공 수준으로 유지된 유리 튜브로 이루어진 광전자 증배관은 빛이 들어오는 입사면의 끝에 있는 광음극, 전자를 증배하기 위해 배열된 여러 개의 다이노드, 그리고 증배되어 모인 전자를 전류로 측정하는 역할을 하는 양 극으로 이루어져 있다. 그리고 광음극, 다이노드, 양극에는 각각 외부로부터 일정한 차이로 전압이 걸려 있다.

그럼 어떻게 광전자 증배관을 통해 전자가 증배되는 것일까? 광전자 증배관은 빛이 물체의 전자와 충돌했을 때 물체의 표면에서 전자를 방출하는 광전 효과를 이용하고 있다. 그래서 빛에 민감하게 반응하는 알칼리 금속으로 코팅되어 있는 광음극에 빛이 입사하면, 광전 효과가 일어나 광음극 표면에서 전자가 방출되는데 이를 광전자라 한다. 하지만 광음극에 입사된 약한 빛으로 방출되는 전자의 수는 너무 적다. 이것만으로는 직접 전기적 신호로 감지할 수 없기 때문에 광전자 증배관을 통해 신호를 증폭할 필요가 있다. 빛에 의해 방출된 전자가 첫 번째 다이노드에 충돌하게 되면, 전자가 반사될 뿐만 아니라 전자로부터 주어진 에너지에 의해 다이노드 표면으로부터 전자들이 방출된다. 이렇게 방출된 전자는 외부 전기장에 의해 가속이 되어 높은 운동 에너지를 갖게 된다. 높은 운동 에너지를 가진 전자들이 다른 다이노드에 충돌하면서 더 많은 전자가 나오게 되어, 전자의 수는 점점 증배된다. 이렇게 증배된 전자들은 양극에 도달하게 되고, 양극은 증배된 전자들을 전류로 측정하게 된다.

이러한 광전자 증배관은 다양한 장비에서 활용되는데, 대표적인 것이 바로 '야간 투시경'이다. 인간의 눈은 물체에 반사된 빛을 감지하여 대상을 본다. 그래서 어두운 밤에는 대상이 잘 보이지 않는다. 하지만 광전자 증배관을 이용하는 야간 투시경은 약한 빛이라도 물체에 반사된 것을 증폭하여 대상을 볼 수 있게 해 준다. 일반적인 광전자 증배관과 달리, 야간 투시경에 사용된 광전자 증배관에서는 증배된 전자들이 양극 대신 형광 물질이 도포된 스크린에 충돌하면서 빛의 형태로 변환된다. 바로 이 때문에 매우 약한 빛이 있는 상황에서도 야간 투시경을 이용하여 눈으로 사물을 볼 수 있는 것이다.

초기 야간 투시경은 빛을 증폭하지 못하고 외부에서 적외선을 직접 물체에 비춘 다음 물체에서 반사되어 나오는 적외선을 인간의 눈으로 인식할 수 있게 바꾸어 주는 단순한 영상 변환 기능을 가진 장비였다. 이 시기의 야간 투시경을 0세대 야간 투시경이라고 한다. 이후 광전자 증배관 기술을 적용하여, 빛을 물체에 비출 필요가 없는 1세대 야간 투시경이 등장하였다. 하지만 1세대 야간 투시경은 빛의 증폭률을 높이기 위해 2~3개의 광전자 증배관을 직렬로 연결하여 사용했으므로 부피와 중량 등에서 많은 문제점을 드러내었다. 그 후 야간 투시경은 ㉠'미세 다발 증배기(MCP)'의 개발과 함께 2세대 야간 투시경으로 발전하였다. MCP는 유리 미세관 다발로 이루어진 증배관으로, 증폭이 되는 경로가 하나였던 ㉡1세대 증배관과 달리 내부가 전자를 방출할 수 있는 재료로 코팅된 각각의 유리 미세관 하나하나가 증배관의 역할을 한다. 여러 개 유리 미세관의 전자 방출층을 전자가 통과하면서 동시에 증배되기 때문에 1단의 증폭만으로도 충분히 성능을 발휘할 수 있어 1세대에 비해 길이가 짧고 중량이 줄어들었다. 현재는 광음극의 코팅 재질로 1세대 및 2세대에서 사용한 III-V족 화합물(Na-K-Cs-Sb) 대신에 GaAs*을 사용함으로써 감응 영역이 기존의 가시광선에서 근적외선까지 확장되고, MCP 전면에 이온 방지막을 설치하여 광음극을 보호함으로써 장비의 수명이 크게 향상된 3세대 야간 투시경이 주로 사용되고 있다.

*GaAs: 갈륨(Ga)과 비소(As)를 함유한 다원소 화합물.

광통신은 빛을 이용하기 때문에 정보의 전달은 매우 빠를 수 있지만, 광통신 케이블의 길이가 증가함에 따라 빛의 세기가 감소하기 때문에 원거리 통신의 경우 수신되는 광신호는 매우 약해질 수 있다. 빛은 광자의 흐름이므로 빛의 세기가 약하다는 것은 단위 시간당 수신기에 도달하는 광자의 수가 적다는 뜻이다. 따라서 광통신에서는 적어진 수의 광자를 검출하는 장치가 필수적이며, 약한 광신호를 측정이 가능한 크기의 전기 신호로 변환해 주는 반도체 소자로서 애벌랜치 광다이오드가 널리 사용되고 있다.

애벌랜치 광다이오드는 크게 흡수층, ㉠애벌랜치 영역, 전극으로 구성되어 있다. 흡수층에 충분한 에너지를 가진 광자가 입사되면 전자(−)와 양공(+) 쌍이 생성될 수 있다. 이때 입사되는 광자 수 대비 생성되는 전자−양공 쌍의 개수를 양자 효율이라 부른다. 소자의 특성과 입사광의 파장에 따라 결정되는 양자 효율은 애벌랜치 광다이오드의 성능에 영향을 미치는 중요한 요소 중 하나이다.

흡수층에서 생성된 전자와 양공은 각각 양의 전극과 음의 전극으로 이동하며, 이 과정에서 전자는 애벌랜치 영역을 지나게 된다. 이곳에는 소자의 전극에 걸린 역방향 전압으로 인해 강한 전기장이 존재하는데, 이 전기장은 역방향 전압이 클수록 커진다. 이 영역에서 전자는 강한 전기장 때문에 급격히 가속되어 큰 속도를 갖게 된다. 이후 충분한 속도를 얻게 된 전자는 애벌랜치 영역의 반도체 물질을 구성하는 원자들과 충돌하여 속도가 줄어들며 새로운 전자−양공 쌍을 만드는데, 이 현상을 충돌 이온화라 부른다. 새롭게 생성된 전자와 기존의 전자가 같은 원리로 전극에 도달할 때까지 애벌랜치 영역에서 다시 가속되어 충돌 이온화를 반복적으로 일으킨다. 그 결과 전자의 수가 크게 늘어나는 것을 '애벌랜치 증배'라고 부르며 전자의 수가 늘어나는 정도, 즉 애벌랜치 영역으로 유입된 전자당 전극으로 방출되는 전자의 수를 증배 계수라고 한다. 증배 계수는 애벌랜치 영역의 전기장의 크기가 클수록, 작동 온도가 낮을수록 커진다. 전류의 크기는 단위 시간당 흐르는 전자의 수에 비례한다. 이러한 일련의 과정을 거쳐 광신호의 세기는 전류의 크기로 변환된다.

한편 애벌랜치 광다이오드는 흡수층과 애벌랜치 영역을 구성하는 반도체 물질에 따라 검출이 가능한 빛의 파장 대역이 다르다. 예를 들어 실리콘은 300~1,100nm*, 저마늄은 800~1,600nm 파장 대역의 빛을 검출하는 것이 가능하다. 현재 다양한 사용자의 요구와 필요를 만족시키기 위해 여러 종류의 애벌랜치 광다이오드가 제작되어 사용되고 있다.

*nm: 나노미터. 10억 분의 1미터.

이렇듯 이미 접한 글의 핵심 제재를 활용하여 지문을 구성하면, 학생들은 이를 익숙하면서도 낯설게 느낀다. 학교 지필 평가에서는 설명문이나 논설문 등의 독서 제재를 일부 분리한 다음, 이를 다른 각도에서 재진술하여 지문을 구성할 수 있다. 다만 이 방식은 해당 분야에 대한 출제 교사의 학습이 선행되어야 한다는 점에서 노력이 다소 요구된다.

물론 이러한 방법에 난점이 없는 것은 아니다. 다양한 검증 과정을 거쳐 안정성을 확보한 교과서의 글과 맞먹는 새로운 자료를 찾아내기 어려우며, 그러한 자료를 찾는다고 해도 그것이 교육적으로 충분한 가치를 가졌는지 판단하기 쉽지 않다. 지문을 찾거나 재구성하여 문항을 만들어야겠다고 생각하더라도 정보의 함량을 충분히 갖췄는지 확신하지 못해 망설일 수 있는 것이다. 그러나 이러한 난점에도 불구하고 평가의 취지를 조금이라도 살릴 수 있다면 충분히 시도해 볼 만하다. 출제자의 한계가 있음에도 그 안에서 최선의 문항을 만드는 작업은 실제 국가 수준 평가 문항을 출제할 때에도 마찬가지일 것이기 때문이다.

교과서를 통해 가르치고 배운 지문을 지필 평가에서 활용하는 것이 언제나 잘못된 것은 아니다. 그러나 특정 자료에 대한 읽기 능력이나 특정 작품에 대한 이해 및 감상 능력을 평가하려는 것이 아니라면, 교과서에 수록된 자료만을 활용하는 것은 뚜렷한 한계를 가진다. 앞에서 제시한 방법들은 그 한계를 조금이라도 벗어날 수 있는 방법이라는 점에서 의미가 있다.

학교 평가에서 EBS 연계 교재를 의미있게 활용하려면?

EBS 연계 교재는 화법, 작문, 독서, 문법, 문학 영역으로 구성된다. 그런데 수능 시험에서는 화법 영역의 자료에서 핵심 아이디어를 빌려 와 독서 영역의 지문으로 구성하기도 하고, 독서 영역의 지문을 재구성하여 작문 영역에서 활용하기도 한다. EBS 연계 교재에 실린 문학 작품을 활용하여 독서 토의 형식의 화법 자료를 구성한 사례도 있다. 이를 참조하면 학교 지필 평가에서도 교과서에 실린 여러 자료를 탈영역적으로 재구성하여 낯익음과 낯섦 사이의 긴장을 형성할 수도 있을 것이다. 다만 이 경우에도 출제자에게 다소 높은 지적 에너지를 요구한다.

III

선택형 평가의 기능과 역할

5강

선택형 평가로 학습자의 수행을
평가할 수 있는가

10년 경력의 김 교사는 올해 새로운 학교로 부임하였다. 그런데 이 학교에는 지필 평가에서 수행 평가를 50% 이상 반영해야 한다는 지침이 있었다. 수행을 평가해야 하는 교과인 국어과는 선택형 지필 평가보다 대안적인 수행 평가가 더 적절하다고 생각해 왔기에, 처음에는 본격적으로 국어과다운 평가를 기획할 수 있겠다는 꿈에 부풀었다. 그런데 막상 이번 중간고사를 위한 수행 과제를 설계하려고 하니 여러 고민이 들었다. 시험 범위에 읽기 영역만 포함되어 있는데, 이해 영역에 해당하는 읽기 능력의 수행을 어떻게 평가할 것인가? 화법 영역이 절반 이상 포함된 기말고사까지 생각이 미치자 더욱 착잡해졌다. 말하기 수행 과제를 설계할 수는 있지만 평가 기준을 어떻게 정교화할 것인가? 국어과에서는 영어과와는 달리 유창하게 말한다고 해서 높은 점수를 주는 것이 적절하지 않기 때문이다.

국어과가 수행이 중심이 된다는 데 기대어 수행 평가를 더 중시하는 것을 그저 당연하게만 여겨야 할까? 혹시 그동안 모어 교육에서 수행성에 대해 깊게 생각하지 못한 채 평가 도구를 만들었던 것은 아닐까? 표현 영역에서의 수행성은 가시적이라 수행지표를 만들기가 수월한데, 이해 영역에서의 수행성은 어떻게 평가되어야 하는 것일까? 선택형 평가 도구는 수행성을 평가하기 어려워서 별도의 도구를 선택해야 한다는데, 정말 그러한가?

1) 수행 평가의 도입 및 개념

우리나라 국어교육에 수행 평가가 도입된 것은 1999년 교육부 훈령 제587호 「초등학교·중학교·고등학교 학교생활기록부 전산처리 및 관리지침」이 공포되면서부터이다. 이 훈령에서는 학생들의 교과 성적을 산출할 때 수행 평가를 포함하도록 하였다. 수행 평가가 정책적으로 권장되면서 국어과에서는 언어 활동의 수행성을 제대로 평가하기 위해 수행 평가를 선택하는 것이 당연한 것으로 간주되어 왔다. 학교 현장에서는 지필 평가와 달리 실생활과 관련된 과제를 통해 학습자의 실제 수행 능력을 검사할 수 있다는 측면에서 수행 평가가 적극적으로 활용되고 있다.

수행 평가란 평가자가 학습자들의 학습 과제 수행 과정 및 결과를 직접 관찰하고, 그 결과를 전문적으로 판단하는 평가 방식이다. 여기에서 '수행'은 학생 스스로 답을 구성하는 것, 산출물이나 작품을 만드는 것, 태도나 가치관을 행동으로 드러내는 것 등을 모두 포함한 의미이다. 수행 평가의 방법에는 서술형(주관식) 검사, 논술형 검사, 실기시험, 실험·실습법, 관찰법, 토론법, 구술시험, 면접법, 자기평가 보고서법, 동료평가 보고서법, 연구 보고서법, 포트폴리오법 등이 있다. 즉, 정오 판단을 중심으로 한 선택형 지필 평가의 한계를 넘고자 하는 대안적 평가 도구를 통칭하여 수행 평가라 말할 수 있다. 선택형 지필 평가가 학습자가 무엇을 얼마나 알고 있느냐만 평가하는 것이라면 수행 평가는 학습자가 실제로 무엇을 어떻게 할 수 있느냐를 평가하는 것이다. 국어과에서는 암기된 지식을 확인하는 것보다 실생활에서 언어 경험을 어떻게 해야 하는가를 확인하는 수행 평가가 국어과의 본질에 부합하는 것으로 간주되었다.

생각해 볼 문제

직접 평가와 간접 평가의 차이는?

직접 평가란 간접적이고 대리적인 평가와 반대되는 개념으로, 평가하고자 하는 것을 직접 평가하는 것을 말한다. 구체적으로는 학생이 스스로 자신의 지식이나 능력을 결과물이나 행동으로 나타내도록 한 뒤, 그것을 평가자가 직접 관찰하는 방식으로 학생의 지식이나 능력을 평가한다. 직접 평가는 학습자의 수행 결과물을 직접 관찰하고 평가한다는 점에서 국어과의 본질에 부합한다고 언급된다. 전통적 평가 방법에 대한 반발로서 등장한 개념으로 대안 평가라고 일컬어지기도 한다.

간접 평가란 직접 관찰할 수 없는 능력이나 내적 특성을 '검사'라는 도구를 통해 파악하여 간접적으로 측정하는 평가를 말한다. 관련 개념 중에는 종이와 필기구를 동원하는 모든 종류의 검사를 지칭하는 '지필 검사'가 있다. 지필 검사의 종류는 교사가 제작한 검사에서부터 대학수학능력시험과 같은 표준화 검사까지 다양하다.

2) 학습자의 수행을 고려한 과제 설계

수행 평가는 선택형 지필 평가의 약점을 극복하기 위한 대안적 도구로 제안되고 강조되었기 때문에, 그간 학교 현장에서는 수행 평가를 평가 도구로 도입하여 실행하는 깃 자체에 무게를 두면서 수행 평가의 타당도를 다소 소홀하게 생각했다. 즉 수행 평가의 성패는 교사가 과제를 얼마나 체계적으로 설정하고 학습자가 그것을 얼마나 잘 수행하느냐에 달려 있음에도, 선택형 지필 평가를 선택하지 않는 것만으로도 충분히 개혁적이라는 인식이 있었던 것이다.

그러나 평가 도구를 선택하는 것보다 중요한 것은 평가의 형식으로 학습자에게 제시되는 과제를 엄밀하게 설계하는 것이다. 통상적으로 '과제(task)'는 학습자가 수행해야 할 일련의 구체적 언어 활동을 의미하나, 교-수-평 일체화 경향에 따르면 수행 평가 맥락에서 주어지는 과제와 평가 문항은 궁극적으로 큰 차이가 없다고 보는 것이 타당하다. 이에 보다 의미 있는 과제를 설계하기 위해서는 평가 목표를 타당하게 담고 있는지, 학습자가 자신의 언어 경험을 충분히 드러낼 수 있는지, 평가자는 어떤 방식으로 학습자의 수행을 관찰할지 등을 면밀히 고려해야 한다. 아래에서는 국어과에서 수행성을 고려하여 과제를 설계하고, 이를 바탕으로 문항을 설계하는 방법에 대해 살펴보고자 한다.

(1) 지식을 활용하는 과제 설계

언어 교과에서 학습자의 수행성이 발휘되는 과제란 학습자가 자신이 배운 지식을 활용하여 실생활의 언어 사용을 확인하고 발전시킬 수 있는 과제이다. 그런데 언어의 수행성을 논할 때 모어 교육과 외국어교육은 그 강조점이 다르다는 사실을 염두에 두어야 한다. 외국어교육에서는 해당 언어가 사용되는 실제적인 환경과 자연스러운 상황에서 학습자의 숙달도를 측정하는 데 관심이 있다. 반면 언어 환경이 조성되어 있고 기본적인 언어 능력이 갖추어진 모어 화자를 대상으로 하는 모어 교육에서는 숙달도보다는 사고력이나 태도를 측정하는 것이 더 중요하기 때문에 사고의 수행을 관찰할 수 있는 과제를 설계해야 한다. 사고의 수행을 관찰할 때의 관건은 학습자가 어떤 지식을 어떻게 활용했는지 파악하는 것이다. 지식 자체가 아니라 지식의 활용을 물으면 필연적으로 수행의 과정을 평가하게 되기 때문이다. 이때 학습자가 스스로 수행의 과정을 드러내게 할 수도 있고 평가자가 수행의 과정을 선택형 문항으로 설정할 수도 있다. [사례 1]은 2014학년도 수능 국어 영역 문항으로, 선택지는 지식으로 구성되어 있으나 이러한 지식을 활용하여 자료를 이해하도록 과제를 구성한 문항이다.

사례 1
2014학년도 대학수학능력시험 국어 영역(A형)

[1~2] 다음은 친구 간의 대화의 일부이다. 물음에 답하시오.

재은: 성아야, 같이 가. 어? 그거 수민이 가방 아니야?

성아: 응, 수민이가 보건실에 있는데 조퇴하려고 하거든.

재은: ㉠하긴, 점심 먹을 때부터 안색이 안 좋긴 했지. 그래서 가방 가져다주는 거구나. 저번에 내가 다쳤을 때도 꼼꼼하게 잘 챙겨 주더니, ㉡(엄지를 치켜들며) 역시 김성아야.

성아: (웃으며) 고마워. 언제나 네 말을 들으면 힘이 나.

재은: 근데 너, 아까 점심시간에 할 말 있다고 하지 않았어?

성아: 어? (잠시 말을 머뭇거리며) 그게 …….

재은: 뭔데? 얘기해 봐. 우리 사이에 못할 얘기가 어디 있어?

성아: 음, ㉢너니까 하는 얘기인데, 내가 이번 전교 학생 회장 선거에 출마해 보면 어떨까?

재은: 정말? 훌륭한데! 그런데 갑자기 왜?

성아: 내가 원하진 않았지만 잠깐 임시 반장을 했었잖아. 학기 초에 내가 만든 프로그램 덕분에 친구들이 친해지고 즐거워하는 걸 보니까 참 좋았어. 난 많은 친구들을 도와주고 싶은데, 전교 학생 회장이 되면 그럴 수 있을 것 같아서.

재은: 그렇구나. 그런데 너, ㉣예전에는 뒤에서 친구들을 많이 도와주기는 했어도 앞에 나서는 건 꺼리지 않았어?

성아: 그랬지. 그런데 막상 임시 반장을 해 보니까 남들 앞에 선다는 게 그렇게 많이 두려워할 만한 건 아니더라고. 또……. (잠시 침묵)

재은: ㉤그리고? 계속해 봐.

성아: 그리고 생각해 보니까 내가 그동안 도전이라고 할 만한 것들은 피하면서 살았다는 생각이 들었어. 그래서 이번 기회에 극복해 보려고.

재은: 그랬구나. 큰 결심 했다. 나도 도와줄게.

성아: 고마워. 그런데, 좀 고민되는 게 있어. 선거 운동 기간에 연설을 해야 하는데 어떤 내용으로 하면 좋을까?

재은: 음, 대중 앞에서 설득적 말하기를 할 때는, 훌륭한 성품을 청중이 알 수 있도록 자신의 의미 있는 경험을 제시하면 설득력을 높일 수 있대. 그러니까 (_____ ⓐ _____)

---

1 위 대화를 고려할 때, ㉠~㉤을 통해 알 수 있는 것으로 적절하지 <u>않은</u> 것은?

① ㉠: 대화 참여자는 상대방의 말을 이해하는 데 자신이 알고 있는 정보를 활용할 수 있다.

② ㉡: 비언어적 표현이 언어적 표현의 의미를 강화할 수 있다.

③ ㉢: 대화 참여자 간의 관계가 자신에 대한 정보를 드러내는 정도에 영향을 미칠 수 있다.

④ ㉣: 대화 참여자 간의 문화적 배경 차이가 화제 선택에 제약을 줄 수 있다.

⑤ ㉤: 대화 참여자의 협력적 반응이 대화를 원활하게 진행하는 데 도움이 될 수 있다.

(2) 실제성을 드러내는 과제 설계

선택형 지필 평가를 통해 말하기 태도를 측정하고자 할 때, 수행성을 제대로 평가하기 위해서는 '맥락'을 최대한 드러내고 과제의 '실제성'을 확보해야 한다. [사례 2][1]는 적절한 태도로 자기소개를 할 수 있는지 평가하고자 설계된 문항이다.

사례 2

1 다음 중 자신을 소개할 때의 태도로 가장 적절한 것은 무엇인가?

① 좋은 인상을 주기 위해서 나에 대해 적당히 과장하고 꾸며서 이야기한다.
② 겸손해 보이기 위해서 시선은 아래로 향하고, 최대한 작은 목소리로 말한다.
③ 일찍 친해지기 위해 비속어를 섞어 가면서 편하게 말함으로써 강력하게 나를 기억시킨다.
④ 거울을 보면서 미리 연습하고, 나를 효과적으로 알리기 위해 필요한 사진, 물건, 수집품 등을 보여 주면서 말한다.
⑤ 시간은 가능한 한 많이 끌면서 나에 대한 모든 것을 확실하게 보여 준다.

이 사례는 말하기 태도를 평가하기 위해 학습자가 직접 자기소개를 하는 대신, 수행 태도와 관련된 지식을 선택지로 구성한 지필 평가 문항이다. 그러나 이 문항에는 문제가 있다.

첫째, 아무런 실제 자료 없이 태도 요소를 지식 요소로 치환하도록 설계했다. 즉, 맥락이 충분히 드러나는 자료가 과제에 포함되지 않은 것이다. 수

---

1 정혜승(2008: 329)에서 문항과 문항 해석의 일부를 가져와 재구성하였다.

행 평가에서는 학습자의 실제 언어생활에서 나타나는 태도를 그대로 인정하면서 이를 성찰하도록 할 수 있다. 그러나 어쩔 수 없이 시험 범위에 태도가 포함되어 있고 이를 선택형 평가 도구로 출제해야 한다면, 태도를 드러냈다고 볼 수 있을 정도로 과제의 실제성을 최대한 높여서 정교하게 설계해야 한다.

둘째, 교사가 문항에서 전제하고 있는 언어 경험이 학습자의 실제 언어 경험과 거리가 있다. 즉, 선택지에 제시된 내용이 모두 자기소개에서 사용할 수 있는 전략이다. 교사가 원하는 정답은 ④번이지만 실제 언어생활에서는 ①, ②, ③, ⑤번과 같은 전략을 사용하기도 한다. 이러한 문항은 실제 학습자의 언어 경험을 온전히 담아내지 못했다는 점에서 내용 타당도를 지니지 못했다고 볼 수 있다. 따라서 실제성을 드러내기 위해서는 학습자의 언어 경험에 부합하면서 지식, 기능, 태도를 유의미하게 활용하고 발휘할 수 있는 과제를 설계해야 한다.

(3) 내용의 타당도를 높이기 위한 과제 설계

수행 평가를 설계하다 보면 자연스럽게 언어 수행의 실제성을 강조하게 된다. 그런데 이렇게 실제성을 강조하다 보면 평가 과제로 특정 능력을 정확히 묻기 어려운 경우가 생긴다. 실생활에서는 듣기, 말하기, 읽기, 쓰기가 분절적으로 일어나지 않고 총체적으로 발생하기 때문이다. 실제성을 강조하면서 자연스러운 환경에서의 수행을 주목하면 언어 교육에서는 언어 능력을 하위 영역이나 기능으로 나누어 평가하기보다는 총체적으로 평가[2]하게 된다.

....

2   총체적 평가란 국어 능력을 하위 세부 구인으로 나누어 평가할 수 있는가, 아닌가의 쟁점과 관련된다. 이는 자연스럽게 교육학에서의 총체적 평가/분석적 평가 개념과 연관하여 이해되어야 한다. 총체적 평가/분석적 평가는 채점 기준의 설정, 그리고 채점 기준과 연동되는 평가 대상의

예컨대 말하기 능력을 평가하기 위한 수행 평가 과제가 혼자 말하는 형식을 취하지 않는다면, 이는 필연적으로 듣기 능력까지 함께 평가하게 된다. 쓰기 능력에 대한 수행 평가 역시 마찬가지이다. 한 편의 완성된 글을 쓰게 하는 과제를 주고 쓰기 하위 기능을 평가하려 했더라도 학습자가 제출한 쓰기 과제에는 읽기 능력이 포함될 수밖에 없다. 한 편의 완결된 글을 쓰는 데는 주어진 주제에 대한 독서가 기반이 되어 있어야 하므로, 쓰기 과제를 성공적으로 완수한 학습자는 읽기 능력도 뛰어나다고 추정할 수 있다.

이와 같이 언어 교과의 수행성을 평가하다 보면 자칫 내용 타당도를 잃을 수 있다는 문제가 있다. 따라서 채점 기준을 명확히 하여 타당도를 확보해야 한다. 이때 쓰기 영역의 경우에는 관찰 지표를 학습자의 표현 결과물로 구성하는 것이 중요하다. 이처럼 평가 목표로 하는 영역도 표현이고 관찰 지표도 표현이라면 채점 기준만 정교하게 설계함으로써 타당도를 확보할 수 있다.

그런데 이해 영역, 특히 읽기 영역의 경우 타당도를 확보하는 문제가 더 어렵게 느껴진다. 국어과 읽기 역시 말하기 및 쓰기 영역과 마찬가지로 수행성을 지닌다. 읽기 영역의 교육 내용 중 기능, 태도는 수행성을 전제로 하며, 지식 역시 기능 및 태도와 관련되는 부분에서는 수행성과 관련이 있다. 그렇지만 읽기 능력은 이해 능력이기 때문에 학습자의 수행을 평가자가 가시적으로 관찰할 수 없다는 점에서 수행성을 직접 관찰하기는 어렵다. 또한 읽기 영역의 수행 과제는 과제물에 쓰기, 말하기 등 표현 행위를 포함할 수밖에 없어서 내용 타당도가 떨어질 우려가 크다. 그렇기에 읽기 영역에서는 표현 행

....

구성 요소와의 관련성을 쟁점으로 삼아 구분되는 개념이다. 특별히 수행 평가 맥락에서는 채점 기준을 설정할 때 분석적 평가를 취하곤 하는데, 신뢰도 면에서 총체적 평가보다 더 나아 보이기 때문이다. 그렇지만 채점 기준을 어떻게 선정하느냐에 따라 오히려 타당도가 낮아질 수도 있음에 유의해야 한다. 분석적 평가가 성공을 거두기 위해서는 묻고자 하는 능력을 정확히 잴 수 있는 평가 척도를 정하는 것이 무엇보다도 중요하다.

위 결과물에 의거하여 읽기 수행을 보여 준다고 생각되는 지표[3]를 정확히 명시하면서 평가할 수밖에 없다.

이러한 측면에서 선택형 평가는 이해 능력을 평가하는 타당한 도구 중 하나로 활용할 수 있다. 특히 선택지 다섯 개 모두가 교수·학습의 도구가 되므로 문항 하나하나를 비계로서의 교수·학습 모형으로 간주할 수 있다(▶11강).

(4) 채점의 신뢰도 확보를 고려한 과제 설계

직접 평가로 국어과 각 능력을 골고루 체계적으로 평가하기에는 현실적인 제약이 많다. 특히 평가의 효율성과 채점의 신뢰도 확보를 생각할 때 직접평가에 많은 비중을 두기가 어렵다. 이러한 이유로 수능처럼 대단위 표준화평가에서 대개 선택형 지필 평가를 선호해 왔다.

그러나 학교 현장에서는 수행 평가 비중을 점차 늘리고 있어, 수행 과정을 평가할 경우 채점의 신뢰도 확보를 위해 다음과 같은 노력을 해야 한다.

첫째, 수행 평가는 평가자와 학습자 사이의 상호작용을 전제로 하므로 평가자는 학습자에 대하여 친밀감을 형성하면서도 객관성을 유지할 수 있어야 한다. 학습자의 언어 경험의 다양한 결을 읽어 내기 위해서는 학습자가 언어를 자연스럽게 드러낼 수 있도록 노력해야 한다. 또한 학습자의 언어 경험을 반영한 수행 과제를 제시하여 학습자가 평가자의 관점에 따라 치우친 평가를 받지 않도록 유의해야 한다.

둘째, 평가는 일회성에 그치지 않고 지속적으로 이루어져야 하며 그 결과 또한 누적적으로 기록하여 다음 평가 과제에 반영되어야 한다. 이를 위해 수업 시간과 연계한 형성 평가를 지향하거나 학습자 스스로 작성한 포트폴

....

3   읽기 수행 관찰 지표에 대해서는 최미숙 외(2015: 246)에 제시된 표를 참고하라.

리오를 바탕으로 평가할 수 있다. 나아가 수업 시간뿐만 아니라 평상시에도 학습자의 반응과 수행 과정을 장기적으로 관찰하고 누적적으로 기록하여 잠재적 교육과정까지도 평가하는 시스템을 구축하여야 한다.

3) 쓰기 영역의 수행성 평가

최근 국어교육에서 수행 평가에 관심이 많은 영역은 아마 쓰기일 것이다. 학생들의 쓰기 능력 발달 과정을 점진적으로 관찰할 수 있고, 무엇보다도 쓰기란 필자의 의미 구성 과정이므로 직접 평가 방식을 취해야 쓰기 능력을 제대로 평가할 수 있다고 보기 때문이다. 그러나 현실적인 문제로 인해 선택형 지필 평가를 택해야 할 경우도 있다. 두 평가 도구 각각에서 쓰기의 수행성을 평가하기 위해 유의해야 할 점을 살펴보자.

(1) 수행 평가를 활용할 경우

사실상 글쓰기의 80%는 독서 능력이 바탕이 되어 이루어진다는 견해가 있을 정도로 쓰기 능력과 읽기 능력은 관련성이 많다. 그러므로 직접 평가 방식으로 쓰기 영역의 평가를 진행하면, 불가피하게 읽기 능력의 평가도 이루어질 수밖에 없다. 그렇기 때문에 쓰기 과제를 통해 쓰기 능력을 제대로 평가하기 위해서는 평가 목적을 분명히 드러내는 채점 기준을 설정하여 타당도를 확보해야 한다. 특히 채점자가 여럿일 경우 채점자별로 쓰기 능력에 대한 인식이나 쓰기 능력을 드러내는 지표에 대한 판단이 다를 수밖에 없으므로, 채점자 간 신뢰도 확보를 위해 채점자 훈련을 시도하여 평가의 타당도를 제고할 수 있다.

(2) 선택형 지필 평가를 활용할 경우

채점 기준을 명확히 하여 내용 타당도를 확보할 수 있는 수행 평가와 달리, 선택형 지필 평가를 통해 쓰기 영역의 평가를 진행할 때에는 내용 타당도를 확보하기 어렵다.

선택형 지필 평가는 쓰기 능력이 아니라 이를 추정할 수 있는 선택지를 제시하고 고르도록 하는 간접 평가 형식인데, 이때의 선택지란 다른 사람의 이해 결과물을 문장으로 표현한 것이므로 자칫하면 읽기 평가와 비슷해질 수 있다. 대표적인 사례로 [사례 3]에 제시된 수능 문항을 들 수 있다.

사례 3 2016학년도 대학수학능력시험 국어 영역(A, B형 공통)

[9~10] 다음은 학생이 쓴 글의 초고이다. 물음에 답하시오.

오늘 아침엔 다른 날보다 일찍 잠이 깼다. 무엇을 할까 잠시 망설이다가 학교까지 걸어가 보기로 했다. 길을 걷는 동안 버스가 빠른 속도로 곁을 스쳐 갔다. 어제까지는 나도 그 속에 앉아 바쁘게 오고 가느라 느긋함을 느끼지 못했다는 것이 떠올랐다. 하지만 오늘은 걸어가면서 주변을 천천히 둘러볼 수 있었다. 걸어가다 보니 새들이 나뭇가지에 앉아 지저귀는 소리가 조그맣게 들려왔다. 걸어서 등교하지 않았다면 듣지 못했을 것이라는 생각을 하니 뿌듯한 마음에 발걸음이 더 가벼워졌다.

아침 햇살을 받으며 반짝이고 있는 나뭇잎들을 보면서 걷다가 문득 '어, 한 나무에서 돋아난 나뭇잎들인데 빛깔이 다르네!'라는 생각이 들었다. 발걸음을 멈추고 나무를 자세히 올려다보니 수많은 나뭇잎들이 모두 조금씩 다른 빛깔을 지니고 있었다. 그리고 이 다른 빛깔들이 서로 어울려 조화를 이루고 있는 모습에서 아름다움을 느꼈다. 가을에 나무가 아름다운 것은 다양한 빛깔의 나뭇잎들이 서로 조화를 이루고 있기 때문이었다.

나는 가을의 아침을 나무들과 함께 걸으며 나의 생활을 돌아보았다. 문득 친구들이 떠올랐다. 나와 생각이 다른 친구들과 함께 있으면 불편했던 일, 내 의견에 반대하는 친구들에게 반감을 가졌던 일들이 생각났다. 그리고 그런 모습으로 살아왔던 나 자신이 부끄러워졌다. 사람들이 살아가는 모습이 저마다 다른 것은 삶의 빛깔이 조금씩 다르기 때문이다.

10 다음은 학생이 초고를 쓰고 스스로 점검한 내용이다. 초고의 마지막에 추가할 문장으로 가장 적절한 것은?

> 　초고의 마지막 부분이 완결된 것 같지 않아서 끝에 문장 하나를 추가해야겠어. 둘째 문단에서 쓴 내용으로부터 개인과 사회의 바람직한 관계를 이끌어 내어 앞으로 가져야 할 내 삶의 자세에 대한 내용으로 글을 마무리해야겠어.

① 사회가 아름다운 하나의 빛깔을 가지려면 구성원들이 서로의 빛깔 차이를 줄여 가기 위해 노력해야 한다.

② 빠르게 변화하는 사회 속에서 정체성을 잃지 않기 위해 나의 고유한 빛깔을 소중하게 간직하고 살아가야겠다.

③ 다양한 삶의 빛깔들로 이루어진 아름다운 세상을 위해 사람들의 서로 다른 삶의 빛깔을 인정하며 살아야겠다.

④ 어려움을 겪고 있는 사람들에게 각자의 빛깔을 드러낼 기회를 줄 때 사회는 더욱 아름다운 빛깔을 지니게 될 것이다.

⑤ 사람들과의 관계에 소홀했던 나의 태도를 바꾸기 위해 좀 더 적극적으로 사람들에게 다가서는 삶의 빛깔을 지녀야겠다.

　학습자는 위 문항을 해결하기 위해 일정 분량의 초고와 점검 내용을 모두 읽어야 한다. 이로 인해 이 문항이 쓰기 능력만을 평가하는 것이라 보기

어렵다는 문제가 생긴다. 그 결과 평가 과제의 내용 타당도가 떨어진다는 평가가 나오게 될 가능성도 커진다.

그러므로 쓰기 영역의 평가에서 내용 타당도를 확보하기 위한 방안은 능력을 제대로 추정할 수 있는 준거를 철저히 마련하는 것뿐이다. 평가 설계 단계는 물론 결과 보고 단계에서도 평가 목적 및 평가 요소가 제대로 반영되었는지를 명확히 해야 한다.[4]

4) 읽기 영역의 수행성 평가

전통적으로 읽기 능력은 선택형 지필 평가를 통해 간접적으로 평가했으나, 수행 평가가 도입되면서 읽기 과정을 직접 관찰할 수 있게 되었다. 직접 평가로 읽기 수행 과정을 평가할 경우 학습자가 읽기 수행의 어느 과정에서 어떤 문제점이 있는지 좀 더 자세히 파악할 수 있다. 따라서 교수자가 학습자의 읽기 발달을 진단하고 기록하는 데에 유리하다.

그렇다고 해서 선택형 평가 도구로 수행 과정을 평가할 수 없는 것은 아니다. 선택형 지필 평가의 경우 다섯 개의 선택지를 통해 해당 지문을 어떤 독해 과정을 거쳐 이해하게 되었는지 간접적으로 시범을 보여 줄 수 있다. 흔히 교수자가 직접 자신의 사고 과정을 보여 주는 교수법을 사용하는 직접 평가와 달리, 선택형 지필 평가에서는 교사가 즉흥적으로 자신의 인식을 드러

....

4 이러한 과정을 '추정의 원리'라고 일컫는다. "추정의 원리란 학습자가 실제 의사소통 상황에서 자연스럽고 효과적으로 언어를 사용할 수 있는 구성 요소들을 수행(criterion performance, 혹은 준거 수행)이라고 정해 놓고, 이를 학습자가 시험에서 보여 주는 다양한 지식, 능력, 기능, 즉 평가 수행을 통해 어느 정도까지 달성할 수 있는지를 측정하는 것이다. 또한 학습자가 수행한 결과물을 대상으로 하여 채점 기준을 타당하고 정교하게 설정해야 한다"(이완기, 2003: 25).

내야 한다는 부담감을 덜고 교수적 효율성을 확보할 수 있다.

수행 평가, 서답형 평가, 선택형 지필 평가를 활용할 경우 읽기 수행성을 어떻게 평가할 수 있는지 살펴보도록 하자.

(1) 수행 평가를 활용할 경우

읽기 수행 평가는 대부분 쓰기 과제를 설계하여 이루어지는 경우가 많다. 이때 학습자에게 채점 기준이 쓰기가 아닌 읽기 영역 중심이며 그에 따라 성취 수준을 판단할 것임을 밝혀야 한다. 예를 들어 읽기 수행성을 평가하기 위해 독서 일기를 쓰도록 했다면, 독서 일기에 표현된 것을 통해 읽기와 관련된 수행 내용을 파악해야 한다. 일기가 보여 주는 텍스트적 완결성은 부차적인 것이므로 무시하거나 점수 비중을 작게 해야 한다.

읽기 수행의 과정을 평가할 수 있는 방법에는 여러 가지가 있다. 이 방법들은 수업 시간에 활용할 수 있는 교수·학습 방법이기도 하며, 학습자 스스로 평상시 활용 가능한 학습 전략이기도 하다.

첫째, '소리 내어 사고하기' 기법은 독자가 텍스트를 읽으면서 드는 생각을 소리 내어 말로 표현함으로써 텍스트를 이해하기 위해 자신이 활용하는 전략을 공개하는 기법을 말한다. 이 전략은 흔히 교수·학습 방법으로 알려져 있지만, 학습자의 이해 양상을 진단할 수 있는 평가 도구도 될 수 있다.

둘째, '메모하며 읽기' 활동은 글을 읽으면서 독자 자신이 특히 의미 있다고 판단되는 부분에 자신의 반응을 적게 하는 방법이다. 이 활동은 글을 읽기 전, 읽는 중, 읽은 후의 어느 과정에서나 진행할 수 있다. '소리 내어 사고하기'와 마찬가지로, 학습자의 이해 수준을 파악할 수 있으므로 평가 도구로도 사용할 수 있다.

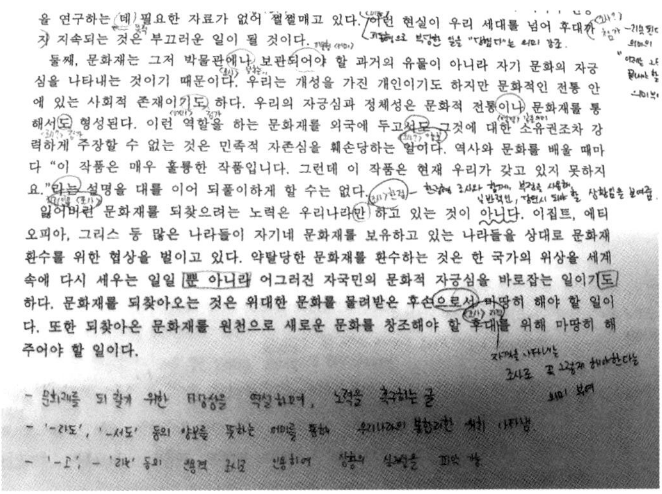

을 연구하는 데 필요한 자료가 없어 쩔쩔매고 있다. 이런 현실이 우리 세대를 넘어 후대까지 지속되는 것은 부끄러운 일이 될 것이다.

둘째, 문화재는 그저 박물관에나 보관되어야 할 과거의 유물이 아니라 자기 문화의 자긍심을 나타내는 것이기 때문이다. 우리는 개성을 가진 개인이기도 하지만 문화적인 전통 안에 있는 사회적 존재이기도 하다. 우리의 자긍심과 정체성은 문화적 전통이나 문화재를 통해서도 형성된다. 이런 역할을 하는 문화재를 외국에 두고서도 그것에 대한 소유권조차 강력하게 주장할 수 없는 것은 민족적 자존심을 훼손당하는 일이다. 역사와 문화를 배울 때마다 "이 작품은 매우 훌륭한 작품입니다. 그런데 이 작품은 현재 우리가 갖고 있지 못하지요."라는 설명을 대를 이어 되풀이하게 할 수는 없다.

잃어버린 문화재를 되찾으려는 노력은 우리나라만 하고 있는 것이 아니다. 이집트, 에티오피아, 그리스 등 많은 나라들이 자기네 문화재를 보유하고 있는 나라들을 상대로 문화재 환수를 위한 협상을 벌이고 있다. 약탈당한 문화재를 환수하는 것은 한 국가의 위상을 세계 속에 다시 세우는 일일 뿐 아니라 어그러진 자국민의 문화적 자긍심을 바로잡는 일이기도 하다. 문화재를 되찾아오는 것은 위대한 문화를 물려받은 후손으로서 마땅히 해야 할 일이다. 또한 되찾아온 문화재를 원천으로 새로운 문화를 창조해야 할 후대를 위해 마땅히 해주어야 할 일이다.

[그림 5-1] '메모하며 읽기'의 사례

생각해 볼 문제

상위 인지와 읽기 과정 평가의 관계는?

능숙한 독자는 그렇지 못한 독자보다 글에서 불일치되는 부분을 더 빨리 찾아내고 정보를 찾기 위한 텍스트 전후 검색 능력이 뛰어나다. 능숙한 독자는 읽기 과정을 스스로 조정하기 위해 초인지적인 의사 결정을 내리며 독해의 성공이나 실패를 점검한다. 이처럼 학습자가 능동적으로 글을 읽기 위해서는 텍스트를 읽는 동안 독해 과정에 대해 평가하고, 독해의 진행이 원만하지 않을 때 문제를 보정하기 위해 어떤 행위를 취해야 할지 스스로 판단할 수 있어야 한다. 즉, 숙련된 독자는 상위 인지 능력을 전제로 읽는 과정 중 다양한 전략들을 활용하는 것이다.

상위 인지(metacognition, 초인지)는 자신의 사고와 학습 활동에 대한 지식과 통제를 뜻한다. 특히 모어 교육에서 읽기 과정을 평가할 때 상위 인지는 읽기 수행의 전제이자 방법 및 전략이기도 하다. 상위 인지 능력이 일정 수준 이상 도달한 학습자여야만 읽기 과정을 평가할 수 있다. 능숙하지 못한 독자는 스스로의 능력이나 자신이 직면한 과제 또는 기억, 독해, 주의 집중에서 그들이 사용하는 전략들에 대한 전반적인 이해가 부족하다.

전략들에 대해 직접적으로 설명하기, 전략에 대해 질문하기, 전략에 대해 실질적으로 피드백하기 등의 독해 지도 방법은 모두 의식적 자각과 인지 과정에 대한 조절, 즉 상위 인지를 향상시키는 방법이다. 이를 고려하여 수행 과제를 설계하거나 지필 평가 방식으로 과정적 전략은 간접적으로 측정할 수 있다.

다만 이러한 방법으로 읽기 능력을 타당하게 측정하려면 여러 가지 여건이 갖추어져야 한다. 평가자의 국어 능력과 상위 인지 능력이 어느 정도 수준에 도달해야만 가능하고, 교사가 학습자에게 상당 기간 올바른 방법으로 시범을 보여야 하고 학습자 개인을 오랫동안 관찰해야 하는 등 본격적인 평가를 시행하기 전에 많은 공력이 든다.

(2) 서답형 평가를 활용할 경우

서답형 평가를 활용할 경우 읽기 전략 자체를 좀 더 직접적으로 물을 수 있다.

사례 4　　　　　　　　　　　2015년 국가 수준 학업성취도 평가 고등학교 2학년 국어

【서답형 3】⟨자료⟩는 윗글을 읽은 학생의 독서 일지이다. '자기 점검표'에서 2가지 항목을 골라 '오늘의 보완점'을 한 문장으로 쓰시오.

─── 〈 자료 〉 ───

○월 ○일 독서 일지

태양 전지 사용 사례를 정리하는 과제를 해결하기 위해 이 글을 골라 읽게 되었다. 평소 과학에 관심이 많아 에너지 하베스팅이 재미있는 소재라고 생각하였지만 전체적으로 내용이 어렵게 느껴졌고 용어도 잘 이해가 되지 않았다. 과제를 하려고 보니 글에 태양 전지 사용 사례가 언급되지 않아 다른 글을 더 찾아보아야겠다고 생각했다.

자기 점검

항목	• 독서 목적에 적합한 글인가? • 자신의 수준에 맞는 글인가? • 자신의 흥미에 맞는 분야인가?

오늘의 보완점

성공적인 독서를 위해서는 ＿＿＿＿＿＿＿＿＿＿＿＿＿＿＿＿＿＿＿.

사례 5 2016년 국가 수준 학업성취도 평가 고등학교 2학년 국어

【서답형 2】〈자료〉는 윗글을 읽은 학생의 독서 일기이다. 일기에 드러난 독서 상황을 고려할 때 학생의 독서 방법에서 적절하지 않은 점을 찾고, 그 대안이 되는 효과적인 독서 방법을 쓰시오.

─── 〈 자료 〉 ───

독서 일기

－ ○월 ○일 ○요일

과학 수업 과제로 '당이 우리 몸에 미치는 영향'이라는 보고서를 작성하게 되었다. 마침 블로그를 통해 봤던 주제라 자신 있었지만 더 많은 자료를 얻기 위해 도서관에서 영양소에 관한 책을 빌려 왔다. 책의 차례를 보니 내가 원하는 당에 관한 정보는 후반부에 실려 있

없다. 그러나 책은 처음부터 순서대로 읽어야 한다는 생각으로 책을 다 읽느라 결국 보고서 제출 기한을 넘기고 말았다.

㉮ 적절하지 않은 점: _____

㉯ 효과적인 독서 방법: _____

[사례 4]와 비교해 볼 때 [사례 5]는 읽기 전략에 대한 지식을 좀 더 분명히 지니고 있어야 해결할 수 있다. 그럼에도 두 문항 모두 독서의 '목적, 수준, 흥미'라는 요인 자체를 정확하게 머릿속에서 인출해 낼 필요는 없다. 실제 독서 자료와 함께 제시되지 않는 유형일 경우, 문항을 서답형으로 구성하면 자칫 단순 지식을 묻는 것처럼 보일 수 있다. 물론 미숙련 학습자에게는 독서 방법과 전략이 처음에는 명제적 지식으로 다가오기 때문에, 이러한 형식을 취한다고 해서 언제나 타당도가 떨어진다고 단언하기는 어렵다. 그러나 위 두 사례와 같은 문항이 독서 자료 없이 학교 지필 평가에 반복적으로 출제된다면, 특히 서답형 채점 기준에 부합하도록 작성하고자 하는 학습자는 독서 방법이나 전략을 명제적 지식 형태로 외울 가능성이 있다. 이를 막기 위해서는 〈자료〉에서의 '독서 상황'이 문제 해결에 적합하도록 상세하게 제시되어야 한다.

(3) 선택형 지필 평가를 활용할 경우

선택형 지필 평가는 읽기의 수행성을 제대로 물을 수 없고, 특히 학습자의 능동적 역할이 무시된다는 비판이 있다. 그러나 선택형 평가 도구가 잘 설계된다면 읽기 수행의 과정과 결과 모두 정교하게 평가할 수 있다.

① 읽기 수행 결과 평가

읽기 영역에서 선택형 지필 평가란 읽기 수행의 결과를 선택지로 구성하여 평가하는 방식이다. 즉, 글을 읽고 난 이후 학습자가 보여 줄 법한 반응을 선택지로 만드는 것이다. 학습자의 읽기 수행 결과를 직접적으로 확인할 수는 없지만, 선택지라는 장치를 통해 어느 정도의 이해 범위 이내에 있는지 간접적으로 평가하는 것이다. 그러므로 읽기 수행성 결과를 관찰하는 지표는 바로 선택지이다.

사실 구성주의적 관점에서는 원론적으로 학습자가 읽기 이해의 결과로 보여 주는 모든 반응은 다 타당하다고 인정되어야 한다. 그러나 교육 또는 보다 심화된 사고를 위해 교수자가 어느 정도 반응의 범위를 수렴해 줄 필요가 있다. 이러한 점에서 선택형 평가 도구의 선택지들은 많은 사람들이 공감해 줄 만한 반응들을 한정해 준다는 교육적인 효과가 있다.

반면, 직접 평가를 통해 읽기 수행성의 결과를 평가할 때에는 학습자가 직접 자신의 읽기 수행 결과를 정확한 표현으로 드러내야 한다는 점에서 학습자에게 상위 인지 능력과 명확한 표현 능력을 요구한다. 따라서 잘 설계된다면 읽기 영역의 수행성은 선택형 지필 평가가 수행 평가보다 교수·학습 면에서 오히려 긍정적일 수도 있다.

② 읽기 수행 과정 평가

그렇다면 선택형 지필 평가로 읽기의 과정을 평가할 수 있을까? 학습자가 읽기 수행을 하는 과정에서 활용할 법한 지식, 전략, 과정 등을 드러내도록 설계한 문항을 이제는 꽤 찾아볼 수 있다. 대표적인 사례를 살펴보자.

첫째, 지문 내용과 관련하여 읽기의 결과와 읽기 과정에서 사용된 전략에 관한 지식을 그대로 제시하거나 이를 전략처럼 기술하여 선택지를 구성하는 유형이다. 이 유형은 크게 두 가지로 구분할 수 있다. 먼저 독서 과정에서 만든 질문이나 그 질문에 대한 점검 결과를 묻는 문항이 있다.

사례 6   2019학년도 대학수학능력시험 국어 영역

27 다음은 윗글을 읽은 학생의 독서 기록 중 일부이다. 윗글을 참고할 때, '점검 결과'로 적절하지 <u>않은</u> 것은?

○ 읽기 계획: 1문단을 훑어보면서 뒷부분을 예측하고 질문 만들기를 한 후, 글을 읽고 점검하기

예측 및 질문 내용	점검 결과
• 서양의 우주론에 태양 중심설과 지구 중심설의 개념이 소개되어 있을 것이다.	예측과 같음 ·························· ①
• 서양의 우주론의 영향으로 변화된 중국의 우주론이 소개되어 있을 것이다.	예측과 다름 ························· ②
• 서양에서 태양 중심설을 제기한 사람은 누구일까?	질문의 답이 제시됨 ················ ③
• 중국에서 서양의 우주론을 접하고 회통을 시도한 사람은 누구일까?	질문의 답이 제시됨 ················ ④
• 중국에 서양의 우주론을 전파한 서양의 인물은 누구일까?	질문의 답이 언급되지 않음 ········· ⑤

[사례 6]은 글을 읽으면서 스스로 질문을 만들어 예측하고 점검할 수 있어야 한다는 성취기준과 관련된다. 앞의 문항에서는 읽기 전이나 읽는 중 '예측하며 읽기' 과정을 통해 세웠던 가설을 읽은 후에 점검한 결과를 중심으로 선택지를 구성하였다.

다음으로 읽기 과정이나 맥락, 목적, 수준을 직접 제시하고 이에 따라 구성한 문항이 있다.

7 〈자료〉는 학생의 독서 일기이다. 윗글을 바탕으로 할 때, 〈자료〉의 ㉠에 들어
갈 내용으로 가장 적절한 것은?

〈 자료 〉

  윗글을 읽는데 '내열성'과 '가공성'이라는 낯선 낱말이 나왔다. 그 의미
가 잘 이해되지 않아 전문어 사전을 찾아보았다. '내열성'은 높은 온도에
서도 변하지 않고 잘 견디는 성질을 의미하고, '가공성'은 열을 가하거나
압력을 가하여 원하는 모양으로 성형할 수 있는 정도를 나타낸다는 것을
알게 되었다. 모르던 낱말의 의미를 이해하고 다시 읽으니, 윗글의 내용
중에 (㉠)고 설명한 부분이 더 잘 이해되었다.

---

① 난분해성 플라스틱의 원료는 석유를 기반으로 한다

② 난분해성 플라스틱 제품과 바이오 플라스틱 제품의 기반 원료가 다르다

③ 바이오 베이스 플라스틱 제품에 비해 생분해성 플라스틱 제품의 분해 기간
   이 짧다

④ 생분해성 플라스틱에 비해 바이오 베이스 플라스틱이 다양한 분야에 적용되
   고 있다

⑤ 생분해성 플라스틱과 바이오 베이스 플라스틱은 바이오매스 함유 정도로 나
   눌 수 있다

  [사례 7]은 읽기 과정에서 나타나는 어려움을 〈자료〉에 제시하고, 이러
한 어려움이 지문의 어떤 부분을 통해 나타날 수 있는지 거꾸로 판단하도록
하였다. 이 문항에서 독서 일기를 작성한 '학생'은 자신의 사전 지식을 고려
하였고 독해에 필요한 배경지식이 부족하다고 판단하여 다른 자료를 참고하
였다. 문제를 해결하면서 천천히 읽는 것과 같은 읽기 행위에 대한 본질적이
고 기본적인 개념 지식들을 다시 읽기 과정에 활용하는 방식을 〈자료〉에 제

시하여 묻는 문항이다. 요컨대 국어과 교육의 수행성은 지식의 활용성을 물을 수 있어야 한다는 점에서 지식의 활용성을 묻는 과제와 자료를 제시할 수 있다면 선택형 평가도 적절하다.

읽기 영역의 경우 읽기 수행의 과정은 물론이고 읽기 수행의 결과조차 직접 평가를 제대로 진행하기 어렵다. 읽기 영역에서 최대한 직접 평가 형식을 취하여 수행의 과정 및 결과를 평가하려 해도, 말하기나 쓰기 등의 수행 결과가 확인되는 과제 형식에 기대야 한다는 점에서 타당도가 떨어지거나 여건상 어려운 점들을 감수해야 한다. 엄밀히 말해, 읽기 영역에서는 읽기 과정이나 결과 모두 읽기 수행이 드러나는 흔적을 통해 독해의 과정을 추론하고 독해 결과의 우수성을 판단할 수밖에 없다. 말하기나 쓰기 영역과 달리, 수행의 결과를 증거로 하여 읽기 능력의 다양한 국면을 추정하게 되는 것이다. 이러한 상황에서 선택형 지필 평가는 오히려 읽기의 본질에 부합하는 평가 방법이 될 수 있다. 평가 문항을 치밀하게 설계하여 학습자가 읽기 과정에서 확인했어야 할 다양한 텍스트 요인들을 선택지에 충실하게 담아낸다면, 읽기의 과정과 결과 모두에 대한 학습자의 성취 정도를 추정할 수 있기 때문이다.

6강

선택형 평가로 발산적 사고를
평가할 수 있는가

들어가며

[35~39] 다음 글을 읽고 물음에 답하시오.　　　1985학년도 대학입학 학력고사 국어

(지문 A~D 생략)

E. (……) ⓛ 세시 풍속은 단조(單調)로운 생활 과정(生活過程)에 리듬을 주고, 나아가 생활의 질서(秩序)를 형성(形成)해 준다는 사실이다. 리듬의 부여(賦與)와 질서의 형성! 세시 풍속은 실로 우리 민족의 고귀(高貴)한 생활 기술(生活技術)로서, 우리의 문화유산(文化遺産)이 되어 ⓒ 전승(傳承)되어 온 것이다.

38 다음에서, ⓛ과 가장 관계 깊은 것은?

　① 동동(動動)　② 서경별곡(西京別曲)　③ 정읍사(井邑詞)　④ 가시리

앞의 문항은 5개의 지문과 함께 제시된 세트 문항 중 하나이다. 이 문항은 5개 중 하나의 지문만을 대상으로, 그것도 지문의 내용과는 무관한 것을 묻고 있다. 학습자가 이 문항을 해결하려면 선택지에 제시된 고려가요의 내용을 암기하고 있어야 한다. 이러한 문항에 대해 학습자의 단편적 지식을 확인할 뿐, 국어과적 사고력의 본질을 묻지 않는다는 비판이 제기되었다. 이때 비판의 초점은 평가 도구의 부적절성이었다. 하나의 정답을 지정하는 선택형 지필 평가는 본질적으로 수렴적 사고를 평가하는 데 최적화된 평가 도구이기에 읽기 평가에서 학습자의 발산적 사고를 평가하려면 선택형 지필 평가는 지양해야 한다는 것이다.

그렇다면 선택형 지필 평가는 읽기 평가 도구로 정말 타당성이 없는가? 타당성이 없고 문제가 많은데도 지금까지 가장 널리 활용되어 왔다는 말인가? 대체 국어과적 사고력의 본질이 무엇이기에 선택형 평가 도구와 부합하지 않는다고 생각해 왔을까? 도구의 한계를 극복하고 가능성을 활용할 방법은 정녕 없을까?

1) 사고력 중심 읽기 평가틀의 발전

이 절에서는 국어과 사고력의 종류와 읽기에서의 사고력의 특성, 그에 따른 읽기 평가관의 변화를 살펴본다.

(1) 국어과 고유의 사고력

모어 화자를 대상으로 하는 국어교육에서는 국어 능력의 기반이 되는 사고 능력을 측정해야 한다. 그런데 공교육의 모든 교과가 사고력 향상을 목표로 한다. 따라서 국어과적 정체성을 확보하려면 일반적인 사고력이 아닌 국어과 고유의 언어적 사고력을 측정해야 한다. 이러한 국어과 사고력의 특성에 대해 읽기 영역을 중심으로 알아보자.

읽기 능력을 신장시키려면 '기능'을 하위 단위로 작게 나누어 반복 연습을 하는 것이 효과적이다. 읽기 기능의 경우 글 단위의 크기에 따라 '글자 읽기, 단어 읽기, 문장 읽기, 문단 읽기, 전체 글 읽기'로 나누는 방법과 사고의 깊이에 따라 '축자적 이해, 사실적 이해, 추론적 이해, 비판적·창의적 이해'[1]로 나누는 방법이 있다(최미숙 외, 2015: 230-1). 전자의 접근법은 주로 초등학교 저학년 단계에서 활용되는 것으로, 제5차 교육과정 이후 국어과에서는 후자의 접근법을 취해 왔다. 외국어교육에서는 학습자의 언어 숙달도가 낮아 글을 중심으로 하위 기능은 세분화하는 것이 타당하다. 그러나 모어 교육에서는 언어 자체가 이미 어느 정도 숙달되어 있으므로 사고의 깊이에 따라 하위 기능을 세분화하는 접근이 더 적절할 것이다.

특히 읽기 교육에서는 텍스트 이해 활동을 구성주의적으로 재규정함에 따라, 글에 객관적으로 정해져 있는 의미를 넘어 숨겨진 의미를 파악하는 것, 독자 자신의 읽기 목표에 따라 새로운 의미를 만들어 내는 것, 필자의 의도와는 다를지라도 독자 스스로 삶과 세계를 새롭게 인식하는 것을 진정한 이해라고 보게 되었다. 필자의 의도에 대한 정확한 이해, 글 자체에 대한 올바른 해석 등이 수렴적 사고라 하고, 텍스트에 제시되지 않은 의미를 새롭게 해석하고 비판하며 확장하는 능력은 발산적 사고라 한다면, 읽기 행위가 수렴적 사고와 발산적 사고를 모두 포함하는 것으로 확장된 것이다. 이처럼 읽기 교육은 텍스트에 매몰되지 않고 다양한 의미를 추론하고 비판하는 능력, 즉 발산적 사고를 이전보다 더욱 중시하게 되었다. 이는 읽기 평가에도 영향을 주어 읽기 영역에서 평가해야 할 사고력의 범위가 훨씬 넓어졌다.

....

[1] 이러한 용어는 맥락에 따라 읽기 하위 '기능'을 의미하기도 하고, 읽기 능력 평가 구인을 의미하는 맥락에서는 '사고력'을 의미하기도 한다.

국어과 평가틀은 어떻게 구성되어 왔을까?

일반적인 교육 평가 맥락에서는 블룸(Bloom)의 교육 목표 분류학에 근거하여 이원 목적 분류표를 작성하고 평가틀을 구성한다. 그러나 국어과 읽기 평가는 이러한 방식으로 평가틀을 구성하기 어렵다. 블룸의 분류에 따르면 읽기는 주로 이해에 해당하는데, 적용·분석·평가도 이해에 기반하고 있는 등 그 의미역이 정확히 대응하지 않기 때문이다.

이러한 이유로 국어과 읽기 평가에서는 바렛(Barrett)의 읽기 기능 목록을 원용하여 평가틀을 구성하기 시작했다. 이는 읽기 평가에서 독해의 수준을 나누는 데 기반이 되는 이론으로 자리 잡았고, 사고력 중심의 수능에서도 시행 초기부터 이를 바탕으로 평가틀을 구성하고 있다.

[표 6-4] 바렛의 읽기 기능 목록(최미숙 외, 2015: 232)

축어적 재인 및 회상(literal recognition or recall)	세부 내용, 중심 생각, 줄거리, 비교, 원인 결과 관계, 인물의 특성 등
재조직(reorganization)	유목화, 개요, 요약, 종합 등
추론(inference)	뒷받침이 되는 세부 내용, 중심 생각, 줄거리, 비교, 인과 관계, 인물의 특성, 결과 예측, 비유적 언어 해석 등
평가(evaluation)	현실과 환상, 사실과 의견, 정확성과 타당성, 적절성, 수용 가능성 등
감상(appreciation)	주제나 구성에 대한 정의적 반응, 인물이나 사건에 대한 공감, 자기가 사용한 언어에 대한 반응, 심상 등

그러나 이 평가틀 역시 국어과의 특성이 아닌 심리학적 이론에 근거한 것으로, 읽기 기능을 지나치게 추상적으로 구획하여 교사가 학습자의 능력을 진단하고 추정하는 데 효율적으로 작동하지 못했다. 따라서 학교 교육과정에서는 글을 중심으로 각 하위 기능과 연계되는 구체적 하위 학습 요소를 설정하여 이를 평가 요소로 삼는 경우도 있다.

(2) 사고력을 측정하기 위한 읽기 평가틀

지금부터는 이러한 읽기 평가관의 변화를 읽기 평가틀을 통해 살펴보고 자 한다. 읽기 능력에 대한 개념 폭, 읽기 과정에 대한 견해 차이, 텍스트 종 류에 대한 접근 방법, 읽기 맥락을 바라보는 관점의 다양성을 읽기 평가틀을 통해 읽어 낼 수 있기 때문이다.

평가틀이란 평가의 성격과 목표에 따라 평가의 내용 요소를 범주화하여 효율적인 평가 도구를 구성하고 평가 내용의 타당도를 높이기 위해 개발되 는 이론적 바탕으로, 문항틀이라고도 한다. 읽기 평가에서의 평가틀은 측정 하고자 하는 읽기의 개념과 본질을 타당하게 반영해야 하고, 문항 개발의 방 향을 제시해야 한다.

국어과에서는 대학수학능력시험과 국가 수준 학업성취도 평가를 중심 으로 평가틀 논의를 발전시켜 왔다. 특히 수능이 사고력 중심으로 독해의 수 준을 나누고 있으므로 본 강의 취지와 부합하기에 이를 중심으로 살펴본다.[2]

1994학년도부터 실시된 대학수학능력시험은 범교과적 소재를 활용하 여 사고력 중심의 평가를 구현하려 노력해 왔다. 대학수학능력시험의 언어 (국어) 영역은 국어 과목의 평가 목표를 내용 영역과 행동 영역으로 나누고, 행동 영역을 다시 사고의 수준에 따라 배치하여 평가틀을 구성해 왔다. [표

....
2 문학 능력은 독서 영역에서의 읽기와 유사한 사고에 입각하여 수행된다고 보고, 문학적 사고를 별도로 세분화하고 있지는 않다. 하지만 '추론적 사고'를 예로 들 때, 문학 영역에서의 추론은 독서 영역에서의 추론과 다른 종류의 사고를 요구한다. 비문학 텍스트를 바탕으로 한 추론은 맥락을 최대한 제거하더라도 텍스트에서 논리적으로 설명할 수 있는 추상적 명제들을 도출하 는 것이 중심이 되지만, 문학 텍스트를 바탕으로 한 추론은 맥락에 근거한 주관적 요소를 해석 하여 개연적 사실을 구성하는 것이 중심이 된다. 특히 문학 영역에서는 학습자의 적극적인 인 식과 참여를 통해 대상의 속성을 인식하고 그에 따른 상상력을 발휘해야 한다는 점에서, 독서 영역에서보다 상대적으로 발산적 사고를 더 많이 요구한다.

6-1], [표 6-2], [표 6-3]은 각기 1994학년도, 2005학년도, 2014학년도부터 실시된 수능 '언어' 또는 '국어' 영역 평가틀이다.

[표 6-1] 1994~2004학년도 언어 영역 이원분류표

내용 영역 \ 행동 영역		어휘력			사실적 사고 능력		추리·상상적 사고 능력			비판적 사고 능력		논리적 사고 능력	
		어휘	용법	어법	내용	구조	내용	과정	구조	내적	외적	언어	추론
듣기													
읽기	인문												
	문학												
	사회												
	과학												
	예술												
	기타												
쓰기													

[표 6-2] 2005~2013학년도 언어 영역 이원분류표

내용 영역 \ 행동 영역		어휘·어법	사실적 사고	추론적 사고	비판적 사고	창의적 사고
듣기·말하기						
읽기	인문·사회					
	과학·기술					
	문학·예술					
	언어·생활					
쓰기						

[표 6-3] 2014~2016학년도 국어 영역 이원분류표

내용 영역		행동 영역	어휘·개념	이해			적용·창의
				사실	추론	비판	
화법	I	지식					
		기능					
	II	대화					
		토의·토론					
		발표·연설					
		협상					
		면접					
작문	I	지식					
		기능					
	II	정보전달					
		설득					
		사회적 상호작용					
		자기 성찰					
		학습					
문법	I	국어와 앎					
		국어와 삶					
	II	국어와 규범					
		국어와 얼					
독서	I	지식					
		기능					
	II	글의 유형					
문학	I	문학의 성격					
		문학 활동					
	II	문학의 위상					
		문학과 삶					

각 수능 평가틀의 행동 영역에 주목하면, 텍스트를 넘어서는 확장적 사고인 추론적·상상적·창의적·적용적 사고 능력 등을 중시해 왔다는 것을 알 수 있다. 글 중심인 '사실적 이해'를 제외한 나머지 능력들을 제대로 측정할 방법에 대해 많은 고민이 있었음을 짐작할 수 있다. 특히 2014학년도 수능의 경우 시험의 성격이 성취도 평가에 가깝게 재규정되면서 이전에 비해 평가틀이 대폭 수정되었다. 대표적으로, 적용 능력이 도입되고 이를 창의적 사고와 묶어 제시하였다. 이는 텍스트를 이해하는 차원을 넘어서는 능력이며 사실적·추론적·비판적 이해와도 다른 차원의 능력으로 규정된다. 수능의 평가틀은 텍스트를 넘어선 능동적 사고력을 중시한다는 장점이 있다고 할 수 있다.

　　그러나 이 평가틀에도 단점이 있다. 우선 사실적 이해(사고)를 제외한 추론적 이해, 비판적 이해, 창의적 재구성 등은 가시적으로 관찰하기 어려우며, 각각의 행위가 명확히 구분되지 않아 평가자에 따라 다르게 생각할 여지가 있다. 나아가 이 평가틀로는 사고의 위계를 판단할 수 없기 때문에 실제로 제시되는 문항을 보고 이를 파악해야 한다. 또한 실제 문항에서 묻고 있는 사고력이 행동 영역에 제시된 사고의 유형 중 하나에만 해당하지 않는 경우가 많다. 요컨대 수능 평가틀은 사고력 중심의 깊이 있는 평가를 할 수 있다는 장점이 있으나 실제 읽기 행위의 다양한 국면을 포착하기에는 어려운 면이 있다고 할 수 있다.

　　지금까지 읽기 평가에서 주로 어떤 읽기 평가틀을 활용해 왔는지 살펴보았다. 구체적으로 읽기 능력은 텍스트에서 독자 중심으로, 독자 개인의 심리에서 사회적 행위 중심으로 변화해 왔다. 전자보다 후자가 발산적 사고를 더 요구하는 것이다. 사고력 평가를 지향해 온 수능 평가틀에는 이러한 점이 반영되어 있다. 아래에서는 앞서 다룬 읽기 능력의 변화 속에서 선택형 지필 평가가 어떤 역할을 할 수 있는지 살펴보고, 이를 바탕으로 선택형 지필 평가에 사용된 다양한 장치들과 그 쓰임에 대해 실제 문항의 사례와 함께 다룬다.

PISA 읽기 평가틀은 국어과에 어떤 영향을 주었는가?

OECD 국제학생평가프로그램(Programme for International Student Assessment: PISA) 읽기 평가틀은 '독자, 텍스트, 맥락'의 세 범주로 이루어져 있으며, 최근 들어 바뀐 PISA 2018 평가틀은 텍스트의 하위 요소에 '자료', '조직과 탐색'을 추가하였다.

[표 6-5] PISA 주기별 읽기 평가틀 비교(구자옥 외, 2016)

PISA 2018			PISA 2009/2012/2015		
차원	하위 요소	세부 하위 요소	차원	하위 요소	세부 하위 요소
과정	텍스트 과정	정보의 위치 파악, 이해, 평가와 성찰	양상	접근과 확인	
				통합과 해석	
	과제 관리	목표 설정과 계획 수립, 점검, 조절		성찰과 평가	
텍스트	자료	단일 텍스트, 다중 텍스트	텍스트	체재	연속적, 비연속적, 혼합적, 다중적
	조직과 탐색	정적, 동적			
	체재	연속적, 비연속적, 혼합적		유형	기술, 서사, 설명, 논증, 지시
	유형	기술, 서사, 설명, 논증, 지시, 상호작용, 교섭			
상황	개인적, 공적, 교육적, 직업적		상황	개인적, 공적, 교육적, 직업적	

이처럼 읽기 행위와 관련된 모든 요인을 다면적으로 평가하고자 한 PISA 읽기 평가틀은 국어과 읽기 평가에 큰 자극을 주었다. 학계의 지속적인 반성 결과, 읽기 평가 틀에 텍스트, 독자, 맥락 세 범주가 균형 있게 자리 잡고 있어야 한다는 것을 중론으로 삼게 되었다. 다만 앞서 살펴본 수능 읽기 평가틀은 독자 범주를 핵심 범주로 간주하여 독해의 수준을 사고력 중심으로 구분하였으며 맥락 범주를 따로 두지 않았다.

2) 국어과적 사고의 성격과 선택형 지필 평가

교육 일반적 관점에서 볼 때 국어과 읽기 교육 내용은 본질적으로 발산적 사고의 성격을 지니며, 내용 교과에 해당하는 다른 교과목과 비교하면 이러한 특성은 더욱 뚜렷하게 드러난다. 이렇게 생각하면 읽기 평가로 발산적 사고 능력을 평가하기 위해서는 선택형 지필 평가를 선택하지 말아야 할 것 같다. 대개 선택형 지필 평가는 '무엇을 정확하게 알고 있는가'를 측정하고자 하는 것이 평가의 주목적일 때 선택된다. 자신이 생각한 응답이 아닌, 주어진 선택지들 사이에서 하나의 정답을 찾아내도록 하는 형식이기 때문에 기본적으로 수렴적 사고를 요구하게 된다. 한편 서술형·구성형 평가는 학습자의 자유로운 발산적 사고를 허용한다는 점에서, 선택형 지필 평가보다 읽기 활동을 평가하기에 더 이상적인 도구처럼 보일 수 있다.

그렇지만 지나치게 많은 가능성을 열어 두는 평가 형식이 과연 평가 목표와 부합하는지 생각해 볼 필요가 있다. 즉 읽기 활동의 본질이 발산적이라는 이유로 평가의 형식에서도 발산적인 면만 강조한다면 오히려 제한이나 기준 없이 사고를 허용하여 깊이 있는 사고 활동을 유도하지 못할 수도 있다. 또한 학생이 선택형 평가 문항을 해결할 때 수렴적 사고만 거치는지 검토가 필요하다. 예를 들어 내 생각보다 좀 더 타당한 해석 찾기, 여러 의견들 사이의 미묘한 공통점과 차이점 찾기, 다른 의견을 찾아 가는 과정을 명료화하기 등은 그 자체로는 분명히 수렴적 사고에 가깝다. 그리고 다섯 개의 선택지로 사고의 범위를 제한(수렴)한 후, 가장 적합한 선택지를 고를 때 학생은 또 한 번 수렴 과정을 거친다. 그러나 이러한 문항들을 통해 학생들은 여러 선택지들의 가능성을 충분히 견주는 깊이 있는 사고를 진행한다. 따라서 학생들은 결과적으로는 수렴적 사고를 하지만, 다른 교과에 비해서는 '발산적인 수렴'을 정교하게 수행하도록 요구받는다. 그러므로 평가 문항에서 이른바 '안내된 읽기'를 정교하게 설계한다면, 선택형 지필 평가를 통해 깊이 있는 읽기 교육을 유도할 수 있다.

생각해 볼 문제

선택형 지필 평가는 국어과 평가에 어떤 장점을 가져다주는가?

국어과 읽기 평가 도구로 선택형 지필 평가를 택하는 것에 대한 선입견은 명제적 지식을 주된 내용으로 하는 내용교과를 중심으로 형성된 것으로 보인다. 내용교과에서 선택형 문항을 출제할 때 각 선택지를 명제적 지식으로 구성할 경우, 학습자는 선택지로 주어진 지식의 정오를 판단하게 된다는 점에서 수렴적 사고에만 초점을 둔 평가가 되기 쉽다. 이는 문항의 문두 형식을 통해서도 확인할 수 있다. 예컨대 내용교과인 한국사 과목의 수능 문항은 대부분의 문두가 '옳은' 것을 고르도록 하고 있으며, 간혹 나타나는 '가장 적절한' 역시 '옳은' 것을 고르라는 문두와 그 의도가 사실상 같다.

그러나 국어과의 수능 문항에서는 '옳은' 것보다는 대부분 '가장 적절한' 것이나 '적절하지 않은' 것을 고르도록 하는 문두가 나타난다. 그만큼 국어과 읽기 평가에서 단 하나의 정답을 정확하게 지정할 수 있는 경우가 많지 않다. 즉, 지식 중심으로 교육과정이 구성된 내용교과와 비교할 때 국어과가 상대적으로 발산적 사고에 더 큰 비중을 두고 있다는 것을 의미한다.

이를 고려할 때, 내용교과를 중심으로 나타난 선택형 지필 평가의 비판점을 그대로 국어과에 적용할 수 없다. 즉 선택형 지필 평가가 어느 교과에서나 수렴적·단편적 사고를 유도하고 이를 더 강화하는 도구라고 단정할 수 없다. 오히려 국어과에서 선택형 지필 평가는 나머지 선택지들에 비해 상대적으로 더 적절하거나 적절하지 않은 것을 고르게 함으로써 타 교과와 다른 성격의 깊이 있는 사고를 물을 수 있다. 이 점에서 선택형 지필 평가는 오히려 국어과에서 적절하게 활용될 수 있는 것이다(▶11강).

3) '발산 – 수렴'의 균형을 유도하기 위해 활용해 온 선택형 평가의 장치

여기에서는 선택형 평가 도구를 통해 발산과 수렴의 균형을 유지하여 깊이 있는 사고를 유도하는 방법에 대해 알아보고자 한다. 실제로 국어과 평가에서는 고등 사고력 평가를 목표로, 선택형 지필 평가를 활용하면서도 학습자가 텍스트 내부를 넘어 능동적으로 사고하도록 유도하는 장치를 꾸준히 개발해 왔다. 이러한 장치에는 발산적 사고를 촉진하면서도 그 범위를 적정하게 제한해 주는 장치, 수렴적 사고를 활용하여 발산적 사고를 유도하는 장치 등이 있다.

(1) 문두

선택형 지필 평가가 어떠한 사고력을 평가하고 있는지 일차적으로 추측할 근거는 문두이다. 선택형 평가의 문두는 진위 판단이나 오류 판정에 그쳐서는 안 된다. 이러한 문두는 발산적 사고를 돕기 위한 안내 장치로서 역할을 하지 못하고 단순히 수렴적 사고만 요구하기 때문이다. 따라서 문두는 학습자가 거쳐야 할 사고의 과정과 그 결과를 물을 수 있도록 기술되어야 한다.[3]

....

3   기본적으로 패턴화된 문두는 수렴적 사고를 유도한다. 그러나 이는 발산적 사고를 위해 사고의 방향을 명확히 해 주는 장치로서의 의미가 있다. 예를 들어 중심 문장과 뒷받침 문장의 관계를 묻는 문항에서 "다음 중 밑줄 친 부분을 뒷받침하고 있는 문장이 아닌 것은?"과 같은 문두가 일정 기간 지속적으로 사용되었고, 그 결과 학습자는 문두를 보고 문항의 의도를 안정적으로 이해할 수 있었다(최지현, 2012). 이처럼 문두는 선택지의 변별 표지에 대한 조건으로 작용하기도 하므로, 문두에 출제자가 지시하는 바가 명료하게 드러나지 않으면 학습자의 사고를 방해할 수 있다. 그렇기에 문두에서는 어느 정도 수렴된 사고 형식의 명시적 전략을 제공하고, 문두를 제외한 나머지 장치로써 발산적 사고를 돕는 것이 나을 수 있다.

① 사고 과정을 드러내는 문두

문두는 사고 과정을 독려할 수 있는 중요한 요인 중 하나이다. '윗글의 주제는 무엇인가', '윗글의 핵심적인 모티프는 무엇인가', '윗글에서 필자가 대상에 대해 취한 태도는 무엇인가', '윗글의 구조는, 진술 방식은, 밑줄 친 ⊙은 무엇인가' 같은 문두는 '지식요소'를 묻는 이른바 '분석적 평가'에 해당하니 지양해야 한다. 그 대신 '윗글은 주제를 어떻게 표현하였는가' 또는 '윗글에서 필자는 대상에 대해 어떤 태도를 취하였는가' 등의 방식을 취해야 학습자가 자신의 발산적 사고를 타당한 논리를 거쳐 수렴하도록 방향성을 제시할 수 있다.[4] 즉 문두에서 지식 요소가 아닌 사고 과정을 드러낼 때, 학습자의 수렴적 사고만을 요구하지 않으면서도 발산하는 사고의 범위를 제한해주어 발산과 수렴의 균형을 잡을 수 있다.

② 부정 문두와 최선답형 문두

부정 문두와 최선답형 문두는 선택형 지필 평가가 본질적으로 수렴적 사고를 측정한다는 한계를 극복하도록 하는 하나의 장치로 활용되고 있다.

먼저 부정 문두를 활용하면 선택형 지필 평가가 진위나 오류의 판정이 아닌, 판단의 상대성을 평가할 가능성이 높아진다. 최근에는 구성주의 읽기관이 확산되면서 국어과 선택형 문항에서 '윗글이 의미하는 바로 볼 수 없는 것은?'과 같은 부정 문두로 읽기 능력을 평가하는 것을 더 선호하게 되었다. 또한 보통 지문의 주제나 의도는 단일하지 않을 수 있으므로 적절한 선택지 하나와 적절하지 않은 선택지 네 개를 구성하는 것은 매우 어려운 일이다.[5]

....

4   이 부분은 최지현(2012)을 참고하였다. 그는 전자의 문두를 취하는 평가를 분석적 평가, 후자의 문두를 취하는 평가를 구성적 평가라고 하였다.

5   교육 평가 일반론에서는 평가 목표에 부합하지 않는 학습자의 인지 작용을 줄이고, 이에 부합하는 인지 작용만 발생하도록 유도하기 위해 부정 문두 사용을 지양하고 있다. 부정 문두가 지

한편 최선답형 문두는 '가장'이라는 부사어를 포함함으로써 선택지들의 경합을 요구한다. 최선답형 문두는 기본적으로 지식을 단순히 회상하지 않도록 하며, 정답이 하나가 아닐 수 있으나 정답으로 받아들일 수 없는 선택지도 있음을 익히게 만든다.

(2) 〈보기〉

수능 체제 이후 〈보기〉 형식을 취한 읽기 문항이 급격히 늘어났다. 수능 체제 이전의 선택형 문항에서는 단어나 구, 문장 단위의 세부 내용에 밑줄을 긋고 그 의미를 직접 확인하는 문항이 많았다. 이러한 문항 형식은 상향식 모형을 가정한 문항 설계로, 이에 대해 선택형 문항이 변화된 읽기 모형을 반영하지 않는다는 비판이 일었다. 그리하여 제시된 지문만으로는 끌어낼 수 없는, 해당 지문의 다양한 의미를 독자가 능동적으로 읽어 내도록 유도하는 장치가 필요하게 되었다. 그 결과 관련된 다른 텍스트를 주고 두 텍스트를 연관하여 새로운 의미를 생각해 보게 하는 〈보기〉가 등장하였고, 이로써 읽기 선택형 문항은 선택형 지필 평가가 지니는 약점을 더 잘 극복할 수 있게 되었다. 정리하면, 〈보기〉는 모든 텍스트가 서로 긴밀하게 연결되어 있다는 상호텍스트성, 텍스트의 의미는 텍스트 내부에 있는 것이 아니라 독자 스스로 구성하는 것이라는 구성주의 읽기관, 읽기 과정을 심리학적으로 구현한 모델 중 독자의 능동적 역할을 강조하는 하향식 모형에 영향을 받아 고안된 장치라고 할 수 있다.[6] 아래에서는 〈보기〉가 사용된 문항의 사례를 통해 이에 대

니는 이러한 인지적 부담을 고려하여, 긍정 문두로도 발산적 사고 측정이 가능하다면 이를 우선적으로 사용해야 할 것이다(▶10강).

6　더 자세한 내용은 최미숙 외(2015)의 '읽기교육' 장을 참고하라.

해 구체적으로 살펴본다.

① 지문에 대한 또 다른 관점이나 조건을 제공하는 〈보기〉

이러한 〈보기〉는 텍스트 자체에 대한 특정 이해 수준에 머무르는 학습자가 발산적 사고를 할 수 있도록 돕는 비계의 역할을 한다. [사례 1]은 학습자가 지문을 읽은 후, 이를 확장하여 읽기 후 활동을 하도록 독려하기 위해 구성되었다.[7]

사례 1 2018년 국가 수준 학업성취도 평가 고등학교 2학년 국어

7 〈자료〉는 윗글을 읽은 후, 〈흥보전〉 전체를 읽은 학생들이 진행한 독서 탐구 활동의 일부이다. ⓐ에 들어갈 내용으로 적절한 것은?

〈 자료 〉

소현: 〈흥보전〉은 조선 후기를 배경으로 하고 있잖아. 이번에는 당시의 사회상에 대해 탐구해 보자.

종윤: 조선 후기에는 신분제가 중심이 되었던 봉건 사회가 무너져 가고 있었어. 경제적으로 몰락한 양반이 나타났고, 부를 가진 평민들이 양반 신분을 사기도 했지.

도원: 맞아. 동시에 조선 후기는 근대 자본주의 사회로 변화되는 시기였어. 놀보처럼 부를 가진 자들은 더 많은 부를 축적해 갔고, 가난한 자들은 삶의 터전을 잃을 정도로 점점 더 가난해지기도 했지.

....

7 그러나 이 문항을 자세히 살펴보면, 형식 자체만으로는 발산적 사고를 측정할 수 있는 가능성이 있었지만 하나의 정답만 확정해야 한다는 선택형 문항의 특성으로 인해 〈자료〉에 포함된 학생들의 생각을 다각도에서 다양하게 구성하지 못하고 당대의 사회 문화적 맥락으로 제한하였다. 심지어 '소현'이 조장 역할을 담당해 탐구 활동의 방향을 제시해 주고 있다. 그 결과 문항 형식의 화려함에도 불구하고 피평가자는 〈자료〉를 읽고 요약하는 능력을 발휘하거나 〈흥보전〉 전체의 주제의식에 대한 배경지식을 활용하여 문항을 해결하게 된다.

> 소현: 너희들의 의견을 들어 보니, 〈흥보전〉에는 (ⓐ)이 나타나
> 있구나.

① 양반 계층의 이상적인 모습

② 봉건 신분 사회로 회귀하는 모습

③ 경제적 평등이 실현된 사회의 모습

④ 근대 자본주의 사회로 이행하는 모습

⑤ 신분 제약 때문에 평민 계층이 좌절하는 모습

---

② 지문의 지식과 개념을 확장해 주는 〈보기〉

경제나 법, 공학 등 전문 분야의 복잡한 지식 구조를 압축적으로 풀어낸 지문에서 발산적 사고를 측정하기 위해 〈보기〉가 설계되는 경우를 확인할 수 있다. 지문의 원리에 해당하는 주요 정보를 제시하고 이를 확장하여 적용할 수 있는 내용을 〈보기〉로 구성하는 것이다. [사례 2]는 배우지 않은 개념어가 많은 지문을 대상으로 〈보기〉에 새로운 자료를 제시함으로써 학습자가 지문을 보다 확장적으로 이해할 수 있는지를 측정하고자 한 문항이다.[8]

....

8 이처럼 전문 분야를 다룬 지문을 대상으로 한 문항이 발산적 사고를 바탕으로 하는 적용 능력을 제대로 측정한다고 볼 수 있을까? 학습자가 관련 내용에 대해 배경지식이 없을 것이라는 가정 하에서 문항을 설계해야 하기 때문이다. 사실상 사고의 발산은 자신이 기존에 지녔던 인식을 확장하는 것이다. 그러나 학습자가 지문의 세부 내용을 충분히 이해하지 못하고 지문의 상당 부분이 새로운 정보에 해당한다면, 문단의 세부 내용에 주목하여 문항을 설계할 수밖에 없을 것이다. [사례 2] 역시 적용 능력을 묻고자 했겠지만 실제로는 세부 내용을 확인하는 문항이 되어 버렸다. 특히 경제 분야의 경우 〈보기〉에 줄 수 있는 정보의 구체성이 지문에 나타난 정보의 구체성과 그다지 차이가 나지 않는다. 즉, 〈보기〉가 구체적 사례나 실세계를 보여 줌으로써 학습자가 지문에서 읽어 낼 수 있는 원리를 충분히 적용할 수 있도록 구성하기 어렵다. 이처럼 〈보기〉가 제대로 기능할 수 있도록 적용 문항을 설계하는 것이 쉽지 않다 보니, 중심 내용 및 세부 내용을 확인하는 문항으로 수렴되기 쉽다. 이렇게 볼 때, 이 문항을 발산적 사고에 해당하는 문항으로 볼 수 있는지에 대해서는 의문이 있지만 지문보다 조금 더 확장된 내용을 다룬다는 점에서 여기에 포함시켰다.

23 〈보기〉의 ㉮~㉲ 중 │CDS 프리미엄│이 두 번째로 큰 것은?

――――――――――― 〈 보기 〉 ―――――――――――

　　윗글의 ㉣과 ㉤을 기준으로 서로 다른 CDS 거래 ㉮~㉲를 비교하여
CDS 프리미엄의 크기에 순서를 매길 수 있다. (단, 기초 자산의 발행자와
보장 매도자는 한국 기업이며, ㉮~㉲에서 제시된 조건 외에 다른 조건은
동일하다.)

CDS 거래	기초 자산의 신용 등급	보장 매도자 발행 채권의 신용 등급
㉮	BB+	AAA
㉯	BB+	AA-
㉰	BBB-	A-
㉱	BBB-	AA-
㉲	BBB-	A+

① ㉮　　　　② ㉯　　　　③ ㉰　　　　④ ㉱　　　　⑤ ㉲

③ 실세계에 확장적으로 적용하도록 하는 〈보기〉

　　전문 분야 지문의 경우 관련 개념어에 대한 학습자의 배경지식이 충분하
지 않은 경우가 많다. 그래서 지문에 대한 확장적 이해를 측정하고자 할 때도
관련 개념어를 제대로 이해하고 있는지 확인하는 데 그칠 가능성이 크다. 이때
개념어나 전문 지식을 실세계에 적용하는 능력을 묻는 문항을 설계할 수 있다.
특히 법학이나 철학 분야는 인간 세계의 여러 문제 사례를 설명하기 위해 개념
어들이 생겨나고, 그 개념어들이 실제 사례와 연계되면서 확장적으로 체계화
된 학문이다. 그러므로 전문 분야의 지식을 다룬 지문이라 하더라도 실세계에

대한 적용 능력을 묻는 문항을 설계할 수 있다.[9] [사례 3]은 지문에 드러난 이론적 관점의 차이를 〈보기〉의 내용에 적용하여 해석할 것을 요구하는 문항이다.

사례 3

18 윗글을 바탕으로 〈보기〉의 (가)와 (나)를 이해한 내용으로 적절하지 <u>않은</u> 것은?

〈 보기 〉

(가) 미국에서는 기여 입학제가 활성화되어 있다. 하버드대와 같은 미국의 명문 사립대학들은 기부금을 많이 낸 사람의 자녀를 기여 입학 대상자로 선정하여 1,600점 기준의 SAT 점수에 160점 정도의 가산점을 준다.

(나) 미국의 갑부 워런 버핏은 자신의 소득세율이 17.4%인 것에 반해, 자신의 사무실에서 일하는 직원들의 소득세율은 그 두 배 정도인 33~41%라며 연간 소득이 100만 달러 이상인 부유층의 세율을 인상하고 1천만 달러 이상인 사람에게는 초과 세율을 적용하여 세금을 걷자고 주장했다.

① (가): 롤스의 입장에서 볼 때, 기여 입학제가 지위나 직책에 접근할 기회에 영향을 준다면 기여 입학제는 기회 균등의 원칙에 어긋나는 제도라 할 수 있겠군.

② (가): 노직의 입장에서 볼 때, 개인의 재산 정도에 따라 입학의 기회가 결정되는 기여 입학제는 개인의 소유물을 양도하는 것에 제약을 두는 제도라 할 수 있겠군.

③ (가): 왈처의 입장에서 볼 때, 기여 입학제는 경제 영역의 가치인 돈이 교육을 침범한 것으로 복합 평등으로서의 정의에 어긋나는 제도라 할 수

....

9   다만 경제나 자연 과학 분야에서는 이러한 성격의 〈보기〉를 가진 문항을 설계하기 어렵다. 이들 분야에서는 실세계에서 발생하는 많은 변인을 제거하고 인과성을 도출할 수 있는 가상의 실험실을 가정한 상태에서 개념어를 도출하는 경우가 많으며, 이와 같은 개념어들을 실세계에 적용한 결과에 대한 판단 역시 매우 전문적인 영역에 속하기 때문이다.

있겠군.

④ (나): 롤스의 입장에서 볼 때, 일정 소득 이상의 부유층에게 세금을 더 걷는 것이 최소 수혜자를 위한 것이라면 차등의 원칙에 부합되는 것이라 할 수 있겠군.

⑤ (나): 노직의 입장에서 볼 때, 일정 소득 이상의 부유층에게 초과 세율을 적용하자는 주장은 개인의 소유 권리를 제한하는 것이라 할 수 있겠군.

---

(3) 선택지

교사들은 선택지의 매력도에 관심이 많은데, 이는 선택지가 선택형 문항의 질을 좌우할 뿐만 아니라 고등 사고력 측정에도 영향을 주기 때문이다(김혜정, 2008: 104). 선택지의 매력도[10]가 높을 때에는 문항의 곤란도가 높아지고 비교·분석·종합 등의 고등 정신 기능도 측정할 수 있지만, 반대로 매력도가 낮을 때에는 형식적으로 5지 선택형이더라도 실제로는 4지, 3지 선택형 또는 진위형 문항처럼 보일 수 있다.

문두가 너무 평이하거나 선택지의 매력도가 부족하여 오답이 지나치게 명확한 경우 문항의 타당도가 떨어진다. 이러한 문항은 발산적 사고를 할 기회 자체를 주지 않는다는 점에서 선택형 평가의 한계점을 그대로 드러내는 문항이라 할 수 있다. 또한 선택형 문항에서 모든 선택지의 매력도가 떨어지거나 선택지에 따라 매력도가 각기 다를 때에도 선택지 간의 경합을 심도 있게 고민하지 않게 되어, 사고의 폭을 좁힐 수 있다. 선택지로 발산적 사고를 독려한 [사례 4]를 살펴보자.

....

10　이와 관련된 평가학 개념은 '오답지의 매력도'이다. 그 핵심 개념 및 측정 방법에 대해서는 권대훈(2016: 254-256)을 참고할 수 있다(▶11강).

24 〈자료〉의 ㄱ~ㅁ 중 윗글을 읽는 과정에서 해결할 수 있는 질문으로 가장 적절한 것은?

〈 자료 〉

ㄱ. 『승정원일기』는 어떤 과정을 거쳐 세계 기록 유산으로 선정되었을까?

ㄴ. 조선 시대 승정원이란 기관이 주로 한 일은 무엇일까?

ㄷ. 화재로 소실된 『승정원일기』는 현재 남아 있는 기록과 어떤 차이가 있을까?

ㄹ. 영조는 세종 대의 측우기를 어떤 방법으로 복원했을까?

ㅁ. 『승정원일기』의 내용을 직접 확인하려면 어떻게 해야 할까?

① ㄱ   ② ㄴ   ③ ㄷ   ④ ㄹ   ⑤ ㅁ

위 문항의 경우 '능동적으로 질문을 구성하며 읽기'라는 성취기준을 평가하기 위한 문항이다. 의문형으로 제시된 선택지는 전개 방식을 고려하여 핵심 화제를 파악하도록 하는 것(ㄱ), 핵심 화제의 정의와 특성을 파악하도록 하는 것(ㄴ), 시간과 관련된 단서에 유의하여 세부 내용을 추론하도록 하는 것(ㄷ), 구체적 사실과 전체 주제의 관계를 파악하도록 하는 것(ㄹ)으로서, 능동적으로 글을 읽는 다양한 양상을 직접 보여 주고 있다.

이처럼 이 문항은 글을 읽는 과정에서 생길 수 있는 질문들을 선택지로 구성하되, 지문의 세부 내용을 근거로 학습자의 다양한 사고를 자극하며 글의 내용과 형식에 대한 이해 및 상위 인지적 전략 모두를 평가 요소로 하고 있다. 지문을 단편적으로만 이해하거나 발산적 사고를 수행하지 못한 학습자라면, 문항을 해결하기 위해 선택지를 점검하는 과정에서 지문을 읽게 되고, 나아가 선택지에 제시된 대로 지문을 읽는 방법을 익힐 수 있다.

(4) 복합 지문

국어과 읽기의 선택형 지필 평가에서 지문으로 주어지는 텍스트는 단수(單數)인 경우가 많다. 상호텍스트적 읽기를 도모하는 경우에도 지문은 단수의 텍스트로 구성되고 다른 텍스트는 〈보기〉로 주어지곤 한다. 지면의 한계 때문에 일정한 분량 이상을 실을 수 없고, 더 크게는 복수의 텍스트로 지문을 구성하면 해당 텍스트 간 연관성을 반영한 문항을 다수 출제해야 하는 부담이 있기 때문이다. 문학의 경우 시는 대개 복수의 지문을 사용하지만, 소설이나 희곡 등 산문 지문은 대개 단수로 제공된다.

그러나 복수의 텍스트를 구성하는 것은 발산적 사고를 도모하는 한 방법이 될 수 있다. 이 경우 복수의 문학 텍스트, 문학과 비문학 텍스트 복합, 복수의 비문학 텍스트라는 세 가지 조합이 가능하다.

① 문학–문학 복합 지문 구성

둘 이상의 문학 작품으로 지문을 구성하는 경우 동일한 갈래에 속하는 두 작품을 묶을 수도 있고, 상이한 갈래의 두 작품을 묶을 수도 있다. 하나의 지문에 두 작품을 동시에 배치했다면 두 작품을 동시에 엮어 읽는 보람을 실현할 수 있는 문항이 구성되어야 할 것이다. 이러한 구성은 상호텍스트성을 살리고 발산적 사고를 유도하는 전형적인 방법이다.

복수의 문학 텍스트를 활용하는 지문에서는 객관적으로 존재하는 텍스트 간 영향의 수수 관계에 의한 상호텍스트성과, 평가 주체의 임의적 구성에 따른 상호텍스트성 모두가 가능하다. 전자의 경우 패러디 작품과 원래의 작품을 나란히 묶을 때 실현된다. 가령 견우직녀 설화와 이를 바탕으로 재구성된 서정주의 〈견우의 노래〉를 나란히 지문으로 활용하는 것이다. 그러나 이 경우에는 다양한 문항을 산출하는 데 제약이 따른다. 두 작품에 중복되는 내용 요소가 많기 때문에 각각의 작품에서 별도로 물어볼 만한 평가 요소를 발견하기가 어려운 것이다. 더욱이 문항이 객관적 사실 위주의 정보를 다루게 되기 쉬워 발산적 사고를 도모하는 데 한계가 있다.

이에 따라 주제론적 접근을 바탕으로 하는 후자의 방법이 자주 활용된다. 주제론적 접근이 가능하기 위해서는 테마·모티프·소재·이미지·상징 등 작품들을 이어 주는 연결 고리가 반드시 있어야 한다. 이를 통해 발산적 사고를 효과적으로 유도할 수 있다. 주제론적 접근은 시대를 통한 지속을 강조하면서, 문학 작품의 예기치 않은 차원을 노출하고, 고형의 신화나 이미지들이 현대성을 발휘하는 양상을 확인하는 연구 방법(이재선, 1989: 7)이기 때문이다. 즉, 하나의 문학 작품이 일종의 비계로 작동하여 다른 문학 작품을 새롭게 해석하고 감상하도록 도와줄 수 있다는 것이다.

② 문학−비문학 복합 지문 구성

문학 텍스트와 비문학 텍스트를 나란히 배치하여 하나의 지문으로 구성하는 것은 흔치 않다. 그러나 이러한 구성은 불가능한 것이 아니며, 발산적 사고를 추구하는 평가에서라면 적극적으로 추구해 볼 만하다.

문학은 인간사를 포함한 온갖 삼라만상을 소재와 주제로 삼고 있는바, 연계되지 않을 분야가 없다. 역사와 철학 분야는 본래부터 문학과 동행해 온 분야이므로 그 친밀도를 굳이 말할 필요가 없다. 또한 문학은 성, 계급 혹은 계층, 세대와 관련된 이념 등 사회적 의제에 대해서도 민감하므로 사회 과학 분야의 지문도 연계될 여지가 충분하다. 과학 분야라고 해서 아예 동떨어져 있는 것이 아니다. 예를 들어 시인들의 문학적 발상이 과학적 사실에 뿌리를 두고 있을 때가 많다.

문학은 대체로 구체적 사고를 통해 사실이나 경험의 형상화를 지향한다. 반면 비문학 지문으로 사용되는 텍스트에서 다루는 인문학·자연 과학·

사회 과학 등의 분야는 추상적·논리적 사고에 기반한 개념화를 지향한다. 그러나 두 가지 사고는 완전히 분리된 것이 아니라 상호작용한다. 인간은 구체적 사고와 추상적 사고 모두를 사용하여 삶의 이면을 발견하고 자연의 이법을 관찰하는 것이다. 다음 문학 작품을 보자.

더러는
옥토(沃土)에 떨어지는 작은 생명이고저……

흠도 티도,
금가지 않은
나의 전체는 오직 이뿐!

더욱 값진 것으로
드리라 하올 제,

나의 가장 나아종 지닌 것도 오직 이뿐.

아름다운 나무의 꽃이 시듦을 보시고
열매를 맺게 하신 당신은

나의 웃음을 만드신 후에
새로이 나의 눈물을 지어 주시다.

— 김현승, 〈눈물〉 —

〈눈물〉은 어린 자식의 죽음을 맞은 부모의 심정을 기독교적 신앙을 바탕으로 승화한 시이다. 이 시의 화자는 첫 구절에서 '눈물'을 '옥토에 떨어지는 작은 생명'이라고 표현함으로써 새로운 생명을 싹틔울 씨앗을 연상시키고, 이 구절은 마지막 연에 나오는 '열매'라는 비유를 예비한다. 즉, 이 시에는 슬픔이야말로 인간으로 하여금 그 영혼을 정화하고 높고 맑은 세계를 창조하게 하는 힘이라는 인식이 깔려 있다. 궁극적으로 이 시에서는 '눈물'과 '웃음'에 대한 일반적인 인식을 뒤집으면서 '울음' 혹은 '눈물'이 '웃음'보다 더 값진 것이라는 발견을 보여 주고 있다.

그런데 시인이 이러한 깨달음을 얻는 결정적 계기가 꽃과 열매의 생리학적 관계라는 점이 인상적이다. 식물학에서 꽃은 속씨식물의 생식기관으로 정의된다. 꽃은 생식을 통해서 씨와 열매를 낳는다. 이러한 생물학적 설명에 기댄다면, 〈눈물〉이라는 시에서 '꽃 : 열매 = 웃음 : 눈물'이라는 유추의 등식이 활용되고 있음을 알 수 있다. 꽃이 진 자리에 열매가 맺히듯이 웃음이 사라진 자리에 눈물이 오는 것이고, 꽃보다 열매가 더 귀중하듯이 웃음보다 눈물이 더 값진 것이라는 유추가 일어난 것이다. 시인은 생물학적 이치를 자신의 경험을 창의적으로 해석하는 토대로 활용한 셈이다. 이는 시인의 경험에 과학적 원리가 결합된 문학적 상상력을 발휘하여 시적 내러티브로 실현한 전형적인 사례로 볼 수 있다. 내러티브에서 과학과 문학의 융복합이 구현되고 이를 창의적으로 실현할 수 있음을 입증하는 것이다.

이러한 사실을 고려해 볼 때, 문학에 대한 새로운 해석이나 깊이 있는 감상을 도모하기 위한 문항에서 과학 지문을 활용할 여지는 충분하다. 이때 모든 문항이 두 지문을 연계해서 구성될 필요는 없으며, 개별 텍스트에 한정된 문항도 균형 있게 배치해야 한다. 또한 앞선 사례와 반대로 비문학 지문을 중심에 두고 문학 작품을 활용할 수도 있다. 비문학 지문에 대한 이해의 정도를 문학 작품을 활용해서 묻는 것이다. 비문학 지문에 대한 정확한 이해가 선행되지 않으면 문학 작품에 제대로 적용될 수 없으므로, 이런 방법도 발산적 사고를 유도하는 데 충분히 활용할 수 있다.

③ 비문학–비문학 복합 지문 구성

비문학 읽기 지문은 단독으로 구성되는 것이 일반적이다. 그러나 관점이 다른 둘 이상의 텍스트를 나란히 배치하여 상호 간의 관점 차이를 비교하면서 읽도록 하는 것은 독서의 본질에도 부합하는 읽기 방법이다. 단, 이를 평가 국면에서 활용하기 위해서는 복합 지문으로 나란히 배치되는 두 텍스트의 관점이 뚜렷이 대비되어야 하고 분량도 적절해야 한다. 다음 [사례 5]를 보자.

사례 5
저자 구성

[1~3] 다음 글을 읽고 물음에 답하시오.

(가) 최근 몇 십 년간 광범위한 영향력을 행사해 왔던 신고전파 경제학 은 특유의 ⓐ신앙을 가지고 있다. 시장이 모든 것에 우선한다는 것이다. 그들은 "태초에 시장이 있었다."라고 주장하며, 국가의 개입은 시장의 결함이 견딜 수 없을 정도로 심화된 이후에야 나타나야 할 인위적 대체물로 본다.

그러나 태초에 시장은 없었다는 것이 ⓑ진실이다. 경제사학자들은 **기초 생필품** 공급과 같은 매우 지역적인 수준이나 사치품 무역과 같은 매우 국제적인 수준을 제외할 경우, 시장 체제가 최근까지도 인류의 경제생활에서 주요한 몫을 차지하지 못하였다는 역사적 사실을 보여 준다. 실제의 시장은 발생 단계부터 거의 항상 국가에 의해 신중하게 조정되어 왔던 것이다. 자본주의 발전의 초기 단계에서는 더욱 그랬다. 흔히 '자연 발생적으로' 시장 경제가 나타난 것으로 간주되는 영국에서조차 시장의 발생에 정부가 결정적 역할을 해냈으며, 미국에서도 초기 산업화의 성공에 결정적인 영향을 미친 것은 역시 소유권의 확립, 주요 사회 간접 시설의 건설, 농업 연구에 대한 자금 공급 등을 통한 정부의 개입이었다. 게다가 미국은 '유치산업(幼稚産業) 보호'라는 아이디어의 발생지였으며, 제2차 세계 대전이 발발하기 이전의 100년 동안 산업 보호 장벽

이 가장 견고하였던 나라였다. 이처럼 산업화에 성공한 국가 가운데 적어도 일정 기간 정부가 경제 발전에 강력하게 개입하지 않은 경우는 없다고 단언할 수 있다.

그러므로 시장을 **인위적 개입**이 없는 자연적 현상으로 바라보는 관점은 실제 사실이 아닌 ⓒ희망 사항에 기반을 둔 것이다. 만일 시장이 신고전학파 경제학자들이 믿는 만큼 '자연스럽게' 진화한다면, 공산주의 국가에서 자본주의 국가로 바뀐 옛 공산 국가들은 현재 그 같은 혼란에서 빠져나왔어야만 했다. 그러나 이들 나라들이 한동안 심각한 경제 위기를 겪었거나 겪고 있는 데서 시장의 자연스러운 흐름이란 기대만큼 바람직한 결과를 낳는 것은 아님을 알 수 있다.

(나) 시장과 정부는 경제라는 수레를 움직이는 두 바퀴와 같다. 때로는 서로 잘 맞물려 수레를 잘 굴러가게 하지만, 서로 갈등을 빚으며 좌충우돌하고 엉뚱한 결과를 가져오기도 한다. 그 이유는 대부분의 정책 당국자가 정부가 시장을 움직일 수 있다고 믿기 때문이다.

그러나 실제로는 전혀 그렇지 않다. 시장의 흐름과 상충되는 정책이 발표되면, 비록 일시적인 효과가 있을지라도, 결과적으로는 시장의 흐름이 정부보다 더 강력하게 작용한다. 성공하는 정책일수록 **시장 친화적**이어야 한다. 정부의 '보이는 손'은 만병통치약이 아니다. 오히려 거의 모든 문제는 시장에서 해결되고, 정부의 역할은 제한적이다. 시장에서 해결되어야 할 일에 정부가 개입하면, 시장은 엉뚱하게 반응한다.

경제 현상은 반드시 윤리나 규범으로만 움직이는 것이 아니다. 경제 주체들은 정부의 강력한 정책보다는 자신의 이해를 대변하는 **유인책**에 따라 움직이는 속성을 보인다. 엄격한 법령에 대해서도 시장은 입법 의도와 다르게 움직일 수 있다. 그래서 왜곡된 결과를 가져온다. 때로는 왜곡의 정도가 지나쳐 회복할 수 없는 부작용을 낳기도 한다. 그렇기 때문에 정부의 개입은 항상 제한적으로만 이루어져야 한다.

그렇다면 어떤 경우에 '보이는 손'이 **약손**이 될 수 있는가. 시장이 실패하는 경우에만 제한적으로 개입하라는 것이다. 예를 들면 시장이 독점 기업과 같이 누구 한 사람의 손에서 놀아나는 경우에 약손이 필요하다. 도로와 항만, 공항,

공원 등 공공재를 공급할 때에도 정부가 필요하다. 시장에 맡기면 수익성이 낮아서 아무도 시설을 확충하지 않기 때문이다. 환경 문제와 같이 제3자에게 엉뚱한 영향을 미치는 경우에도 정부의 개입이 필요하다. 이와 같은 경우 이외에는 정부가 시장보다 비효율적이다.

1 〈보기〉를 바탕으로 ⓐ~ⓒ에 주목할 때, '신고전파 경제학'에 대한 글쓴이의 평가로 가장 적절한 것은?

─── 〈 보기 〉 ───

글쓰기에서는 동일한 대상을 지시하더라도 그에 대한 글쓴이의 관점이 다르면 다른 단어가 선택된다. 가령 어떤 행위에 대해 관점에 따라 '용기'라는 말로도, '만용'이라는 말로도 평가될 수 있는 것이다. 이는 특히 설득적인 글을 쓸 때 두드러지게 나타난다.

① 전체를 보지 못하고 개별적인 사실에만 집착하고 있군.
② 사실에 대한 평가를 일관성 없이 마음대로 바꾸고 있군.
③ 가치관을 앞세워 사실에 대해 자의적으로 판단하고 있군.
④ 본질은 외면한 채 눈에 보이는 것만 피상적으로 살피고 있군.
⑤ 하나의 사실을 바탕으로 한 결론을 성급하게 일반화하고 있군.

2 다음 [학습 활동]을 수행하기 위한 계획으로 적절하지 않은 것은?

[학습 활동] 〈보기〉의 사례를 근거로 활용하여 (가)와 (나) 중의 하나에 대해 비판하거나 옹호하는 글을 쓰시오.

─── 〈 보기 〉 ───

1777년 겨울 조지 워싱턴은 미국 독립 혁명군의 총사령관으로서 펜실베이니아주 밸리 포지(Valley Forge)에서 영국군에 맞서 힘겨운

전투를 치르고 있었다. 그런데 당시에 펜실베이니아주는 당시 식량과 의류를 포함한 군수 물자의 가격을 통제하는 법을 제정함으로써 독립 혁명군에게 충분한 물자를 공급하여 전투력을 향상시키고자 하였다. 그러나 물자의 가격은 폭등하였고, 정부가 고시한 가격에 불만이던 농부들은 식량을 시장에 내놓지 않았다. 일부에서는 오히려 적군인 영국군에게 더 비싼 값으로 금을 받고 팔아 버렸다. 그 결과 독립 혁명군은 살을 에는 추위에다 극심한 식량 부족으로 거의 아사 상태에 빠지게 되었다.

① 〈보기〉를 식량과 의류 등에 대한 가격 통제의 부작용을 말해 주는 사례로 보고, (가)의 입장에서도 '기초 생필품'의 경우 시장의 자연스러운 흐름을 부정하지 않는다는 점을 밝혀야겠어.

② 〈보기〉를 전쟁 상황에서마저 정부의 시장 개입이 실패할 수 있음을 말해 주는 사례로 보고, 정부의 '인위적 개입'도 시장의 질서를 존중해야 한다는 점을 강조하여 (가)의 입장을 보강해야겠어.

③ 〈보기〉를 정부의 가격 통제 정책이 반시장적임을 보여 주는 사례로 보고, '시장 친화적' 개입의 필요성에 대한 (나)의 입장을 좀 더 구체화해야겠어.

④ 〈보기〉를 정부의 시장 개입이 항상 성공하는 것은 아님을 보여 주는 사례로 보고, (나)에서 말한 정부의 '약손' 역할도 시의적절해야 한다는 점을 강조해야겠어.

⑤ 〈보기〉를 개인들은 정부의 의도를 무시하는 성향이 있음을 보여 주는 사례로 보고, 정부의 '유인책'이 법적 강제성이 있어야 한다는 점을 강조하여 (나)의 입장을 보완해야겠어.

(가)에서 '신앙'이나 '희망 사항'은 '진실'을 정확하게 포착하지 못하고 특정한 가치관에 따라 주관적으로 본다는 뜻을 함축하고 있다. (가)의 글쓴이는 '신고전파 경제학'에서 사실을 자의적으로 해석하고 있다고 평가하는

것으로 추론할 수 있다. 그러므로 ③번 선택지가 정답이다. 이 문항은 사전적 의미를 넘어 맥락적 차원에서 의미가 유사하거나 상반된 단어들 간의 관계에 주목하였다. 즉, 글의 추론적 이해와 관련된 독서 영역의 성취기준과 어휘의 의미와 관련된 문법 영역의 성취기준을 통합하여 구성한 문항이다. 읽기의 본질 상 전체적인 맥락에서 단어의 의미 관계에 주목하는 것은 능동적인 인지 활동에 해당된다는 점에서 다양한 분야에서 이런 유형의 문항을 개발할 필요가 있다.

1번 문항은 2번 문항을 위한 전 단계로서의 성격도 지닌다. 1번 문항을 통해 (가)에 드러난 관점을 충분히 확인했으므로 이를 바탕으로 2번 문항에 훨씬 수월하게 접근할 수 있기 때문이다. 2번 문항의 〈보기〉에서 개인들은 정부의 의도를 무시했지만, 이를 개인의 성향으로 간주하는 것은 그야말로 성급한 일반화의 오류이다. 그리고 (나)에서 말한 '유인책'은 어디까지나 개인들의 자발적 참여를 유인하는 수준에서 필요한 것이지, 법적 강제성과는 거리가 멀다. 이는 시장의 자연스러운 흐름을 강조하는 (나)의 입장과도 상충된다. 그러므로 ⑤번 선택지가 정답이다.

2번 문항은 독서 영역과 작문 영역의 성취기준을 통합한 영역 통합형 문항의 성격도 지닌다. 구체적 사례를 활용하여 글쓰기 계획을 세우는 것은 내용 생성과 관련된 작문 능력에 해당하고, 독서 자료에 대해 비판하거나 옹호하는 것은 비판적 독서 능력에 해당한다. 이 문항은 이들을 동시에 측정하고자 한 것이다. 이러한 문항 유형은 영역별로 분할되어 있던 기존 구도와는 달리, 실제 언어생활의 양태를 반영한 영역 통합형이라는 데서 그 의의를 찾을 수 있다. 또한 유사한 소재를 확연히 다른 관점에서 다룬 두 텍스트를 비교하며 읽는 것은 독서의 일반적 과정이나 양상이라는 점에서 이 문항은 읽기의 본질을 구현한 문항이라고도 할 수 있다.

어떠한 평가 도구든 학습자의 국어 능력을 온전히 진단하기에는 한계가 있으며, 선택형 평가 도구는 여타 평가 도구에 비해 진단하기 어려운 국어 능력의 범위가 더 넓을 수 있다. 그렇지만 선택형 평가 도구만의 수렴적 성격을 적절히 활용하면 타당도 있는 문항을 설계하는 데 도움이 된다. 특히 학습자의 발산적 사고의 범위를 제한하고 방향성을 안내함으로써 깊이 있는 사고를 유도해야 하는 국어과 읽기 영역에서는 선택형 평가 도구가 발산적 사고와 수렴적 사고의 균형 잡힌 평가를 실행하는 데 효과적일 수 있다. 또한 선택형 평가 도구는 〈보기〉나 복합 지문을 활용하여 안내된 읽기를 구현할 수 있어 교수학적 의의를 지닌 평가 도구로도 볼 수 있다.

7강

선택형 평가로 과정 중심 평가를
실현할 수 있는가

들어가며

> 서울특별시교육청에서는 2019년 수업·평가 혁신 방안의 일환으로 "과정 중심 평가를
> 점진적으로 확대하여 2019학년도에 서·논술형 평가와 수행 평가 합의 비율을 현행
> 45% 이상에서 50% 이상으로 확대하고, 중학교에서는 5개 교과군(국어, 영어, 수학,
> 사회, 과학)에서 학기당 1과목 이상 수행 평가 또는 서·논술형 문항만으로 평가를 실
> 시할 예정"이라고 발표하였다.

김 교사는 위와 같은 보도 자료를 보고 이렇게 말한다. "과정 중심 평가를
위해 지필 평가 비중을 20%로 줄이고 수행 평가의 비율을 많이 늘렸어
요. 물론 수행 평가를 늘리면서 아이들의 다양한 능력과 특성을 파악하게 되었
다는 장점도 있습니다. 하지만 시간이 갈수록 수행 평가 역시 결과 중심 평가가
아닐까 하는 의심이 드네요. 수행 평가라곤 해도 결과물만 가지고 평가하고 있

거든요."[1]

그렇다면 '과정 중심 평가'란 무엇을 의미할까? 수행 평가와 서술형·논술형 평가를 실시하면 과정 중심 평가를 실행한 것일까? 그렇지 않다면 무엇을 평가해야 과정 중심 평가일까?

....

1) 과정 중심 평가의 의미

과정 중심 평가는 2015 개정 교육과정 총론에서 '학습의 과정을 중시하는 평가'로 언급된 이후, 기존의 결과 중심 평가 패러다임을 바꾸는 평가 혁신의 방향으로 간주되고 있다. 교육부·한국교육과정평가원(2017)에서는 '과정 중심 평가'의 정의와 특징을 다음과 같이 정리하고 있다.

> 정의: 교육과정 성취기준에 기반한 평가 계획에 따라 교수·학습 과정에서 학생의 변화와 성장에 대한 자료를 다각도로 수집하여 적절한 피드백을 제공하는 평가
>
> 특징: 성취기준에 기반을 둔 평가, 수업 중에 이루어지는 평가, 수행 과정의 평가, 지식·기능·태도를 아우르는 종합적 평가, 다양한 평가 방법의 활용, 학습자의 발달을 위한 평가 결과의 활용

그러나 여전히 과정 중심 평가의 의미는 명료하지 않으며 형성 평가, 수행 평가 등 기존의 평가 방법들과 동의어로 인식되기도 한다. 과정 중심 평

....

1   서울특별시교육청 홈페이지(http://www.sen.go.kr) 정책자료실(2019.1.4.), 강원도교육청 공식 블로그 강원도행복청 "과정중심평가, 왜 힘들까? 교사들의 솔직한 이야기"(https://blog.naver.com/happygwedu/221289404993)를 참고하여 재구성

가는 정책적 용어이자 선언적 구호로서, 특정한 형태의 평가 유형을 지칭하는 것이 아닌 새로운 평가 패러다임에서 바람직한 평가 모습을 그린 용어라고 규정하고, 그 실체를 해석하는 방식이 해석 주체에 따라 다르다는 주장도 있다(신혜진 외, 2017). 그럼에도 과정 중심 평가가 미래 교육의 핵심 지향 중 하나라는 점은 미네르바 스쿨, Next Generation Learning Challenge(NGLC), OECD 등 미래 교육을 표방하는 국제 교육 컨소시엄이나 연구 단체들이 제안하고 있는 새로운 교육 패러다임을 살펴보면 분명하게 확인할 수 있다.

[표 7-1] 미래 교육 패러다임의 핵심 키워드(이지연 외, 2018)

분류	핵심 키워드	미네르바 스쿨 (2014)	NGLC (2018)	OECD (2018)
목표	창의적 문제 해결	●	●	●
	세계시민	●		●
성취기준/평가	역량 기반	●	●	●
	보편적 완전 학습	●	●	●
	과정 중심 평가	●	●	●
교육과정	학습자 중심, 개별화, 맞춤형	●	●	
	융합적 구성, 유연한 운영	●	●	
	인성, 감성, 공감		●	●
	지역 연계를 통한 다양한 경험		●	●
교육 방법	프로젝트·문제 중심 학습(PBL)	●	●	●
	협동학습	●	●	●
	ICT 기반의 다양한 교수법	●	●	●
교육 공간	ICT 기반의 미래형 학습 공간	●	●	
	학습 공간의 확장	●	●	●

몇 가지 특성을 중심으로 과정 중심 평가의 의미를 좀 더 구체적으로 살펴보면 다음과 같다.

첫째, 과정 중심 평가는 '학습의 평가(assessment of learning: AOL)'가 아닌 '학습을 위한 평가(assessment for learning: AFL)', 더 나아가 '학습으로서의 평가(assessment as learning: AAL)'의 성격을 띤다. '학습의 평가'는 교수·학습의 결과, 즉 학생의 성취도를 평가하는 것을 의미한다. 이는 결과 중심 평가이며, 학습의 성취를 총괄적으로 평가한다는 점에서 총괄 평가에 해당한다.[2] 그러나 평가 본연의 목적과 기능이 '학생들의 학습 향상'(Harlen, 2012)이라는 점을 감안하면, 평가는 학습의 결과를 확인하는 데만 그쳐서는 안 된다. 평가는 학습자들이 학습에서 어디에 위치하고 있는지 확인하고 이에 근거해 어떤 방향으로 어떻게 나아가야 하는지 판단하기 위한 증거를 찾고 해석하는 과정(Swaffield, 2011), 즉 '학습을 위한 평가'가 되어야 한다. 이러한 관점은 최근 교수·학습과 평가가 분리되지 않고 하나로 통합되어야 하며 수업에서의 학습이 그 자체로 평가의 과정이어야 한다는 '학습으로서의 평가'(McMillan, 2014)로 확장되고 있다.

....

2   '평가'는 그 기능에 따라 진단 평가, 형성 평가, 총괄 평가로 나눌 수 있다(서울대학교 교육연구소 편, 2011 참조).
    ① 진단 평가(diagnostic evaluation): 교육 활동을 시작하기 전에 그 활동의 성공적인 학습을 위해 요구되는 학생들의 적성, 선수 학습에서의 학습 결손, 경험, 성격 특성 등을 체계적으로 조사하여 교육 활동에서의 학습 성취를 증진시키고자 하는 평가 활동.
    ② 형성 평가(formative evaluation): 교육 활동의 진행 과정에서 그 활동의 부분적 수정·개선·보완을 위한 정보를 얻고자 실시하는 평가 활동. 수업이 전개되는 도중에 실시되는, 비교적 비공식적이고 학생들의 최종 성적 판정과 무관한 평가 활동을 아우르는 개념으로 통칭되기도 한다.
    ③ 총괄 평가(summative evaluation): 교육 활동이 종결되었을 때, 그 활동의 효용성이나 성과에 대해 종합적인 가치 판단을 하는 평가 활동. 다시 말해 수업 과정이 끝났을 때, 학생의 최종 성적의 판정, 학생의 분류, 배치, 선발 등의 목적으로 실시되는 종합적인 평가 활동을 의미한다.

결국 과정 중심 평가가 '학습을 위한 평가', '학습으로서의 평가'를 지향한다는 것은, 과정 중심 평가의 목적이 학습자의 성취에 관한 정보를 풍부히 수집하여 피드백함으로써 학습을 지원하고 교수·학습의 질을 개선하는 데 있음을 의미한다. 이러한 의미는 2015 개정 교육과정 총론과 그 해설(교육부, 2015: 47)에도 잘 드러나 있다.

2. 교육과정 구성의 중점
라. <u>학습의 과정을 중시하는 평가</u>를 강화하여 학생이 자신의 학습을 성찰하도록 하고 평가 결과를 활용하여 교수·학습의 질을 개선한다.
　　학습의 과정을 중시하는 평가는 학습 후 학생의 지식 습득 정도나 수행을 측정하기 위한 일회성의 평가에서 벗어나 교수·학습과 통합적으로 연계되어 학생의 학습을 지원하는 것을 강조한다. <u>교실에서 이루어지는 평가의 주요 목적은 학생 스스로 무엇을 어느 정도 성취하고 있는지 파악할 수 있도록 도와주고 부족한 부분에 대한 정보를 제공하여 학습 경험의 성장을 지원하는 데 있다.</u> 따라서 교사는 학습의 전 과정에 걸쳐 공식, 비공식적인 방식으로 피드백을 제공하여 학생이 자신의 학습을 성찰할 수 있도록 해야 한다. 또한 평가의 결과는 학습의 질을 향상시키고 수업을 개선하기 위한 자료로 적극 활용되어야 한다.

둘째, 과정 중심 평가는 주로 일련의 수업 과정에서 이루어진다. 이는 앞서 언급한 '학습을 위한 평가', '학습으로서의 평가'의 의미에서 추론할 수 있다. 평가의 목적이 교수·학습을 위한 정보를 수집하고 피드백하여 학습자의 학습을 지원하는 것이라면, 수업 과정에서 평가를 필요에 따라 수시로 진행하는 것이 타당하기 때문이다. 이런 점에서 과정 중심 평가는 '수업에 내재된 평가(embedded assessment)'이자 '수업 중에 일어나는 평가(on-going assessment)'이다(VanLehn, 2008). 교수·학습 과정에 대한 자료가 누적됐고 평가의 목적이 학습 지원을 위한 정보 수집에 있다면 수업 이후에도 과정 중심 평가가 이뤄질 수 있을 것이다(이경화, 2016: 827).

　　과정 중심 평가는 일련의 수업 과정에서 학습을 위해 이루어진다는 점에서 형성 평가와 유사하다. 형성 평가는 평가의 목적과 기능에 의거한 평가 유형으로, 말 그대로 학습에서 형성적(formative) 기능을 하는 평가를 의미한다. 보통 형성 평가는 '수업 중 평가'와 동일시되고 있지만, 형성 평가라는 이름으로 수업 중에 행해진다고 해서 모두 형성 평가는 아니다. 예를 들어 수업 과정 중에 수시로 평가를 진행하고 그 결과를 누적하여 학생의 성적에 반영하고자 한다면, 이는 형성 평가가 아닌 총괄 평가에 해당한다. 형성 평가라는 이름으로 수업 중간에 실시하는 평가가 학습을 위한 정보 수집과 피드백을 목적으로 하지 않는다면, 결국 이는 소규모의 결과 중심 총괄 평가를 자주 실시하는 것과 마찬가지이다(Shepard, 2000). 그리고 교육의 책무성을 강조하고 국가 수준에서 학생의 학업 성취를 지표화하는 미국에서는 형성 평가가 제 기능을 할 수 없다고 지적하였다. 이는 평가에서 학생의 성취와 선발의 기능이 강조되는 우리나라에서도 마찬가지이다. 형성 평가가 본연의 목적과 기능에 맞게 실행된다면 과정 중심 평가, 학습을 위한 평가는 형성 평가와 거의 같은 개념으로 간주되어도 무방하다.

　　셋째, 과정 중심 평가는 지식·기능·태도 등 학생들의 인지적·정의적 영역을 총체적으로 평가하며, 이를 위해 수행의 결과뿐 아니라 과정에도 주목한다. 지식·기능·태도를 아우르는 학생의 '지금-여기' 역량에 대한 정보는 수행의 결과 못지않게 과정에서도 풍부하게 수집할 수 있기 때문이다. 이런 점에서 간혹 과정 중심 평가는 수행 평가와 동일시되기도 한다. 수행 평가는 학생이 가진 지식·기능·태도 등의 능력을 직접 수행으로 나타내 보이는 방식의 평가이다. 즉 지식 및 기능의 습득 여부를 확인하기 위해 학생의 학습을 평가하는 것으로, 교수·학습의 결과뿐 아니라 과정을 중시하는 평가(교육부·한국교육과정평가원, 2017)라 할 수 있다. 수행 평가가 수행의 결과뿐 아니라 과정도 중시한다는 것은, 수행(performance) 자체가 과정과 결과 모두를 포함하는 개념이기 때문이다. 과정을 중시하고 수행을 통해 총체적인 역량을 평가하고자 한다는 점에서 수행 평가와 과정 중심 평가가 맥이 닿는 지점이 있는 것은 분명하다.

그러나 과정 중심 평가가 평가의 목적에 기반한 평가 철학 차원의 개념이라면, 수행 평가는 직접 평가(▶5강)의 일환으로서 구체적인 평가 방법의 하나이다. 따라서 개념으로 보면 과정 중심 평가가 수행 평가로 바로 치환되지 않는다. 예컨대 학생의 총체적인 역량을 평가하는 수행 평가라 하더라도, 학습 성취를 평가하여 우수한 학생을 선발하는 데 목적이 있다면, 과정 중심 평가로 보기 어렵다. 하지만 학생의 '지금-여기' 실행 수준을 총체적·종합적으로 파악하여 성장과 발달을 이끌기 위한 목적이라면, 수행 평가는 과정 중심 평가를 구현하는 가장 근접한 형태의 평가 방법으로 볼 수 있다. 수행 평가는 현재 교육부나 시·도 교육청 수준에서 가장 권고하는 과정 중심 평가의 형태이며, '과정 중심 수행 평가'라는 이름으로 관련 정책이 입안·실행되고 있다.

생각해 볼 문제

과정 중심 평가, 어떻게 이루어지고 있는가?

다음은 '자신의 일상에서 의미 있는 경험을 찾아 시로 표현하기' 과제와 관련된 교수·학습 및 평가 계획이다.[3] 이러한 평가 과제가 과정 중심 평가로서 갖는 특징과 한계를 이야기해 보자.

학습 단계	교수·학습 활동	평가 계획	평가의 주안점
1차시	• 전체 수업의 흐름 안내하기 • 일상적인 경험이 예술 작품이 될 수 있음을 알기 • 자신의 삶에서 인상적이었던 경험을 떠올리고 모둠원들과 공유하기	[수행 평가 과제 1] • 일상에서 의미 있는 경험을 찾아 그림으로 그리기	• 남들이 하지 못한 특별한 경험이 아니라, 일상적인 경험이라도 자신의 마음에 남았던 의미 있는 경험을 충분히 떠올리는 것이 중요하다는 것을 강조한다.
2차시	• 일상적인 경험에서 시의 글감 찾기 • 시적 표현 익히기	[수행 평가 과제 2] • 시의 제재를 정하여 구체화하고 표현 형식 정하기	• 짧은 구절이라도 여러 표현 형식을 응용하여 창의적으로 써 볼 수 있도록 독려한다.
3차시	• 시 초고 쓰기 • 상호 피드백을 바탕으로 고쳐 쓰기	[수행 평가 과제 3] • 시 초고 쓰고 상호 피드백하여 고쳐 쓰기	• 단번에 좋은 시가 완성되는 것이 아니라 긴 시간에 걸친 숙고와 여러 번의 퇴고를 통해 만족스러운 결과물을 얻을 수 있음을 강조한다.
4차시	• 시 완성본 낭송하기	[수행 평가 과제 4] • 시 낭송하기	• 좋은 시 낭송 경험을 하기 위해서는 낭송자뿐만 아니라 경청하는 사람의 태도도 중요함을 강조한다.

....

3   제시된 교수·학습 및 평가 계획은 『학생의 성장을 돕는 과정 중심 평가: 수행평가 문항 자료집 (중학교 국어)』(교육부, 2018: 51)에서 발췌한 것이다.

결국 평가를 크게 '학생의 배치 및 선발을 위한 평가'와 '학습을 위한 평가'로 구분할 때, 과정 중심 평가는 '학습을 위한 평가'의 다른 이름이라 할 수 있다. 2015 개정 교육과정에서 과정 중심 평가가 새롭게 도입된 것은, 평가의 목적이 교수·학습에 대한 정보를 제공하고 학습을 지원하는 것이라는 자명한 사실을 환기하고 그 중요성을 강조하기 위함이라고 볼 수 있다.

2) 과정 중심 평가와 선택형 문항

과정 중심 평가는 '학습을 위한 평가'이자 '학습으로서의 평가'이다. 즉, 학습을 형성·지원하기 위해 정보를 수집·보고하고 피드백하는 일련의 실천 행위를 의미한다. 과정 중심 평가는 이러한 평가 목적을 달성하기 위해 여러 가지 구체적인 평가 방법을 활용할 수 있다.

[표 7-2] 평가 방법의 분류 및 세부 유형

평가 방법	세부 유형
수행 평가	논술, 구술, 프로젝트, 실험·실습, 토의·토론, 포트폴리오 등
지필 평가	선택형 평가, 서술형 평가 등

그러나 평가 방법은 기준에 따라 달리 분류될 수 있다. 예를 들어 무언가를 쓰는 행위 혹은 매체로서의 종이에 주목하면 논술 역시 지필 평가의 일환으로 들어갈 수 있고, 구술이나 토의·토론 등은 어떠한 방법으로 평가하는가에 따라 관찰 평가, 보고서 평가 등의 구체적 방법으로 평가될 수 있다. 또한 평가 주체를 기준으로 교사 평가, 동료 평가, 자기 평가 등의 분류도 가능하다.

선택형 문항은 대표적인 표준화된 지필 평가 도구이다. 선택형 지필 평가의 강점은 표준화된 대규모 평가에 용이하며 신뢰도가 높다는 것이다. 반면, 학생의 학습에 대해 제공하는 정보가 적고 평가 결과의 해석이 제한적이며 고등 수준의 종합적이고 총체적 사고와 역량을 평가하기에 부족하다는 점이 단점으로 꼽힌다. 이런 까닭에, 선택형 지필 평가는 기본적으로 학생의 학습 과정을 파악하고 이를 통해 학습을 지원하고자 하는 과정 중심 평가의 목적에는 부합하기 어려워 보인다.

그러나 선택형 문항을 과정 중심 평가의 일환으로 활용하는 것이 불가능한 것은 아니다. 예를 들어 수업 과정에서 학습자의 이해도를 점검하고 다음 수업 내용을 결정하는 데 선택형 문항을 활용할 수 있다. 학습자에게 선택형 문항을 제시하고 결과를 수합하여 오답자 비율, 대표적인 오답지, 그렇게 반응한 이유 등을 확인하고 공유하는 것이다. 이러한 방식의 선택형 문항 활용은 많은 수의 학생을 대상으로 이해도를 빠르고 효율적으로 확인할 수 있다는 점에서 유용하다. 즉, 선택형 문항의 정답만을 확인하고 넘어가는 방식이 아니라 전체적인 선택지 반응을 분석하고 그렇게 반응한 이유를 직접 묻고 피드백하는 방식을 통해 선택형 문항으로 과정 중심 평가를 구현할 수 있다. 실제로 수업 장면에서 형성 평가로 선택형 문항을 활용하는 맥락이 적지 않은 것도 이 때문이다. 최근에는 실시간으로 학생들의 문항 반응을 수집·검토하여 학생들의 이해도를 파악한 후 즉각적으로 교사가 피드백할 수 있도록 돕는 앱(Plickers, Slido, Socrative 등)이 다양하게 개발·운용되고 있어, 선택형 문항을 활용한 과정 중심 평가의 가능성이 더욱 높아지고 있다.

물론 선택형 문항 자체가 학습에 대해 제공하는 정보는 서술형·논술형 평가나 수행 평가보다 상대적으로 적다. 하지만 신뢰도 높은 평가를 대규모로, 표준화하여, 누적적으로 시행할 수 있다는 강점이 있다. 이로 인해 여러 맞춤형 형성 평가 시스템[4]에서는 대개 선택형 문항을 활용하고 있다. 학년별, 교과목별, 내용 영역별, 성취기준별로 대규모의 선택형 문항을 개발·축

[그림 7-1] 실시간 질의응답 앱(Plickers)을 활용한 과정 중심 평가의 예

적하여 연계함으로써, 학습자는 특정 내용 영역과 관련한 자신의 이해도를 즉각적으로 가시화된 형태로 확인하고 보강이 필요한 부분에 대한 추수 학습으로 나아갈 수 있다. 그리고 이러한 학습 이력이 시스템 안에서 누적되고 추이가 분석됨에 따라 자신의 학업 성취와 성장을 가늠할 수 있게 됨으로써 선택형 평가가 진정으로 '학습을 위한 평가', 즉 과정 중심 평가로서 기능할 수 있게 된다.

....

4   학습자가 수시로 자신의 학습 상황을 확인·점검하고 학습 이력을 누적함으로써 체계적으로 학습을 관리할 수 있는 다양한 맞춤형 형성 평가 시스템이 개발·보급되고 있다. 대표적으로, 피어슨의 Aimsweb, IXL Learning 사의 IXL, 매사추세츠 대학의 MathSpring 등이 있다. 이들은 학습자의 정의적 특성에 대한 설문과 학습 이력에 기반한 맞춤형 튜터링을 제공하거나, 채점 결과와 함께 피드백을 바로 제시하여 수업 중 형성 평가로 활용할 수 있도록 하거나, 학습 결과를 누적하고 평가 결과를 보고서 형식으로 상세하게 제공하는 등 학생별 맞춤형 형성 평가 및 학습 이력 시스템을 체계적으로 갖추어 제공하고 있다.

3) 과정 중심 평가와 국어과 선택형 문항

국어과는 기본적으로 수행 교과, 방법 교과에 속하며, 국어 활동을 위한 절차적·방법적 지식과 태도가 교과 내용의 핵심을 차지한다. 이러한 방법적 지식은 그 자체를 명제적 지식처럼 묻는 방식이 아니라면, 실제로 할 수 있는 가를 확인함으로써 그 앎을 평가해야 한다. 다시 말해 방법적 지식을 적용하여 듣고 말하고 읽고 쓸 수 있는가, 문학 영역이라면 작품을 감상하고 문학적으로 표현해 낼 수 있는가를 확인해야 하는 것이다. 이는 평가의 과정 역시 교수·학습의 과정과 구조적으로 동일한 국어 활동의 형태를 취해야 한다는 점을 의미한다.

이런 점에서, 국어과 평가는 원칙적으로 수행 평가의 형태로 진행되는 것이 교과의 본질에 가장 부합한다. 학습자가 실제 읽어 낼 수 있는지, 표현해 낼 수 있는지 등을 직접 읽고 쓰게 함으로써 확인하는 것이다.[5] 그러나 교과의 학습 내용이 많은 까닭에 모든 내용을 수행 평가의 방법으로 평가할 수는 없다. 따라서 간접 평가 형태인 지필 평가, 그중에서도 선택형 문항이 평가 도구로 활용될 수밖에 없다. 특히 읽기 평가(▶5강)의 경우 읽기의 수행성은 간접 지표로 관찰할 수밖에 없다는 점을 고려하면 간접 평가인 지필 평가의 형태가 더 적절할 수 있다.

간접 평가인 선택형 지필 평가로 방법적 지식을 평가하는 방식은 그 기본적인 한계에도 불구하고 꾸준히 발전해 왔다. 현재 국가 수준 학업성취도 평가나 대학수학능력시험의 문항은 그간 국어과 선택형 문항이 방법적 지식을 평가하기 위해 어떻게 고도화·정교화되어 왔는지를 잘 보여 준다. 다만

---

5   일례로, 2022 개정 교육과정을 이수한 학생들이 대학에 입학하는 시점인 2028년도 대학수학 능력시험에서 서·논술형 평가가 도입될 것이라 예고되고 있다.

방법적 지식의 앎을 제대로 묻기 위해 적지 않은 분량의 지문과 자료를 동반한 문항이 구성되는 경우가 많다. 이로 인해 선택형 문항의 개별 규모는 그다지 작지 않게 되었고, 그 구조는 점차 복잡해지고 방대해지는 추세이다. 다음의 문항 사례들을 통해 자세히 살펴보자.

사례 1　　　　　　　　　　　　　　2014학년도 대학수학능력시험 국어 영역(A, B형 공통)

※ 작문 상황 : (가)를 읽고, 친구들에게 나눔 도서관을 소개하기 위해 (나)를 썼다.

(가) 신문 기사

> 　　　　　　　　　　　　　　　　　　　　　　　□□ 신문
> 　○○시는 최근 '나눔 도서관'을 운영하기 시작했다. 나눔 도서관에서는 책은 물론 사용하지 않는 물건들도 이웃과 나눌 수 있다. 또한 이 도서관은 노인들을 대상으로 '듣는 책 교실'도 운영하고 있다.

(나) 학교 누리집 게시판에 올린 글

> 　저는 얼마 전 신문에서 나눔 도서관에 관한 기사를 읽고 그곳을 찾아가 더 자세한 정보를 알아보았습니다. 나눔 도서관은 나눔의 정신을 실천할 수 있는 곳으로 우리가 이용해 볼 만한 충분한 가치가 있다고 생각하여 소개합니다.
> 　우선 나눔 도서관은 책을 공유하는 나눔의 성격이 ㉠강화되어진 도서관입니다. 이 도서관은 책을 필요로 하는 사람에게 책을 무료로 나눠 주기도 하고, 시민들로부터 책을 ㉡기여받기도 합니다.
> 　보고서에 따르면 우리 국민의 절반 이상이 한 번 읽은 책은 더 이상 읽지 않고 집에 쌓아 둔다고 합니다. 여러분도 한 번 읽고 책꽂이에 꽂아 둔 책이 한두 권씩은 있을 거예요. 그리고 책을 사고 싶지만 책값이 부담되어 망설이며 고민하던 때도 있지 않았나요? 나눔 도서관이 그런 고민을 해결해 줄 것입니다.
> 　㉢그 동전으로 나눔터에 있는 다른 물품을 구입할 수 있습니다. 그뿐만 아니라 쓰지 않는 물품은 도서관 내의 '나눔터'에서 '나눔 동전'으로 교환할 수 있습

니다. 혹시 사용하지 않는 물건이 있나요? 그렇다면 여러분도 나눔 동전과 교환하여 자신에게 ⓔ요청되는 물건을 구입해 보세요.

ⓜ이처럼 나눔 도서관은 책은 물론 여러 물건들을 함께 나눌 수 있는 공간입니다. 우리도 나눔 도서관을 적극적으로 이용해 보아요. 지금 도서관 누리집을 누르시면 나눔 도서관 누리집으로 바로 연결되어 더 자세한 정보를 얻을 수 있습니다.

9 다음은 (가)를 읽은 학생이 (나)를 쓰기 위해 고려한 방법이다. (나)에 적용되지 않은 것은?

- 나눔 도서관의 의의를 서두 부분에 간략하게 밝히면서 글을 시작해야겠어. ·· ①
- 내용의 신뢰성을 높이기 위해 나눔 도서관의 긍정적 기능에 대한 전문가의 의견을 인용해야지. ·· ②
- 나눔 도서관을 소개하기 위해 질문의 방식을 활용하여 친구들의 경험을 환기해야겠어. ·· ③
- 나눔 도서관이 하는 일들 중 학생인 우리를 대상으로 하지 않는 내용은 소개하지 말아야겠어. ·· ④
- 매체 특성을 고려하여 자세한 정보를 얻을 수 있도록 나눔 도서관 누리집으로 연결되는 링크를 걸어 줘야지. ······································ ⑤

우리가 사용하는 플라스틱은 석유를 증류하는 과정에서 얻어진 휘발유나 나프타를 기반으로 생산된다. 그런데 석유로 플라스틱을 만드는 과정이나 소각 또는 매립하여 폐기하는 과정에서 유독 물질, 이산화탄소 등의 온실가스가 많이 배출된다. 특히 폐기물의 불완전 연소에 의한 대기 오염은 심각한 환경오염의 원인으로 대두되었다. 이로 인해 자연 분해가 거의 불가능한 난분해성 플라스틱 제품에 대한 정부의 규제가 강화되었고, 플라스틱 소재 분야에서도 환경 보존을 위한 노력을 하고 있다.

'바이오 플라스틱'은 옥수수, 사탕수수 등 식물체를 가공한 바이오매스를 원료로 만든 친환경 플라스틱이다. 바이오 플라스틱은 바이오매스 함유 정도에 따라, 바이오매스가 50% 이상인 '생분해성 플라스틱'과 25% 이상인 '바이오 베이스 플라스틱'으로 크게 구분된다. 생분해성 플라스틱은 일정한 조건에서 시간의 경과에 따라 완전 분해될 수 있는 플라스틱이고, 바이오 베이스 플라스틱은 바이오매스와 석유 화학 유래 물질 등을 이용하여 생산되는 플라스틱이다.

생분해성 플라스틱은 보통 3~6개월 정도의 빠른 기간에, 미생물에 의해 물과 이산화탄소 등으로 자연 분해된다. 분해 과정에서 다이옥신 등 유해 물질이 방출되지 않으며, 탄소 배출량도 적어 친환경적이다. 하지만 내열성 및 가공성이 취약하고, 바이오매스의 가격이 비싸며, 생산 비용이 많이 드는 단점이 있다. 이로 인해 생분해성보다는 이산화탄소 저감에 중점을 두고 있는 바이오 베이스 플라스틱의 개발이 빠르게 진행되고 있다. 바이오 베이스 플라스틱은 식물 유래의 원료와 일반 플라스틱 수지를 중합하거나 결합하는 방식으로 생산되지만, 이산화탄소의 총량을 기준으로 볼 때는 ㉠환경 문제가 되지 않는다. 왜냐하면 플라스틱을 폐기할 때 화학 분해가 되어도 그 플라스틱의 식물성 원료가 이산화탄소를 흡수하며 성장했기 때문이다. 바이오매스 원료 중에서 가장 대표적인 것은 옥수수 전분이다. 그런데 최근에는 바이오매스 원료 중에서도 볏짚, 왕겨, 옥수숫대, 콩 껍질 등 비식용 부산물을 사용하는 기술이 발전하고 있다. 이는 지구상 곳곳에서 많은 사람들이 굶주리는 상황에서 제기된 ㉡비판이 있었기 때문이다.

바이오 베이스 플라스틱은 생분해성 플라스틱보다 내열성 및 가공성이 우수하고, 분해 기간 조절이 가능하기 때문에 비닐봉지와 음료수 병, 식품 포장기는 물론 다양한 산업 용품 개발에 활용되고 있다. 근래에는 전자 제품에서부터 건축 자재, 자동차 용품까지 적용 분야가 확대되는 추세이다. 하지만 바이오매스와 배합되는 원료들이 완전히 분해되지는 않으므로, 바이오 베이스 플라스틱이 진정한 의미의 환경 친화적 대체재라고 볼 수는 없다.

24 〈자료〉는 윗글을 읽은 학생이 제작 중인 포스터이다. 〈조건〉에 따라 포스터를 완성하려고 할 때, [A]에 들어갈 내용으로 적절하지 <u>않은</u> 것은?

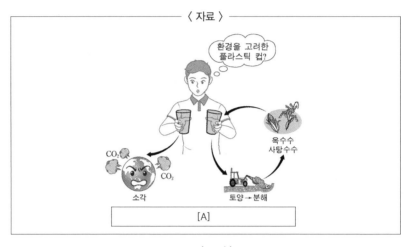

〈 자료 〉

〈 조건 〉

• 소비자가 플라스틱 제품을 선택할 때, 환경 문제를 고려해야 한다는 관점을 드러낼 것.
• 〈자료〉에 제시된 시각 매체와 어울리도록 작성할 것.

① 당신이 선택한 플라스틱 제품! 우리의 환경과 함께합니까?
② 제품 선택의 기준? 순환적인 플라스틱 제품이 정답입니다.
③ 태우는 제품? 이제는 분해되는 제품을 골라야 할 때입니다.
④ 우리도 자연의 일부! 자연과 주고받는 플라스틱 제품이 좋아요!
⑤ 태워 없애거나 땅에 묻거나! 플라스틱 제품은 결국 하나입니다.

위의 사례를 보면, 방법적 지식을 평가하는 선택형 문항에서 학생들이 읽어야 할 자료의 범위가 방대해지고, 문제 해결을 위해 거쳐야 할 사고의 과정이 복잡해지고 있음을 알 수 있다. [사례 1]에서는 '작문 상황'을 파악하고 두 개의 자료를 읽은 뒤 선택지를 골라야 하며, [사례 2]에서는 상당한 길이의 지문과 포스터 자료를 읽고, 주어진 〈조건〉에 부합하는 선택지를 골라야 한다. 이처럼 읽어야 할 자료의 수가 늘어나고 유형도 다양해지고 있으며, 글이나 자료를 읽을 때 더 정교화된 조건과 맥락을 적용할 것을 요구하고 있다.

선택형 문항이 형태나 규모 차원에서 점차 고도화되는 이러한 양상은 수업 과정에서 학습의 진행 양상을 점검·지원하기 위한 도구로 선택형 문항을 활용하는 데 난점으로 작용한다. 원칙적으로 교수·학습 과정에서 다루지 않은 별도의 지문을 활용해야 하고 방법적 지식을 제대로 평가할 수 있는 문두와 선택지를 구성해야 하므로 문항 개발에 드는 공력이 만만찮기 때문이다.

따라서 단위 학교에서 수시로 과정 중심 평가를 실행하려 해도, 특히 국어과에서는 문항의 개발과 시행, 채점, 평가 결과의 분석과 피드백 등의 절차가 교사에게 상당한 인지적 부담으로 작용한다(Van der Kleij, 2013). 학교 현장에서 국어 교사가 형성 평가 문항 및 평가 도구를 개발·관리하는 수고를 줄여 주기 위해서는 문항 관리 시스템(Item Management System)을 국가 수준 혹은 시·도 교육청 수준에서 개발·보급하여 교사의 평가를 지원하는 방안이 절실히 필요하다. 미국에서도 ETS에 위탁하여 형성 평가를 위한 문제 은행(National Formative Assessment Item Bank) 시스템을 개발해 64,000개 이상의 선택형·서답형 문항을 탑재함으로써 교사들이 자신의 교실에 알맞은 형성 평가를 편리하게 제작할 수 있도록 지원하고 있다(ETS, 2010). 한국교육과정평가원에서도 2014년부터 이러한 문항 관리 시스템을 탑재한 맞춤형 온라인 형성 평가 시스템을 구축하기 위한 연구를 지속해 왔으며(김희경 외, 2014; 김희경 외, 2015; 김인숙 외, 2016; 김인숙 외, 2017), 현재 시스템의 고도화 및 상용화에 박차를 가하고 있다.

생각해 볼 문제

'과정 중심 교수·학습'과 '과정 중심 평가'에서의 '과정'은 그 의미역이 어떻게 다른가?

과정 중심 평가의 개념이 2015 개정 교육과정에서 새롭게 강조되고 있는 것과 무관하게, '과정 중심' 자체는 국어과 안에서 매우 핵심적인 개념이다. 수행의 결과만으로는 수행을 체계적으로 가르칠 수 없다는 것이 이론적·경험적으로 입증되고, 학습자의 주체적인 지식 구성을 강조하는 인식론의 새로운 흐름이 나타나면서, 1990년대부터 과정 중심 교수·학습이 읽기, 쓰기를 비롯한 국어과 전반에서 핵심적인 위치를 차지하게 되었다. 이때의 '과정 중심'은 국어 활동이 인지적·심리적 사고 과정이라는 전제, 학습 주체가 인지적 과제를 해결해 가는 사고 과정에 주목해야 한다는 교수·학습의 중점, 능숙한 주체가 그러한 사고 과정에서 동원하는 지식과 전략을 주요한 교수·학습 내용으로 발굴하여 제공하고자 하는 교과 연구의 지향 등과 맞물려 있다.

이런 점에서 국어과의 선택형 문항을 살펴보자. 예를 들어 읽기 문항에서는 지문의 특정 부분을 지시하여 학습자가 이에 주목하게 하거나, 문항에서 제공한 관련 자료 또는 읽기 도식자에 입각하여 지문을 읽게 하는 등의 장치를 활용하고 있다. 물론 이러한 장치와 문항 구조는 일차적으로 '그러한 조건으로 읽어야 정답'임을 규정한다는 점에서 정답을 확정 짓는 조건으로 기능한다. 그러나 동시에 이러한 방식으로 글을 읽어 나갈 수 있음을 보여 줌으로써 일종의 '안내된 읽기(guided reading)'를 구현하는 장치로도 볼 수 있다. 예를 들어 지문의 여러 문장에 밑줄을 긋고 문장의 중요도를 판정하여 글의 핵심 내용에 가까운 문장을 고르도록 하는 문항은 그 자체로 글의 핵심 내용을 파악하는 방법과 과정을 보여 준다. 또한 지문에 드러난 주장의 타당성을 따지는 여러 방식을 선택지에 제공하고 적절하지 않은 것을 고르게 하는 문항 역시 그 자체로 주장의 타당성을 따지며 글을 읽는 여러 방법을 보여 준다. 안내된 읽기는 애초에 읽기 과정에 대한 관심에 기반하여 읽기 능력을 높은 수준으로 끌어올리기 위한 교수학적 방편으로 고안되었다. 이를 고려하면 '안내된 읽기'를 구현하는 국어과 선택형 문항은 국어과 교수·학습(읽기 과정에 주목하여 그 전략으로서 읽기 방법을 가르침)과 평가(읽기 방법을 가시화하여 글을 그렇게 읽을 수 있는지 평가함)가 구조적으로 동일한 형태를 취하게 하는 데 기여하는 측면이 있음을 알 수 있다.

IV

선택형 평가의 구성 방법

8강

평가용 지문의 특성은 무엇인가

이 번 국어과 지필 평가 계획 중 핵심이 되는 사안은 교과서 외의 지문을 대폭 선정하자는 것이었다. 김 교사는 적절한 지문을 제대로 찾아보고 자 하였으나, 행정 업무에 시달리느라 시간이 부족하였다. 그래서 학교에서 채택한 A 출판사의 교과서 대신, B 출판사의 교과서 중에서 같은 학습 목표를 구현하고 있는 단원의 지문을 발췌하였다. 그런데 평가 초안을 만들기 전부터 동료 교사가 문제 제기를 하였다. 해당 지문으로 평가 문항을 만들면 문항 세트조차 제대로 구성하기 어려울 것이고, 그 지문이 수업 시간에 다룬 지문과 성격이 너무도 다르다고 하였다. 평가 경험이 풍부한 동료의 조언이었기에 지문의 어떤 특성때문에 평가 문항을 다양하게 구성하기 어려운지 자세히 물어보았지만, 그 동료역시 아이들이 수업 시간에 배운 지문과 다르게 느낄 만한 요인이 무엇인지에 대해 구체적으로 설명하기는 어렵고 느낌으로만 알 수 있을 뿐이라고 하였다.

이처럼 평가 맥락에서 지문의 역할과 위상은 매우 중요한데, 평가용 지문 선정의 기준을 명확히 할 수는 없는 걸까? 또한 실세계에서 평가용 지문을 발췌하고 재구성하는 과정에서 어떤 원칙을 지녀야 할까?

1) 평가용 지문의 범위를 논의하기 위한 전제
: 교수·학습용 텍스트

여기에서는 평가용 지문[1] 그 자체의 보편적 특성을 일반화하기 전에, 평가용 지문이 텍스트 전체 집합 중 어느 정도의 부분 집합에 해당하는지를 생각해 보고자 한다. 이를 위하여 교수·학습용 텍스트 범위를 고찰할 것이다. 평가용 지문을 논하기 전에 교수·학습용 텍스트를 살펴보는 이유는 평가 행위가 본질적으로 교수·학습을 전제로 하고 있기 때문이다. 특히 2015 개정 교육과정 이후 강조되고 있는 이해 중심 교육과정 모델하에서는 평가용 지문과 교수·학습용 텍스트의 관계를 더 제대로 생각해 볼 필요가 있다.

국어교육의 궁극적 목표는 학습자가 한국어 공동체 내에서 소통되고 있는 텍스트들의 전모를 익힐 수 있도록 하는 것이다. 그러나 실세계에 존재하는 모든 텍스트를 가르칠 수는 없기에, 교수·학습용 텍스트의 범위를 한정해야 한다. 그래서 교육과정에서는 국어 자료의 범위를 명시하고, 교과서 집필에서는 제재 선정 원리에 근거하여 교수·학습할 텍스트의 범위를 정하고 있다. 그러나 엄밀히 따지면 교육과정이나 교과서 작업에서 이루어지는 이러한 '범위 정하기'는 한국어 텍스트의 전체 규모와 모습에 근거하기보다는

---

1   이 장에서 '지문'이라는 용어는 평가 맥락에서만 특수하게 사용되는 용어이다. '지문'에 해당하는 학술 용어는 '텍스트'이다. 이 장에서는 이론적 관점에서 텍스트와 관련된 내용을 정리하고 소개할 때에는 '텍스트'라는 용어를, 실제 문항 설계 과정에서 텍스트를 언급할 때에는 관례에 따라 '지문'이라고 칭하도록 한다.

경험칙에 근거하여 이루어지고 있다.[2] 교수·학습용 텍스트의 범위를 제대로 확정하기 위한 방법은, 텍스트 분류 모형을 참고하는 것이다.

학계에서는 언어공동체에서 통용되는 텍스트의 전모를 파악하기 위하여 합리적인 텍스트 분류 체계를 연구해 왔다. 만약 텍스트 분류 모형에 대한 학계의 합의가 명확히 되어 있다면, 또한 그에 따라 한국어 텍스트 분포와 대표성 있는 텍스트 종류가 선정되어 있다면, 국어과에서 학년별 성취기준에 따라 가르칠 텍스트를 자신 있게 선정할 수 있을 것이다.[3] 텍스트 분류 모형을 참고하여 대표성, 전형성, 전이성을 파악할 수 있기 때문이다. 대표성, 전형성, 전이성을 지닌 텍스트란 좀 더 원형적인 특성을 파악할 수 있는 텍스트이자 좀 더 높은 빈도로 활용되는 텍스트이다. 그러나 현재 학계에서는 아직 그러한 텍스트 분류 모형을 제대로 정립하지 못하고 있는 상황이다.

국어과 교육과정에서는 가르칠 텍스트를 선택하기 위하여 화행 중심 분류 체계를 선택하고 있다.[4] 화행 중심 분류란 설득, 정보 전달, 사회적 상호작용, 정서 표현과 같이 수신자가 받아들이는 수사적 목적에 따라 텍스트를 분류하는 모형이다.[5]

....

2   텍스트 전체 집합을 어떻게 파악할 것인지에 대한 논의에 집중하기 위해 '학습자 수준'은 논의의 대상에서 제외하였다.
3   이에 대한 진일보한 성과를 보여 주었던 2007 개정 교육과정에 대해서는 4강을 참고하라.
4   텍스트 언어학에서는 설명과 서사를 구분하는 경향은 뚜렷하나 설명의 하위 유형인 설득과 정보전달의 구분을 엄격히 하지 않는 경향이 강하다(김혜정, 2011: 39). 특히 대표적으로 판 데이크(Van Dijk, 1980)는 수사적 구조를 근간으로 텍스트를 이야기, 대화, 논증이라는 세 가지 유형으로 구분하고, 이 중에서 논증 구조를 '설명적 텍스트'의 전형적인 구조로 설명하고 있다고 한다. 국어과에서는 이러한 분류 체계, 즉 텍스트 자체의 특성을 기준으로 한 분류를 택지 않고 수신자에게 끼치는 영향을 기준으로 분류한 셈이다.
5   텍스트 유형학이라는 분야에서는 언어적 의사소통의 전체적인 범위와 기능을 파악하고자 하는 목적 아래 텍스트 분류 기준과 단계를 설정하고 텍스트를 유형화하는 결과 중심 분류를 하고자 한다. 그러나 이 분야에서는 누구나 동의할 수 있는 텍스트 유형 분류 결과물을 내놓지 못하고 있다. 또한 언어공동체 화자의 머릿속 인지 과정을 중심으로 실세계 텍스트의 원형 장르를 조망하고자 하는 사회인지적 과정 중심 분류도 있다. 대표적으로 냅과 왓킨스의 모형이 있

지금까지 논의된 내용을 도식화하면 [그림 8-1]과 같다.

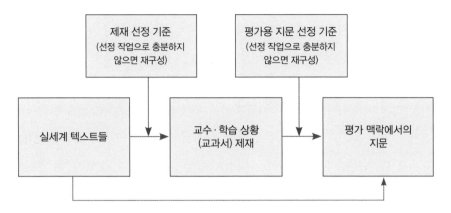

[그림 8-1] 실세계 텍스트 – 제재 – 평가용 지문의 관계

　　요컨대 현재 학계에서 교수·학습용 텍스트의 범위를 명확하게 확정하지 못하고 있기 때문에 국어교육계 역시 대표성, 전형성, 전이성을 지니는 텍스트를 파악하기 어려운 상황이다. 이에 따라 현장에서는 그저 제재 선정 기준을 참고하여 성취기준에 부합하는 교수·학습용 텍스트를 선정하거나 목표 표상성이 있다고 판단되는 텍스트를 단원마다 선정하고 있다. 이러한 상황에서는 평가용 지문의 범위를 명확히 논의하기 어렵다.

2) 평가용 지문의 범위

　　명확한 텍스트 분류 모형에 따라 평가용 지문의 범위를 확정하기는 어

....

는데(주세형 외 역, 2019), 한국어 텍스트를 대상으로 한 연구 결과는 나오지 않았으나 관련 연구가 활발히 이루어지고 있다.

렵지만 교수·학습용 텍스트와 평가용 지문의 관계는 논의할 수 있다. 교-수-평 일체화 모형에 의거하면 모든 교수·학습용 텍스트를 평가용 지문으로 활용하는 것이 이상적이다. 그렇다면 '교수·학습용 텍스트 = 평가용 지문'이라는 공식이 성립해야 하나, 현실은 그렇지 않다. 그 이유는 다음과 같다.

첫째, 일반적으로 지필 평가에서는 전체 시험지 설계의 문항 수를 제한하고 있기 때문이다. 1회분의 시험지에서 복합적인 사고 능력, 문화 능력, 비판적 능력 등을 모두 측정할 수 있어야 하므로 제한된 수의 문항으로 하위 능력들을 다각도로 측정할 수 있는 텍스트를 선정해야 한다. 실세계 텍스트는 비슷한 정보가 반복되므로 하나의 능력을 측정하는 것도 버거워 평가용 지문으로 활용하기 어렵다.

둘째, 성취기준 그대로를 평가 기준으로 삼을 수 없는 경우가 많다. 평가용 지문은 교수·학습용 텍스트보다 훨씬 정교한 절차에 따라 선정된다. 그리고 이러한 평가용 지문 선정의 원리 자체가 현실적 맥락에서는 평가용 지문의 범위가 된다. 다음은 평가용 지문 선정의 보편적 원리이다.

1) 교수·학습용 텍스트 범위 이내에서 적절성을 판단해야 한다.
2) 평가 목표를 명확하게 담고 있는 지문이어야 한다. 교수·학습용 텍스트 범위 이내에 있지 않다면 목표 표상성을 담고 있어야 한다. 교수·학습용 텍스트를 그대로 활용하거나, 그렇지 않을 경우에는 적어도 연계성을 확보해야 하는 것이다.
3) 평가 도구의 성격과 부합해야 한다.
4) 교육적 가치와 정치적 중립성을 지녀야 한다. 이 두 기준은 교재를 위한 제재를 선정할 때에도 똑같이 적용된다.
5) 완결성과 정보 압축성을 지녀야 한다. 이는 특히 선택형 평가 도구 맥락에서 중요하게 고려된다.

그에 따라 평가 맥락에서 실제로 선택되는 글은 일정한 경향성을 띠고 있다. 수십 년간 경험적 지식이 축적되면서, 교사는 읽기 평가용 지문이 어떤 특성을 지녀야 하는지 알게 된다. 그러면서 좀 더 자주 출제되는 지문의 유형과 종류도 정리할 수 있다. 이들 평가용 지문은 한국어 텍스트 전모를 보여 주기 위한 분류 체계와는 다른 분류 체계를 필요로 하며, 화행 중심 분류를 따르지 않는다.

문학 텍스트의 경우 평가 도구에 따른 지문 선택의 제약이 덜하기 때문에 평가용 지문에 교육용 텍스트로서의 가치가 압축되어 있다고 할 수 있다. 반면 정보 텍스트의 경우 선택형 평가 도구가 평가용 지문의 특성에 미치는 영향이 크기 때문에 모든 평가용 지문에 교육용 텍스트로서의 가치가 압축되어 있다고 보기는 어렵다. 그렇다 하더라도 평가 맥락에서 경험적으로 분류되곤[6] 하는 평가용 텍스트의 범위를 정보 텍스트와 문학 텍스트로 나누어 각각의 특성을 살펴보고자 한다.

(1) 정보 텍스트

정보 텍스트는 사실을 바탕으로 한 설명적이고 논리적인 글이다. 국어과 평가 맥락에서는 문학적 성격을 지니지 않는 텍스트가 이에 해당한다. 비록 읽기 평가 맥락을 전제로 한 명명은 아니지만 문학 텍스트와 대비되는 개념으로 정보 텍스트라는 용어가 제안된 바 있다(이순영 외, 2015).[7] 이를 고려하

....

6 여기서 '경험적인 분류'라고 함은 이론적 근거에 의한 분류가 아니라 국어과 평가 역사에서 축적되어 온 경험적 지식을 인정한 분류를 의미한다. 그렇기 때문에 이하 내용에서는 명확한 정의를 내리기보다 대체적으로 보이는 특성을 개략적으로 기술하여, 교사가 경험할 문제적 상황에 대처 가능한 방법을 알려 주는 방식을 취하게 될 것이다.

7 읽기 선택형 평가에서는 흔히 '문학 텍스트와 비문학 텍스트'로 분류하여 지문을 선택하고 평가 문항을 기획해 왔으며, 평가용 지문의 범위 역시 '문학 텍스트와 비문학 텍스트'였다. 주지

여 여기서도 비문학 텍스트를 정보 텍스트라는 명명으로 대체하고자 한다. 정보 텍스트가 그간 비문학 텍스트라고 경험적으로 일컬었던 외연을 모두 포함하고 있으며, 더 중요하게는 '정보'가 비문학 지문의 텍스트성을 규정하는 과정에서 핵심적인 개념으로 작동하고 있기 때문이다. 사실적 정보를 독자에게 전달하는 텍스트를 포함하여 문제 해결과 비판적 사고를 바탕으로 독자를 설득하는 텍스트, 성찰이나 사회적 관계를 바탕으로 서술된 텍스트 등이 포함된다.

선택형 평가 맥락에서 정보 텍스트의 평가용 지문으로 선택되는 텍스트 대부분은 정보 전달을 목적으로 하는 글[8]이다. 정보 전달 이외의 목적을 지닌 텍스트의 경우에는 학습자의 구성주의적 반응이 당연하게 여겨진다. 다시 말해 학습자가 텍스트를 읽은 후 보이는 반응을 대부분 인정할 수밖에 없기 때문에 선택지 구성이 너무나 어려운 것이다. 이처럼 하나의 정답이 있는 문항들을 출제하기 어려운 지문으로는 문항의 완성도를 보증할 수 없다. 결국 다양한 관점으로 읽어 낼 가능성이 제거된 텍스트, 주목적이 설득적·정서 표현이 아닌 텍스트가 주로 선택된다.[9]

....

하다시피 비문학 텍스트란 평가용 맥락에서 언급되기 시작하였고 문학 분야 읽기를 제외한 읽기 지문을 일컫는다. 문학 텍스트가 지니는 일관된 성격과는 달리 '비문학 텍스트'의 일관된 성격을 파악하기 어려웠기에 마땅히 일컬을 만한 학술 용어가 없는 관계로 학계에서조차 '비문학 텍스트'로 일컫고 있고, 더 나아가 교수·학습 상황에서도 통용되게 되었다(이순영 외, 2015).

8   앞서 언급했듯 화행 중심 분류에는 한계가 있지만 현실적으로 활용할 수밖에 없기 때문에 이 분류에 따른 용어를 사용하였다.

9   이와 관련하여 해석적 텍스트(expository text)라는 용어를 참고할 수 있다. 해석적 텍스트란 사실을 토대로 하여 비교적 객관적인 서술 태도로 쓴 글을 뜻한다. 예증(exposition), 논증(argument), 묘사(description) 등을 통칭하기도 한다. 그 하위에 논문, 안내서, 보고서, 신문과 잡지의 기사, 정부 기록물, 저널, 지시문 또는 규약 등의 텍스트 종류를 포함한다. 이삼형(1994)에서 최초로 '설명적 텍스트'라는 번역어를 사용했고 그 이후 학계에서도 이렇게 일컬어 왔으나, 설명(explanation)이라는 내용 전개 방식을 나타내는 용어와의 혼동을 막기 위해 '해석적 텍스트'라고 번역하는 것이 타당해 보인다. 해석적 텍스트에 대한 구체적 설명에 대해서는 주세형 외 역(2019) 참고.

(2) 문학 텍스트

문학 텍스트의 선정 원리는 정보 텍스트와 다르기 때문에 평가용 지문의 범위와 선정 원리를 함께 기술하도록 하겠다.

① 장르별 선택

시, 소설, 수필, 희곡 등 다양한 장르에서 골고루 선택하는 것이 원칙이다. 이론적 갈래를 준거로 삼을 경우 수능에서는 대체로 서정과 서사가 큰 비중을 차지하고, 극과 교술은 상대적으로 비중이 작다. 역사적 갈래를 기준으로 할 경우 서사 갈래 중 설화, 서정 갈래 중 고대가요와 향가, 민요는 그동안 거의 다루어지지 않았다. 그러나 단위 학교에서 치러지는 지필 평가에서는 이 갈래들에 속한 작품들도 충분히 지문으로 제시될 수 있다. 단 향가는 어석(語釋)의 문제가 남아 있기 때문에 매우 제한적으로만 선택될 수 있을 것이다.

② 장르 이외의 쟁점

문학 작품을 선정할 때에는 갈래 외에도 여러 고려 사항이 있다. 첫째, 시대를 기준으로 하면 크게 고전문학(고조선시대~조선시대)과 근현대문학(개화기~현재)으로 구분된다. 대체로 교과서에는 3 : 7 정도의 비율로 실려 있다. 둘째, 생산지나 생산자 기준을 고려하면 한국문학과 외국문학으로 구분된다. 수능에서는 외국문학이 지문으로 제시되기 어렵지만, 교육과정 성취기준에 세계문학이 포함되어 있고 교과서에서도 종종 실려 있으므로 지문으로 선정하거나 〈보기〉 또는 선택지에서 활용할 수 있다. 셋째, 남성 작가/여성 작가의 작품, 주제를 기준으로 개인의 삶/사회적·공동체적 차원의 삶에 초점을 맞춘 작품, 미적 경향을 기준으로 여성성/남성성, 모더니즘/리얼리즘,

비장미/골계미/우아미/숭고미를 다룬 작품, 기능을 기준으로 인식적/윤리적/미적 기능을 다룬 작품, 문체를 기준으로 표준어/방언, 구어체/문어체 위주의 작품, 난도를 기준으로 비교적 읽기 쉬운/어려운 작품의 비율을 적절히 안배해야 한다.

③ 발췌의 원리

분량이 많은 서사와 극 갈래의 작품은 지문 선정 후 특정 대목을 발췌해야 한다. 이때 발췌한 부분은 어느 정도 완결성과 함량을 갖추어야 하며, '중략'은 되도록 없는 것이 좋다. 이를 위해서는 대체로 다음과 같은 대목을 고르는 것이 좋다.

- 주제의식이 집약적으로 드러나는 부분
- 주인공의 운명이 결정되는 부분
- 인물의 성격이 극적으로 드러나는 부분
- 역사적 갈래(전기/영웅/가문/판소리계 소설 등)의 특성이 드러나는 부분
- 역사적 배경의 특성(일제 강점기, 해방 전후, 1950년대, 1970년대 등)이 드러나는 부분
- 개별 작품의 개성이 강하게 나타나는 부분

시와 수필은 분량이 많지 않으므로 가급적이면 전체를 지문으로 삼는 것이 바람직하다. 시는 여타 갈래에 비해 자족성이 강한 텍스트이므로 특정 대목을 발췌해서 이용하게 되면 그만큼 맥락이 제거되는 셈이므로 작품에 대한 온전한 접근을 방해하게 된다. 수필 또한 전체를 제시하는 편이 바람직하다. 그런데 시에 비하면 잉여적인 문장이나 단락이 있는 경우가 많으므로 시험지의 분량 제한으로 인해 지문의 크기를 줄일 필요가 있다면 그런 부분

들을 생략해도 무방할 것이다. 다만 그런 경우에도 문항을 풀이하는 데 필요한 정보까지 생략해서는 안 될 것이다.

국어과에서 전문 분야 텍스트 비중이 늘어나는 이유는?

수능 국어 영역의 비문학 지문의 경우, 각 전문 분야의 텍스트를 발췌하여 윤문한 텍스트의 비중이 늘어나고 있다. 전문가 내부에서 소통할 목적으로 생산된 전문 텍스트는 지나치게 어렵거나 낯설기 때문에, 배경지식이나 어휘력 차원에서 내용에 접근하지 못한다는 문제가 있다.

그러나 전문가가 일반인을 대상으로 하여 쓴 전문 분야 텍스트의 경우, 국어과에서 교수·학습 및 평가 텍스트로 선택할 가치가 충분하다. 빠르게 변화하고 발전하는 현 시대에는 무수히 쏟아지는 수많은 정보를 선별하고 융복합적으로 조직할 수 있는 능력이 점점 중요해지고 있기 때문이다.

3) 선택형 평가에서 평가용 지문의 특성

평가 도구는 평가 내용의 성격과 관련하여 신중하게 선택해야 한다. 그러나 선발의 공정성과 객관성을 강조하는 우리 교육 현실은 평가 내용을 먼저 고려하기보다는 평가 도구부터 선택하게 된다. 그런 다음 평가 도구에 부합하는 평가 내용을 한정해 가며, 그에 부합하는 교육 내용만 치우쳐 가르치는 것이다.

원론적으로 본다면 선택형 평가 도구는 구성주의적 읽기 능력/비판적 읽기 능력 향상을 지향해야 하는 국어교육에 본질적으로 부합하는 도구가 아니다. 그렇지만 읽기 능력을 평가하고자 할 때에는 긍정적인 부분이 있고, 현장에서도 공정성을 위해 지속적으로 활용해야 하는 상황이 많다. 이처럼 선택형 평가 도구는 교육 현장에서 실용적이므로, 선택형 평가 도구에 특화된 텍스트성을 살펴보아야 한다.

선택형 평가 도구는 다섯 개의 선택지 중에서 하나의 정답을 확정해야 한다는 특징을 지닌다. 이러한 이유로 선택형 평가 도구로 평가하기 어려운 '태도' 범주의 교육 내용이나 다양한 관점, 다양한 주제로 읽어 낼 가능성이 있는 지문은 선택하기 어렵다. 또한 다섯 개의 선택지가 어느 정도 뚜렷하게 구별되어야 하기에 지문의 정보량도 많아야 한다.

선택형 평가 도구의 이러한 특성으로 인해 평가 맥락에서 실제로 선택되는 글은 일정한 경향성을 띠게 된다.

다음에서는 선택형 평가 도구에 따라 선택되는 지문의 특성을 정보 전달 목적성, 완결성, 정보 압축성, 정보 다양성으로 나누어 살펴보고자 한다.

(1) 정보 전달 목적성

정보 전달 목적을 중심으로 평가용 텍스트의 범위가 고착화되고 있다. 그 결과 객관성과 주관성이라는 기준으로 텍스트를 평가할 때 좀 더 객관성을 띠는 경향이 나타나게 되었다.

수능 초기에는 글쓴이의 관점 및 태도가 명시적으로 드러난 지문을 찾아볼 수 있다. 1995학년도 대학수학능력시험 언어 영역 21~24번 지문을 살펴보자. 전체적인 논증 과정에서 글쓴이의 관점이 명확할뿐더러, 이를 명확히 효율적으로 드러내기 위해 서술부에서 양태적 의미를 강조하는 언어적 장치가 활용된 문장들도 꽤 찾을 수 있다.

[21~24] 다음 글을 읽고 물음에 답하시오.

(가) 역사가 옛날로 올라갈수록 개인의 비중이 사회보다도 컸던 것 같다. 사회 구조가 개인 중심으로 이루어졌고, 산업과 정치가 현대와 같은 복잡 사회를 필요로 하지 않았기 때문이다. 개인이 모여서 사회가 되므로, 마치 사회는 개인을 위해 있으며, 개인이 사회의 주인들인 것같이 생각되어 왔다.

(나) 그러나 현대 사회로 접어들면서는 정치, 경제를 비롯한 사회의 모든 분야가 개인보다도 사회를 중심으로 운영되는 성격을 띠게 되었다. 영국을 출발점으로 삼는 산업 혁명은 경제의 사회성을 강요하게 되었고, 프랑스 혁명은 정치적인 사회성을 강조하기에 이르렀다.

(다) 19세기 중엽에 탄생된 여러 계통의 사회 과학을 보면, 우리들의 생활이 급속도로 사회 중심 체제로 변한 것을 실감케 된다. 그러므로 옛날에는 개인이 중심이고 사회가 그 부수적인 현상같이 느껴졌으나, 오늘에 이르러서는 사회가 중심이 되고 개인은 그 사회의 부분들인 것으로 생각되기에 이르렀다. 특히 사회가 그 시대의 사람들을 만든다는 주장이 대두되면서부터 그 성격이 점차 ㉠굳어졌다. 실제로, 현대를 살고 있는 우리들의 생활을 살펴보면, 내가 살고 있다기보다는 '우리'가 살고 있으며, 이때의 '우리'라 함은 정치, 경제 등의 집단인 사회를 가리키고 있는 것이 오늘의 현실이다.

(라) 현대가 그렇게 되었다고 해서 그것이 그대로 정당하며, 또 그렇게 되어야 하는가 함은 별개의 문제이다. 일찍이 키에르케고르나 니체 같은 사람들은 개인의 존엄성과 가치를 강하게 호소한 바 있다. 오늘날까지도 사회와 개인에 대한 대립된 견해는 여전히 지속되고 있다. 그렇다고 해서 사회가 전부이며 개인은 의미가 없다든지, 개인의 절대성을 주장한 나머지 사회의 역할을 약화시키는 것도 모두 정당한 견해가 되지 못한다.

(중략)

(마) 그러면 개인과 사회의 관계는 어떠한가? 어떤 사람들은 둘 사이의 관계를 원자와 물질의 역학적 관계와 같이 생각하는 것 같다. (중략) 그러므로

> 그 관계는 발전과 비약을 가능하게 하는 변증법적 관계로 보는 편이 타당할
> 것이다.

그러나 앞에서 언급했듯이, 수능에서 정보 전달 목적 중심의 텍스트가
지속적으로 선택되면서 아래와 같은 유형의 텍스트 특성이 나타나게 되
었다.

① 명제를 배열하는 경우

최근 지문에서는 필자가 지문에 전면적으로 드러나지 않는 경우가 대부
분이다. 이를 위해 양태적 의미가 나타나야 할 문장을 바꾸어 객관적인 태도
를 보이는 방식을 사용한다. 즉 해당 문장에 '-는 것이다', '-다는 것이다' 등
의 통합형 어미를 활용함으로써 명제들에 대한 필자의 관점을 더욱 객관화
하여 서술한다.

사례 2   2010학년도 대학수학능력시험 6월 모의평가 언어 영역

[38~42] 다음 글을 읽고 물음에 답하시오.

[A]
언론 보도로 명예가 훼손되는 경우 피해를 구제 받으려면 어떻게 해야
할까? 우리 민법은 명예 훼손으로 인한 피해를 구제 받기 위해 손해 배
상과 같은 금전적인 구제와 아울러 비금전적인 구제를 청구할 수 있다
고 규정하고 있다. 이러한 비금전적인 구제 방식의 하나가 '반론권'이
다. 반론권은 언론의 보도로 피해를 입었다고 주장하는 당사자가 문제
가 된 언론 보도 내용 중 순수한 의견이 아닌 사실적 주장(사실에 관한 보
도 내용)에 대해 해당 언론사를 상대로 지면이나 방송으로 반박할 수 있
는 권리이다. 반론권은 일반적으로 반론 보도를 통해 실현되는데, 이는

정정 보도나 추후 보도와는 다르다. 정정 보도는 보도 내용이 사실과 달라 잘못된 사실을 바로잡는 것이며, 추후 보도는 형사상의 조치를 받은 것으로 보도된 당사자의 무혐의나 무죄 판결에 대한 내용을 보도해 주는 것이다.

반론권 제도는 세계적으로 약 30개 국가에서 시행되고 있는데, 우리나라의 반론권 제도는 의견에도 반론권을 적용하는 프랑스식 모델이 아닌 사실적 주장에 대해서만 반론권을 부여하는 독일식 모델을 따르고 있다. 우리나라 반론권 제도의 특징은 정부가 반론권 제도를 도입하면서 이를 언론중재위원회를 통하여 행사하도록 했다는 것이다. 반론권 도입 당시 우리 정부는 언론중재위원회를 통한 반론권 행사가 언론에는 신뢰도 하락과 같은 부담을 주지 않고, 개인에게는 신속히 피해를 구제 받을 기회를 주기 때문에 효율적이라고 주장하였다. 이에 대해 언론사와 일부 학자들은 법정 기구인 언론중재위원회를 통해 반론권을 행사하도록 하는 것이 언론의 편집 및 편성권을 침해하여 궁극적으로 언론 자유의 본질을 훼손할 수 있다는 우려를 나타냈다.

그러나 헌법재판소는 반론권 존립 여부에 대해 판단하면서, 반론권은 잘못된 사실을 진실에 맞게 수정하는 권리가 아니라 피해를 입은 자가 문제가 되는 기사에 대해 자신의 주장을 게재하는 권리로서 합헌적인 구제 장치라고 보았다. 또한 대법원은 반론권 제도를 이른바 ㉠무기대등원칙(武器對等原則)에 부합하는 것으로 판단하였다. 즉 사회적 강자인 언론을 대상으로 일반인이 동등한 공격과 방어를 할 수 있도록 균형 유지 수단을 제공하는 것이므로 정당하다는 것이다.

반론권 청구는 언론중재위원회 또는 법원에 할 수 있으며, 두 기관에 동시에 신청할 수도 있다. 이때 반론권은 해당 언론사의 잘못이나 기사 내용의 진실성 여부에 상관없이 청구할 수 있다. 언론 전문가들은 일부 학자들의 비판적인 시각에도 불구하고 언론과 관련된 분쟁은 법정 밖에서 해결하는 것이 가장 바람직하다는 측면에서 언론중재위원회를 통한 반론권 제도의 중요성을 인정하고 있다. 그러나 그 효율성을 제고하기 위해서는 당사자가 모두 ㉡만족할 수 있도록 중재의 합의율과 질적 수준을 높여야 할 것이다.

② 정보를 배열하는 경우

앞의 사례보다 필자의 관점이 더 많이 숨겨지는 사례도 등장하고 있다. 앞선 사례는 명제를 배열하기 때문에 필자의 궁극적인 견해를 추론해 볼 여지가 있다. 그러나 정보만을 배열하는 지문의 경우 필자의 관점이나 의견, 가치 판단이 드러나지 않는 장르성을 취하곤 한다. 이러한 특성을 가진 지문은 공학 분야에서 발견된다.

[사례 3]의 지문은 정보를 배열하고 재조직하는 데 초점을 둔 대표적인 지문이다. 이 지문을 처음 접했을 때 학습자는 글의 내용에 대한 필자의 관점과 태도, 나아가 글을 쓴 목적을 파악하기 어렵다. 이 지문에서는 CD와 CD 드라이브 장치들의 기능, 문제 상황에서 장치들의 작동 과정에 대한 정보가 객관적으로 배열되어 있을 뿐이다. 즉, CD 드라이브 장치라는 소재에 대해 필자는 지극히 객관적인 태도를 견지하고 있다.

사례 3　　　　　　　　　　　　　　2014학년도 대학수학능력시험 국어 영역(A형)

[28~30] 다음 글을 읽고 물음에 답하시오.

CD 드라이브는 디스크 표면에 조사된 레이저 광선이 반사되거나 산란되는 효과를 이용해 정보를 판독한다. CD의 기록면 중 광선이 흩어짐 없이 반사되는 부분을 랜드, 광선의 일부가 산란되어 빛이 적게 반사되는 부분을 피트라고 한다. CD에는 나선 모양으로 돌아 나가는 단 하나의 트랙이 있는데 트랙을 따라 일렬로 랜드와 피트가 번갈아 배치되어 있다. 피트를 제외한 부분, 즉 이웃하는 트랙과 트랙 사이도 랜드에 해당한다.

CD 드라이브는 디스크 모터, 광 픽업 장치, 광학계 구동 모터로 구성된다. 디스크 모터는 CD를 회전시킨다. CD 아래에 있는 광 픽업 장치는 레이저 광선을 발생시켜 CD 기록면에 조사하고, CD에서 반사된 광선은 광 픽업 장치 안의 광 검출기가 받아들인다. 광선의 경로 상에 있는 포커싱 렌즈는 광선을 트랙의 한 지점에 모으고, 광 검출기는 반사된 광선의 양을 측정하여 랜드와 피트의 정보를 읽어 낸다. 이때 CD의 회전 속도에 맞춰 트랙에 광선이 조사될 수 있도록 광학계 구동 모터가 광 픽업 장치를 CD의 중심부에서 바깥쪽으로 서서히 직선으로 이동시킨다.

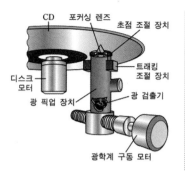

CD의 고속 회전 등으로 진동이 생기면 광선의 위치가 트랙을 벗어나거나 초점이 맞지 않아 데이터를 잘못 읽을 수 있다. 이를 막으려면 트래킹 조절 장치와 초점 조절 장치를 제어해 실시간으로 편차를 보정해야 한다. 편차 보정에는 광 검출기가 사용된다. 광 검출기는 가운데를 기준으로 전후좌우의 네 영역으로 분할되어 있는데, 트랙의 방향과 같은 방향으로 전후 영역이, 직각 방향으로 좌우 영역이 배치되어 있다. 이때 각 영역에 조사되는 빛의 양이 많아지면 그 영역의 출력값도 커지며 네 영역의 출력값의 합을 통해 피트와 랜드를 구별한다.

레이저 광선이 트랙의 중앙에 초점이 맞은 상태로 정확히 조사되면 광 검출기 네 영역의 출력값은 모두 동일하다. 그런데 광선이 피트에 해당하는 지점에 조사될 때 트랙의 중앙을 벗어나 좌측으로 치우치면, 피트 왼편에 있는 랜드에서 반사되는 빛이 많아져 광 검출기의 좌 영역의 출력값이 우 영역보다 커진다. 이 경우 두 출력값의 차이에 대응하는 만큼 트래킹 조절 장치를 작동하여 광 픽업 장치를 오른쪽으로 움직여서 편차를 보정한다. 우측으로 치우쳐 조사된 경우에도 비슷한 과정을 거쳐 편차를 보정한다.

한편 광 검출기에 조사되는 광선의 모양은 초점의 상태에 따라 전후나 좌우 방향으로 길어진다. CD 기록면과 포커싱 렌즈 간의 거리가 가까워져 광선의 초점이 맞지 않으면, 조사된 모양이 전후 영역으로 길어지고 출력값도 상대적으로 커진다. 반면 둘 사이의 거리가 멀어지면, 좌우 영역으로 길어지고 출력값도 상대적으로 커진다. 이때 광 검출기의 전후 영역 출력값의 합과 좌우 영역 출력값의 합을 구한 후, 그 둘의 차이에 해당하는 만큼 초점 조절 장치를 이용해 포커싱 렌즈의 위치를 CD 기록면과 가깝게 또는 멀게 이동시켜 초점이 맞도록 한다.

(2) 완결성

평가용 지문은 비록 분량이 적을지라도 그 자체에서 구조적·내용적으로 완결성을 지녀야 한다. 이는 교수·학습용 텍스트를 발췌하거나 다른 평가 도구를 선택할 때에도 고려할 수 있는 특성이지만, 특히 선택형 평가 도구 맥락에서 더욱 정교하게 판단되어 왔다. 예를 들어 보자. 아래 지문은 완결성을 기준으로 할 때 어떠한 문제가 있을까?

사례 4 『갈등 해소와 대체적 분쟁 해결』(김영욱, 2015: 5-28)을 재구성

갈등은 한마디로 정의하기가 매우 힘든 개념이다. 대체적으로 본다면 갈등은 인식, 감정, 행동 차원에서 일어나는 모든 대립 상황을 의미한다. 우리 사회의 갈등에는 여러 유형이 있다. 변호사를 고용해야 하는 법적인 갈등에서부터 친구 간, 이웃 간, 부부간, 심지어 부모 자식 간에도 갈등은 다양하게 존재한다. 또한 공적인 사안에 대한 갈등과 지역사회의 이해관계와 얽힌 갈등도 있다.

그렇다면 이런 다양한 갈등을 어떻게 해소할 수 있을까? 갈등 해소와 관련한 논의는 크게 두 가지 접근 방법으로 나누어 볼 수 있다. 그것은 경쟁적인 접근과 협력적인 접근을 말한다. 경쟁적인 접근은 상대방을 굴복시킴으로써 나의 이익을 실현할 수 있다고 보는 시각이다. 예를 들어 분배적 협상, 가치의 분배, 승패 전략 등이 이러한 접근에 속한다. 하지만 이런 경쟁에 기반을 둔 접근은 많은 문제점을 안고 있다. 문제 상황을 너무 일면적으로만 바라보기 때문에 갈등 당사자들 모두가 만족할 수 있는 창의적인 해결책을 찾아내는 데 소홀해지기 쉽다. 반면에 협력적인 접근은 힘이 아니라 상대방과의 대화와 협력에 기반을 둔 갈등 해소이다. 이 방법은 갈등에서 단순히 기존 가치를 분배하려고 하기보다는 새로운 가치를 창출하여 갈등 당사자들 모두가 만족할 수 있는 통합적인 협상 결과를 이끌어 내기 위해서 노력한다. 갈등 해소에 대한 이러한 인식의 변화에서 ADR이 비롯되었다.

협력에 기반을 둔 바람직한 갈등 해소를 위한 원칙은 크게 공정성, 효율성, 안정성, 창의성이 있다. 갈등을 해소하는 과정에서 이러한 원칙들이 지켜진다면 바람직한 갈등 해소가 이루어졌다고 할 수 있다. 우선 공정성은 갈등 당사자들에게 매우 중요한 원칙이다. 공정성은 갈등 당사자들의 인식이 중요한데, 갈등 당사자들이 동등한 기회를 가졌다고 인식하고, 자신의 의견을 내세울 수 있는 기회가 충분히 주어졌다고 느끼는 정도를 의미한다. 예를 들어 정부가 지역사회와 협상하여 혐오 시설 처리장을 건설하기로 합의했는데, 지역사회의 일부 구성원들에게만 의견을 말할 기회가 주어졌다면 소외된 지역주민들은 이러한 합의가 공정하지 않다고 인식할 것이다. 이렇게 공정성이 지켜지지 않는다면 결과에 대한 정당성도 확보되지 않을 뿐 아니라 결과에 대한 순응도도 낮아질 수밖에 없다.

효율성은 갈등 해소 과정이 한정된 자원에 제한을 받는 것과 연결된다. 갈등 당사자의 입장에서는 가장 효율적으로 시간과 경제력을 쏟아부어 문제를 해결하려고 할 것이다. 만약 얻을 수 있는 편익보다도 훨씬 많은 시간과 경제력을 투자하여 협상에 성공했다고 하더라도 이러한 협상을 바람직한 협상이라고 보기는 힘들다. 안정성은 지속 가능한 결과를 도출해 내는 것이다. 갈등 당사자들이 지속할 수 없는 방안의 도출은 향후 더 큰 갈등을 야기할 소지가 있다. 창의성은 문제 해결을 위해서 고정관념에서 벗어난 해결책을 모색하는 것이다. 기존 관념에서 벗어난 사고는 갈등 당사자들이 모두 이해관계를 충족시킬 수 있는 유연한 대안을 찾아낼 수 있다.

마지막으로 모든 원칙들, 즉 공정성, 효율성, 안정성, 창의성을 아우르는 대원칙은 커뮤니케이션 의지와 능력이다. 이러한 원칙들을 수립하고 지켜 나가기 위해서는 갈등 당사자의 대화 의지와 커뮤니케이션을 통해서 문제를 해결할 수 있는 능력이 필요하다. 바람직한 갈등 해소는 한쪽의 희생을 통한 합의의 창출이 아니라 모두가 지속 가능하고 자신의 이해관계를 충족하는 절차와 방안을 고안해 내는 것이다. 무력이나 강요에 의해서가 아니라 자유로운 토론을 통해서 합의가 형성되고 상호 이해의 바탕이 마련되어야 한다. 이를 위해 가장 중요한 것은 커뮤니케이션 의지와 능력이라고 할 수 있다. 갈등 해소를 위해서는 갈등 당사자의 대화 의지와 커뮤니케이션을 통해서 문제를 해결할 수 있는 능력이 필요하다. 만약 갈등 당사자 간에 이러한 커뮤니케이션 의지와 능력이 갖추어지지 않았다면 제3자의 도움을 받는 것이 필수적이다. 물론 당사자 간에 문제 해결과 제3자의 개입을 통한 문제 해결 모두 커뮤니케이션 능력이 뒷받침되지 않는다면 성공하기 힘들다. 이런 점에서 갈등 해소에 커뮤니케이션이 필수적으로 중요한 요소임을 알 수 있다.

따라서 우리 사회가 갈등과 갈등 해소에 대한 커뮤니케이션의 작용을 이해하기, 자신과 상대방의 인식을 이해하고 차이를 인정하기, 합의를 창출하기 위해 나와 상대방의 가치관과 커뮤니케이션 배경을 탐색하기, 문화적인 차이와 정치·경제적인 맥락을 이해하기 등 광범위한 커뮤니케이션 교육을 통하여 커뮤니케이션 전문가를 양성하는 것이 필요하다. 그렇게 된다면, 커뮤니케이션이 우리 사회의 갈등 해소에 진정으로 기여할 수 있을 것이다.

필자는 첫 번째 문단에서 갈등의 종류를 나열하면서 글을 시작한다. 따라서 독자는 첫 문단을 읽으면서 갈등의 종류에 대한 상세한 설명을 기대하게 된다. 그러나 이후 문단에서 서술되는 갈등 해소의 두 가지 접근법이 첫 번째 문단과 관련 없이 전개되고 있어, 두 문단은 서로 연결되지 않는다. 즉, 첫 문단의 내용은 글을 전개하다 만 것 같은 인상을 주고 있기에 완결성이 떨어진다고 할 수 있다.

또한 이 글 전체에서 가장 중요한 정보는 다섯째 문단에 있는데, 그 내용 역시 정보가 나열되어 있기만 하여 명확하게 파악하기 어렵다. 무엇을 명확하게 설명하지 않고 개념들이 비체계적으로 나열되다 끝맺어진 상태여서 완결성이 떨어진다고 할 수 있다.

만약 다섯째 문단 정보가 상세하게 제시되어 있었다면, 그 내용을 중심으로 적용 문항을 출제할 수도 있을 것이다. 그러나 현재 상태에서는 그나마 둘째 문단 내용을 중심으로만 선택지를 구성할 수 있다. 이 경우 글 전체를 읽을 필요가 없이 둘째 문단에만 집중하면 적절히 풀 수 있는 문항이 구성될 가능성이 크다. 이처럼 평가용 지문이 완결성을 지니지 못하면 학습자는 지문을 읽지 않고 특정 부분만을 확인하여 답을 고른다. 이러한 지문은 읽기 능력을 제대로 평가할 수 있는 지문이라고 할 수 없다.

(3) 정보 압축성

선택형 평가 도구 설계 맥락에서 정보 압축성이란, 평가용 지문으로서 정보의 양이 충분해야 한다는 것을 의미한다. 이 정보 압축성은 평가용 지문 선정에서 가장 중핵이 되는 원리이다. 정보 압축성은 지문 자체만 놓고 판단할 수는 없으며, 지문과 선택지의 관계를 기준으로 판단해야 한다. 하나의 지문은 적어도 하위 문항 세 개 이상을 구성할 수 있고, 각 문항당 서로 간섭 없는 다섯 개 선택지를 설계할 수 있을 정도의 정보량을 갖추어야 한다.

예를 들어 안도현의 시 〈너에게 묻는다〉는 작품성이 뛰어나 수업 시간에 다룰 가치가 충분하다. 그러나 정보량이 적어 하위 문항과 선택지가 충분히 도출되지 못한다. 따라서 이 시를 선택형 평가 도구의 지문으로 선택하기는 어려울 것이다.

그렇다면 하위 문항과 선지가 충분히 도출될 정도로 긴 텍스트를 제공하면 수월할 것인가? 평가 상황에서는 지문 분량이 한정되어 있기에 이는 불가능하다. 한정된 지면에 많은 정보를 압축적으로 제공하는 텍스트를 실세계에서 찾을 수 있으면 좋겠지만 이러한 텍스트는 좀처럼 발견되지 않는다. 따라서 평가용 지문에서 정보량을 담보하려면 같은 분량의
에 비해 훨씬 더 많은 정보가 압축되어야 한다.

일반적으로 국어과에서 의미하는 내용 압축이란, 핵심 내용에 대한 요약으로 받아들여진다. 그러나 수능 비문학 지문이 지니는 '압축성'은 핵심 내

용의 요약과는 다르다. 다음은 『실용 국어』 교과서(민병곤 외, 2015: 81)의 일부로, 실세계 텍스트의 텍스트성을 설명하고 있다.

정보의 분석과 핵심 내용 이해

글 자료의 이해

글 자료의 핵심 내용을 파악하려면 글의 제목으로 내용을 예측하거나 글의 중심 문장을 찾아 내용을 이해해야 한다. 일반적으로 중심 문장은 글의 앞이나 뒤에 나오므로 이에 유의하여 읽고, 글에서 반복되는 핵심 어구를 중심으로 내용을 이해해야 한다. 다음 자료의 핵심 내용을 파악해 보자.

> _{중심 문장} **웹툰 서비스 사이트(*플랫폼)의 전략적 육성을 통해 시장 확대**
> 문화체육관광부는 웹툰 지원 대책을 추진한다. 웹툰 작가들의 연재 기회를 늘릴 수 있도록 2018년까지 작가와 서비스가 차별화된 웹툰 중소 서비스 사이트(플랫폼)를 15개, 해외 웹툰 서비스가 가능한 다국어 서비스 사이트(플랫폼)를 10개 육성하여 웹툰 해외 진출을 활성화한다. 아울러 해외 시장 진출에 필요한 번역 지원 정책을 마련하는 한편 해외 한국문화원을 이용한 교류 프로그램도 활성화할 방침이다. (중략)
> 문화체육관광부 관계자는 "미국에서는 만화를 원작으로 한 영화들이 성공하면서 만화가 소수의 마니아 문화에서 대중문화 산업으로 변모하였다."라며, "이번 중장기 계획을 바탕으로 한국 만화의 경쟁력이 세계로 뻗어 나갈 수 있도록 노력할 것"이라고 말했다.
> - 문화체육관광부 보도 자료(2014년)

이 글은 '문화체육관광부는 웹툰 지원 대책을 추진한다.'라는 문장으로 시작하여, '서비스 사이트(플랫폼)', '웹툰 해외 진출 활성화', '해외 시장 진출', '활성화' 등의 어구가 반복되고 있다. 따라서 이를 바탕으로 핵심 내용을 파악하면 '정부가 웹툰 서비스 사이트를 육성하여 한국 웹툰의 해외 시장 확대를 지원한다.'라고 할 수 있다.

이 설명에 따르면, 실세계 텍스트는 '반복되는 핵심 어구'로 응집성을 확보하며, 교수·학습용 텍스트는 이러한 텍스트성을 그대로 유지하고 있다. 그러나 앞서 살펴본 대로 평가용 지문은 이러한 텍스트성을 그대로 유지한 채 발췌되기 어렵다. 평가용 맥락에 적합하도록 압축하여 재구성해야 할 경우가 대다수이다. 그런데 분량을 줄이는 과정에서 기존 국어과 텍스트의 요약 규칙과는 다른, 다음과 같은 규칙이 필요하다.

- 타당한 텍스트를 선정한 후, 평가를 위한 텍스트로 압축하고 재구성해야 한다.
- 압축하고 재구성해도 평가용 지문으로 안착될 가능성이 없어 보이는 텍스트는 과감히 후보군에서 제외해야 한다.
- 핵심 내용만 남기고 분량을 적절히 줄인다는 생각으로 접근해서는 안 된다.
- 추정할 수 있는 하위 기능이 무엇인지, 선택지 5개를 충분히 구성할 수 있는지 판단하여 평가용 지문을 재구성해야 한다.

이러한 규칙이 아닌 일반적인 요약 규칙에 따라 몇 페이지에 걸친 내용을 간략하게 요약하여 평가용 지문을 재구성한다면 어떤 문제점이 생길까? 지루할 정도로 자세히 묘사된 사례와 재진술된 부분을 삭제해 버림에 따라 궁극적으로 남은 문장들은 결국 빈약하거나 불분명한 정보만 남게 될 수 있다. 다음은 앞서 살펴본 [사례 4]의 지문을 일반적 요약 규칙에 따라 요약한 것이다.

갈등은 한마디로 정의하기가 매우 힘든 개념이다. 대체적으로 본다면 갈등은 인식, 감정, 행동 차원에서 일어나는 모든 대립 상황을 의미한다. 우리 사회의 갈등에는 여러 유형이 있다. 변호사를 고용해야 하는 법적인 갈등에서부터 친구 간, 이웃 간, 부부간, 심지어 부모 자식 간에도 갈등은 다양하게 존재한다. 또한 공적인 사안에 대한 갈등과 지역사회의 이해관계와 얽힌 갈등도 있다.

그렇다면 이런 다양한 갈등을 어떻게 해소할 수 있을까? 갈등 해소와 관련한 논의는 크게 두 가지 접근 방법으로 나누어 볼 수 있다. 그것은 경쟁적인 접근과 협력적인 접근을 말한다. 경쟁적인 접근은 상대방을 굴복시킴으로써 나의 이익을 실현할 수 있다고 보는 시각이다. 예를 들어 분배적 협상, 가치의 분배, 승패 전략 등이 이러한 접근에 속한다. 하지만 이런 경쟁에 기반을 둔 접근은 많은 문제점을 안고 있다. 문제 상황을 너무 일면적으로만 바라보기 때문에 갈등 당사자들 모두가 만족할 수 있는 창의적인 해결책을 찾아내는 데 소홀해지기 쉽다. 반면에 협력적인 접근은 힘이 아니라 상대방과의 대화와 협력에 기반을 둔 갈등 해소이다. 이 방법은 갈등에서 단순히 기존 가치를 분배하려고 하기보다는 새로운 가치를 창출하여 갈등 당사자들이 모두가 만족할 수 있는 통합적인 협상 결과를 이끌어 내기 위해서 노력한다. 갈등 해소에 대한 이러한 인식의 변화에서 ADR가 비롯되었다.

첫 문단의 첫 문장에서는 갈등을 정의하기 어려운 이유에 대한 상세한 설명 없이 정의하기 힘들다는 핵심 정보만 남아 있다. 두 번째 문장에서도 필자가 갈등의 여러 정의 중에서 하나의 정의를 남긴 이유를 생략한 채 필자가 생각하는 가장 타당한 정의를 기술하고 있다.

두 번째 문단에서는 경쟁적인 접근에 대한 설명을 구체화하기 위해 '예를 들어'로 시작하는 문장이 나와 있기는 하지만, 해당 문장은 경쟁적 접근 방법 유형을 제시하고 있을 뿐이다. 이어지는 문장에서 기술하고 있는 경쟁적 접근 방법의 약점 역시 상세화된 정보가 제시되어 있다고 보기 어렵다. 요컨대 간략하게 요약하기 위해 핵심 정보만 남긴 위와 같은 텍스트는 선택형 평가 도구 맥락에서 평가용 지문으로 활용하기가 어렵다.

생각해 볼 문제

문항 구성 과정에서 정보량은 어떤 영향을 주는가?

다음은 정보를 제대로 압축하지 못하여 정보량 면에서 완결성이 부족한 텍스트를 기반으로 하여 문항을 출제하였을 경우, 다양한 문항을 구성하는 데 어려움을 줄 수 있음을 보여 주는 대표적인 사례이다. 어떠한 문제점이 있는지 살펴보자.

[35~36] 다음 글을 읽고 물음에 답하시오.

섬유 예술은 실, 직물, 가죽, 짐승의 털 등의 섬유를 오브제로 사용하여 미적 효과를 구현하는 예술을 일컫는다. 오브제란 일상용품이나 자연물 또는 예술과 무관한 물건을 본래의 용도에서 분리하여 작품에 사용함으로써 새로운 상징적 의미를 불러일으키는 대상을 의미한다. 섬유 예술은 실용성에 초점을 둔 공예와 달리 섬유가 예술성을 지닌 오브제로서 기능할 수 있다는 자각에서 비롯되었다.

섬유 예술이 새로운 조형 예술의 한 장르로 자리매김한 결정적 계기는 1969년 제5회 '로잔느 섬유 예술 비엔날레전'에서 올덴버그가 가죽을 사용하여 만든 「부드러운 타자기」라는 작품을 전시하여 주목을 받은 것이었다. 올덴버그는 이 작품을 통해 공예의 한 재료에 불과했던 가죽을 예술성을 구현하는 오브제로 활용하여 섬유를 심미적 대상으로 인식할 수 있게 하였다.

이후 섬유 예술은 평면성에서 벗어나 조형성을 강조하는 여러 기법들을 활용하여 작가의 개성과 미의식을 구현하는 흐름을 보였는데, 이에는 바스켓트리, 콜라주, 아상블라주 등이 있다. 바스켓트리는 바구니 공예를 일컫는 말로 섬유의 특성을 활용하여 꼬기, 엮기, 짜기 등의 방식으로 예술적 조형성을 구현하는 기법이다. 콜라주는 이질적인 여러 소재들을 혼합하여 일상성에서 탈피한 미감을 주는 기법이고, 아상블라주는 콜라주의 평면적인 조형성을 넘어 우리 주변에서 흔히 볼 수 있는 물건들과 폐품 등을 혼합하여 3차원적으로 표현하는 기법이다. 콜라주와 아상블라주는 현대의 여러 예술 사조에서 활용되는 기법을 차용한 것으로, 섬유 예술에서는 순수 조형미를 드러내거나 현대 사회의 복합성과 인류 문명의 한 단면을 상징화하는 수단으로 활용되기도 하였다.

섬유를 오브제로 활용한 대표적인 작품으로는 라우센버그의

「침대」가 있다. 이 작품에서 라우센버그는 섬유 자체뿐 아니라 여러 오브제들을 혼합하여 예술적 미감을 표현하기도 했다. 「침대」는 캔버스에 평소 사용하던 커다란 침대보를 부착하고 베개와 퀼트 천으로 된 이불, 신문 조각, 잡지 등을 붙인 다음 그 위에 물감을 흩뿌려 작업한 것으로, 콜라주, 아상블라주 기법을 주로 활용하여 섬유의 조형적 미감을 잘 구현한 작품으로 평가받고 있다.

35 윗글에서 언급된 '섬유 예술'에 대한 설명으로 적절하지 <u>않은</u> 것은?

① 섬유를 예술성을 지닌 심미적 대상으로 인식하였다.
② 올덴버그를 통해 조형 예술로서 자리를 잡게 되었다.
③ 섬유의 오브제로서의 기능을 자각하면서 시작되었다.
④ 바스켓트리는 섬유의 특성을 활용하여 조형성을 구현한다.
⑤ 순수한 미의식을 배제하고 고정 관념에서 벗어난 예술을 지향한다.

36 윗글을 바탕으로 〈보기〉를 이해한 내용으로 적절하지 <u>않은</u> 것은?

─── 〈 보기 〉 ───

이 작품은 라우센버그가 창작한 「모노그램」이다. 라우센버그는 나무 판넬에 물감을 칠하고 나무 조각이나 신발 굽 등 버려진 물건들을 부착하였다. 그리고 그 위에 털이 풍성한 박제 염소를 놓고 그 염소의 허리에 현대 문명을 상징하는 타이어를 끼워 놓았다. 이 작품을 통해 생명체가 산업화로 인해 위협 받고 있는 모습을 떠올릴 수 있다.

① 박제 염소의 털을 활용한 것에서 섬유를 하나의 예술 매체로 인식하는 섬유 예술의 특징을 확인할 수 있군.

② 나무 조각이나 신발 굽, 염소, 타이어 등은 작가의 예술적 미의식을 구현하는 데 활용된 오브제로 볼 수 있군.

③ 콜라주 기법이 주는 3차원적 입체성을 강조하기 위해 버려진 여러 가지 물건들을 부착하였음을 확인할 수 있군.

④ 주제 의식을 드러내기 위해 판넬 위에 염소를 세워 놓은 것에서 아상블라주 기법이 사용되었음을 알 수 있군.

⑤ 염소의 허리에 끼워진 타이어를 통해 생명체를 위협하는 산업 사회의 한 단면을 엿볼 수 있군.

2017학년도 3월 고2 전국연합학력평가 국어 영역

이 지문은 두 개의 문항으로 구성되어 있다. 하나는 '섬유 예술'에 대한 사실적 이해를 묻는 문항이며, 다른 하나는 지문 전체를 읽은 후 〈보기〉를 이해할 수 있는지를 묻는 문항이다. 지문을 바탕으로 한 문항은 사실상 하나밖에 없다고 할 수 있다. 이렇게 문항을 구성할 수밖에 없는 이유는 무엇일까? 그 이유를 지문의 텍스트성에서 찾아보자.

[11~12] 다음 글을 읽고 물음에 답하시오.

(가)

얼음이 녹아 먹을 것이 사라져 배를 곯는 북극곰. 사막화와 가뭄으로 검게 타들어 가고 있는 아프리카의 뜨거운 땅. 인간이 지구의 주인을 자처하며 생활의 편리함을 위해 에너지를 마구 사용한 결과가 비극적인 부메랑이 되어 돌아왔다. 기후 변화 여파는 더 이상 텔레비전 속 먼 나라 이야기가 아니다. 100년 만에 찾아온 2011년 9월 중순의 폭염은 우리에게 초유의 정전 사태를 안겨 주지 않았던가.

이러한 사태의 원인은 에너지 과잉 소비에 있다. 사람들은 여전히 전기를 비용만 지불하면 마음껏 써도 된다고 생각하며 낭비하고 있다. 에너지 절약을 위한 다각적인 실천은 지구 환경 보호를 위해서만이 아니라 국가 경제를 위해서도 중요하다. 사용하지 않는 플러그 뽑기, 대중교통 이용하기, 일회용품 적게 쓰기 등과 같은 개인적인 실천과 더불어 국가적 차원에서의 구체적이고 실효성 있는 에너지 절약 대책 마련이 시급하다.

(나)

11 (가)와 (나)의 공통된 중심 내용은?

① 지구 온난화의 원인
② 에너지 절약의 필요성
③ 에너지 수입의 문제점
④ 온실가스 배출의 심각성
⑤ 대체 에너지 개발의 중요성

12 (나)의 표현 방식에 대한 평가로 적절한 것은?

① 동음이의어를 활용하여 주제를 효과적으로 표현했다.

② 유행어의 적절한 사용으로 사람들의 공감을 이끌어 냈다.

③ 대조적 의미를 갖는 단어를 나열하여 광고의 재미를 더했다.

④ 자극적인 사진을 활용하여 사람들에게 상황의 심각성을 강조했다.

⑤ 문제의 원인과 결과를 분석적으로 제시하여 독자의 이해를 도왔다.

2012년 국가 수준 학업성취도 평가 중학교 3학년 국어

이 문항의 지문은 (가)와 (나)로 구성되어 있는데, 문항 11번은 지문 (가)와 (나)에서 공통적으로 알 수 있는 내용에 대해 묻고 있고 문항 12번은 (나)의 표현 방식에 대해서 묻고 있다. 즉 지문 (가)에 대해 직접적으로 묻는 문항은 한 개 문항이고, 그것도 (나)와 관련되어 출제된 것이다. 지문 (가)로 문항을 구성하기 위해 해당 지문의 정보량을 늘린다고 할 때 학습자의 배경지식을 어느 정도로 넘어서는 것이 적절할까?

(단, 국가 수준 학업성취도 평가에서는 각 문항이 출제하고자 하는 성취기준이 하나씩 정해져 있기 때문에, 위의 평가용 지문의 정보량이 풍부하지 못하다고 비판하기는 어렵다. 이러한 맥락은 고려하지 말고, 지필 평가에서 세 개 문항 이상 내도록 계획했던 상황이라 가정하고 생각해 보도록 하자.)

(4) 정보 다양성

앞서 살펴보았듯이, 정보 전달 중심의 정보 텍스트 안에서, 잉여적인 정보를 제거하면서 압축하는 것은 선택형 평가 지문에 특화된 주요한 텍스트성이다. 그런데 이러한 압축성은 정보 다양성이라는 특성도 발생시켰다. 텍스트 압축 작업의 처음 의도는 정보량을 늘리기 위함이었다. 그러나 정보의 질도 보증하는 방향으로 텍스트를 재구성하게 되면서, 이왕이면 다양하고 균형 있는 정보를 제시하고자 하는 욕구까지 고려할 수 있게 되었다.

정보의 다양성과 균형성을 추구하고자 하는 욕구는 전문 분야별로 텍스트를 선정하고 재구성하는 방식으로 실현되었다. 그리고 이 욕구는 정보의 압축성과 더불어 분야별로 특화된 텍스트 특성까지 고려한, 그야말로 국어과 선택형 평가 지문에 특화된 텍스트성이 나타나게 되었다.

　　이러한 텍스트성은 국어과에서 통상적으로 활용해 왔던 내용 전개 방식이나 장르 인식 장치, 텍스트성만으로는 제대로 밝힐 수 없다. 이하 내용에서는 국어과의 전형적 개념으로 포착되지 않는 텍스트성을 크게 두 가지 준거에 따라 파악해 볼 것이다. 이 준거는 평가용 지문에서 각 문장들이 기술하고 있는 의미적 유형에 따라 나눈 것이다. 기존의 국어 의미론에서 논의된 내용과는 다소 차이가 있는 개념이지만, 지문의 정보 다양성을 판단하는 데에는 유용하기에 소개하고자 한다.

　　① 추상성-구체성 기준에 따른 분류

　　평가용 지문에서 사용된 문장들이 대체로 구체적인 문장 수준으로 기술되는가, 추상적인 문장 수준으로 기술되는가에 따라 분류할 수 있다. 전자는 일상 세계에서 일어나는 사건을 다루는 텍스트에서, 후자는 그보다 추상적인 수준에서 일반화된 원리를 얘기하는 텍스트에서 나타난다.

　　예를 들어 보자. 필자가 '오늘 길을 가다가 어떤 개가 나를 보고 짖었으나, 다행히 그 상황을 잘 모면하여 다치지 않았다.'는 상황을 경험했다면, 해당 사건을 아주 구체적으로 기술하여 일상적인 장르성을 지니는 글(①)을 쓸 수 있다. 또는 해당 사건 자체에 대한 구체적 진술을 지양하고, 해당 사건이 지니는 경험을 일반화하여 보다 추상적인 글(②)을 쓸 수도 있다.

> ① 오늘 오후 신촌사거리 골목에서 골든리트리버 한 마리가 갑자기 튀어나
> 　와, 커피를 사려고 편의점에 들어가던 나를 보고 사납게 짖었다. 그러나

나는 평소 가지고 있던 지식을 활용하여 개를 더 자극하지 않고 무사히 그 자리를 빠져 나왔다.

② 일상에서의 온갖 위험 요인으로부터 스스로를 보호할 수 있어야 한다.

흔히 일반적인 원리가 제시되고 그 원리가 지나치게 추상적이거나 원론적일 때, 그 예를 구체적 수준의 문장으로 제시하여 원리에 대한 이해를 돕는 텍스트가 많다. 그런데 만약 어떤 지문에서 처음부터 끝까지 추상적인 수준의 문장들만 나온다면 학습자 입장에서는 텍스트 난도가 높다고 느낄 것이다. 흔히 철학이나 경제 분야에서 추상적 진술이 많이 나타나는데, 분야의 특성상 원리를 기술하는 것이 내용의 중심이 되기 때문이다. 특히 경제 분야의 지문에서 예시로 제시하는 부분도 추상적 수준의 진술인 경우가 많아 학습자들이 어렵게 느낀다. 아래 [사례 5]에 제시된 2018학년도 수능 경제 지문을 살펴보자. '정책 수단 선택의 사례'의 예시로 '환율 현상'을 제시했는데, 이 '환율 현상' 역시 추상적 수준에서 진술되고 있다.

사례 5

2018학년도 대학수학능력시험 국어 영역

[27~32] 다음 글을 읽고 물음에 답하시오.

정부는 국민 생활에 영향을 미치는 활동의 총체인 정책의 목표를 효과적으로 달성하기 위해 정책 수단의 특성을 고려하여 정책을 수행한다. 정책 수단은 강제성, 직접성, 자동성, 가시성의 ㉮네 가지 측면에서 다양한 특성을 갖는다. 강제성은 정부가 개인이나 집단의 행위를 제한하는 정도로서, 유해 식품 판매 규제는 강제성이 높다. 직접성은 정부가 공공 활동의 수행과 재원 조달에 직접 관여하는 정도를 의미한다. 정부가 정책을 직접 수행하지 않고 민간에 위탁하여 수행하게 하는 것은 직접성이 낮다. 자동성은 정책을 수행하기 위해 별도의 행정 기구를 설립하지 않고 기존의 조직을 활용하는 정도를 말한다. 전기 자동차 보조금 제도를 기존의 시청 환경과에서 시행하는 것은 자동성이 높다. 가시성은 예산 수립 과정에서 정책을 수행하기 위한 재원이 명시적으로 드러나는 정도이다. 일반적으로 사회 규제의 정도를 조절하는 것은 예산 지출을 수반하지 않으므로 가시성이 낮다.

정책 수단 선택의 사례로 환율과 관련된 경제 현상을 살펴보자. 외국 통화에 대한 자국 통화의 교환 비율을 의미하는 환율은 장기적으로 한 국가의 생산성과 물가 등 기초 경제 여건을 반영하는 수준으로 수렴된다. 그러나 단기적으로 환율은 이와 ⓐ괴리되어 움직이는 경우가 있다. 만약 환율이 예상과는 다른 방향으로 움직이거나 또는 비록 예상과 같은 방향으로 움직이더라도 변동 폭이 예상보다 크게 나타날 경우 경제 주체들은 과도한 위험에 ⓑ노출될 수 있다. 환율이나 주가 등 경제 변수가 단기에 지나치게 상승 또는 하락하는 현상을 오버슈팅(overshooting)이라고 한다. 이러한 오버슈팅은 물가 경직성 또는 금융 시장 변동에 따른 불안 심리 등에 의해 촉발되는 것으로 알려져 있다. 여기서 물가 경직성은 시장에서 가격이 조정되기 어려운 정도를 의미한다.

물가 경직성에 따른 환율의 오버슈팅을 이해하기 위해 통화를 금융 자산의 일종으로 보고 경제 충격에 대해 장기와 단기에 환율이 어떻게 조정되는지 알아보자. 경제에 충격이 발생할 때 물가나 환율은 충격을 흡수하는 조정 과정을 거치게 된다. 물가는 단기에는 장기 계약 및 공공요금 규제 등으로 인해 경직적이지만 장기에는 신축적으로 조정된다. 반면 환율은 단기에서도 신축적인 조정이 가능하다. 이러한 물가와 환율의 조정 속도 차이가 오버슈팅을 초래한다. 물가와 환율이 모두 신축적으로 조정되는 장기에서의 환율은 구매력 평가설에 의해 설명되는데, 이에 의하면 장기의 환율은 자국 물가 수준을 외국 물가 수준으로 나눈 비율로 나타나며, 이를 균형 환율로 본다. 가령 국내 통화량이 증가하여 유지될 경우 장기에서는 자국 물가도 높아져 장기의 환율은 상승한다. 이때 통화량을 물가로 나눈 실질 통화량은 변하지 않는다.

[가] 그런데 단기에는 물가의 경직성으로 인해 구매력 평가설에 기초한 환율과는 다른 움직임이 나타나면서 오버슈팅이 발생할 수 있다. 가령 국내 통화량이 증가하여 유지될 경우, 물가가 경직적이어서 ㉠실질 통화량은

증가하고 이에 따라 시장 금리는 하락한다. 국가 간 자본 이동이 자유로운 상황에서, ⓛ시장 금리 하락은 투자의 기대 수익률 하락으로 이어져, 단기성 외국인 투자 자금이 해외로 빠져나가거나 신규 해외 투자 자금 유입을 위축시키는 결과를 ⓒ초래한다. 이 과정에서 자국 통화의 가치는 하락하고 ⓒ환율은 상승한다. 통화량의 증가로 인한 효과는 물가가 신축적인 경우에 예상되는 환율 상승에, 금리 하락에 따른 자금의 해외 유출이 유발하는 추가적인 환율 상승이 더해진 것으로 나타난다. 이러한 추가적인 상승 현상이 환율의 오버슈팅인데, 오버슈팅의 정도 및 지속성은 물가 경직성이 클수록 더 크게 나타난다. 시간이 경과함에 따라 물가가 상승하여 실질 통화량이 원래 수준으로 돌아오고 해외로 유출되었던 자금이 시장 금리의 반등으로 국내로 ⓓ복귀하면서, 단기에 과도하게 상승했던 환율은 장기에는 구매력 평가설에 기초한 환율로 수렴된다.

단기의 환율이 기초 경제 여건과 괴리되어 과도하게 급등락하거나 균형 환율 수준으로부터 장기간 이탈하는 등의 문제가 심화되는 경우를 예방하고 이에 대처하기 위해 정부는 다양한 정책 수단을 동원한다. 오버슈팅의 원인인 물가 경직성을 완화하기 위한 정책 수단 중 강제성이 낮은 사례로는 외환의 수급 불균형 해소를 위해 관련 정보를 신속하고 정확하게 공개하거나, 불필요한 가격 규제를 축소하는 것을 들 수 있다. 한편 오버슈팅에 따른 부정적 파급 효과를 완화하기 위해 정부는 환율 변동으로 가격이 급등한 수입 필수 품목에 대한 세금을 조절함으로써 내수가 급격히 위축되는 것을 방지하려고 하기도 한다.

또한 환율 급등락으로 인한 피해에 대비하여 수출입 기업에 환율 변동 보험을 제공하거나, 외화 차입 시 지급 보증을 제공하기도 한다. 이러한 정책 수단은 직접성이 높은 특성을 가진다. 이와 같이 정부는 기초 경제 여건을 반영한 환율의 추세는 용인하되, 사전적 또는 사후적인 미세 조정 정책 수단 을 활용하여 환율의 단기 급등락에 따른 위험으로부터 실물 경제와 금융 시장의 안정을 ⓔ도모하는 정책을 수행한다.

또한 사례의 수준에 따라 학습자가 지문을 이해하는 정도도 달라진다. 역사 분야라면 구체적 사건을 수행한 인물을 중심으로 기술할 경우에는 추상성이 낮을 것이고, 좀 더 일반적인 역사적 의미를 중심으로 인과적 서사가 진행될 경우에는 추상성이 높을 것이다. 지문의 사례가 실세계의 구체적 맥락을 드러내어 문맥에서 의미 관계를 새로이 찾아낼 수 있을 정도로 정보가 구체적일 때, 학습자는 논리적 판단이나 사회 문화적인 상식에 근거하여 독해를 할 수 있다. 아래 사례가 그 예이다. 비트겐슈타인의 그림 이론은 전문적이고 추상적인 주제이지만, 철학자가 이론을 고안할 때 실세계의 교통사고 기사문에서 영감을 받았음을 구체적인 맥락으로 설명하고 있다. 이로써 학습자는 좀 더 쉽게 이해할 수 있을 것이다.

사례 6   2012학년도 대학수학능력시험 언어 영역

[17~20] 다음 글을 읽고 물음에 답하시오.

비트겐슈타인이 1918년에 쓴 『논리 철학 논고』는 '빈학파'의 논리실증주의를 비롯하여 20세기 현대 철학에 큰 영향을 주었다. 그는 많은 철학적 논란들이 언어를 애매하게 사용하여 발생한다고 보았기 때문에 언어를 분석하고 비판하여 명료화하는 것을 철학의 과제로 삼았다.

그는 이 책에서 언어가 세계에 대한 그림이라는 '그림 이론'을 주장한다. 이 이론을 세우는 데 그에게 영감을 주었던 것은, 교통사고를 다루는 재판에서 장난감 자동차와 인형 등을 이용한 ㉠모형을 통해 ㉡사건을 설명했다는 기사였다. 그런데 모형을 가지고 사건을 설명할 수 있는 이유는 무엇일까? 그것은 모형이 실제의 자동차와 사람 등에 대응하기 때문이다. 그는 언어도 이와 같다고 보았다. 언어가 의미를 갖는 것은 언어가 세계와 대응하기 때문이다. 다시 말해 언어가 세계에 존재하는 것들을 가리키고 있기 때문이다. 언어는 명제들로 구성되어 있으며, 세계는 사태들로 구성되어 있다. 그리고 명제들과 사태들은 각각 서로 대응하고 있다. 이처럼 언어와 세계의 논리적 구조는 동일하며, 언

어는 세계를 그림처럼 기술함으로써 의미를 가진다.

'그림 이론'에서 명제에 대응하는 '사태'는 '사실'이 아니라 사실이 될 수 있는 논리적 가능성을 의미한다. 따라서 언어를 구성하는 명제들은 사실적 그림이 아니라 논리적 그림이다. 사태가 실제로 일어나서 사실이 되면 그것을 기술하는 명제는 참이 되지만, 사태가 실제로 일어나지 않는다면 그 명제는 거짓이 된다. 어떤 명제가 '의미 있는 명제'가 되기 위해서는 그 명제가 실재하는 대상이나 사태에 대해 언급해야 하며, 그것에 대해서는 참, 거짓을 따질 수 있다. 만약 어떤 명제가 실재하지 않는 대상이나 사태가 아닌 것에 대해 언급하면 그것은 '의미 없는 명제'가 되며, 그것에 대해 참, 거짓을 따질 수 없다. 따라서 경험적 세계에 대해 언급하는 명제만이 의미 있는 것이 된다.

이러한 관점에서 비트겐슈타인은 기존의 철학자들이 다루었던 신, 영혼, 형이상학적 주체, 윤리적 가치 등과 관련된 논의가 의미 없는 말들에 불과하다고 보았다. 왜냐하면 그 말들이 가리키는 대상이 세계 속에 존재하지 않는, 즉 경험 가능하지 않은 대상이기 때문이다. 이와 같은 형이상학적 문제와 관련된 명제나 질문들은 의미가 없는 말들이다. 그러한 문제는 우리의 삶을 통해 끊임없이 드러나는 신비한 것들이지만 이에 대해 말로 답변하거나 설명할 수는 없다. 그래서 비트겐슈타인은 "말할 수 없는 것에 대해서는 침묵해야 한다."라고 말했다.

---

② 총칭성−개별성 기준에 따른 분류

구체적이고 일상적인 수준의 문장으로 된 텍스트도 개별적인 사건에 대해서 얘기하고 있느냐, 반복적으로 경험되는 다수의 사건에 대해서 조금 더 일반적인 수준으로 표현되고 있느냐에 따라 달리 분류할 수 있다. 앞서 논의한 추상성 기준과 총칭성이 일반화라는 측면에서 다소 비슷하게 여겨질 수 있지만, 총칭성은 비슷한 유형의 개별적 경험들을 집합하여 일반화하는 것이라는 점에서 차이가 있다.

예를 들어 같은 역사 분야라 하더라도 구체적 일시나 장소가 드러난 서사 방식으로 전개되는 지문이라면, 개별 사건에 대해 논의하는 문장들이 이어질 것이며 상대적으로 훨씬 쉽게 느껴질 것이다. 수능에서는 2010학년도 6월 모의평가를 마지막으로 구체적 사건을 기술하는 역사적 서사가 나오지 않는다.

사례 7　　　　　　　　　　　　　　2010학년도 대학수학능력시험 6월 모의평가 언어 영역

[27~30] 다음 글을 읽고 물음에 답하시오.

(가) 조선 전기 조선군의 전술에서는 기병을 동원한 활쏘기와 돌격, 그리고 이를 뒷받침하는 보병의 다양한 화약 병기 및 활의 사격 지원을 중시했다. 이는 여진족이나 왜구와의 전투에 효과적이었는데, 상대가 아직 화약 병기를 갖추지 ㉠못한 데다 전투 규모도 작았기 때문이다. 하지만 이러한 전술적 우위는 일본군의 조총 공격에 의해 상쇄되었다.

(나) 16세기 중반 일본에 도입된 조총은 다루는 데 특별한 무예나 기술이 필요하지 않았다. 그 결과 신분이 낮은 계층인 조총 무장 보병이 주요한 전투원으로 등장할 수 있었다. 한편 중국의 절강병법은 이러한 일본군에 대응하기 위해 고안된 전술로, 조총과 함께 다양한 근접전 병기를 갖춘 보병을 편성한 전술이었다. 이 전술은 주력이 천민을 포함한 일반 농민층이었는데, 개인의 기량은 떨어지더라도 각각의 병사를 특성에 따라 편제하고 운용하여 전체의 전투력을 높일 수 있었다. 근접전용 무기도 주변에서 쉽게 구할 수 있는 것이 이용되었다.

(다) 조선군의 전술은 절강병법을 일부 수용하면서 기병 중심에서 보병 중심으로 급속히 전환되었다. 조총병인 포수와 각종 근접전 병기로 무장한 살수에 전통적 기예인 활을 담당하는 사수를 포함시켜 편제한 삼수병 체제에서 보병 중심 전술이 확립되었음을 볼 수 있다. 17세기 중반 이후 조총의 신뢰성과 위력이 높아지면서 삼수 내의 무기 체계의 분포에도 변화가 시작되었다. 상대적으로 사격 기술을 익히기 어렵고 주요 재료를 구하기 어려웠던 활 대신, 조총이 차지하는 비중이 점점 증가했다.

(라) 조선에서의 새로운 무기 수용과 전술의 변화는 단순한 군사적 변화에 그치지 않고 정치적, 경제적 변화를 수반하였다. 군의 규모는 관노와 사노 등 천민 계층까지 충원되면서 급격히 커졌고, 군사력을 유지하기 위해 백성에 대한 통제도 엄격해졌다. 성인 남성에게 이름과 군역 등이 새겨진 호패를 차게 하였으며, 거주지의 변동이 있을 때마다 관가에 보고하게 하였다. 대규모 군사력의 운용으로 국가 단위의 재정 수요도 크게 증대했는데, 대동법은 이러한 수요에 부응하는 제도이기도 했다. 선혜청에서 대동법의 운영을 전담하면서 재정권의 중앙 집중화가 시도되었으며, 이에 따라 지방에서 자율적으로 운영하던 재정의 상당 부분이 조정으로 귀속되었다. 한편 가호(家戶)를 단위로 부과하던 공물을 농지 면적에 따라 쌀이나 무명 등으로 납부하게 하여, 논밭이 없거나 적은 농민들의 부담은 줄어들었다.

이와는 달리, 다수의 사건에 대해 일반적인 수준으로 논의하는 문장들이 나타나는 지문을 살펴보자. 예시로 제시한 지문 이후에도 수능에서는 2014학년도 6월 모의평가 국어 영역(A형) '냉전의 기원에 대한 논의', 2018학년도 6월 모의평가 '율곡의 법제 개혁론', 2015학년도 대학수학능력시험 국어 영역(B형) '신채호의 역사관' 등, 서사가 아닌 좀 더 일반화된 철학이나 원리를 소재로 한 지문을 선택하는 경향을 띤다. 이러한 지문들은 추상성이 높아 철학 분야의 텍스트성과 큰 차이가 없다.

4) 지문 발췌 및 재구성의 원리

실세계 텍스트는 예상 독자 집단의 특성에 따라 배경지식 정도가 조절되어 있거나 정보가 충분히 맥락화되어 있다. 그렇기 때문에 대개 정보들이 잉여적이고 반복적으로 재진술되곤 해서 훨씬 쉽게 읽힌다. 반면 평가용 지문은 다섯 개 내외의 문단으로 구성되므로, 실세계 텍스트보다 훨씬 더 많은 정보를 압축적으로 담고 있어야 한다. 실세계에서 발견되는 텍스트는 그 텍스트성을 그대로 유지한 채 평가용 지문으로 사용하기가 어려워, 평가용 지문으로 재구성하는 과정에서 정보량을 적절하게 조절할 수밖에 없음을 앞에서 살펴보았다.[10]

텍스트를 재구성하는 과정은 원전을 고르고 발췌하는 것만큼이나 중요하다. 재구성 과정에서 필요한 국어과적 장치를 최대한 활용하면 훨씬 타당한 지문을 완성할 수 있다. 여기에서는 이를 중심으로 소개하도록 한다. (1)에서는 분야별 글 구조의 차이, 완결성을 느끼는 문제, 텍스트 난도 등과 관련된 구조 차원의 재구성 원리를 살펴본다. (2)에서는 의미 기능을 많이 담당하고 있는 언어적 장치들을 어떻게 활용할 수 있는지와 관련한 내용 차원의 재구성 원리를 살펴본다.

(1) 구조 재구성의 원리

'글의 구조'(▶9강)는 문장 간 또는 문단 간 의미 관계로 파악된다. 특히 문단은 내용 조직의 기본 단위로, 국어과에서는 전통적으로 텍스트 종류에 따라 정형화된 문단 구조가 있는 것으로 간주해 왔다. 그 이유는 특정 텍스트 종류가 특정 상황 맥락에 따라 전개될 수 있는 내용 구조를 내포하고 있어 어떠한 전형으로 파악될 수 있었기 때문이다. 이를테면 설명문과 논설문은 3단 구조로 이루어진다는 것이 대표적이다.

....

10 만약 평가용 지문으로 재구성했음에도 여전히 지문에 정보량이 충분하지 않다면, 문항에 부속되는 형식적 요소로써 이를 보완할 수 있다. 즉, 〈보기〉 등의 장치를 통하여 정보를 조금씩 보충하여 이를 보완할 수 있다. 만약 그러한 장치로도 설계가 불가능하다면 지문을 다시 선택해야 한다.

국어과 보편적인 구조를 지니고 있는 텍스트의 경우 재구성이 필요 없으니, 여기에서는 국어과 보편성을 띠는 구조가 드러나지 않는 텍스트에 주목하고자 한다.

국어과 보편성과 거리가 먼 구조를 평가용 지문으로 선정할 경우, 학습자는 텍스트 난도가 높다고 느끼거나 심지어 텍스트의 완결성이 떨어진다고 평가할 수도 있다.[11] 따라서 구조를 재구성하여 텍스트 난도를 조절할지 여부를 평가 요소와의 부합성과 관련하여 종합적으로 판단해야 한다.

주세형·남가영(2015)에서는 역대 수능 과학 지문을 대상으로 지문의 구조를 분석한 결과, 국어과적 보편성을 띠는 문단 구조와 부합하지 않는 경우가 많음을 발견했다. 과학 지문을 발췌할 때 왜 이런 일이 생기는 것일까? 과학자들의 사고 전개 과정은 '과학사 내용 전개 방식'과 일치한다. 아래의 표는 과학사 내용 유형을 정리한 것이다.

[표 8-1] 과학사 교육 내용 분석 틀(Wang, 1998; 전경문 외, 2004: 827-830에서 재인용)

과학사 내용 유형	개념적 이해	과학 지식이나 지식의 잠정성을 강조하기 위한 내용
	과정적 이해	과학적 사고, 과학적 조사, 과학적 결론 도출의 과정을 드러내는 내용
	문맥적 이해	과학자의 심리 상태, 사회적 상호 작용, 문화적인 요인을 드러내는 내용
과학사 표현 수준 유형	제한적 표현	부가적인 덧붙임이나 정교화된 설명 없이 기본적인 내용만을 기술하는 경우
	확장적 표현	과학 지식의 개념, 사고 과정, 사회적 배경을 설명하면서, 이유나 근거 등의 구체적인 설명을 덧붙임으로써 내용을 명료화한다. 이러한 확장적 표현이 나오면 학생들의 과학 지식 습득 과정을 촉진시키고 과학 개념의 이해를 도울 수 있다.

....

11 예를 들어 학습자가 3단 구조만을 기본 인식틀로 가지고 있고 이를 바탕으로 글을 읽어 나갈 경우, '과정'까지만 드러난 과학 지문에서 3단 구조 중 '결론' 부분이 없다고 느끼게 될 수 있다. 이어지는 내용에서 이를 확인하라.

[표 8-1]에서 보듯이, 과학 분야 전문가들은 '개념, 과정, 맥락'이라는 내용을 담아야 한다는 '내용 전개의 전형성'을 인식하면서 글을 쓴다. 이 전형성은 국어과 보편성에 해당하는 '서론 – 본론 – 결론'이 담는 내용 전개 과정과 차이가 있다. 대표적인 두 가지 경우를 살펴보자.

첫째, 과정이나 맥락이 거의 드러나지 않고 개념이 대부분을 차지하면서 국어과 문단 싸임 장치가 들어가기 힘들 징도로 그 구조가 견고한 경우이다. 정보를 맥락화하는 내용적·형식적 장치가 거의 없어서 세부 정보들을 일일이 읽어 지식의 구조를 파악해야 하는 어려움이 따르는 유형이다. 최근 들어 이러한 유형의 지문이 많이 나타나고 있는데, 앞서 살펴본 'CD 드라이브 지문'(2014학년도 대학수학능력시험 국어 영역 A형)이 대표적으로 이 유형에 속한다.

둘째, 개념, 과정, 맥락이 다 있으나 이들이 국어과적 문단 짜임과 부합하지 않는 경우이다. 그 결과 내용적으로는 충분히 맥락화되었음에도 중심 내용을 파악하기가 쉽지 않아 주의를 기울여 재구성해야 하는 유형이다. 예를 들어 형식적으로는 국어과에서 일반적으로 접할 수 있는 3단 구성으로 보이기는 하나, 도입이나 마무리가 해당 문단으로서의 기능을 수행하지 않는 경우를 들 수 있다. 2013학년도 수능 언어 영역 29번 지문이 이에 해당한다.

사례 8   2013학년도 대학수학능력시험 언어 영역

[29~30] 다음 글을 읽고 물음에 답하시오.

기체의 온도를 일정하게 하고 부피를 줄이면 압력은 높아진다. 한편 압력을 일정하게 유지할 때 온도를 높이면 부피는 증가한다. 이와 같이 기체의 상태에 영향을 미치는 압력(P), 온도(T), 부피(V)의 상관관계를 1몰*의 기체에 대해

표현하면 $P=\dfrac{PT}{V}$(R: 기체 상수)가 되는데, 이를 ㉠이상 기체 상태 방정식이라 한다. 여기서 이상 기체란 분자 자체의 부피와 분자 간 상호 작용이 없다고 가정한 기체이다. 이 식은 기체에서 세 변수 사이에 발생하는 상관관계를 간명하게 설명할 수 있다.

하지만 실제 기체에 이상 기체 상태 방정식을 적용하면 잘 맞지 않는다. 실제 기체에는 분자 자체의 부피와 분자 간의 상호 작용이 존재하기 때문이다. 분자 간의 상호 작용은 인력과 반발력에 의해 발생하는데, 일반적인 기체 상태에서 분자 간 상호 작용은 대부분 분자 간 인력에 의해 일어난다. 온도를 높이면 기체 분자의 운동 에너지가 증가하여 인력의 영향은 줄어든다. 또한 인력은 분자 사이의 거리가 멀어지면 감소하는데, 어느 정도 이상 멀어지면 그 힘은 무시할 수 있을 정도로 약해진다. 하지만 분자들이 거의 맞닿을 정도가 되면 반발력이 급격하게 증가하여 반발력이 인력을 압도하게 된다. 이러한 반발력 때문에 실제 기체의 부피는 압력을 아무리 높이더라도 이상기체에서 기대했던 것만큼 줄지 않는다.

이제 부피가 V인 용기 안에 들어 있는 1몰의 실제 기체를 생각해 보자. 이때 분자의 자체 부피를 b라 하면 기체 분자가 운동할 수 있는 자유 이동 부피는 이상 기체에 비해 b만큼 줄어든 V−b가 된다. 한편 실제 기체는 분자 사이의 인력에 의한 상호 작용으로 분자들이 서로 끌어당기므로 이상 기체보다 압력이 낮아진다. 이때 줄어드는 압력은 기체 부피의 제곱에 반비례하는데, 이것을 비례 상수 a가 포함된 $\dfrac{a}{V^2}$로 나타낼 수 있다. 왜냐하면 기체의 부피가 줄면 분자 간 거리도 줄어 인력이 커지기 때문이다. 즉 실제 기체의 압력은 이상 기체에 비해 $\dfrac{a}{V^2}$ 만큼 줄게 된다.

이와 같이 실제 기체의 분자 자체 부피와 분자 사이의 인력에 의한 압력 변화를 고려하여 이상 기체 상태 방정식을 보정하면 $P=\dfrac{RT}{V-b}-\dfrac{a}{V^2}$가 된다. 이를 ㉡반데르발스 상태 방정식이라 하는데, 여기서 매개 변수 a와 b는 기체의 종류마다 다른 값을 가진다. 이 방정식은 실제 기체의 압력, 온도, 부피의 상관관계를 이상 기체 상태 방정식보다 잘 표현할 수 있게 해 주었으며, 반데르발스가 1910년 노벨상을 수상하는 계기가 되었다. 이처럼 자연현상을 정확하게 표현하기 위해 단순한 모형을 정교한 모형으로 수정해 나가는 것은 과학

연구에서 매우 중요한 절차 중의 하나이다.

*1몰: 기체 분자 6.02×10^{23}개.

이 지문의 화제는 '기체 방정식'이다. 첫 문단에서는 '이상 기체 방정식'을 소개하고, 둘째 문단에서는 이 방정식의 문제점을 지적한 후, 셋째 문단에서는 이 방정식을 보완하는 과정을 설명한다. 그리고 마지막 문단에서는 보정된 방정식이 '반데르발스 상태 방정식'임을 소개하고 있다. 학습자는 모든 문단을 끝까지 읽어 본 이후에야 이 문단의 핵심이 마지막 문단이며, '반데르발스 상태 방정식'이 핵심어임을 알 수 있다. 그런데 이 핵심어는 첫 문단에서 소개한 '이상 기체 방정식'을 이해해야만 파악될 수 있으므로 모든 문단이 중요하다고 여기게 된다. 특히 이 지문의 마지막 문단은 국어과 읽기 지문에서 보편적으로 발견되지 않는 구조로, 두 부분으로 나눌 수 있다. 만약 마지막 문단의 후반부가 글 시작에서 '도입'의 기능을 한다면, 국어과에서 보편적으로 발견되는 구조에 부합할 것이다. 이렇게 구조를 재구성하면 문항의 난도를 조절할 수 있다.

이렇게 볼 때 타 분야의 전문적 텍스트를 국어과 읽기 평가용 지문으로 다루고 싶다면 글의 구조를 재구성하여 난도를 조절하거나 읽기 평가 요소와의 부합성을 판단할 필요가 있다. 아울러 국어과 읽기에서 다루었던 일반적인 '텍스트 종류'를 나눌 때 '내용 분야별'로도 텍스트 특성을 다르게 인식해야 함을 알 수 있다.[12]

----

12 이와 관련하여, 최근 수능에서 전문성이 지나치게 강화된 텍스트들이 출제되는 것이 국어과의 본질에 부합하는지에 대한 논쟁이 있다. 9강 참고.

(2) 내용 재구성의 원리[13]

실세계 텍스트를 평가용 지문의 성격에 부합하도록 재구성하는 것은 매우 중요하다. 사실상 여기에 문항 설계의 성패가 달려 있다고 해도 과언이 아니다. 재구성 작업을 하려면 물론 지문 내용에 대한 충분한 숙지가 우선되어야 한다. 그러나 모든 국어과 교사가 모든 전문 분야에 충분한 전문성을 가지는 데에는 한계가 있다. 국어과 교사가 한정된 분량 이내에서 전문적인 정보를 적절히 압축하고 동시에 초점화하려면 언어적 장치들의 의미와 기능을 충분히 활용할 수 있어야 한다.

여기에서 특히 강조하고 싶은 점은, 지문의 재구성 과정에서 내용 그 자체만큼이나 언어적 장치 하나하나가 큰 역할을 한다는 것이다. 잉여적인 정보를 생략하면서 정보와 정보 사이에서 논리적 관계를 발견하는 장치나 중요한 정보를 초점화하는 장치의 역할이 더욱 중요해지기 때문이다.

그간 국어교육에서 문법 장치들은 읽기 및 쓰기 활동과는 독립적인 별도의 지식처럼 교육되어 왔다. 그러나 최근 문법교육학자들은 "텍스트를 수용하거나 생산할 때 문장에 사용되었거나 사용될 특정한 문법적 장치에 주목하게 되는 특별한 순간"이 있음(조진수, 2021: 15)에 주목하였다. 그리고 분석 및 해석의 대상이 되는 특정한 문법적 장치를 다양하게 연구함으로써 읽기와 쓰기 교육에서 활용 가능한 언어적 목록을 만들어 가고 있다.

이하 내용에서는 크게 세 종류로 나누어 언어적 장치를 소개한다. ①압축성을 위한 장치, ②맥락화를 위한 장치, ③글의 목적 명시를 위한 장치가 그것이다. 이 중에서 압축성과 맥락화는 서로 충돌한다. 일정 길이의 지문 이내에 특정 분야의 내용을 체계적으로 전개해야 하기에 정보가 압축될 수밖

....

13 최경봉 외(2017)의 제2부 내용을 참고하였다.

에 없다. 그런데 동시에, 배경지식이 없어도 학습자가 문항을 해결하는 데 문제가 없어야 하므로 개념을 풀어서 쓰거나 그 쓰임새와 의미를 맥락화해야 한다. 정보의 압축성은 풀어서 설명해 주거나 맥락화하지 않도록 하는 원칙이라 맥락화 원칙과 충돌한다. 그에 따라 평가용 지문은 두 원칙 중 하나가 더 강조되어 재구성되곤 한다.

'텍스트 난도'와 관련되는 유개념은?

가독성은 문단을 눈에 띄게 나누거나 문단 간 여백을 적절히 두어 인지적인 부담을 덜어 주는 정도와 관련된다. 이독성은 주로 언어적 요인이나 배경지식 요인과 관련된 개념이다. 즉 단어가 쉽거나 한 문장의 절이 상대적으로 적거나, 또는 문장 구조가 복잡하지 않아서 글이 어렵지 않다고 느끼는 경우 이독성이 높다고 할 수 있다. 최근에는 '텍스트 난도' 개념을 더 많이 쓰며, 양적인 측정을 중심으로 볼 때에는 텍스트 복잡도(서혁 외, 2013) 개념을 쓰기도 한다. 텍스트 난도 개념에 대해서는 4강에도 설명되어 있으니 이를 참고하자.

① 압축성을 위한 장치

압축성이란 잉여적 정보를 최대한 제거하는 것이다. 실세계 텍스트에서는 앞에서 제시된 정보를 대용어 등으로 받거나 재진술·반복하는 등 잉여적 정보를 통해 텍스트의 응집성을 유지하는 경우가 많다. 최근 수능 지문은 한정된 분량 이내에 많은 정보를 담는 경향이 있다. 이로 인해 실세계 텍스트보다 정보가 더 '압축적'이다. 반복되는 정보를 생략하는 것은 물론이고, 문장을 절로 만들기, 절을 구로 만들기, 문장·절·구를 명사(대용어)로 대치하기 등으로 정보의 잉여성을 제거하고 더 많은 정보량을 담는다. 이로 인해 이른바 '복합 명사 상당어구'가 늘어나기도 한다. 이러한 경우 학습자가 텍스트 난도를 높게 느낄 수 있으며, 복합 명사 상당어구가 지나치게 많이 늘어날 경우 의미가 불분명해질 수도 있다. 아래 예를 통해 살펴보자.

사례 9

2011년 국가 수준 학업성취도 평가 중학교 3학년 국어

[18~21] 다음 글을 읽고 물음에 답하시오.

세상의 절반은 여성이다. 그러나 정치 분야에 진출한 여성은 매우 적다. 유엔 인류발전보고서(2004년)에 따르면 여성의 정치 참여율이 가장 높은 스웨덴의 여성 의원 비율이 45.3%이고, 미국은 14%, 한국은 5.9%에 지나지 않는다. 그렇다면 이렇게 여성의 ㉠정치 참여가 낮은 이유는 무엇이며 참여를 늘릴 수 있는 방안에는 어떤 것이 있을까?

여성의 정치 참여가 낮은 이유는 크게 세 가지이다. 첫째는 정치의 성격 자체가 남성에게 유리하기 때문이다. 흔히 정치를 '권력을 얻기 위한 경쟁'이라고 하는데, '권력'이나 '경쟁'은 여성보다 남성에게 더 친숙하다. 남학생 간의 잦은 힘겨루기를 떠올려 보면 이를 쉽게 이해할 수 있다. 둘째는 남성과 여성의 사회화 과정의 차이이다. 사회가 남자아이에게는 활동성을 강조하는 데 비해, 여자아이에게는 얌전하게 가정을 벗어나지 않도록 교육한다. 이렇게 사회화되는 차이 때문에 여성이 정치 참여에 소극적인 것이다. 셋째는 여성의 정치 참여를 방해하는 제도 때문이다. 이미 남성 중심으로 짜인 정치 구조에 여성이 새로 들어가기란 상당히 어렵다. 예를 들어, 한 선거구에서 여러 명의 의원을 선출하면 여성의 당선 확률이 높아지는데, 실제로는 많은 나라가 한 명의 의원만을 선출하기 때문에 계속 남성 정치인이 당선되는 면이 있다.

[A] 이렇게 쉽지 않은 여성의 정치 참여를 늘리는 방법 중 하나는, 정치에 대한 생각을 바꾸는 것이다. 정치를 '권력을 얻기 위한 경쟁'으로 보면 여성의 정치 참여에 어려움이 있지만, 정치를 나눔과 돌봄, 공존과 조화로 보면 여성의 정치 참여는 한결 쉬워진다. 왜냐하면 일반적으로 여성은 경

8강 평가용 지문의 특성은 무엇인가 **209**

쟁보다는 나눔, 힘보다는 설득이나 조화에 더 가치를 두는 편이기 때문이다.

다른 하나는, 제도를 통해 여성 정치인의 수를 늘리는 것이다. 이를 위해 의석 할당제나 후보 할당제를 적극 시행할 필요가 있다. 의석 할당제는 의원 수의 일부를 여성의 몫으로 정하는 것이고 후보 할당제는 의원 수가 아니라 의원이 될 수 있는 후보의 일정 비율을 여성으로 정하는 제도이다. 스웨덴이나 핀란드 등의 나라는 일찍부터 의석 할당제를 도입하여 여성 정치인의 수가 대폭 증가하였다.

세상의 반을 차지하면서도 여성은 남성과 동등한 정치 참여를 하지 못하고 있다. 이는 자유, 평등, 인간 존중의 실현을 목표로 하는 민주주의의 이상과도 맞지 않으며 인류의 발전에도 결코 도움이 되지 않는다. 이제 정치에 대한 새로운 시각으로 여성의 정치 참여를 제도화하고, 여성의 정치 참여의 폭을 넓혀야 할 때이다.

위 글을 처음 보면 분량이 적기 때문에 더 이상 압축할 것이 없어 보이나, 여전히 잉여적 정보를 발견할 수 있다. 예를 들어 절을 구로 만들면 압축할 수 있는 부분이 발견된다. 첫 문단의 두 번째 문장에서 '정치 분야에 진출한 여성 → 정치 분야 진출 여성'으로 바꿀 수 있다. 이렇게 절을 구로 압축하면서 일어나는 변화는 단순히 글자 수 몇 개가 줄어드는 것만이 아니다. '절'에서 드러났던 통사적 정보가 삭제된 '구'가 됨으로써, 보다 명사적인 성격을 지니게 된다. 독자가 '절'에서 파악하게 되는 정보는 '사건이나 상태'이지만, 비슷한 정보가 '구'와 '명사 상당어구' 등으로 문법적 성격이 바뀌게 되면, 마치 이를 '개체(entity)'처럼 파악을 하게 된다. 독자는 이어지는 내용에서 이러한 '개체적 성향으로 바뀐 구'를 주요 화제로 인식하고 글을 읽어 나가게 되는 것이다.

② 맥락화를 위한 장치

맥락화를 위한 장치란 문장이 나타내는 명제들을 텍스트로 만들고자 하는 과정에서 두드러지게 사용되는 문법적 장치를 의미한다. 이들은 크게 두 가지로 나뉜다.

첫째, 응결성 장치이다. 앞 문장에 나타나 있는 선행 정보 중에서 구정보로 받고 싶은 내용을 선택하여, 이를 바탕으로 글을 이어 나갈 수 있다. 이때 접속, 지시, 대용 등의 장치나 반복을 통하여 텍스트의 응결성을 유지한다. 이는 국어과 교사에게 보편적인 지식이므로 자세한 언급은 생략한다.

둘째, 정보의 초점화 장치이다. 필자는 글을 쓸 때 독자를 고려하여 문장을 배치하고 문법 장치를 선택함으로써 더 중요하게 읽어야 하는 정보가 독자에게 무엇인지 알려 준다. 이를 위해 문장을 '주어+서술어'(문장 성분)가 아닌, '화제+논평' 또는 '구정보+신정보'로 분석하는 것이 필요하다. 이와 같이 필자가 말하고자 하는 바를 중심으로 분석하는 것을 '정보 구조'로 분석한다고 일컫는다.

필자는 자신이 글에서 나타내고자 하는 바를 '정보 구조'에 따라 배열하는데, 대표적인 문법 장치가 바로 '화제 표지'이다. 글에서 필자가 무엇을 말하고 있는가에 해당하는 것이 바로 '화제'이다. 문장이나 문단의 첫머리에서 형태소 '은/는'으로 글의 화제를 드러내는 경우가 많은데, 이러한 '은/는'을 가리켜 '화제 표지' 또는 '초점 표지'라고 한다. '은/는'이 붙은 성분은 '주어'라기보다 '화제'라고 생각하며 이후 문장들을 이어 가면, 독자들이 글의 요지를 파악해 나갈 때 큰 도움을 받을 수 있다.

이때 화제는 텍스트 내에서 독자가 이미 알고 있는 정보, 즉 구정보에 해당한다. 이에 반해 독자가 새롭게 알게 될 정보는 신정보에 해당한다. 필자가 구정보와 신정보를 적절히 배치하지 않으면 독자는 글을 어렵게 느낀다. 다음 지문은 독자를 고려하여 정보 구조를 잘 조직한 사례 중 하나이다.

[34~36] 다음 글을 읽고 물음에 답하시오.

중세부터 르네상스 시대에 이르기까지 생리학 분야의 절대적 권위는 2세기 경 그리스 의학을 집대성한 갈레노스에게 있었다. 갈레노스에 따르면, 정맥피는 간에서 생성되어 정맥을 타고 온몸으로 영양분을 전달하면서 소모된다. 정맥피 중 일부는 심실 벽인 격막의 구멍을 통과하여 우심실에서 좌심실로 이동한 후, 거기에서 공기의 통로인 폐정맥을 통해 폐에서 유입된 공기와 만나 동맥피가 된다. 그다음에 동맥피는 동맥을 타고 온몸으로 퍼져 생기를 전해 주면서 소모된다. 이 이론은 피의 전달 경로에 대한 근본적인 오류를 포함하고 있었으나, 갈레노스의 포괄적인 생리학 체계의 일부로서 권위 있게 받아들여졌다. 중세를 거치면서 인체 해부가 가능했지만, 그러한 오류들은 고대의 권위를 추종하는 학문 풍토 때문에 시정되지 않았다.

16세기에 이르러 베살리우스는 해부를 통해 격막에 구멍이 없으며, 폐정맥이 공기가 아닌 피의 통로라는 사실을 발견했다. 그 후 심장에서 나간 피가 폐를 통과한 후 다시 심장으로 돌아오는 폐순환이 발견되자 갈레노스의 피의 소모 이론은 도전에 직면했다. 그러나 당시의 의학자들은 갈레노스의 이론에 얽매여 있었으므로 격막 구멍이 없다는 사실로 인해 생긴 문제, 즉 우심실에서 좌심실로 피가 옮겨 갈 수 없는 문제를 폐순환으로 설명할 수 있다고 생각하였다.

이러한 판도를 바꾼 사람은 하비였다. 그는 생리학에 근대적인 정량적 방법을 도입했다. 그는 심장의 용적을 측정하여 심장이 밀어내는 피의 양을 추정했다. 그 결과, 심장에서 나가는 동맥피의 양은 섭취되는 음식물의 양보다 훨씬 많았다. 먹은 음식물보다 더 많은 양의 피가 만들어질 수 없으므로 하비는 피가 순환되어야 한다고 생각했다. 그는 이 가설을 검증하기 위해 실험을 했다. 하비는 끈으로 자신의 팔을 묶어 동맥과 정맥을 함께 압박하였다. 피의 흐름이 멈추자 피가 통하지 않는 손은 차가워졌다. 동맥을 차단했던 끈을 약간 늦추어 동맥피만 흐르게 해 주자 손은 이내 생기를 회복했고, 잠시 후 여전히 끈에 압박되어 있던 정맥의 말단 쪽 혈관이 부풀어 올랐다. 끈을 마저 풀어 주자 부풀어 올랐던 정맥은 이내 가라앉았다. 이로써 동맥으로 나갔던 피가 손을 돌아 정맥으로 돌아온다는 것이 확실해졌다.

이 실험을 근거로 하비는 1628년에 '좌심실→대동맥→각 기관→대정맥→우심방→우심실→폐동맥→폐→폐정맥→좌심방→좌심실'로 이어지는 피의 순환 경로를 제시했다. 반대자들은 해부를 통해 동맥과 정맥의 말단을 연결하는 통로를 찾을 수 없음을 지적하였다. 얼마 후, 말피기가 새로 발명된 현미경으로 모세혈관을 발견하면서 피의 순환 이론은 널리 받아들여졌다. 그리고 폐와 그 밖의 기관들을 피가 따로 순환해야 하는 이유를 포함하여 다양한 인체 기능을 설명하는 새로운 생리학의 구축이 시작되었다.

위 지문을 보면, 주제어가 포함된 문장은 화제 표지 '은/는'을 중심으로 앞에는 구정보를, 뒤에는 신정보를 나타내고 있다. 구정보는 주로 전달하고자 하는 정보, 다시 말해 필자가 무엇에 대해 말하고 있는지를 초점화한 것이므로 화제로 기능하며, 신정보는 구정보에 대한 새로운 정보를 제시하는 기능을 한다. 따라서 첫 문단에서 화제 표지를 중심으로 구정보와 신정보를 배치하면 다음과 같은 정보 구조가 나타난다.

첫 문단의 화제들은 그 층위가 서로 다르다. '생리학 분야의 절대적 권위'는 이론의 위상을 제시하는 층위에 있으며, 대화제의 역할을 담당한다. 그리고 '정맥피, 정맥피 중 일부, 동맥피'는 이론의 내용을 제시하는 층위에 있으며, 앞서 제시된 구정보 '갈레노스'를 통해 연결되어 갈레노스가 제시한 피의 전달 경로의 각 단계를 명료하게 초점화하는 수사적 기능을 담당한다. '이 이론'도 앞서 이론의 내용을 제시하는 층위에 존재했던 신정보와 구정보를 효율적으로 정리하는 수사적 기능을 담당함과 동시에 이론의 내용상의 특징에 대한 신정보를 제시하는 소화제로서 기능한다. 마지막으로 '그러한 오류들'은 이론의 위상을 제시하는 층위에서 '고대의 권위를 추종하는 학문 풍토 때문에 시정되지 않았다'라는 신정보를 제시하고 있다.

③ 글의 목적 명시를 위한 장치

필자는 지문에서 문법 장치로 글의 수사적 목적이나 글의 장르성을 드러내기도 한다. 이때 장르성이란 개별 텍스트가 특정 텍스트 종류에 해당하는 것처럼 느껴지게 하는 특성을 말한다.[14]

특히 선택형 도구의 맥락에서 그 비중이 커지고 있는 정보 전달 목적의 글에서는, 글의 목적을 명시한 문법 장치를 활용하여 평가자가 원문 텍스트의 관점이나 의도, 목적을 바꾸어 재구성해 온 경우가 많다.

이에 대한 예시로 첫째, 정보 배열 중심 지문을 들 수 있다. 앞서 언급되었던 'CD 드라이브 지문'(2014학년도 대학수학능력시험 국어 영역 A형)이 대표적이다. 이 지문의 문장 서술어의 종결 어미들을 보면, '있다', '동일하다'를 제외한 모든 문장의 어미가 '-ㄴ다'이다. 현재시제는 과거시제, 미래시제와 계열 관계를 이루며 사건시가 발화시와 일치함을 나타내기도 하지만, 지시성이 결여된 상황에서도 사용된다. 즉, 현재시제는 시간의 제약을 받지 않는 보편적 사실을 진술할 때도 사용된다. 이 지문의 문장들은 과거나 미래시제의 형태와 계열 관계를 이루지 않는다. 즉 보편적 사실을 진술하도록, 학습자가 주로 정보를 재조직하는 활동을 하도록 윤문하기 위해서는 양태적 의미를 되도록 제거하고, 현재시제를 선택하여 어미를 조정하는 것이 하나의 방법이다. 이렇게 되면 사건들의 순서나 관계 등이 없어지고, 사건들로 인한 객관적인 정보들이 중심이 되는 텍스트가 된다.

둘째, 명제 배열 중심 지문을 예로 들 수 있다. 그런데 이를 살펴보기

---

14   아직 학계에서는 장르성의 종류에 대해 본격적인 논의를 하지 못하고 있다. 그러나 장르성은 문법 장치가 글의 목적성과 종류를 결정한다는 가설을 입증하는 데 핵심적인 개념이므로 주목할 필요가 있다.

전, 텍스트에서 '양태 실현 장치'의 기능에 대해 알아볼 필요가 있다. 양태(modality)란 상황, 사건, 명제의 확실성이나 실현 가능성에 대한 필자(화자)의 태도를 나타내는 문법 범주이다. 양태가 실현된 문장에서는 필자가 앞선 명제에 대해 어느 정도 확신하고 얼마나 정확히 알고 있는지 파악해 낼 수 있다. 분명한 확신과 정확한 앎은 결국 강한 주장으로 이어지기에, 양태가 실현된 부분에서 필자의 관점과 글의 목적을 종합적으로 추론해 낼 수 있다.

한국어에서 양태 실현 장치들은 주로 어미, 조사, 구문으로 나타나며, 양태 부사로 필자의 태도를 드러내기도 한다. 평가용 지문 재구성 맥락에서는 주로 문어 텍스트를 원전으로 하기 때문에 선어말 어미나 조사를 활용한 양태 구문으로 실현되는 경우가 많다. 종결 어미의 경우 정보 전달 목적 중심 텍스트를 지향하는 평가용 지문에서는 객관적 진술 태도를 드러내는 종결 어미를 택해야 하므로, 양태를 드러내는 종결 어미는 삭제되기 마련이다. 평가용 지문은 삭제된 종결 어미 대신 다른 장치를 통해 앞선 명제에 대한 사실성, 확실성, 필자의 주장 등이 글에서 파악될 수 있도록 해야 한다. 이를 실현하는 것이 '-는 것이다', '-다는 것이다'와 같이 명사형 어미 '것'을 기본으로 하여 발달한 구문이며, 여기에 인용 구문이 복합적으로 결합된 구문 등이 자주 활용된다. 이러한 구문이 쓰이게 되면 앞선 명제에 대해 필자 본인이 직접 주장하는 것이 아님을 전달하기도 하고, 객관적인 입장에서 해설자의 관점을 견지하고 있음을 암시적으로 나타내기도 한다. 또한 필자는 중요하게 파악하면서 읽어야 할 정보들에 대해 '도, 조차, 만, 나마' 등의 보조사로 그 초점을 알려 주기도 하는데, 이들이 양태적 의미를 전달하고 있다고 볼 수 있다.

그러나 큰 틀에서 보면 선택형 평가 도구 맥락에서 평가용 지문은 문장에서 양태적 의미를 나타내는 장치들을 제거해 왔다. 특히 수능 비문학 지문에서는 이의 제기와 복수 정답 가능성을 최대한 막기 위하여 지문에서 양태적인 의미의 문장을 대부분 제거하였다. 출제자의 의도와 다른 방향으로 지문을 읽어 낼 가능성을 원천적으로 차단한 것이다. 결과적으로 수능에서는 명제가 나열되기만 하는 지문이 양산되었다. 원전 텍스트를 바탕으로 하여 평가용 지문을 재구성할 때, 양태적 의미를 지닌 문법적 장치를 어느 정도로 사용하는가에 따라 글의 수사적 목적과 의도가 완전히 달라질 수도 있다. 다음 [사례 11]을 살펴보자.

사례 11　　　　　　　　　　　　　2018학년도 대학수학능력시험 9월 모의평가 국어 영역

[38~42] 다음 글을 읽고 물음에 답하시오.

　　사람들은 함께 모여 '집합 의례'를 행한다. ㉠뒤르켐은 오스트레일리아 부족들의 집합 의례를 공동체 결속의 관점에서 탐구한다. 부족 사람들은 문제 상황이 발생할 경우 생계 활동을 멈추고 자신들이 공유하는 성(聖)과 속(俗)의 분류 체계를 활용하여 이 상황이 성스러운 것인지 아니면 속된 것인지를 판별하는 집합 의례를 행한다. 이 과정에서 그들은 자신들이 공유하는 성스러움이 무엇인지 새삼 깨닫고 그것을 중심으로 약해진 기존의 도덕 공동체를 재생한다. 집합 의례가 끝나면 부족 사람들은 가슴속에 성스러움을 품고 일상의 속된 세계로 되돌아간다. 이로써 단순히 먹고사는 문제에 불과했던 생계 활동이 성스러움과 연결된 도덕적 의미를 지니게 된다.

　　뒤르켐은 현대 사회의 집합 의례가 기존 도덕 공동체의 재생으로 끝나지 않고 새로운 도덕 공동체를 창출할 것이라고 본다. 예를 들어, 프랑스 혁명은 자유, 평등, 우애와 같은 새로운 성스러움을 창출하고 이를 중심으로 새로운 도덕 공동체를 구성한 집합 의례다. 뒤르켐은 새로 창출된 성스러움이 자기 이해관계를 추구하며 속된 세계에서 살아가는 개인들에게 서로 결속할 수 있는 도덕적 의미를 제공할 것이라 여긴다.

　　㉡파슨스와 스멜서는 이러한 이론적 통찰을 기능주의 이론으로 구체화한다. 그들은 성스러움을 가치라는 말로 바꿔 표현한다. 현대 사회에서는 가치가 평상시 사회적 삶 아래에 잠재되어 있다가, 그 도덕적 의미가 뿌리부터 뒤흔들리

는 위기 시기에 위로 올라와 전국적으로 일반화된다. 속된 일상에서 사람들은 가치를 추구하기보다는 자기 이해관계를 구체화한 목표와 이의 실현을 안내하는 규범에 따라 살아간다. 하지만 위기 시기에는 사람들의 관심이 자신들의 특수한 이해관계에서 보편적인 가치로 상승한다. 사람들은 가치에 기대어 위기가 주는 심리적 긴장과 압박을 해소하는 집합 의례를 행한다. 그 결과 사회의 통합이 회복된다. 파슨스와 스멜서는 이것이 마치 유기체가 환경의 압박으로 인해 흐트러진 항상성의 기능을 생리 작용을 통해 회복하는 과정과 유사하다고 본다.

ⓒ알렉산더는 파슨스와 스멜서의 이론을 받아들이면서도 그들이 사용한 생물학적 은유가 복잡한 현대 사회의 집합 의례를 탐구하는 데는 한계가 있다고 보고, 그 대안으로 '사회적 공연론'을 제시한다. 그는 가치를 전 사회로 일반화하는 집합 의례가 현대 사회에서는 유기체의 생리 작용처럼 자연적으로 진행되는 것이 아니라, 그 결과가 정해지지 않은 과정이라고 본다. 현대 사회는 사회적 공연의 요소들이 분화되어 있을 뿐만 아니라 각 요소가 자율성을 지니고 있다. 따라서 이 요소들을 융합하는 사회적 공연은 우발성이 극대화된 문화적 실천을 요구한다. 알렉산더가 기능주의 이론과 달리 공연의 요소들이 어떤 조건 아래에서 어떤 과정을 거쳐 융합이 이루어지는지 경험적으로 세밀하게 탐구해야 한다고 강조하는 이유가 여기에 있다.

현대 사회의 사회적 공연의 요소들로는 성과 속의 분류 체계를 다양하게 구체화한 대본, 다양한 대본을 자신만의 방식으로 실행하는 배우, 계급·출신 지역·나이·성별 등 내부적으로 분화된 관객, 시공간적으로 다양한 동선을 짜서 공연을 무대 위에 올리는 미장센*, 시공간의 한계를 넘어 공연을 광범위한 관객에게 전파하는 상징적 생산 수단, 공연을 생산하고 배포하고 해석하는 과정을 총체적으로 통제하지 못할 정도로 고도로 분화된 사회적 권력 등이 있다. 그러나 요소의 분화와 자율성이 없는 전체주의 사회에서는 국가 권력에 의한 대중 동원만 있을 뿐 사회적 공연이 일어나기 어렵다.

* 미장센(mise en scéne): 무대 위에서의 등장인물의 배치나 역할, 무대 장치, 조명 따위에 관한 총체적인 계획과 실행.

이 지문의 필자는 '집합 의례'를 바라보는 다양한 이론적 관점을 해설한다. '집합 의례'와 관련된 해석들을 개념화하고 특징들을 명제화하여 제시하며, 이를 통해 독자들은 다양한 관점들이 지니는 공통점과 차이점을 알게 된다. 그런데 정작 글을 전개하고 있는 필자가 어떤 관점에 동의하는지는 전혀 알 수가 없다. '뒤르켐, 파슨스와 스멜서, 알렉산더' 등 거론된 학자들의 이론적 관점을 지극히 객관적인 태도로 신술하면서 명제를 나열하고 있을 뿐이다.

생각해 볼 문제

선택형 평가용 지문을 재구성하는 과정에서 점검해야 할 사항은?

지문을 선택하고 확정할 때 아래의 체크리스트를 통해 해당 지문이 선택형 평가에 활용되어도 문제가 없을지 꼼꼼히 점검할 필요가 있다.

1. 단어 수준
   - 생소한 단어가 많아 자연스러운 독해를 방해하는가?
   - 단어들의 의미를 문맥 안에서 파악하기가 어려운가?

2. 문장 수준
   - 문장의 의미가 모호하여 다양하게 해석되는가?
   - 학습자의 배경지식과 거리가 먼 문장이 있는가?

3. 문장 간 수준
   - 한 문장의 해석이 다른 문장의 해석과 대립되는 경우는 없는가?
   - 문장 사이의 관련성을 찾기 어려운 경우는 없는가?

4. 문단 수준
   - 텍스트의 전체 또는 부분에서 중심 내용을 파악할 수 있는가?

- 문학 작품의 경우, 특정 인물의 동기와 의도를 지문 내에서 이해할 수 있는가?
- 문단의 내용 전개 방식이 친숙하지 않거나 명확하지 않은 경우는 없는가?

5. 글 전체의 목적 및 맥락 수준
- 지문 전체를 통해 필자의 목적을 파악할 수 있는가?
- 텍스트에 담긴 문화적 가정이 혼란스럽거나 배타적인가?
- 지문 전체의 해석이 학습자의 배경지식이나 가치관과 충돌하는가?
- 지문의 목적이 원전의 목적과는 다르게 재구성되지는 않았는가?

9강

평가 요소별로 어떠한 지문을
선정해야 하는가

정 교사는 올해 10년 차 고등학교 교사로, 그간 근무한 학교에서 지필 평가 문항을 출제할 때마다 국어과의 에이스 역할을 했다. 교과서 집필 경력도 있고 평소 독서량도 많아서 교과서 지문과 연계할 수 있는 다양한 지문을 발굴할 수 있었고, 동료 교사와의 협업을 통해 문항의 오류 가능성도 최소한으로 줄였다. 그런데 얼마 전 교장 선생님이 새로 부임한 이후 새로운 지침을 받았다. 학교 수준의 교육과정을 자체적으로 정하고 그에 따라 교재도 직접 만들며, 평가 문항 설계에서도 가르친 교재를 철저히 벗어나 교육과정에서 도출된 평가 기준으로 출발한 준거 참조 평가를 지향하라는 지침이었다. 그리고 지필 평가 출제 기간이 다가왔다. 정 교사는 가르친 지문들을 모두 배제한 채 평가 기준만 앞에 두고 벌써 일주일째 머리가 백지 상태이다. 다시 초임 교사가 되어 버린 것 같다.

준거 참조 평가 맥락에서는 추상적인 성취기준을 평가 기준으로 구체화하는 과정을 거치고, 그에 따라 최상의 타당도를 확보할 수 있도록 지문을 스스로 선정한다. 다시 말해 평가 기준을 해석한 후 우선적으로 해야 하는 작업은 그에 맞는 적절한 지문을 선택하는 일이다. 그러나 주로 범위가 정해진 학교 시험 출제 과정을 경험한 교사들에게 준거 참조 평가 출제는 상당히 낯선 경험으로 다가온다. '선 지문 선택 - 후 평가 기준 설정'으로 이루어지는 통상적인 학교 시험과 비교할 때 문항 설계 절차가 완전히 상반되기 때문이다.

이렇게 생각해 볼 때 8강에서 살펴본 평가용 지문의 특성만으로는 지문을 제대로 선정하고 확정할 수 없는 것 아닐까? 분명히 특정한 평가 요소를 평가하기에 적합한 지문의 특성이 있는데, 이를 원칙으로 명시하여 익힐 수 있다면 지문을 확정하기에 좀 더 수월하지 않을까?

1) 읽기 및 문학 영역에서의 평가 요소

예비 교사가 교육과정을 처음 접할 때 국어과 내용 요소의 구체상을 파악하기 어려운 데다 교육과정이 개정될 때마다 성취기준의 개수가 조절되고 기술의 초점도 달라져 교육 내용이 늘 바뀌는 것처럼 느껴질 수 있다. 그러나 교육과정이 아무리 자주 바뀌어도 늘 중요하게 여겨지는 학습 요소가 있는데, 그것은 보편적으로 설정되는 하위 구인이다.

(1) 읽기 영역

읽기 영역의 경우 다른 영역에 비해 학습 요소와 하위 구인이 어느 정도 안정적으로 정립되어 있어서, 이른바 보편적 평가 요소를 추려 낼 수 있다. 2015 개정 교육과정에서는 핵심 개념을 중심으로 내용 체계를 제시하려는 원칙에 따라 꼭 가르쳐야 할 내용 요소만을 선정하고 배열하여야 한다는 논리가 강조되었다. 이에 고등학교 일반 선택 과목인 『독서』에는 국어과 읽기 영역의 내용 요소가 최종적으로 체계화되어 있다.

[표 9-1] 2015 개정 교육과정에 따른 『독서』 과목의 교육 내용 체계

성취기준	학습 요소
[12독서02-01] 글에 드러난 정보를 바탕으로 중심 내용, 주제, 글의 구조와 전개 방식 등 사실적 내용을 파악하며 읽는다.	사실적 읽기(중심 내용, 주제, 글의 구조, 전개 방식)
[12독서02-02] 글에 드러나지 않은 정보를 예측하여 필자의 의도나 글의 목적, 숨겨진 주제, 생략된 내용을 추론하며 읽는다.	추론적 읽기(필자의 의도나 목적, 숨겨지거나 생략된 내용)
[12독서02-03] 글에 드러난 관점이나 내용, 글에 쓰인 표현 방법, 필자의 숨겨진 의도나 사회·문화적 이념을 비판하며 읽는다.	비판적 읽기(관점, 내용, 표현 방법, 의도나 신념)
[12독서02-04] 글에서 공감하거나 감동적인 부분을 찾고 이를 바탕으로 글이 주는 즐거움과 깨달음을 수용하며 감상적으로 읽는다.	감상적 읽기(공감, 감동)
[12독서02-05] 글에서 자신과 사회의 문제를 해결하는 방법이나 필자의 생각에 대한 대안을 찾으며 창의적으로 읽는다.	창의적 읽기(해결 방안이나 대안)

읽기 영역의 보편적인 학습 요소는 글(자료)이나 학습자의 능력을 중심으로 설정할 수 있다. [표 9-1]에서는 학습 요소의 범주 안에 이 두 가지 요소가 함께 묶여 있다. 표에서는 두 요소가 명확히 관련된 것처럼 정리해 놓았지만, 현재 학계에서 여러 개념과 관점으로 다르게 일컫고 있던 내용을 적정한 선에서 합의한 것으로 보는 것이 좋다.

읽기 영역에서 평가 요소는 2015 개정 교육과정 『독서』 과목의 내용 체계표에 나타나 있는 학습 요소와 동일하다고 볼 수 있다. 다음 절에서는 용어와 개념역을 다소 조정하여 '사실적 이해와 추론적 이해', '비판적 이해(평가적 이해)', '창의적 읽기(적용 및 대안 찾기)'를 중심으로 지문 선택과 관련된 쟁점을 다루고자 한다.

읽기 교육에서의 하위 기능과 사고력은 어떤 관련성이 있는가?

[표 9-1]에 제시된 학습 요소는 사실적 읽기, 추론적 읽기를 제외하면 읽기 평가 맥락에서 전통적으로 설정되어 온 평가틀과 다소 차이를 보인다. [표 9-1]에서는 비판적 읽기, 감상적 읽기, 창의적 읽기로 제시되어 있지만, 평가 맥락에서는 이들이 가리키는 범위를 흔히 '적용, 종합, 평가 및 감상' 등으로 일컬어 왔다. 특히 중학교에서는 비판적 읽기라고 칭하던 것을 고등학교에서는 평가 및 감상으로 칭하기도 하여, 이 두 요소의 관계를 개념적으로나마 정리할 필요가 있다.

독자는 글을 읽은 후 필수적으로 내용이나 형식에 대해 의식적인 평가를 하게 된다(최미숙 외, 2015: 210-211). 이때 의식적이라 함은 상위 인지가 작동하여 읽기 과정을 점검하고 조정한다는 뜻이다. 의식적인 평가를 수행하게 되면 비판적 읽기가 이루어지는 것이나 다름없다. 또한 평가의 결과, 독자는 판단 보류나 거부, 수용을 하게 된다. 이 과정에서 공감이나 정서적 효과를 충분히 볼 경우, 대안이나 해결책을 찾는 경우, 다른 세계에 확장하여 사고를 하는 경우 모두 창의적 사고를 수행하는 것이 된다. 특히 수용을 하는 경우 새로운 것의 발견, 생산, 적용 등으로 그 의미를 확장하게 되는데, 발견이나 생산을 선택형 읽기 평가에서 묻기는 어려우므로 적용에 집중을 하는 경우가 많다. 이 내용을 도식화해 보면 다음과 같다.

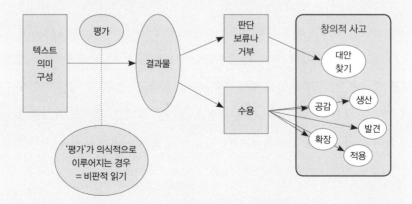

[그림 9-1] 읽기 교육 맥락에서의 하위 기능 및 사고력의 개념 관계도

(2) 문학 영역

　문학에 대한 관점은 크게 내재적 관점과 외재적 관점으로 구별되는데, 내재적 관점은 작품 자체에 집중하고 외재적 관점은 작품의 콘텍스트를 적극적으로 고려한다. 문학 영역에서 다루는 평가 요소는 문학에 접근하는 이 두 관점에 기대어 선정해 볼 수 있다.

　① 내재적 관점
　내재적 관점에 따르면 문학은 기본적으로 내용, 형식, 표현이 유기적으로 결합된 구조물이다. 이에 따라 문학 영역의 평가 요소도 크게 볼 때 이 세 범주로 나누어 볼 수 있다. 그런데 표현이라는 말이 의미하는 바가 매우 넓어서 형식을 포괄하는 경우가 많다. 따라서 형식을 표현의 한 부분으로 이해하면서, 결합 양상을 갈래별로 다르게 설명하기도 한다. 여기서는 이와 같은 갈래별 차이를 고려하면서 내용 측면과 표현 측면 두 가지로 나누어 평가 요소를 제시하기로 한다.

　먼저, 내용 측면의 평가 요소를 제시해 본다. 서정시의 경우 내용은 화자의 정서와 거의 일치한다. 이는 시의 대종을 이루는 서정시 자체가 기본적으로 화자의 정서를 표현하는 데 초점을 두기 때문이다. 정서란 일반적으로 사람의 마음에 일어나는 여러 가지 감정이나 기분을 가리키며, 시적 대상이나 상황에 대한 화자의 태도가 반영된다. 이때 소재 또한 시에서 주요한 평가 요소가 된다. 소재는 시를 창작하는 데 바탕이 되는 모든 사물, 인물, 현상, 경험 등을 말하며, 나아가 개인적 체험, 자연물, 사회 현상, 인생 등 세상의 모든 것이 시의 소재가 될 수 있다. 시에서 주요 소재는 대체로 함축적 의미를 지니고 있어 시적 문맥을 고려한 시어나 시구의 함축적 의미에 대한 이해는 빠뜨릴 수 없는 평가 요소가 된다.

서사와 극에서 내용은 인물, 사건, 배경으로 지칭되는 구성적 요소와 함께 주제를 포함하는 개념이다. 인물은 흔히 캐릭터(character, 성격)라고도 하지만, 인물은 외부에서 관찰되는 대상을, 캐릭터는 그 인물의 내적 속성을 가리키는 것으로 보아 둘을 구별하기도 한다. 이때의 캐릭터는 작품에서 인물이 수행하는 고유한 역할을 통해 드러나는 개성이 된다. 시간 순서대로 일어나는 사건들은 선후 관계 혹은 인과 관계를 맺는데, 인과 관계를 바탕으로 하면 갈등의 형성과 전개, 해결 및 해소를 총칭하는 플롯이 만들어진다. 배경은 인물의 행동과 사건에 개연성을 부여하기 위한 장치로서, 작품의 분위기를 조성하고 작품의 주제 구현에 기여하며 독자로 하여금 작품의 생동감을 느끼게 한다. 공간적·시간적 배경은 물론이고 사회 현실이나 역사적인 상황을 나타내는 사회적 배경, 작중 인물의 심리 상태를 의미하는 심리적 배경, 어떤 상황을 상징적으로 나타내는 상징적 배경도 있다. 이와 같은 자질들은 모두 개별적으로, 또는 복합적으로 내용 측면의 평가 요소가 될 수 있다.

　　교술 갈래의 내용은 곧 주제라고도 할 수 있다. 교술 갈래의 내용은 일상적 경험에서 얻는 주관적인 감상에서부터 인간의 삶에 대한 깊이 있는 사유와 성찰에 이르기까지 매우 다양하며, 이를 바탕으로 글쓴이의 개성적인 안목을 바탕으로 포착된 인간의 삶에 대한 진실이 주제로 함축되어 있다. 교술 문학은 다른 갈래에 비해 주제의 비중이 상대적으로 크고, 비교적 명시적으로 제시된다는 특징이 있다.

　　이제 표현 측면의 평가 요소를 제시하기로 한다. 먼저 시에서 표현이란 작품의 주제를 드러내는 데 기여하는 일체의 언어적·수사적 자질을 가리킨다. 흔히 비유, 강조, 변화로 구분되는 각종 수사법이 이에 해당된다. 이러한 수사적 자질들은 음악적인 리듬이 느껴지게 하거나 함축성을 높여 의미를 풍부하게 하고, 시적 대상을 감각적으로 연상하게 한다. 그런가 하면 상식적인 생각을 뒤집거나 깨뜨림으로써 지적 충격을 주기도 하고 재미를 선사해

웃게 하거나 반대로 슬픈 감정을 환기하게 하기도 한다. 어조 또한 시에서 제재나 청자, 혹은 자기 자신에 대한 화자의 태도를 보여 주는 목소리로서 중요한 표현 요소가 된다. 이에 따라 누구를, 혹은 무엇을 화자로 내세우는가 하는 점도 표현적 자질을 좌우하게 된다. 이러한 표현 요소들은 궁극적으로 화자의 정서, 배경의 분위기를 드러내며 작품의 주제를 효과적으로 표현하는 데 기여한다.

시의 형식은 대체로 율격, 시행, 연 등의 요소가 시의 주제나 화자의 정서를 표현하면서 이루는 전체적인 형태나 구조를 가리킨다. 문화적으로 형성된 시 고유의 체계와 관습에 기반을 두며, 크게 고정된 형식과 자유로운 형식으로 구별된다. 민요/시조/가사/자유시 등 갈래 층위, 독백/대화/편지/전화 통화의 형식 등 담화 양식 층위, 아이러니(반어)/알레고리(우의) 등 문학적 기법 층위, 수미상관/선경후정/대칭 등 구조 층위, 정형시/자유시/산문시/이야기시/극시 등 진술 형태 층위, 시의 행/연의 배열 등 외형 층위, 독백/대화 등 화자-청자 관계 층위, 원경-근경/외부 풍경-내면세계/과거-현재-미래 등 시상 전개 층위에서 개별 시 작품의 형식적 특성을 찾을 수 있다.

이에 비해 서사의 표현은 흔히 서술상의 특성으로 통칭되는 소설의 수사학적 개념들을 가리킨다. 소설에서 서술은 사건의 내용을 언어로 나타내는 행위와 그 결과를 뜻하며, 크게 이야기의 구성과 이야기의 전달로 나누어진다. 전자는 사건을 중심으로 사건의 선후 관계나 인과 관계를 구성하는 방법이고, 후자는 시점과 거리, 사건과 인물 제시 방식, 문체 등 드러내는 방식에 관한 전략적 선택의 결과를 가리킨다. 구성은 플롯(plot)이라고도 하는데 순행적으로도 역행적으로도 만들 수 있고, 서사에서 널리 통용되는 것으로는 여로 형식, 액자 형식 등을 들 수 있다. 시점은 이야기 속의 인물이나 사건을 바라보는 서술자의 위치와 이야기 전달 방법에 따라 1인칭 주인공 시점/1인칭 관찰자 시점/전지적 서술자 시점/3인칭 관찰자 시점으로 구별되며, 사건과 인물 제시 방식에 따라 말하기(telling)/보여 주기(showing)로 구별된다. 문체 또한 서사적 긴장감의 형성과 이완에 중요한 역할을 하는 요소이기에, 특정 인물이나 작중 현실에 대한 서술자나 인물의 태도를 반영하는 어조도 중요한 평가 요소가 될 수 있다. 극 갈래는 소설과 달리 서술자가 없으므로 이야기의 구성 층위에만 국한하여 표현 측면의 평가 요소를 선정하면 되겠다.

수필로 통칭되기도 하는 교술 갈래는 명확한 형식이 정해져 있지 않으므로, 표현적 특징을 일반화하기 어렵다. 일반적인 서술 외에도 일기, 편지, 기행문, 이야기, 극 등의 형식이 차용되기도 하므로 이러한 특징을 오히려 평가 요소로 삼는 것도 평가론적 가치를 갖는다. 또한 글쓴이의 개성적 안목과 문체가 중요한 갈래이므로 이렇게 개성을 드러내는 요소는 교술 갈래의 중요한 평가 요소가 된다.

② 외재적 관점

외재적 관점으로 작품에 접근할 때에는 흔히 콘텍스트(context)로 지칭되는 다양한 맥락을 평가 요소로 주목해 볼 수 있다.

외재적 관점 중 표현론 혹은 생산론의 관점에서는 작가 맥락이 중요하게 고려된다. 작가는 불행한 일, 부끄러운 일, 자랑스러운 일, 감격적인 일 등 어떤 사건을 경험하거나 접했을 때 소통의 욕구나 치유의 의지 등을 바탕으로 작품을 창작한다. 따라서 문학 작품은 작가의 체험, 사상, 감정이 형상화된 표현물로 볼 수 있다. 이때 작가의 창작 동기, 전기적 사실, 심리 상태 등은 작품 이해의 주요한 단서가 될 수 있으며, 학습자는 '누가, 그 사람의 어떤 시기에, 어떤 상황에서, 왜 썼는가?' 하는 물음을 통해 작품의 이해에 다가갈 수 있다.

효용론 혹은 수용론의 관점에서는 독자 맥락이 평가 요소가 된다. 독자는 문학 작품을 감상함으로써 정서적인 감흥과 미적인 감동을 얻고, 인간사에 대한 새로운 진실을 발견하며 윤리적 교훈을 얻기도 한다. 학습자는 때때로 과거의 다른 독자가 경험한 감동과 교훈에 대한 기록을 바탕으로 작품에 대한 이해를 도모할 수 있다. 이때 과거의 독자와 현재의 학습자는 대화적 관계를 형성한다.

반영론의 관점에서는 사회·문화적 맥락과 역사적 맥락을 중요한 평가 요소로 내세운다. 작품의 사회·문화직 맥럭은 같은 사회와 문화의 지장 안에 살고 있는 사람들을 둘러싼 사회적 제도나 질서, 문화적 관습, 그들이 지닌 보편적인 생각과 태도를 가리킨다. 문학 작품은 특정 시기, 특정 사회의 다양한 이념이나 사상, 제도, 문화적 관습을 반영할 뿐 아니라 이에 대해 비판적인 질문을 제기하기도 한다. 역사적 맥락은 한 작품을 창작하게 된 계기나 그 작품의 배경이 되는 특정한 시기의 역사적 사건을 말한다. 왕조 교체, 식민 통치, 전쟁 등 국가 및 민족 단위의 사건은 물론, 한 공동체 구성원들의 관심이 집중되는 사회적 사건이 작품의 배경이나 소재가 되기도 한다. 특정한 역사적 시기의 물질적·정신적 환경도 여기에 포함된다. 학습자는 역사적 맥락을 고려하면서 작품을 읽음으로써 작품에 담긴 주제의식을 더 깊이 이해하고 역사에 대응하는 인간의 다양한 모습을 확인할 수 있다. 학습자들은 이러한 맥락들을 고려하여 작품을 읽음으로써 작품의 주제의식을 깊이 이해할 수 있고, 삶의 보편성과 다양성에 대한 이해를 도모할 수 있다.

이와는 별도로 문학사적 맥락과 상호텍스트적 맥락 또한 중요한 평가 요소가 될 수 있다. 문학사적 맥락을 고려하여 작품에 접근해야 하는 이유는 모든 문학 작품은 일정한 언어문화권의 지평 안에서 여러 문학적 관습을 매개로 작가와 독자 사이에서 소통되며, 선행 작품들의 영향을 받으면서 동시대의 수많은 다른 작품과 경쟁하고 공존한다는 사실에서 찾을 수 있다. 문학사적 맥락에 조회하며 작품을 읽는다는 것은, 이와 같은 문학 작품의 존재 방식을 염두에 두고 그 작품이 소속되는 역사적 갈래의 전개 과정, 작품 간 문학사적 영향 관계 등에 초점을 맞추어 작품에 접근한다는 뜻이다. 상호텍스트적 맥락은 모든 문학 작품이 잠재적으로나 현상적으로 다른 작품과 영향을 주고받게 된다는 사실에서 성립된 개념이다. 상호텍스트적 맥락은 경우에 따라 학습자가 스스로 발견하거나 구성할 수도 있는데, 이 경우 각각의 작품에 담긴 모티프, 이미지, 소재, 주제 등의 유사점과 차이점에 주목하여 읽음으로써 작품에 대한 이해를 확장하거나 심화할 수 있다.

이상의 평가 요소를 2015 개정 교육과정의 성취기준 중 작품의 수용 활동이 포함된 성취기준에서 찾아보면 다음과 같다.

[표 9-2] 2015 개정 교육과정에 따른 문학 영역·과목의 성취기준별 평가 요소

성취기준	학습 요소	관련 평가 요소
[9국05-02] 비유와 상징의 표현 효과를 바탕으로 작품을 수용하고 생산한다.	비유와 상징의 효과	문학의 표현
[9국05-03] 갈등의 진행과 해결 과정에 유의하며 작품을 감상한다.	갈등의 진행과 해결	문학의 내용
[9국05-04] 작품에서 보는 이나 말하는 이의 관점에 주목하여 작품을 수용한다.	보는 이나 말하는 이의 관점	화자나 서술자(표현)
[9국05-05] 작품이 창작된 사회·문화적 배경을 바탕으로 작품을 이해한다.	작품의 사회·문화적 배경	사회·문화적 맥락
[9국05-06] 과거의 삶이 반영된 작품을 오늘날의 삶에 비추어 감상한다.	현재적 의미를 고려한 감상	사회·문화적 맥락
[9국05-07] 근거의 차이에 따른 다양한 해석을 비교하며 작품을 감상한다.	해석의 다양성	독자 맥락
[9국05-08] 재구성된 작품을 원작과 비교하고, 변화 양상을 파악하며 감상한다.	작품의 재구성 양상	상호텍스트적 맥락
[9국05-10] 인간의 성장을 다룬 작품을 읽으며 삶을 성찰하는 태도를 지닌다.	삶의 성찰	문학의 주제

[10국05-01] 문학 작품은 구성 요소들과 전체가 유기적 관계를 맺고 있는 구조물임을 이해하고 문학 활동을 한다.	작품 전체와 구성 요소의 관계	종합
[10국05-02] 갈래의 특성에 따른 형상화 방법을 중심으로 작품을 감상한다.	갈래의 개념과 특징, 문학적 형상화 방법	문학의 형식과 표현
[10국05-03] 문학사의 흐름을 고려하여 대표적인 한국 문학 작품을 감상한다.	문학사의 흐름	문학사적 맥락
[10국05-04] 문학의 수용과 생산 활동을 통해 다양한 사회·문화적 가치를 이해하고 평가한다.	작품에 담긴 사회·문화적 가치	문학의 주제
[12문학01-01] 문학이 인간과 세계에 대한 이해를 돕고, 삶의 의미를 깨닫게 하며, 정서적·미적으로 삶을 고양함을 이해한다.	문학의 인식적·윤리적· 미적 기능	문학의 주제
[12문학02-01] 문학 작품은 내용과 형식이 긴밀하게 연관되어 이루어짐을 이해하고 작품을 감상한다.	내용과 형식의 관계	문학의 내용과 형식
[12문학03-02] 대표적인 문학 작품을 통해 한국 문학의 전통과 특질을 파악하고 감상한다.	한국 문학의 전통과 특질	문학사적 맥락
[12문학03-03] 주요 작품을 중심으로 한국 문학의 갈래별 전개와 구현 양상을 탐구하고 감상한다.	한국 문학의 역사적 갈래	문학사적 맥락
[12문학03-04] 한국 문학 작품에 반영된 시대 상황을 이해하고 문학과 역사의 상호 영향 관계를 탐구한다.	문학과 시대 상황, 문학과 역사의 관계	역사적 맥락
[12문학04-01] 문학을 통하여 자아를 성찰하고 타자를 이해하며 상호 소통하는 태도를 지닌다.	문학의 가치	문학의 주제

한편 문학 영역의 평가 요소는 읽기 영역 및 『독서』과목의 평가 요소와 유사하게 사실적 이해/추리·상상적 이해/비판적 이해/평가적 이해/감상적 이해로 구별될 수 있다. 사실적 이해는 작품에 담긴 정보를 확인하는 수준, 추리·상상적 이해는 표현에 담긴 함축적 의미나 인물의 심리나 사건의 전개 과정을 추론하는 수준, 비판적 이해 혹은 평가적 이해는 화자의 정서나 인물

의 삶에 대해 가치 판단을 내리는 수준, 감상적 이해는 학습자 자신의 개인적·사회적 삶의 맥락에서 작품을 자기화하는 수준에 각각 대응된다. 이분법적이라는 위험을 안고 있긴 하지만, 내재적 접근에 따른 평가 요소들은 대체로 사실적 이해나 추리·상상적 이해와 연동되기 쉬우며, 외재적 접근에 따른 평가 요소들은 대체로 비판적 이해 혹은 평가적 이해, 감상적 이해와 연결되기 쉽다.

2) 평가 요소별 지문 선택의 쟁점

앞서 살펴본 평가 요소들은 개념적으로는 분명히 구분되지만, 막상 문항을 설계할 때에는 잘 구분되지 않는다. 따라서 문항 설계 시 해당 평가 요소별로 지문의 특성을 개략적으로 설명할 수는 있지만, 실제로 그러한 지문으로 문항을 완성하고 나면 원래 의도대로 특정 평가 요소만을 정확히 묻고 있다고 단정하기 어렵다. 이러한 점을 고려하여 이 절에서는 각 하위 기능 모두를 개별적으로 다루기보다는, 문항 설계 과정에서 잘 구분되지 않는 기능들끼리 묶어서 설명하고 그 쟁점도 함께 다루어 보도록 한다.

먼저 사실적 이해 및 추론적 이해 추정에 주로 활용되는 글 중심 학습 요소들을 중심으로 평가용 지문 선정 유형을 살펴본 후, 사실적 이해 및 추론적 이해 추정을 가능하게 하는 지문의 요인이 무엇인지 알아본다. 특히 추론적 이해 설계를 어렵게 하는 지문의 요인에는 무엇이 있는지 살펴볼 것이다. 그 다음으로는 독자 중심 평가 요소를 살펴본다. 비판적 이해 및 평가적 이해, 그리고 적용 및 창의적 이해 추정을 위한 지문의 특성을 논의하면서 각기 쟁점이 되는 사안을 살펴볼 것이다.

(1) 사실적 이해와 추론적 이해

여기에서는 먼저 중심 내용과 주제, 글의 구조, 전개 방식, 필자의 의도나 목적, 숨겨지거나 생략된 내용에 대응하는 지문의 특성을 살펴본다. 이와 같은 평가 요소들은 지문과 선택지의 관계에 따라 때로는 사실적 이해, 때로는 추론적 이해를 추정하게 된다. 이와 같은 사실을 염두에 두면서 사실적 이해와 추론적 이해를 결정짓는 지문의 특성은 무엇인지 살펴본다.

① 중심 내용과 주제

모든 글에는 중심 내용과 주제가 있기 마련이다. 그런데 말하고자 하는 바를 드러내는 방식에 따라 중심 내용과 주제는 다른 양상으로 나타난다.[1] 몇 가지 유형을 살펴보자.

첫째, 주제문이 명시적으로 파악되는 경우이다. 글에서 주제문이 함축적인 방식보다는 직설적인 방식으로 드러나는 경우로서, 지문에서 주제문을 그대로 지정할 수 있거나 주관적인 의도가 특정 문단에 비교적 명확히 포함되어 있어서 해당 문단을 중심으로 주제나 중심 내용을 재구성할 수 있다. 고학년으로 갈수록 이러한 종류의 글을 평가용 지문으로 선택하기는 어렵다.

둘째, 글 전체를 읽으면서 필자의 의도를 재구성해야 하는 경우이다. 필자의 의도가 글 곳곳에 숨어 있어 필자의 의도와 관점을 전체적으로 보면서 추론해야 한다.

....

1   본문에서 사용되는 주요 개념어에 대하여 다음과 같이 정리해 보자.
- 요지: 교재에 있는 명백한 내용들의 요약으로, 교재를 단서로 객관적으로 분석해 낼 수 있는 의미를 말한다.
- 주제: 독자의 관점이나 의도를 의미하는 것으로, 주관적 해석이 강하게 개입한다.
- 주제문: 중심 내용이 명시적으로 기술된 문장을 의미한다.
- 화제: 화자나 필자가 어떤 것에 대해 말할 때, '어떤 것'에 해당한다.

셋째, 주제라고 하기에는 애매하고 관점을 추론하기에도 곤란하지만, 개략적인 요지는 알 수 있는 경우이다. 글에서 화제와 논평이 함께 드러나야 중심 내용을 알 수 있는데, 공학 분야는 '화제 + 소(小)화제의 연속체'이기 때문에 논평이 드러나지 않아 중심 내용을 알기 어렵다. 이 경우 중심 내용을 묻기 어려워 세부 내용을 묻게 된다. '윗글에서 알 수 있는 내용은 무엇인가' 등의 문두로 중심 내용과 함께 세부 내용을 종합적으로 묻기도 한다.

넷째, 문학 작품의 경우 작품 전체의 유기적인 장치에 의거하여 주제를 형상화하므로 정해진 분량 내에서 특정 부분을 발췌한 것으로는 주제나 중심 내용을 알기 어렵다. 발췌를 하더라도 주제의식이 형상화된 부분을 중심으로 정확히 발췌해야 한다.

② 글의 구조

글은 외형적으로는 문장이 이어지는 선적인 연속체이지만, 내적으로는 균형 있고 완결된 골격을 갖는 의미의 구조물이다. 글의 구조란 글이 일종의 구조물로서 어떠한 짜임으로 구성되었는가를 말한다.

글의 구조는 문장들이 드러내고 있는 명제들의 의미 관계, 문단과 문단의 관계를 이해함으로써 파악할 수 있다. 구조를 파악하기 위해서는 우선 문장 간의 의미 관계를 파악해야 한다. 문장 간 관계는 핵심과 상술, 나열, 비교/대조, 원인/결과, 문제/해결 등이 있으며, 문장들 간의 의미 관계가 쌓여 위계적 구조나 선형적 구조 등의 의미 골격을 이루게 된다.

글의 구조적 이해를 평가하는 문항은 한 편의 글이 어떤 의미 구조를 지니고 있는지 물어보는 문항이다. 이 문항에서는 개별 텍스트를 제대로 이해하고 있는지 평가하는 것이 중심이 된다. 고등학교에서는 글에 대한 이해를 바탕으로 새로운 텍스트와 상황에 적용하는 활동을 많이 권장하기에, 이 유형은 중학교에서 적극적으로 활용할 수 있다.

[24~25] 다음 글을 읽고 물음에 답하시오.

(가) 우리나라에는 유네스코가 인정한 세계 기록 유산들이 있는데, 그중의 하나가 『승정원일기』이다. 『승정원일기』는 승정원의 업무 일지로, 조선 초기부터 작성되기 시작하였으나 화재로 인해 현재는 1623년부터 1910년까지의 기록만 남아 있다. 『승정원일기』의 가치는 다음과 같은 두 측면에서 살펴볼 수 있다.

(나) 무엇보다 『승정원일기』는 조선 시대에 국가의 정책이 어떻게 운영되었는지 이해하는 데 큰 도움을 준다. 승정원은 왕명의 출납, 왕의 음식과 건강관리, 경호 등을 담당하던 기관으로, 왕의 국정 운영을 보조하였다. 승정원의 관리인 주서는 왕을 그림자처럼 따라다니며 왕의 언행 하나하나를 속기로 적었을 뿐만 아니라 왕과 신하가 주고받은 이야기까지 낱낱이 기록했다. 이에 따라 『승정원일기』에는 국가 정책과 관련된 보고 내용과 왕의 지시 사항 등이 자세하게 기록되어 있다. 이러한 『승정원일기』를 통해 우리는 조선 시대에 정책이 결정되고 진행되는 과정 등을 매우 구체적이고 상세하게 파악할 수 있다.

(다) 『승정원일기』가 가지는 또 다른 가치는 기상 변화를 연구하는 데 귀중한 자료가 된다는 점이다. 『승정원일기』는 항상 날짜와 날씨로 시작한다. 여기에는 눈, 비, 안개, 맑음, 흐림 등을 기록하고 하루 중에 날씨 변화가 있었을 때에는 어떻게 변화했는지까지 기술해 놓았다. 영조가 세종 대의 측우기를 복원한 이후에는 강우량을 측정한 결과도 구체적으로 『승정원일기』에 제시되어 있다. 기상 변화는 매일 일어나는 것도 있지만 몇백 년 주기로 일어나는 것도 있어서 그 내용을 분석하려면 오랜 기간의 자료가 필요하다. 그런 측면에서 『승정원일기』에 기술된 날씨와 강우량에 대한 기록은 과거뿐만 아니라 오늘날의 기상 변화를 연구하는 데에도 귀중한 자료이다.

(라) 이처럼 『승정원일기』는 역사적인 기록물로서의 가치만이 아니라 기상 변화 예측에 필요한 유용한 자원으로서 오늘날의 우리에게도 큰 의미를 가진다. 선조들의 철저한 기록 정신이 담겨 있는 『승정원일기』는 우리가 자랑스럽게 여겨야 할 기록 유산이라 할 수 있다.

25 〈자료〉는 윗글의 구조를 파악하여 중심 내용을 정리한 것이다. ㉠에 들어갈
내용으로 가장 적절한 것은?

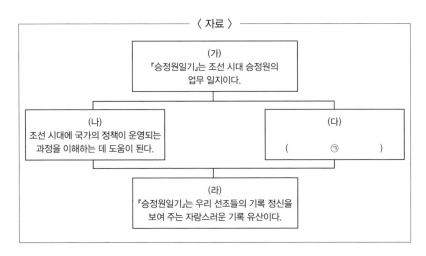

① 승정원의 업무 처리 과정을 파악하는 데 유용하다.
② 승정원의 주서가 한 일을 파악하는 데 도움이 된다.
③ 왕 중심의 조선 사회를 연구하는 데 중요한 자료이다.
④ 날씨와 관련된 왕의 지시 사항을 확인하는 데 도움이 된다.
⑤ 오랜 기간 동안의 기상 변화를 연구하는 데 유용한 자료이다.

　　[사례 1]은 글의 구조를 수형도로 보여 줄 수 있을 정도로 문단 간의 관
계가 명확히 드러나는 지문을 대상으로 설계된 것이다. 이 지문은 각 문단의
첫 문장들을 읽기만 해도 글 전체의 구조가 명확히 보인다. 때로 새로운 유
형의 평가 문항이 교사들에게 새로운 교수·학습 모형을 제안해 주는 역할을
하기도 하는데, 이 문항이 그러하다. 문항에서 글의 구조를 한눈에 보여 줌으
로써, 글의 구조를 활용하여 중심 내용과 세부 내용을 파악할 수 있는 교수·
학습 모형을 보여 주고 있다.

　　그러나 정작 타당도에 대해서는 다소 우려가 있다. 실제로 학습자는 지

문 전체 구조를 다 파악하지 않아도 요약만 잘하면 정답을 고를 수 있다. 학습자가 글 전체의 의미 관계를 전반적으로 잘 파악하는지 측정할 수 있어야 하는데, 그러한 면에서는 다소 아쉬운 구성이다.

지문의 구조는 글의 난도를 결정짓는 요인 중 하나이다. 지문의 구조가 국어 교과에서 통상적으로 가르치는 글의 구조와 일치하면 난도는 낮아진다. 즉 3단 구성이 명확한 정보 텍스트인 경우, 본론에 해당하는 부분의 하위 문단들이 단순 나열식 관계를 보이고 있는 경우, 글 전체가 단일한 시간적 구성이나 공간적 구성을 따르고 있는 경우 등이 그러하다.[2]

글의 구조가 명확히 드러나는 지문은 전개 방식도 명확히 드러나는 편이어서, 글이 담고 있는 정보들의 관계가 간명하게 드러난다. 그렇기 때문에 글의 구조를 묻기 좋은 지문을 통해 세부 내용과 추론 능력까지 종합적으로 평가하기란 어렵다. 정보가 복잡한 관계로 배열되어 있어야 세부 내용과 추론 능력을 묻는 선택지를 구성하기가 수월하기 때문이다. 이 때문에 복잡하고 새로운 정보가 담긴 지문을 다루는 고등학교에서는 글의 구조를 도식화하여 묻는 문항을 좀처럼 구성하지 않는다.[3]

③ 내용 전개 방식

문장과 문단의 의미 관계들이 어느 정도 파악된 후에는 글 전체를 지배하거나 두드러지는 의미 관계를 발견할 수 있게 된다. 또한 개별 글의 구조뿐만 아니라 비슷한 유형의 글이 공통적으로 지니게 되는 특성도 발견된다. 이

....

2   편집 역시 글의 난도를 결정하는 중요한 요소이다. 문단과 문단 사이의 폭을 넓게 하거나 문단 앞에 '(가)'와 같은 표시를 하는 것처럼, 글의 구조를 쉽게 파악할 수 있는 편집은 글의 이독성을 좌우하여 글의 난도를 낮게 할 수 있다.
3   수능 초기에는 지문의 구조가 선명하게 드러나거나 글의 구조를 직접적으로 묻는 경우를 찾아볼 수 있었으나, 최근의 수능 문항에서는 찾아보기 어렵다. 다만, 중학교 3학년을 대상으로 한 국가 수준 학업성취도 평가 문항에서는 이러한 형태가 여전히 출제되고 있다.

를 '내용 전개 방식'이라 한다.

내용 전개 방식은 의미 관계에서 유래된 것인데, 글의 종류에 따른 전개 방식이 워낙 유형화되어 있어 지식적 요소로 인식되는 경향이 있다. 그래서 내용 전개 방식을 묻는 문항에서는 글을 자세히 읽지 않아도 정답을 찾을 수 있다. 문항 해결 과정에서 내용 전개 방식에 대한 지식을 적용하면서 글을 읽도록 하려면 어떻게 해야 할까?

먼저 글의 구조를 개별 글의 이해와 관련하여 문장이나 문단 수준에서 주목하도록 선지를 구성해야 한다. 즉 중심 내용과 세부 내용을 이해하는 과정이 수반되도록 문항을 설계하면 학습자가 글을 읽고 문항을 해결하게 만들 수 있다. 아래 [사례 2]는 개별 글의 이해와 글의 종류에 따른 내용 전개 방식을 함께 결합하여 설계한 문항이다.

사례 2   2016년 국가 수준 학업성취도 평가 중학교 3학년 국어

10 윗글의 주장과 근거에 대한 설명으로 가장 적절한 것은?

① 힙합 음악의 시대적 요구에 근거하여 '거리 음악' 시대의 힙합 정신으로 돌아갈 것을 주장하고 있다.

② 힙합 음악의 사례를 토대로 우리나라 대중음악의 창작 방법으로서 샘플링의 확대를 주장하고 있다.

③ 달라진 힙합 음악의 위상을 토대로 우리나라 힙합 가수들의 샘플링에 대한 인식 개선을 요구하고 있다.

④ 우리나라 힙합 음악의 특수성에 근거하여 원작자의 음악을 마음껏 활용하도록 해야 함을 주장하고 있다.

⑤ 힙합 음악에 대한 대중의 관심을 바탕으로 '복사하고 붙여 넣기'를 샘플링에 활용할 것을 권장하고 있다

또는 [사례 3]처럼 각 선택지에서 정답을 가려내기 위해서는 지문의 내용을 주의 깊게 읽어야 하는 문항을 출제해야 한다.

21 윗글의 내용 전개 방식에 대한 설명으로 가장 적절한 것은?

① 논지를 제시한 후, 대표적인 사례를 검토하는 과정을 통해 주제를 명료화하고 있다.

② 화제를 소개한 후, 예외적인 사례를 배제하는 과정을 통해 주제를 일반화하고 있다.

③ 주장을 제시한 후, 예상되는 반증 사례를 검토하는 과정을 통해 주제를 강화하고 있다.

④ 쟁점을 도출한 후, 각 주장의 근거 사례를 비교 평가하는 과정을 통해 주제를 정당화하고 있다.

⑤ 주제를 제시한 후, 동일한 사례를 다른 관점에서 분석하는 과정을 통해 주제를 초점화하고 있다.

[사례 3]에서는 각 선택지에 지문의 구체적 정보가 기술되어 있지 않다. 그러나 '논지 vs. 화제 vs. 주장 vs. 쟁점 vs. 주제', '대표적 사례 vs. 예외적 사례 vs. 반증 사례 vs. 각 주장의 근거 사례 vs. 동일한 사례를 다른 관점에서' 등 반드시 지문을 읽어야 확인할 수 있는 정보를 묻고 있다.

한편 문학 작품은 유기적으로 구조화되어 있기 때문에 구조나 전개 방식을 통해 작품의 가치를 드러내기 적절하다. 시의 경우 기승전결, 수미상관, 선경후정, 대칭 등의 구조나 과거-현재-미래와 같은 시상 전개를 활용할 수 있다. 서사나 극에서는 기본적으로 시간적·공간적 배경이 사건 전개에 중요한 역할을 하기 때문에 배경의 변화를 반영한 구조를 평가 요소로 삼는 것도 의미가 있다. 단, 그 작품의 가치와 의미를 온전히 드러내기 위해서는 구조 자체에만 초점을 맞추어서는 안 되고, 구조를 바탕으로 작품 전체에 대한 거시적 이해를 도모할 수 있도록 설계되어야 한다.

④ 필자의 의도나 목적

필자의 의도나 목적은 앞에서 다룬 중심 내용 및 주제와 긴밀히 관련된다. 그렇기에 출제 과정에서 잘 구분되지 않기도 한다. 그러나 중심 내용과 주제가 글에서 명시적으로 드러난 내용을 중심으로 설계되는 평가 요소라면, 필자의 의도나 목적은 명시적으로 드러나지 않는 요소를 중심으로 설계된다는 점에서 차이가 있다.

필자와 독자의 거리를 중심으로 지문을 관찰하면, 이 지문이 필자의 의도와 목적이라는 평가 요소를 구현 가능한 지문인지 아닌지 판단할 수 있다. 필자가 독자의 거리를 좁히려는 노력을 하고자 했다면 필자의 관점/태도/주장을 글에 명시적으로 드러냈을 것이고, 거리를 두고자 했다면 필자의 의도를 간접적으로 드러냈을 가능성이 크다.

의도와 목적이 명시적으로 드러나는 글은 주로 국가 수준 학업성취도 평가 중3 문항이나 수능 초기 문항에서 주로 발견된다. 이러한 지문을 대상으로는 주제를 직접적으로 물어보는 문항을 설계할 수 있다.

사례 4　　　　　　　　　　　　　　　2018학년도 대학수학능력시험 국어 영역

[16~19] 다음 글을 읽고 물음에 답하시오.

　　자연에서 발생하는 모든 일은 목적 지향적인가? 자기 몸통보다 더 큰 나뭇가지나 잎사귀를 허둥대며 운반하는 개미들은 분명히 목적을 가진 듯이 보인다. 그런데 가을에 지는 낙엽이나 한밤중에 쏟아지는 우박도 목적을 가질까? 아리스토텔레스는 모든 자연물이 목적을 추구하는 본성을 타고나며, 외적 원

인이 아니라 내재적 본성에 따른 운동을 한다는 목적론을 제시한다. 그는 자연물이 단순히 목적을 갖는 데 그치는 것이 아니라 목적을 실현할 능력도 타고나며, 그 목적은 방해받지 않는 한 반드시 실현될 것이고, 그 본성적 목적의 실현은 운동 주체에 항상 바람직한 결과를 가져온다고 믿는다. 아리스토텔레스는 이러한 자신의 견해를 "자연은 헛된 일을 하지 않는다!"라는 말로 요약한다.

근대에 접어들어 모든 사물이 생명력을 갖지 않는 일종의 기계라는 견해가 강조되면서, 아리스토텔레스의 목적론은 비과학적이라는 이유로 많은 비판에 직면한다. 갈릴레이는 목적론적 설명이 과학적 설명으로 사용될 수 없다고 주장하며, 베이컨은 목적에 대한 탐구가 과학에 무익하다고 평가하고, 스피노자는 목적론이 자연에 대한 이해를 왜곡한다고 비판한다. 이들의 비판은 목적론이 인간 이외의 자연물도 이성을 갖는 것으로 의인화한다는 것이다. 그러나 이런 비판과는 달리 아리스토텔레스는 자연물을 생물과 무생물로, 생물을 식물·동물·인간으로 나누고, 인간만이 이성을 지닌다고 생각했다.

일부 현대 학자들은, 근대 사상가들이 당시 과학에 기초한 기계론적 모형이 더 설득력을 갖는다는 일종의 교조적 믿음에 의존했을 뿐, 아리스토텔레스의 목적론을 거부할 충분한 근거를 제시하지 못했다고 비판한다. 이런 맥락에서 볼로틴은 근대 과학이 자연에 목적이 없음을 보이지도 못했고 그렇게 하려는 시도조차 하지 않았다고 지적한다. 또한 우드필드는 목적론적 설명이 과학적 설명은 아니지만, 목적론의 옳고 그름을 확인할 수 없기 때문에 목적론이 거짓이라 할 수도 없다고 지적한다.

17세기의 과학은 실험을 통해 과학적 설명의 참·거짓을 확인할 것을 요구했고, 그런 경향은 생명체를 비롯한 세상의 모든 것이 물질로만 구성된다는 물질론으로 이어졌으며, 물질론 가운데 일부는 모든 생물학적 과정이 물리·화학 법칙으로 설명된다는 환원론으로 이어졌다. 이런 환원론은 살아 있는 생명체가 죽은 물질과 다르지 않음을 함축한다. 하지만 아리스토텔레스는 자연물의 물질적 구성 요소를 알면 그것의 본성을 모두 설명할 수 있다는 엠페도클레스의 견해를 반박했다. 이 반박은 자연물이 단순히 물질로만 이루어진 것이 아니며, 또한 그것의 본성이 단순히 물리·화학적으로 환원되지도 않는다는 주장을 내포한다.

> 첨단 과학의 발전에도 불구하고 생명체의 존재 원리와 이유를 정확히 규명하는 과제는 아직 진행 중이다. 자연물의 구성요소에 대한 아리스토텔레스의 탐구는 자연물이 존재하고 운동하는 원리와 이유를 밝히려는 것이었고, 그의 목적론은 지금까지 이어지는 그러한 탐구의 출발점이라 할 수 있다.

[사례 4]는 2018학년도 수능 16~19번 지문으로, 맨 마지막 문단을 보면 아리스토텔레스의 목적론에 대한 필자의 평가가 명시적으로 드러나 있다. 최근 수능 지문에서는 이러한 문장들이 거의 발견되지 않는다. 최근에는 복잡하게 나열된 일련의 정보들을 머릿속에서 재조직해야만 내용 일치 여부를 파악할 수 있는 문항이 대부분이다. 실제로 수능에서 이 문단 내용을 중심으로 설계된 문항은 없었다.

이처럼 최근 수능 비문학 분야 텍스트에서는 필자의 관점/태도/주장을 명시적으로 읽어 내기가 어렵다. 이는 전문 분야 텍스트에서 더욱 뚜렷하게 나타난다. 전문 분야 텍스트는 분야별 개념과 논리, 사실 관계 및 인과 관계에 대해 심도 있게 논의한 후 관점을 드러내야 하는 경우가 많다. 따라서 해당 분야 전문가가 아닌 학습자들은 논리적으로 배열된 정보만을 접할 뿐, 필자의 관점을 읽어 내기 어렵다.

사례 5   2018년 국가 수준 학업성취도 평가 고등학교 2학년 국어

[17~18, 서답형 4] 다음 글을 읽고 물음에 답하시오.

> 21세기는 각자의 개성이 존중되는 다원성의 시대이다. 역사 분야에서도 역사를 바라보는 관점에 따라 다양한 역사 서술들이 이루어지고 있다. 이렇게 역사 서술이 다양해질수록 역사 서술에 대한 가치 판단의 요구는 증대될 수밖에

없다. 그렇다면 이 시대의 역사 서술은 어떤 기준으로 평가되어야 할까?

역사 서술 방법 중에 가장 널리 알려진 것은 근대 역사가들이 표방한 객관적인 역사 서술 방법일 것이다. 이들에게 역사란 과거의 사실을 어떤 주관도 개입시키지 않은 채 객관적으로만 서술하는 것이다. 하지만 역사가는 특정한 국가와 계층에 속해 있고 이에 따라 특정한 이념과 가치관을 가지므로 객관적일 수 없다. 역사가의 주관적 관점은 사료를 선별하는 과정에서부터 이미 개입되기 시작하며 사건의 해석과 평가라는 역사 서술에 지속적으로 영향을 주게 된다. 따라서 역사 서술에 역사가의 주관은 개입될 수밖에 없으므로 완전히 객관적인 역사 서술은 불가능한 일이다.

이러한 역사 서술의 주관성 때문에 역사가 저마다의 관점에 따른 다양한 역사 서술이 존재하게 된다. 이에 따라 우리는 다양한 역사 서술 속에서 우리에게 가치 있는 역사 서술이 무엇인지를 판단할 필요가 있다. 역사학자 카(E. H. Carr)는 역사 서술에 대해 '역사는 과거와 현재의 대화이다.'라는 말을 남겼다. 이 말은 현재를 거울삼아 과거를 통찰하고 과거를 거울삼아 현재를 바라보며 더 나은 미래를 창출하는 것으로 해석할 수 있다. 이러한 견해에 의하면 역사 서술의 가치는 과거와 현재의 합리적인 소통 가능성에 따라 판단될 수 있다.

과거와 현재의 합리적 소통 가능성은 역사 서술의 사실성, 타당성, 진정성 등을 준거로 판단할 수 있다. 이 기준을 지키지 못한 역사 서술은 과거나 현재를 왜곡할 우려가 있으며, 결과적으로 미래를 올바르게 바라보지 못하게 만드는 원인이 될 수 있다. 이를테면 수많은 반증 사례가 있음에도 자신의 관점에 부합하는 사료만을 편파적으로 선택한 역사 서술은 '사실성'의 측면에서 신뢰받기 어렵다. 사료를 배열하고 이야기를 구성하는 과정이 지나치게 자의적이라면 '타당성'의 측면에서 비판받을 것이다. 또한 사료의 선택과 해석의 방향이 과거의 잘못을 미화하기 위한 것이라면 '진정성'의 측면에서도 가치를 인정받지 못하게 될 것이다.

요컨대 역사가의 주관이 다양하고 그에 따른 역사 서술도 다양할 수밖에 없다면 그 속에서 가치 있는 역사 서술을 가려낼 필요가 있다. '사실성, 타당성, 진정성'에 바탕을 둔 합리적 소통 가능성으로 역사 서술을 평가하는 것은 역사를 통해 미래를 위한 혜안을 얻는 한 가지 방법이 될 것이다.

18 윗글에 나타난 글쓴이의 생각으로 적절하지 <u>않은</u> 것은?

① 역사 서술에서 완전한 객관성의 실현은 불가능하다.
② 역사 서술들이 다양해질수록 가치 판단 요구는 증대된다.
③ 역사가를 둘러싼 환경은 역사 서술 관점 형성에 영향을 준다.
④ 역사 서술의 사실성을 높이려면 자신의 관점에 어긋난 사료는 버려야 한다.
⑤ 역사 서술은 과거와 현재의 합리적 소통 가능성으로 가치를 평가할 수 있다.

[사례 5]의 지문을 언뜻 보았을 때에는 그저 명제들이 나열된 것으로 보인다. 필자의 주장이나 태도가 명시적으로 드러나는 장치들이 발견되지 않기 때문이다. 필자가 '나'를 직접적으로 드러내지도 않고, '주장한다, 생각한다'와 같은 표현으로 자신의 의견을 명시적으로 강조하지도 않는다. 그 대신 필자는 역사 서술에 대한 여러 관점이나 이론들 중에서 특정한 관점을 선택하고 이에 대하여 집중적으로 설명하고 있다. 이 지문은 특정 관점을 선택했다는 점에서는 주장하는 글에 속한다. 그러나 필자는 자신의 관점에 동의하지 않을 독자 집단을 고려하여, 이러한 관점이나 태도가 드러나는 부분에 양태적 의미를 지닌 구문을 씀으로써 좀 더 객관적인 태도로 주장의 설득력을 높이고자 하였다. 그럼에도 필자의 관점이 명시적으로 드러난 지문이 아니기에, 필자의 의도를 물어보는 이 문항은 '추론적 이해'를 측정하고자 하는 문항에 해당한다. 지문이 문항의 평가 요소를 결정한다고 볼 수 있는 대표적 사례이다.

한편 문학 영역에서는 필자 혹은 작가의 의도나 목적 추론이 평가 요소에서 배제되는 경향이 강하다. 문학 작품에 내재한 작가의 진정한 의도나 목적은 작가 스스로 밝히지 않는 한 영원히 확정될 수 없기 때문이다. 작품이 작가의 손을 떠나는 순간부터 독립적이고 자율적인 존재가 된다는 공리가 크게 작용하는 것이다. 그러나 필자의 의도나 목적에 관한 평가 요소를 살리는 방법이 없는 것은 아니다. 예컨대 창작 노트를 비롯하여 작가에 대한 정보를 부가적인 〈자료〉로 제시하면서 작품 창작의 의도나 목적을 추론하도록 할 수 있다. 다만 이런 경우에도 이를 객관적인 사실로 확정할 수는 없고 어디까지나 추론의 수준에 그치도록 해야 한다.

⑤ 숨겨지거나 생략된 내용

숨겨지거나 생략된 내용은 구조, 결말, 주장에 대한 근거 또는 반대, 주장의 전제, 글의 사회적 영향력 등까지 고려하여 평가할 수 있다. 지문의 성격에 따라 출제하기 어려울 수 있는 평가 요소이다.

글의 의미를 이해하는 과정은 자료에 기반하여 상향식으로 이루어지기도 하지만, 학습자가 이미 지니고 있는 배경지식에 기반하여 하향식으로 이루어지기도 한다. 중등학교 학습자는 대개 축자적 읽기 수준을 넘어서므로, 글을 능동적으로 읽어 나가는 전략을 적용하면서 글의 내용 및 구조를 예측하는 활동을 주로 해야 한다. 이때 평가자는 글에서 숨겨지거나 생략된 내용을 파악할 수 있는지 적극적으로 평가해야 한다.

2015 개정 국어과 읽기 영역 [9국02-02] 성취기준에 의하면, 학습자는 '배경지식이나 읽기 맥락'을 활용하여 글의 내용을 예측해야 한다. 학습자들의 예측 활동을 독려하기 위해 교수 전략에서는 학습자의 배경지식을 활성화하도록 돕는다. 그러나 읽기 평가 설계에서는 읽기 맥락을 지문 내의 정보 또는 〈보기〉로 제시함으로써 능동적 읽기를 유도해야 한다.

'추론적 읽기'는 다음 세 가지 특성을 지녀야 한다. 첫째, 학습자 집단이 관심을 가질 만한 화제를 담은 지문이다. 이러한 지문에서는 학습자가 글의 내용을 예측하는 과정에서 관련된 배경지식[4]이나 경험을 떠올려 더 심화하여 이해할 수 있다. 만약 지문 내의 화제로는 부족하다면 〈보기〉와 같은 장치에서 학습자의 관심을 유도할 수 있도록 한다.

둘째, 배경지식이 없더라도 생략된 내용을 충분히 예측할 수 있을 정도로 정보가 충분히 제공되는 지문이다. 정보가 지나치게 상세히 제시되는 지문을 선정하면 원래 정보를 숨기거나 생략하기 어려워 의도와는 달리 사실적 이해를 추정하게 되고, 정보가 지나치게 생략되면 문항의 오류 가능성이 높아진다.[5]

셋째, 글의 세부 내용들이 서로 긴밀히 연결된 지문이다. 이러한 지문으로 문항을 설계할 때는 지문에서 생략된 내용이 정답이 되어야 하고, 동시에 그와 비슷한 내용을 나머지 4개 선택지로 만들어야 한다. 혹은 그와 반대로, 생략된 내용이 4개 선택지로 구성되어야 한다. 이때 지문에서 활용할 수 있는 단서들은 글의 제목, 글에 사용된 표지, 글의 구조나 필자의 의도, 주장 및 근거, 지금까지 이어진 사건 전개 구조 등이다. 추론적 이해를 위한 지문의 대표적 사례 두 가지를 살펴보자.

....

4 문학 영역의 경우 지문과 배경지식의 관계는 비문학 지문과 다르다. 문학 영역은 지문을 읽기 위한 배경지식 중 일부가 국어와 성취도로 볼 수 있는 지식 범주에 포함되기도 한다. 문학 영역 중 현대문학의 경우 수사학적 지식, 문학사적 지식, 역사 및 사회·문화적 배경에 대한 지식이 있으면 문학 작품을 더 풍부하게 감상할 수 있다. 또한 고전문학의 경우 옛말의 문법에 대한 지식이 필요하다. 사실상 이러한 지식들은 국어과 교육 내용에 포함되는 내용이 많기 때문에 이를 직접적으로 물어도 좋다.
   또한 문학 교육은 다른 교과와 달리 지식 교육에서 정서적 요소가 큰 비중을 차지하기에 '지식'의 위상이 단선적이지 않고 다층적인 양상을 띨 수밖에 없다. 즉, 문학 작품에서 다루는 지식을 잘 알고 있다고 해서 그것이 반드시 의미 있는 문학 작품의 향유를 보장해 주는 것은 아니라는 것이다. 이처럼 문학 영역의 경우 시를 읽는 것은 사과를 먹는 것과 같아서, 개념적 지식을 상기하는 것보다는 그저 깨물어 먹고 맛을 즐기는 것이 중요하다는 주장(김상욱, 2008: 45)이 있는 반면, 사과에 대한 일정 수준 이상의 지식이 수반되지 않으면 사과의 맛을 제대로 느낄 수 없거나 탈이 날 수도 있듯 문학 감상에도 일정 수준 이상의 지식은 필수 불가결하다는 의견(최미숙, 2005)도 있다.
5 첫째와 둘째에서 언급한 지문의 특성은 상충되는데, 두 특성을 다 포함하려면 사실상 지문 내에서 정보를 숨기거나 생략하기 어렵다. 이로 인해 어쩔 수 없이 지문에 대한 사실적 이해만을 묻게 되는 경우가 많다.

[8~10] 다음 글을 읽고 물음에 답하시오.

이산화탄소를 많이 배출할수록 돈을 많이 벌 수 있었던 시대에서 이산화탄소를 줄이지 못하면 살아남기 힘든 시대로 변했다. 이 시점에서 이산화탄소가 포함된 온실가스를 감축하기 위한 방안 중 하나로 탄소세를 도입해야 한다는 주장이 제기되고 있다.

'탄소세'는 화석 연료에 함유된 탄소 성분의 정도에 따라 세율을 달리하여 부과하는 조세를 말한다. 탄소세가 도입되면 탄소가 함유된 에너지의 가격이 인상되어 소비를 억제하는 효과가 나타난다. 그리고 화석 연료를 대체하는 에너지를 개발하려는 노력이 촉진되어 궁극적으로 온실가스 배출이 감소된다. 이러한 이유로 탄소세를 ㉠즉각 도입하자는 주장이 대두되었다.

이와 달리, 우리나라의 여건을 고려하여 신중하게 도입하자는 주장이 있다. 우리나라는 화석 연료에 의존하는 산업 비율이 높기 때문에, 현시점에서 탄소세를 도입하면 기업과 가계에 상당한 경제적 부담이 된다는 것이다. 또한 수입이나 소득에 비례하여 과세되는 직접세와는 달리, 탄소세는 구입하는 물건에 포함되어 부과되는 부가 가치세나 유류세와 같은 간접세이다. 따라서 소득이 많건 적건 똑같은 세액을 부담하게 되므로, ㉡저소득층일수록 고소득층에 비해 세금에 대한 부담이 상대적으로 커질 수 있다는 우려가 있다.

그런데 앞으로는 탄소 배출이 많은 무역 상품에 대해서는 환경 파괴에 대한 징벌적 성격의 관세가 부과될 것이므로, 화석 연료에 지나치게 의존하는 산업은 경제적 타격을 피할 수 없다. 따라서 가능한 한 빨리 탄소세를 도입해야 한다. 다만 탄소세로 거둬들인 세금을 친환경 부문에 지출하거나 에너지 복지 부문에 투입해야 한다. 다시 말해 대체 에너지를 개발하거나 에너지 절약을 실천하는 기업에 인센티브를 부여하는 것으로 기업의 경쟁력을 높일 수 있다. 에너지 빈곤 문제를 안고 있는 저소득층에는 보조금을 지급하는 등의 정책을 통하여 탄소세 도입으로 인한 불리함을 해소할 수 있다.

이산화탄소를 줄이는 문제는 이미 국가의 미래를 결정하는 중요한 변수가 되고 있다. 이 시점에서 탄소세를 도입하여 온실가스를 줄이는 데 기여하고,

급변하는 경제 상황에 효과적으로 대처해야 한다.

10 ⓛ이 전제하고 있는 내용으로 가장 적절한 것은?

① 에너지 사용량이 많을수록 세율을 낮춰야 한다.
② 탄소세는 에너지 종류에 따라 달리 부과해야 한다.
③ 고소득층에 비해 저소득층의 세금 부담이 크면 안 된다.
④ 화석 연료 의존도를 낮추면 저소득층을 보호할 수 있다.
⑤ 국가 경제는 이산화탄소 배출량 감축 여부에 달려 있다.

[사례 6]은 필자의 주장과 근거(전제)를 추론하도록 설계된 문항이다. 필자의 관점이나 주장이 어느 정도 명시적으로 나타난 지문을 선택하여, 학습자가 글에 명시된 관점을 근거로 문항의 답을 추론하도록 하였다. 즉 이 문항은 지문에 탄소세 도입을 둘러싼 찬성과 반대의 이유가 각각 충분히 제시되고 있어서, 배경지식이 없어도 학습자가 문항을 충분히 해결할 수 있다.

사례 7   2013년 국가 수준 학업성취도 평가 고등학교 2학년 국어

[7~9] 다음 글을 읽고 물음에 답하시오.

컴퓨터의 발달로 정보가 디지털화되고 인터넷이 확산되고 있다. ⓐ사람들은 각종 단말기를 사용하여 일상적으로 인터넷에 접속함으로써 서로 소통하거나 다양한 지식과 정보들을 검색할 수 있게 되었다. 그런데 이러한 것들이 우리 삶의 질을 향상해 주는 것인지에 대해서는 고민이 필요하다.

요즘 정보 사회의 새로운 문제로 등장한 것이 바로 '정보 과잉 현상'이다. 예전에는 어디에서 필요한 정보를 찾을지 몰라 고생했다면 지금은 오히려 정보

가 너무 많아 문제가 된다. ⓒ우리가 접하는 엄청난 양의 정보에는 우리에게 유익한 것도 있지만 데이터 스모그*라고 할 만큼 불필요한 정보도 가득하다. 그렇기 때문에 필요한 정보를 찾기 위해서는 오히려 많은 시간이 걸리기도 하며, 검색된 정보가 유용한 것인지 가려내는 것도 쉽지 않다.

[A]
　　정보 과잉으로 인해 현대인들은 '업그레이드 강박증'이라는 새로운 스트레스에 시달린다. 사람들 은 끊임없이 새로운 정보를 추구하며, 이를 위해 정보 기술의 발달에도 민감해지고 있다. 그리하여 잠시라도 인터넷 통신망에서 벗어나면 정보에 뒤처진다는 정보 불안 의식이 확산되고 있는 것이다.

　　또한 ⓒ정보 과잉으로 인해 현대인들은 엄청난 양의 정보를 수용하지 못해, 자신의 관심거리에만 몰두하려고 한다. 그리고 자신의 관심거리에 대해 소수의 친밀한 사람들과만 소통하려는 경향을 보인다. 더 나아가 ⓐ무의식적인 인터넷 접속은 대면적 인간관계의 횟수를 줄어들게 하여 개인들의 삶을 화면 앞에 고립시키기도 한다.

　　과거에는 정보를 어떻게 하면 많이 생산할 것인가에 주목했지만, 지금은 정보를 어떻게 하면 효율적으로 활용할 수 있을 것인가에 대해 고민해야 한다. 특히 ⓜ정보의 양보다 질에 초점을 맞추어 필요한 정보를 검색하고 이를 선별하여 활용하는 능력을 키워야 한다. 그래야 무엇보다 정보나 정보 기술에 쫓기는 삶이 아닌 인간이 주체가 되는 삶이 될 것이다.

* 데이터 스모그: '정보 오염'을 의미하는 말로 정보를 의미하는 'data'와 대기 오염을 의미하는 'smog'의 합성어.

9　[A]에서 추론할 수 있는 사람들 의 인식으로 가장 적절한 것은?

① 정보 사회에서 경쟁력은 정보 습득과 밀접한 관계가 있다.

② 정보 불안 의식은 정보 기술을 발달시키는 원동력이 된다.

③ 개인 정보 보안을 위해서는 정보 기술의 발달이 필요하다.

④ 국가의 경제 발전이 정보 기술 발달에 미치는 영향이 크다.

⑤ 정보의 출처는 정보의 유용성을 판단하기 위한 중요한 기준이다.

[사례 7]은 글에 숨겨져 있는 관점을 추론하도록 설계한 문항이다. 설명적 텍스트나 논설문 등에서 필자는 자신의 관점, 이와 유사하거나 대립되는 타인의 관점, 상식이나 여론 등 특정할 수 없는 사람들이 지닌 보편적 관점을 활용하여 논증을 전개한다. 이렇듯 여러 관점이 섞여 있는 글은 추론 문항을 설계하기에 적합한 지문이 될 수 있다. 특히 주장이 뚜렷하게 제시되지 않은 경우라면 더욱 적합할 것이다.

이 지문의 문장들을 살펴보면, 각 문장들이 보편적인 내용을 담고 있기에 이어지는 문장들에서 필자의 관점이 명시적으로 나타나지 않는다. 즉 필자가 문장의 내용에 동의하면서 내용을 전개하고 있는 것인지, 자신의 주장을 본격적으로 펼치기 전 보편적인 내용을 서술하는 것인지 모호하다. 지문이 이러한 특성을 지니고 있기 때문에 9번과 같은 문항을 설계할 수 있다.

이러한 평가 요소는 문학 영역에서 추리·상상적 이해로 변주되어 구현된다. 문학은 기본적으로 어떤 정서나 장면을 우회적으로 드러내는 장르이므로 의미의 공백이 자주 발생할 수밖에 없다. 정보가 지나치게 친절한 작품은 문학적 긴장도(tension)를 갖추기 어려운데, 이는 문학에서 정보의 적절한 은폐를 통해 독자의 상상력을 자극하는 것이 중요한 창작 전략임을 말해 준다. 따라서 작품에 대한 이해의 대부분은 의미의 공백을 채워 넣는 추론이나 상상을 통해 이루어진다. 시에서는 화자가 처해 있는 상황, 화자의 정서, 주요 소재의 함축적 의미 등이 추론의 대상이고, 서사와 극에서는 인물의 언행에 담긴 심리나 의도, 사건 간의 관계, 서사적·극적 정보 간의 관계 등이 추론의 대상이 된다. 〈보기〉의 형식을 통해 외재적 정보가 주어지는 문항에서도 상당 부분은 추리와 상상을 통해 숨겨진 정보나 의미를 발견하는 능력에 의존하게 된다.

(2) '사실적 이해-추론적 이해'를 둘러싼 쟁점

사실적 이해와 추론적 이해가 구분되지 않는 것은 일차적으로 지문의 문제이다. 또한 이는 동시에 선택지의 구성 문제와 긴밀히 관련되기도 한다. 따라서 여기서는 선택지 구성 문제를 가능하도록 하는 지문 요인 문제를 논의하도록 한다.

사실적 이해와 추론적 이해를 묻는 문항 모두 선택지의 내용이 지문에 근거하고 있어야 한다. 다만 사실적 이해의 경우 선택지의 내용이 지문의 내용과 상대적으로 비슷하게 기술되어야 하고, 추론적 이해의 경우 지문의 내용과 차이가 있어야 한다. 즉, 추론 문항에서 선택지는 지문 내용과 다르게 기술하면서도 지문 내용에 근거해야 문장에 오류가 생기지 않는다. 그런데 오류 가능성을 피하기 위해 지문과 선택지 내용을 지나치게 일치시키면 추론적 이해를 평가하려는 의도가 실패하고 사실적 이해를 묻는 문항으로 귀결되고 만다. 따라서 추론적 이해 문항의 선택지는 지문 전체에 흩어진 정보나 상황을 종합하여 재구성하는 선택지로 구성해야 한다.

읽기 영역의 글(자료) 중심 학습요소를 살펴보면 추론적 문항을 설계하기 어려워 사실적 이해 문항으로 귀결되는 경우가 많다. 일반적으로 평가 영역에서 추론적 이해와 사실적 이해를 구분하는 기준은 문항 제작자들이 생각하는 학습자의 규준(norm)[6]인데, 학습자의 능력 수준을 규준에 따라 잘못 판단하여, 학습자에게 너무 쉬운 자료를 선택하게 함으로써 추론적 이해를 평가하지 못하는 것이다. 즉 제시문이 학습자에게 익숙한 유형의 텍스트이거나, 해당 주제에 대한 배경지식이 많거나, 선택지가 제시문의 정보와 크게

....

6   학업성취도 평가 기준은 수월성이 아닌 기초 학력의 달성 여부이므로 이때의 규준은 학교 현장에서 생각하는 보편적인 수준보다 낮게 판단될 수 있다.

다르지 않게 구성되었을 경우, 출제 의도와는 달리 사실적 이해를 측정하게 된다.

이 지점에서 사실적 이해와 추론적 이해를 구분하는 요인을 정리할 필요가 있다. 이는 크게 글 요인과 학습자 요인으로 나눌 수 있다. 글 요인은 지문의 난도와 정보 구조, 정보량 등이며, 학습자 요인은 학습자의 배경지식과 인지 수준 차이가 등이다. 동일한 지문이라 할지라도 어떤 학년에서는 사실적 이해를, 어떤 학년에서는 추론적 이해를 묻는 문항으로 판단되는 경우가 있는데, 이는 학습자의 배경지식[7]이나 인지 수준에서 차이가 있기 때문이다.

두 요인이 서로 충돌하여 추론적 이해를 묻는 문항 구성에 실패할 가능성이 있는 경우의 수를 생각해 보자.

첫째, 학습자의 배경지식과 언어 경험이 문항 설계자의 예측에 비해 떨어질 경우이다. 이 경우 학습자의 읽기 능력이 아닌 배경지식 유무를 측정해 버리는 문항이 된다.

둘째, 지문에서 정보가 어느 정도 생략되어야 되는데, 배경지식과 언어 경험 요인으로 인해 생략의 수준 정도를 판단하기가 어려운 경우이다. 추론적 이해 문항 구성에 실패하는 전형적인 경우에 해당한다.

셋째, 각 선택지가 지문 내용에서 조금만 벗어나야 추론적 이해를 측정할 수 있다. 그런데 조금만 벗어나기가 만만하지 않다. 학습자의 배경지식과 언어 경험을 배제하면서 선택지를 구성해야 하고, 선택지가 논란의 여지가 있으면 안 되므로 정답 및 오답의 근거가 최대한 지문 내에 근거하도록 제작

---

7 즉, 문제 해결 과정에서 배경지식의 작동을 되도록 막아야 한다. 국어과는 내용 교과가 아니기 때문에 배경지식을 지니고 있는 학습자가 지문을 이해하는 데에 절대적으로 유리하다면, 그러한 지문은 국어과 평가에서 채택하지 말아야 한다. 이러한 논란은 현재 진행형이다. 수능 비문학 지문에서 과학 분야 텍스트가 선택될 경우, 해당 지문에 대한 배경지식을 지닌 학생들은 읽지도 않고 문항을 해결할 수 있다는 비판이 제기되고 있다.

하여야 하기 때문이다. 결과적으로 지문 내용을 사실상 재구성하는 방식으로 선택지를 구성할 수밖에 없는 경우가 많다.

넷째, 특히 학교 시험에서는 자료에 근거해야 한다는 현실적인 문제 때문에 추론적 이해를 측정하는 문항 출제가 더욱 어렵다.

생각해 볼 문제

사실적 이해와 추론적 이해는 과연 구분이 되는가?

다음 문항은 사실적 이해를 묻는 문항으로도, 추론적 이해를 묻는 문항으로도 볼 수 있다. 이러한 견해 차이가 생긴 이유는 무엇일까? 주어진 선택지를 통하여 지문의 특성을 도출해 본 후 말해 보자.

> **24** 윗글의 글쓴이의 관점으로 가장 적절한 것은?
>
> ① 사회 문제에 대해서는 과학적 연구를 수행할 수 없다.
> ② 객관적 사회 이론은 이론가의 주관적 문제의식과 무관하다.
> ③ 시공간을 넘어 보편타당하게 적용할 수 있는 객관적 사회 이론이 성립할 수 있다.
> ④ 과학적 연구 방법에 의거한 사회 이론은 사회 현실의 문제 상황과 무관하게 성립할 수 있다.
> ⑤ 사회 이론을 이해하는 데에는 그 이론이 만들어진 당시의 시대적 배경에 대한 이해가 도움이 된다.
>
> 2015학년도 대학수학능력시험 국어 영역(B형)

2016학년도 학업성취도 평가 중3 22번 문항의 경우, 문항 정보에 '대상에 대한 필자의 관점 이해하기'이며, 이를 '사실적 읽기'라고 적시해 놓았다. 그러나 이에 대해 이 문항이 추론적 읽기를 평가한다고 보는 견해가 있다면, 그 이유는 무엇일까?

---

22 〈자료〉의 '학생2'가 윗글의 관점에서 '학생1'에게 말할 내용으로 적절하지 <u>않은</u> 것은?

> ──────── 〈 자료 〉 ────────
>
> 학생1: 민수의 취미가 바둑인 거 알고 있었어? 얼마 전 학
> 교 바둑 대회에 나가서 결승에 진출했다고 하더라.
> 어떻게 해서 그렇게 바둑을 잘 두는 걸까?
> 학생2: 민수는 _____

① 이번 바둑 대회에서 행운이 따랐을 거야
② 평소에 바둑 프로그램을 많이 시청했을 거야
③ 시간이 날 때 혼자 바둑 두는 연습을 했을 거야
④ 어릴 때부터 바둑을 쉽게 접하는 환경에 있었을 거야
⑤ 다른 대회에 나가서 여러 상대와 바둑을 두었을 거야

2016년 국가 수준 학업성취도 평가 중학교 3학년 국어

---

(3) 비판적 이해와 평가적 이해

앞서 살펴본 사실적 이해와 추론적 이해가 글 중심 학습 요소를 중심으로 추정되는 하위 기능이라면, 학습자가 스스로 능동적 사고를 하도록 요구하는 학습자 중심 학습 요소의 하위 기능은 비판적 이해와 평가적 이해이다. 두 개념은 그 영역이 서로 겹쳐지면서 긴밀한 관련을 맺는데, 선택형 읽기 평가 맥락을 고려하면 결국 두 유형이 외연에서 거의 비슷한 능력을 묻게 된다.

최근 수능에서는 비판적 이해라는 용어를 선호하고 있으나 그간의 국어과 평가 맥락에서는 평가적 이해를 오랜 기간 사용해 왔기 때문에 (3)항에서는 '평가적 이해'라는 명명을 중심으로 논의하도록 한다. 이는 크게 내용과 형식에 대해 능동적으로 사고할 수 있는지 묻는 문항들로 이루어지는데, 전형적 사례를 함께 살펴볼 것이다.

① 내용에 대한 평가

평가적 이해 문항에서는 주로 지문에 나타난 필자의 주장이나 관점에 대하여 그 타당성이나 공정성을 평가하는 요소가 강조되어 왔다. 전형적인 유형은 다음과 같은데, 지문의 내용 자체에 대해 학습자가 직접 평가하게 하는 것이다. 이 경우, 선택지를 구성할 때 지문의 세부 내용을 함께 포함시켜야만 학습자가 지문을 제대로 읽고 문항을 해결하도록 할 수 있다.

그런데 구성주의적 관점에서 학습자가 글을 어떻게 평가하든 그 답변이 틀렸다고 판단하기는 쉽지 않다. 이렇게 되면 사실상 문항의 정답을 확정하기가 어려워진다. 이러한 이유로 글을 평가하는 다양한 기준 중에서 특정한 기준을 따라 평가하도록 문항을 설계하게 되었다. 그 기준은 문두에서 명시적으로 제시할 수도 있고, 〈보기〉나 〈자료〉, 선택지 등의 별도 장치를 통하여 제시할 수도 있다.

[사례 8]에서는 〈자료〉에서 평가 기준을 명시적 또는 암시적으로 제시하고 있다.

11 〈자료〉를 바탕으로 ㉠의 주장을 평가할 때 적절하지 <u>않은</u> 것은?

─── 〈 자료 〉 ───

14세기 피렌체의 산타 마리아 노벨라 대성당은 거대한 돔을 만들지 못해 80년간 지붕 없이 방치되었다. 매년 건축가들이 건축 감독 위원회에 계획서를 제출했지만 실격 판정을 받았다. 그런데 '건축가 A'는 로마 양식에 호기심을 갖고 연구한 결과 큰 무게를 버틸 수 있는 설계안을 고안했다. 감독 위원회는 그의 설계안을 인정하였고, 마침내 돔이 완성되었다. 이 성당의 돔은 많은 건축가에게 영감을 주는 새로운 양식이 되었고, 유럽에서 가장 창의적인 건축물 중 하나로 평가받았다. '건축가 B'도 그 돔을 기초로 성 베드로 대성당의 천장을 설계했다.

① '건축가 A'가 로마 양식을 연구하여 돔 설계안을 만든 것은 '영역'에 대한 호기심에서 아이디어가 나온 것이므로 ㉠의 주장은 적절하다.

② '건축가 A'가 완성한 노벨라 대성당의 돔이 많은 건축가들에게 영감을 준 것은 '현장'이 '개인'으로부터 인정을 받은 것이므로 ㉠의 주장은 적절하다.

③ '건축가 A'가 설계한 노벨라 대성당의 돔이 하나의 양식이 된 것은 '개인'의 아이디어가 '영역'을 새롭게 한 것이므로 ㉠의 주장은 적절하다.

④ '건축가 A'의 아이디어가 감독 위원회로부터 인정받아 돔을 만들 수 있었던 것은 창의성의 형성에 '현장'의 역할이 필요하다는 것이므로 ㉠의 주장은 적절하다.

⑤ '건축가 B'가 노벨라 대성당의 돔 양식을 보고 성 베드로 대성당의 천장을 설계한 것은 '영역'이 '개인'에게 영향을 미친 것이므로 ㉠의 주장은 적절하다.

[사례 9]에서는 선택지를 통해 주장과 근거에 의거하여 판단하라는 기준을 암시하고 있다.

[13~16] 다음 글을 읽고 물음에 답하시오.

　　과거에는 특별한 능력이 있는 우수한 몇몇만이 지식을 생산할 수 있는 것으로 간주되었고, 대중에 의해 생산되는 지식은 인정되지 않았다. 그러나 현대의 지식은 특정인에 의해 완성된 고정적 지식뿐 아니라, 대중의 경험을 바탕으로 생성되고 수정과 보완이 가능한 유연한 지식까지 포함한다. 이처럼 전문가뿐만 아니라 대중도 생활에서 체험한 지식을 서로 공유하면서 지식 생산에 기여하는 것을 집단 지성이라 부른다.

　　집단 지성은 어떠한 상황에서 등장했을까? 첫째, 대중 교육의 확산으로 신장된 대중의 지성을 신뢰함으로써 발현될 수 있었다. 대중은 집단 지성에 의해 얼마든지 현명한 판단을 내릴 수 있으며, 때로는 소수 전문가의 판단보다는 다수의 판단이 더 정확할 가능성이 높다. 둘째, 지식과 정보가 자유롭게 소통, 교류될 수 있는 기술적 지원으로 가능해졌다. 현대의 대중들은 대부분 웹의 피드백 구조를 통해 정보를 축적하고 교류한다. 이때 정보의 긍정적 측면은 수용되고, 정보의 부정적 측면은 개인이나 집단에 의해 시정되어 지식의 정확성과 공정성이 강화된다. 이는 ㉠네트워크적 협업 방식을 기반으로 한 지성이 발현되기 때문이다.

　　현대 사회에서는 폐쇄적 구조에서 형성된 고착화된 지식이 아니라, 개방적 구조에서 형성된 실제적이고 유용한 지식이 선호된다. 개방적 구조 속에서는 일반 대중도 집단 지성의 협업을 통해 다양한 능력을 발휘한다. 이러한 집단 협업은 개인들의 개별적 능력을 극대화한다. 이렇게 상호 협력 속에서 집단 협업을 통해 생산된 아이디어는 새롭게 진화해 나가며 혁신적인 아이디어 생태계를 구축한다. 영역을 초월한 상태에서 개인은 또 다른 잠재력을 발휘하게 되는 것이다.

　　진정한 집단 지성의 발현을 위해서는 참여자 모두 동등한 권력을 가지고 협업할 수 있는 구조가 형성되어야 한다. 전문가라 해서 그들의 의견이 더 경청되거나 중시될 필요는 없다. 일반 대중도 어떤 분야에서는 전문가와 동일한 지식을 생산할 수 있는 존재이다. 서로를 동등한 존재로 여기고 서로의 말을 경

15 윗글의 내용에 대해 평가한 것으로 가장 적절한 것은?

① 논거의 적절성을 높이기 위해 전문가가 생산한 지식의 우수성을 언급하고 있군.

② 주장의 타당성을 높이기 위해 웹 기술의 발달 과정을 단계적으로 보여 주고 있군.

③ 논의를 균형 있게 전개하기 위해 정보의 대량 유통이 사회에 미치는 부정적 영향을 언급하고 있군.

④ 주장의 공정성을 확보하기 위해 아이디어 생태계의 한계와 전망을 함께 언급하고 있군.

⑤ 주장의 설득력을 높이기 위해 협업이 필요하게 된 인식적 토대를 보여 주는 의견을 인용하고 있군.

선택지와 자료라는 별도의 장치를 통하여 평가 기준을 명확하게 제시할 수 있지만, 지문에서 대립되는 여러 관점을 모두 포함하고 있는 경우도 있다. 이 경우 지문에 필자의 관점이 직접적으로 드러나지 않는다. 대표적인 예로 [사례 10] 지문을 들 수 있다. 첫 문단과 두 번째 문단은 각각 '논리실증주의'(포퍼)와 '총체주의'(콰인)라는 대비되는 두 가지 관점을 서술하고 있다. 이 지문의 필자는 대립되는 두 관점의 정의와 특성을 객관적으로 설명하는 메타적 해설만을 제공하고 있기 때문에, 처음 두 문단만 보면 필자가 어느 관점에 동의하는지 전혀 알 수가 없다. 그러나 이어지는 세 개 문단에서는 사실상 콰

인의 생각을 상세히 설명하고 있다. 문단을 읽으며 학습자들은 필자가 콰인의 생각에 동의를 하기 때문에 이렇게 상세히 알고 풀어내고 있는 것이라고 생각할 수 있다. 그러나 정반대로 필자가 콰인의 생각에 반대하여 이렇게 많은 분량을 할애하여 설명하고 있다고 생각할 수도 있는데, 마지막 문단에서 콰인의 의견 중 비판의 여지가 있는 부분을 거론하고 있기 때문이다.

사례 10

2017학년도 대학수학능력시험 국어 영역

[16~20] 다음 글을 읽고 물음에 답하시오.

　　㉠논리실증주의자와 포퍼는 지식을 수학적 지식이나 논리학 지식처럼 경험과 무관한 것과 과학적 지식처럼 경험에 의존하는 것으로 구분한다. 그중 과학적 지식은 과학적 방법에 의해 누적된다고 주장한다. 가설은 과학적 지식의 후보가 되는 것인데, 그들은 가설로부터 논리적으로 도출된 예측을 관찰이나 실험 등의 경험을 통해 맞는지 틀리는지 판단함으로써 그 가설을 시험하는 과학적 방법을 제시한다. 논리실증주의자는 예측이 맞을 경우에, 포퍼는 예측이 틀리지 않는 한, 그 예측을 도출한 가설이 하나씩 새로운 지식으로 추가된다고 주장한다.

　　하지만 ㉡콰인은 가설만 가지고서 예측을 논리적으로 도출할 수 없다고 본다. 예를 들어 ⓐ새로 발견된 금속 M은 열을 받으면 팽창한다는 가설만 가지고는 ⓑ열을 받은 M이 팽창할 것이라는 예측을 이끌어 낼 수 없다. 먼저 지금까지 관찰한 모든 금속은 열을 받으면 팽창한다는 기존의 지식과 M에 열을 가했다는 조건 등이 필요하다. 이렇게 예측은 가설, 기존의 지식들, 여러 조건 등을 모두 합쳐야만 논리적으로 도출된다는 것이다. 그러므로 예측이 거짓으로 밝혀지면 정확히 무엇 때문에 예측에 실패한 것인지 알 수 없다는 것이다. 이로부터 콰인은 개별적인 가설뿐만 아니라 ⓒ기존의 지식들과 여러 조건 등을 모두 포함하는 전체 지식이 경험을 통한 시험의 대상이 된다는 총체주의를 제안한다.

논리실증주의자와 포퍼는 수학적 지식이나 논리학 지식처럼 경험과 무관하게 참으로 판별되는 분석 명제와, 과학적 지식처럼 경험을 통해 참으로 판별되는 종합 명제를 서로 다른 종류라고 구분한다. 그러나 콰인은 총체주의를 정당화하기 위해 이 구분을 부정하는 논증을 다음과 같이 제시한다. 논리실증주의자와 포퍼의 구분에 따르면 "총각은 총각이다."와 같은 동어 반복 명제와, "총각은 미혼의 성인 남성이다."처럼 동어 반복 명제로 환원할 수 있는 것은 모두 분석 명제이다. 그런데 후자가 분석 명제인 까닭은 전자로 환원할 수 있기 때문이다. 이러한 환원이 가능한 것은 '총각'과 '미혼의 성인 남성'이 동의적 표현이기 때문인데 그게 왜 동의적 표현인지 물어보면, 이 둘을 서로 대체하더라도 명제의 참 또는 거짓이 바뀌지 않기 때문이라고 할 것이다. 하지만 이것만으로는 두 표현의 의미가 같다는 것을 보장하지 못해서, 동의적 표현은 언제나 반드시 대체 가능해야 한다는 필연성 개념에 다시 의존하게 된다. 이렇게 되면 동의적 표현이 동어 반복 명제로 환원 가능하게 하는 것이 되어, 필연성 개념은 다시 분석 명제 개념에 의존하게 되는 순환론에 빠진다. 따라서 콰인은 종합 명제와 구분되는 분석 명제가 존재한다는 주장은 근거가 없다는 결론에 ⓒ도달한다.

콰인은 분석 명제와 종합 명제로 지식을 엄격히 구분하는 대신, 경험과 직접 충돌하지 않는 중심부 지식과, 경험과 직접 충돌할 수 있는 주변부 지식을 상정한다. 경험과 직접 충돌하여 참과 거짓이 쉽게 바뀌는 주변부 지식과 달리 주변부 지식의 토대가 되는 중심부 지식은 상대적으로 견고하다. 그러나 이 둘의 경계를 명확히 나눌 수 없기 때문에, 콰인은 중심부 지식과 주변부 지식을 다른 종류라고 하지 않는다. 수학적 지식이나 논리학 지식은 중심부 지식의 한가운데에 있어 경험에서 가장 멀리 떨어져 있지만 그렇다고 경험과 무관한 것은 아니라는 것이다. 그런데 주변부 지식이 경험과 충돌하여 거짓으로 밝혀지면 전체 지식의 어느 부분을 수정해야 할지 고민하게 된다. 주변부 지식을 수정하면 전체 지식의 변화가 크지 않지만 중심부 지식을 수정하면 관련된 다른 지식이 많기 때문에 전체 지식도 크게 변화하게 된다. 그래서 대부분의 경우에는 주변부 지식을 수정하는 쪽을 선택하겠지만 실용적 필요 때문에 중심부 지식을 수정하는 경우도 있다. 그리하여 콰인은 중심부 지식과 주변부 지식이 원칙적으로 모두 수정의 대상이 될 수 있고, 지식의 변화도 더 이상 개별적 지식이 단순히 누적되는 과정이 아니라고 주장한다.

총체주의는 특정 가설에 대해 제기되는 반박이 결정적인 것처럼 보이더라도 그 가설이 실용적으로 필요하다고 인정되면 언제든 그와 같은 반박을 피하는 방법을 강구하여 그 가설을 받아들일 수 있다. 그러나 총체주의는 "A이면서 동시에 A가 아닐 수는 없다."와 같은 논리학의 법칙처럼 아무도 의심하지 않는 지식은 분석 명제로 분류해야 하는 것이 아니냐는 비판에 답해야 하는 어려움이 있다.

17 윗글에 대해 이해한 내용으로 가장 적절한 것은?

① 포퍼가 제시한 과학적 방법에 따르면, 예측이 틀리지 않았을 경우보다는 맞을 경우에 그 예측을 도출한 가설이 지식으로 인정된다.

② 논리실증주의자에 따르면, "총각은 미혼의 성인 남성이다."가 분석 명제인 것은 총각을 한 명 한 명 조사해 보니 모두 미혼의 성인 남성으로 밝혀졌기 때문이다.

③ 콰인은 관찰과 실험에 의존하는 지식이 관찰과 실험에 의존하지 않는 지식과 근본적으로 다르다고 한다.

④ 콰인은 분석 명제가 무엇인지는 동의적 표현이란 무엇인지에 의존하고, 다시 이는 필연성 개념에, 필연성 개념은 다시 분석 명제 개념에 의존한다고 본다.

⑤ 콰인은 어떤 명제에, 의미가 다를 뿐만 아니라 서로 대체할 경우 그 명제의 참 또는 거짓이 바뀌는 표현을 사용할 수 있으면, 그 명제는 동어 반복 명제라고 본다.

18 윗글을 바탕으로 총체주의의 입장에서 ⓐ~ⓒ에 대해 평가한 것으로 적절하지 <u>않은</u> 것은? [3점]

① ⓑ가 거짓으로 밝혀지더라도 그것이 ⓐ 때문이라고 단정하지 못하겠군.

② ⓑ가 거짓으로 밝혀지면 ⓒ의 어느 부분을 수정하느냐는 실용적 필요에 따라 달라지겠군.

③ ⓑ는 ⓐ와 ⓒ로부터 논리적으로 도출된다고 하겠군.

④ ⓑ가 거짓으로 밝혀지면 ⓑ는 ⓒ의 주변부에서 경험과 직접 충돌한 것이라고 하겠군.

⑤ ⓑ가 거짓으로 밝혀지면 ⓒ를 수정하는 방법으로는 ⓐ를 받아들일 수 없다고 하겠군.

19 윗글의 총체주의에 대한 비판으로 가장 적절한 것은?

① 중심부 지식과 주변부 지식 간의 경계가 불분명하다 해도 중심부 지식 중에는 주변부 지식들과 종류가 다른 지식이 존재한다.

② 중심부 지식을 수정하면 주변부 지식도 수정해야 하겠지만, 주변부 지식을 수정한다고 해서 중심부 지식을 수정해야 하는 것은 아니다.

③ 전체 지식은 어떤 결정적인 반박일지라도 피할 수 있기 때문에 수정 대상을 주변부 지식으로 한정하는 것은 잘못이다.

④ 논리학 지식이나 수학적 지식이 중심부 지식의 한가운데에 위치한다고 해서 경험과 무관한 것은 아니다.

⑤ 가설로부터 논리적으로 도출된 예측이 경험과 충돌하더라도 그 충돌 때문에 가설이 틀렸다고 할 수 없다.

결론적으로 [사례 10]은 지문의 내용만으로는 필자의 관점을 명확하게 알 수 없다. 이러한 지문은 관련 주제에 대한 다양한 관점이 제시되고, 그 관점들이 대비되는 점을 상세히 설명하는 '메타적인 해설을 취한 객관적인 글'이라 할 수 있다. 그렇기 때문에 17번, 18번, 19번 문항은 다음과 같이 '두 개의 관점을 대비하여 이해할 수 있는지 파악하는 문항', '특정 관점을 실세계

에 적용하는 능력을 측정하는 문항', '하나의 관점에서 다른 관점을 비판적으로 평가하는 문항' 등으로 출제될 수 있었다.

② 형식에 대한 평가

글 중심 학습 요소 중 내용 전개 방식과 같은 요인들을 평가하는 차원에서도 문항을 설계할 수 있다. 이러한 문항은 통상적으로 지문의 내용을 종합적으로 판단할 수 있는지, 그리고 전개 방식의 효과를 타당하게 평가할 수 있는지를 동시에 평가한다. 글의 형식적 특성을 묻는 대상은 특정 문단이 될 수도, 글 전체일 수도 있으나 이때 지문에 대한 내용을 완전히 배제한 채 글의 장르적 특성 같은 일반적인 내용만 물어보지 않도록 유의해야 한다. 특히 지문의 정보량이 부족하면 세부 내용과 함께 선택지를 구성할 수 있는 여지가 없어 지나치게 일반적인 상식을 선택지로 구성하기도 한다. 예를 들어 보자.

사례 11   2014년 국가 수준 학업성취도 평가 고등학교 2학년 국어

10 윗글의 논지 전개 방식에 대한 평가로 가장 적절한 것은?

① 중심 화제에 대한 자료의 출처를 밝힘으로써 주장의 신뢰성을 높이고 있다.
② 중심 화제에 대해 상반된 견해를 제시함으로써 주장의 공정성을 확보하고 있다.
③ 중심 화제에 대한 전문가의 말을 직접 인용함으로써 주장의 객관성을 높이고 있다.
④ 중심 화제에 대해 두 가지 관점으로 나누어 접근함으로써 주장의 타당성을 높이고 있다.
⑤ 중심 화제에 대해 가설을 설정하고 현상을 분석함으로써 주장의 적절성을 높이고 있다.

[사례 11]처럼 글 전체에 대한 형식적 평가를 묻는 경우 '중심 화제에 대한'과 같은 제한 조건이 없으면 선택지를 확정하기 어려울 수도 있다. 이를테면 지문 내용에 중심 화제에 대한 자료의 출처가 나오지 않더라도 다른 소(小)화제나 세부 내용에서 자료의 출처가 간략하게라도 제시된 경우, 출제자의 의도와는 다른 결과가 나올 수 있다. 즉 선택지에 제한 조건이 없다면 출제자가 글 전체에 대한 평가적 이해를 수행했는지 물을 때, 중심 화제에 대한 판단을 의도했다 하더라도 학습자는 지문의 세부 내용도 확인하기 때문에 선택지에 대한 판단이 출제자의 의도대로 이루어지기 어렵다.

만약 글에 논증 방식이나 설명 방식 등의 형식적 특성이 다양하게 나타나 있고 글의 정보량이 상대적으로 적다면, 이러한 문항을 설계할 수도 있다.

(4) '비판적 이해-평가적 이해'를 둘러싼 쟁점

앞에서 살펴본 읽기 영역 및 문학 영역의 평가 요소들을 보면, 주로 텍스트 자체에 대한 이해에 집중되어 있고 사회·문화적 맥락을 고려한 비판적·평가적 읽기, 더 나아가 창의적 읽기는 상대적으로 그 비중이 적음을 알 수 있다. 이 중에서 특히 비판적 이해를 보편적인 평가 요소로 포함하기가 힘들었던 이유는 무엇일까?

첫째, 개념 자체의 의미역이 변화하고 지속적으로 확대되어 왔기 때문에 평가 설계 과정에서도 개념역을 명확히 확정하기가 어려웠다. 국어교육학사를 살펴보면, 비판적 읽기란 글의 내용과 구조에 대한 평가 정도를 의미하였다가, 텍스트에 대한 지식을 토대로 글의 목적이나 필자의 관점, 사회·문화적 소통 맥락 등을 비판적으로 판단하며 읽는 것(김혜정, 2002)으로 확대되었다. 또한 2007 개정 교육과정 이후에는 사회 정치적인 구조나 권력 관계 속에서의 반성적 읽기나 실천적 행위까지 포함하는 것으로 그 외연이 더욱 확대되었다. 한마디로 텍스트 자체보다는 텍스트와 관련된 사회적 맥락에 더 초점을 두는 방향으로 발전되어 온 것이다. '사회적 소통으로서의 읽기, 능동적 주체로서의 읽기' 등은 이러한 비판적 읽기 능력을 강조하는 흐름에서 나왔다.

둘째, 비판적 이해에 속하기보다 상대적으로 안정된 개념인 추론적 이해에 포함하여 다루어도 무방한 학습 요소들이 있다. 앞에서 제시한 2015 개정 교육과정『독서』과목 내용 체계표에 따르면, 비판적 읽기의 학습 요소는 관점, 내용, 표현 방법, 의도나 신념인데, 모두 글 중심 학습 요소에 포함될 수 있는 것이기도 하다. 또한 이 학습 요소들을 통해 텍스트 자체의 이해만을 묻지 않고 메타적인 사고를 측정할 경우, 평가적 이해라는 용어를 사용하여 '관점이나 내용에 대한 타당성과 신뢰성 평가', '표현 방법에 대한 타당성 평가'를 시도해 왔던 것이다.

셋째, 비판적 읽기 행위는 텍스트 자체에 비중을 두기보다는 텍스트의 작은 근거가 이미 내포하고 있는 공동체가 보편적으로 공유하고 있는 사회·문화적 맥락에 초점이 있다. 그런데 사회과에서도 '비판적 활동'을 통하여 더 나은 대안까지 제시하는 활동을 독려하고 있다는 점에서 '언어적 전문성을 확보해야 하는 국어과의 읽기에 해당하는가', '사회과에서 이루어지는 읽기와 무엇이 다른가'라는 의문을 낳기도 한다. 더 나은 대안을 학생들이 생각해 내려면 충분한 지식을 필요로 하는데 국어과에서는 배경지식이 없는 상태에서 학생들이 대안을 생각해 내도록 하기 십상이므로, 국어과에서 비판적 이해를 평가할 경우 사회과에서의 문식 활동보다 좁은 범위의 활동을 다루게 될 수 있다.

넷째, 학습자는 실제 문식 환경 속에 수많은 이데올로기가 포함되어 있다는 사실을 혼자의 힘만으로 발견하기 어렵기 때문에 다양한 경험을 제공하는 수업을 통해 텍스트 속 이데올로기를 발견하도록 유도할 수밖에 없다.

다시 말해 학습자들은 텍스트를 둘러싼 사회·문화적인 배경과 이데올로기를 배경지식으로 갖고 있지 않아 텍스트를 이해하는 데 어려움이 있다. 이러한 이유로 비판적 읽기를 강조하는 교수·학습 및 평가를 설계할 때 이데올로기적 지식이 주가 되어 버릴 수 있다. 따라서 비판적 이해 문항을 설계할 때는 어떠한 접근을 전제로 읽어야 하는지, 어떠한 배경지식을 바탕으로 비판을 해야 하는지가 포함되어야 한다.

다섯째, 교육과정과 교과서뿐만 아니라 그에 따라 제작되는 평가 문항 역시 가치 중립성을 전제로 해야 한다는 것은 교육계에서 암묵적으로 공유하고 있는 전제이다. 그러므로 사회 정치적인 구조나 권력 관계를 중심으로 주체적으로 해석해 보는 수업을 일회적으로 할 수는 있어도, 그 내용으로 문항을 구성할 경우 출제자가 져야 하는 부담감이 크다. 특정 관점이 명확히 드러나는 지문을 주고 그에 대한 태도를 직접적으로 묻는 선택지를 구성하는 것도 어렵고 지문에 드러난 필자의 태도를 묻기도 어려운 것이다. 이는 교과서 제재를 선택할 때에도 문제 삼고 있는 사항이다.

이처럼 교육과정에서는 비판적 이해의 개념역이 넓지만 선택형 읽기 문항으로 주로 설계되는 요소는 내용과 형식 두 가지 정도로 제한되어 이에 따라 지문의 성격이 정형화되어 있다. 그러나 비판적 이해를 묻는 문항에서 꼭 확인해야 하는 것은, 지문 내에 비판과 평가의 기준이 명시되거나 〈보기〉, 〈자료〉 등 문항의 다른 요소에 기준을 제시할 수 있을 정도의 정보가 들어 있어야 한다는 점이다.

(5) 적용 및 창의적 이해

비판적이고 능동적으로 글을 읽는 학습자는 해당 글을 다른 글과 연계하거나 알고 있던 지식을 재구조화하는 등, 확장적인 사고를 하게 된다. 앞서 다룬 비판적·평가적 이해는 독자의 능동적 역할을 중시하기는 하나, 여전히 지문의 내용과 형식을 중심으로 문항을 구성한다. 그에 비해 적용 및 창의적 이해는 글에 나타난 개념과 지식을 바탕으로 새로운 상황에 적용할 수 있는지, 지문에 나타난 문제 상황에 대한 창의적 해결 방법이나 대안을 찾을 수 있는지 등을 물을 수 있다.

적용 및 창의적 이해는 비판적 능력을 바탕으로 성장할 수 있는 능력이다(김혜정, 2008). 특히 최근에는 문제 상황을 해결하기 위한 사고력 연습의 일환으로 교과 학습을 위한 읽기가 강조되고 있다. 각 교과별로 해당 지식을 학습하는 데에만 그치지 않는 것이다. 이를 위해서는 각 교과에서 분절적으로 배웠던 지식을 서로 연결시킬 수 있어야 하고, 이들을 통합적으로 연결하였을 때 논리적으로 문제점은 없는지 비판하며, 더 나아가 관련 인접 주제나 상위 주제와도 연결하여 독창적으로 사고할 수 있어야 한다.

적용 및 창의적 이해는 최근 학교 읽기 교육에서 중요한 위상을 차지하고 있는 능력이다. 이를 측정하는 문항을 구성하기 위해서는 학습자가 지식을 연결하고 통합할 수 있는 내용이 담긴 지문을 대상으로 해야 한다. 각 교과의 지식은 학습자가 갖추고 있으리라 기대되는 배경지식인 동시에 독특한 쟁점이나 고유의 지식 체계가 존재하는 특정 학문에 기초하고 있기도 하다. 이와 같은 맥락에서 수능 읽기 평가에서는 시행 초기부터 이 능력을 평가하기 위해 학문 분야별 쟁점과 지식을 담고 있는 지문을 선정해 왔다.

① 적용

적용 능력을 묻는 문항이 요구하는 지문의 특성상, 그 지문에 딸린 하위 문항들에서 적용 외에 추론적 이해와 비판적 이해, 평가적 이해를 묻는 문항을 구성하기 어렵다. 이에 따라 적용 능력을 평가하기 위한 지문을 대상으로 세트 문항을 만들 경우 대개 사실적 이해를 묻는 문항과 적용 능력을 묻는 문항으로 구성하게 된다. 공학 분야 지문에서 이러한 특성이 잘 드러나는데, 아래 [사례 12]를 보자.

사례 12　　　　　　　　　　　　　　　2014학년도 대학수학능력시험 국어 영역(A형)

[28~30] 다음 글을 읽고 물음에 답하시오.

CD 드라이브는 디스크 표면에 조사된 레이저 광선이 반사되거나 산란되는 효과를 이용해 정보를 판독한다. CD의 기록면 중 광선이 흩어짐 없이 반사되는 부분을 랜드, 광선의 일부가 산란되어 빛이 적게 반사되는 부분을 피트라고 한다. CD에는 나선 모양으로 돌아 나가는 단 하나의 트랙이 있는데 트랙을 따라 일렬로 랜드와 피트가 번갈아 배치되어 있다. 피트를 제외한 부분, 즉 이웃하는 트랙과 트랙 사이도 랜드에 해당한다.

CD 드라이브는 디스크 모터, 광 픽업장치, 광학계 구동 모터로 구성된다. 디스크 모터는 CD를 회전시킨다. CD 아래에 있는 광 픽업 장치는 레이저 광선을 발생시켜 CD 기록면에 조사하고, CD에서 반사된 광선은 광 픽업 장치 안의 광 검출기가 받아들인다. 광선의 경로 상에 있는 포커

싱 렌즈는 광선을 트랙의 한 지점에 모으고, 광 검출기는 반사된 광선의 양을 측정하여 랜드와 피트의 정보를 읽어 낸다. 이때 CD의 회전 속도에 맞춰 트랙에 광선이 조사될 수 있도록 광학계 구동 모터가 광 픽업 장치를 CD의 중심부에서 바깥쪽으로 서서히 직선으로 이동시킨다.

CD의 고속 회전 등으로 진동이 생기면 광선의 위치가 트랙을 벗어나거나 초점이 맞지 않아 데이터를 잘못 읽을 수 있다. 이를 막으려면 트래킹 조절 장치와 초점 조절 장치를 제어해 실시간으로 편차를 보정해야 한다. 편차 보정에는 광 검출기가 사용된다. 광 검출기는 가운데를 기준으로 전후좌우의 네 영역으로 분할되어 있는데, 트랙의 방향과 같은 방향으로 전후 영역이, 직각 방향으

로 분할되어 있는데, 트랙의 방향과 같은 방향으로 전후 영역이, 직각 방향으로 좌우 영역이 배치되어 있다. 이때 각 영역에 조사되는 빛의 양이 많아지면 그 영역의 출력값도 커지며 네 영역의 출력값의 합을 통해 피트와 랜드를 구별한다.

레이저 광선이 트랙의 중앙에 초점이 맞은 상태로 정확히 조사되면 광 검출기 네 영역의 출력값은 모두 동일하다. 그런데 광선이 피트에 해당하는 지점에 조사될 때 트랙의 중앙을 벗어나 좌측으로 치우치면, 피트 왼편에 있는 랜드에서 반사되는 빛이 많아져 광 검출기의 좌 영역의 출력값이 우 영역보다 커진다. 이 경우 두 출력값의 차이에 대응하는 만큼 트래킹 조절 장치를 작동하여 광 픽업 장치를 오른쪽으로 움직여서 편차를 보정한다. 우측으로 치우쳐 조사된 경우에도 비슷한 과정을 거쳐 편차를 보정한다.

한편 광 검출기에 조사되는 광선의 모양은 초점의 상태에 따라 전후나 좌우 방향으로 길어진다. CD 기록면과 포커싱 렌즈 간의 거리가 가까워져 광선의 초점이 맞지 않으면, 조사된 모양이 전후 영역으로 길어지고 출력값도 상대적으로 커진다. 반면 둘 사이의 거리가 멀어지면, 좌우 영역으로 길어지고 출력값도 상대적으로 커진다. 이때 광 검출기의 전후 영역 출력값의 합과 좌우 영역 출력값의 합을 구한 후, 그 둘의 차이에 해당하는 만큼 초점 조절 장치를 이용해 포커싱 렌즈의 위치를 CD 기록면과 가깝게 또는 멀게 이동시켜 초점이 맞도록 한다.

28 윗글에 나타난 여러 장치에 대한 설명으로 적절하지 않은 것은?

① 초점 조절 장치는 포커싱 렌즈의 위치를 이동시킨다.
② 포커싱 렌즈는 레이저 광선을 트랙의 한 지점에 모아 준다.
③ 광 검출기의 출력값은 트래킹 조절 장치를 제어하는 데 사용된다.
④ 광학계 구동 모터는 광 픽업 장치가 CD를 따라 회전할 수 있도록 해 준다.
⑤ 광 픽업 장치에는 레이저 광선을 발생시키는 부분과 반사된 레이저 광선을 검출하는 부분이 있다.

29 윗글을 이해한 내용으로 적절하지 <u>않은</u> 것은?

① CD에 기록된 정보는 중심에서부터 바깥쪽으로 읽어야 하겠군.

② 레이저 광선은 CD 기록면을 향해 아래에서 위쪽으로 조사되겠군.

③ 광 검출기에서 네 영역의 출력값의 합은 피트를 읽을 때보다 랜드를 읽을 때 더 크게 나타나겠군.

④ 렌즈의 초점이 맞지 않으면 광 검출기의 전 영역과 후 영역의 출력값의 차이를 이용하여 보정하겠군.

⑤ CD의 고속 회전에 의한 진동으로 인해 광 검출기에 조사된 레이저 광선의 모양이 길쭉해질 수 있겠군.

30 윗글을 바탕으로 〈 보기 〉에 대해 설명한 내용으로 적절한 것은? [3점]

―――――― 〈 보기 〉 ――――――

다음은 CD 기록면의 피트 위치에 레이저 광선이 조사되었을 때 〈상태 1〉과 〈상태 2〉에서 얻은 광 검출기의 출력값이다.

영역	전	후	좌	우
상태 1의 출력값	2	2	3	1
상태 2의 출력값	5	5	3	3

① 광 검출기에 조사되는 레이저 광선의 총량은 〈상태 1〉보다 〈상태 2〉가 작다.

② 〈상태1〉에서는 초점 조절 장치가 구동되어야 하지만, 〈상태 2〉에서는 구동될 필요가 없다.

③ 〈상태 1〉에서는 트래킹 조절 장치가 구동될 필요가 없지만, 〈상태 2〉에서는 구동되어야 한다.

④ 〈상태 1〉에서는 레이저 광선이 트랙의 오른쪽에 치우쳐 조사되고, 〈상태 2〉에서는 가운데 조사된다.

⑤ 〈상태 1〉에서는 포커싱 렌즈와 CD 기록면의 사이의 거리를 조절할 필요가 없지만, 〈상태 2〉에서는 멀게 해야 한다.

[사례 12]의 지문은 CD 드라이브 장치들의 명칭과 그 기능을 설명하고, 특정 상황에서 장치들이 어떻게 기능하는지 설명하고 있다. 즉, 각 용어들을 정의하고 용어들의 관계를 엄밀하게 규정하는 것이 내용 전개의 주를 이루고 있다. 이 지문에는 총 세 개 문항이 설계되었는데, 첫 번째 문항은 지문을 정확하게 읽어 낼 수 있는지를 확인하고, 두 번째 문항은 지문에 대한 이해를 바탕으로 정보를 재조직할 수 있는지를 확인하며, 마지막 문제는 지문을 통해 얻은 지식을 다른 문제 상황에 적용할 수 있는지를 확인하고 있다.

위 지문으로 추론적 이해를 평가하기 위한 문항을 설계하기란 어렵다. 이는 사실상 지문의 특성에서부터 충분히 예측 가능한 문제점이다. 국어과 평가 맥락에서 독자가 CD 드라이브에 대한 전문적 지식을 가지고 있으리라 판단하기 어렵기 때문이다.

그런데 문제는 지문에서 요구하는 각 학문 분야별 배경지식이 종종, 학습자가 능동적으로 지식을 통합하고 새로운 상황에 적용하기가 어려울 정도로 과도하게 전문적인 경우가 많다는 것이다. 이러한 이유로 [사례 12]와 같은 유형이 생긴 것이다. 즉 '새로운 상황'을 〈보기〉와 같은 형식으로 '또 다른 지문'을 제공, 원 지문과 〈보기〉의 지문을 관련지어 이해하는 수준으로 문항을 내는 경우도 생긴다.

② 창의적 이해(대안 찾기)

마지막으로 살펴볼 창의적 이해는 앞서 살펴본 하위 기능 중 비판적 이해 및 적용과 긴밀한 관련성이다. 비판적 이해는 글에 대한 능동적 사고를 전제로 이루어지고, 적용 역시 글에 대한 이해를 새로운 상황과 관련지어 사고할 수 있는 능동적 사고를 필요로 한다.

창의적 이해는 비판적 이해 및 적용의 이러한 속성 모두를 공유하는데, 더 나아가 문제 상황에 대해 창의적인 해결 방법을 찾을 것을 요구한다. 이는 교육과정에서도 '[12독서02-05] 글에서 자신과 사회의 문제를 해결하는 방법이나 필자의 생각에 대한 대안을 찾으며 창의적으로 읽는다.'라고 강조하는 바이다. 자신이나 사회의 문제를 글을 읽으면서 해결한다는 것은 그만큼 글 자체에서 벗어나고, 필자와의 일차적인 소통을 넘어서야 한다는 것을 의미한다.

창의적 이해가 이러한 학습자의 능동적 사고를 요구하기 때문에 사실상 선택형 평가로는 제대로 평가하기가 어렵다. 문학은 창의적으로 글을 이해하기에 가장 적절한 영역이지만, 그 속성으로 인해 선택지를 확정하기 어려워 선택형 평가에서 문학 영역일수록 창의적 이해를 평가하기가 어렵다는 아이러니한 상황에 놓인다. 결론적으로 창의적 이해를 제대로 평가하려면, 글에 드러난 정보를 근거로 하되 제시된 글에서 벗어나 자신과 사회의 문제를 해결하는 방법을 직접 표현하게 하는 수행형 평가 도구가 훨씬 적절할 것이다.

그럼에도 여기에서 선택형 평가 도구로 창의적 이해를 유도하는 장치들을 보고자 하는데, 이로써 창의적 이해라는 하위 기능의 핵심 속성을 더 잘 이해할 수 있을 것이기 때문이다. 창의적 이해를 측정하고 있다고 판단되는 문항은 [사례 13]이다.

사례 13 2015학년도 대학수학능력시험 6월 모의평가 국어 영역

[27~30] 다음 글을 읽고 물음에 답하시오.

상업 광고는 기업은 물론이고 소비자에게도 요긴하다. 기업은 마케팅 활동의 주요한 수단으로 광고를 적극적으로 이용하여 기업과 상품의 인지도를 높이려 한다. 소비자는 소비 생활에 필요한 상품의 성능, 가격, 판매 조건 등의 정보를 광고에서 얻으려 한다. 광고를 통해 기업과 소비자가 모두 이익을 얻는 상업 광고는 기업은 물론이고 소비자에게도 요긴하다. 기업은 마케팅 활동

의 주요한 수단으로 광고를 적극적으로 이용하여 기업과 상품의 인지도를 높이려 한다. 소비자는 소비 생활에 필요한 상품의 성능, 가격, 판매 조건 등의 정보를 광고에서 얻으려 한다. 광고를 통해 기업과 소비자가 모두 이익을 얻는다면 이를 규제할 필요는 없을 것이다. 그러나 광고에서 기업과 소비자의 이익이 상충되는 경우도 있고 광고가 사회 전체에 폐해를 낳는 경우도 있어, 다양한 규제 방식이 모색되었다.

이때 문제가 된 것은 과연 광고로 인한 피해를 책임질 당사자로서 누구를 상정할 것인가였다. 초기에는 ㉠'소비자 책임 부담 원칙'에 따라 광고 정보를 활용한 소비자의 구매 행위에 대해 소비자가 책임을 져야 한다고 보았다. 여기에는 광고 정보가 정직한 것인지와는 상관없이 소비자는 이성적으로 이를 판단하여 구매할 수 있어야 한다는 전제가 있었다. 그래서 기업은 광고에 의존하여 물건을 구매한 소비자가 입은 피해에 대하여 책임을 지지 않았고, 광고의 기만성에 대한 입증 책임도 소비자에게 있었다.

책임 주체로 기업을 상정하여 ㉡'기업 책임 부담 원칙'이 부상하게 된 배경은 복합적이다. 시장의 독과점 상황이 광범위해지면서 소비자의 자유로운 선택이 어려워졌고, 상품에 응용된 과학 기술이 복잡해지고 첨단화되면서 상품 정보에 대한 소비자의 정확한 이해도 기대하기 어려워졌다. 또한 다른 상품 광고와의 차별화를 위해 통념에 어긋나는 표현이나 장면도 자주 활용되었다. 그리하여 경제적, 사회·문화적 측면에서 광고로부터 소비자를 보호해야 한다는 당위를 바탕으로 기업이 광고에 대해 책임을 져야 한다는 공감대가 확산되었다.

오늘날 행해지고 있는 여러 광고 규제는 이런 공감대 속에서 나온 것인데, 이는 크게 보아 법적 규제와 자율 규제로 나눌 수 있다. 구체적인 법 조항을 통해 광고를 규제하는 법적 규제는 광고 또한 사회적 활동의 일환이라는 점에 근거한다. 특히 자본주의 사회에서는 기업이 시장 점유율을 높여 다른 기업과의 경쟁에서 승리하기 위하여 사실에 반하는 광고나 소비자를 현혹하는 광고를 할 가능성이 높다. 법적 규제는 허위 광고나 기만 광고 등을 불공정 경쟁의 수단으로 간주하여 정부 기관이 규제를 가하는 것이다.

자율 규제는 법적 규제에 대한 기업의 대응책으로 등장했다. 법적 규제가 광고의 역기능에 따른 피해를 막기 위한 강제적 조치라면, 자율 규제는 광고의 순기능을 극대화하기 위한 자율적 조치이다. 여기서 광고는 기업의 마케팅 활동으로 한정되지 않고 사회의 가치와 문화에 영향을 끼치는 활동으로 간주된다. 그래서 광고주, 광고업계, 광고 매체사 등이 광고 집행 기준이나 윤리 강령 등을 정하고 이를 준수하고자 한다. 광고에 대한 기업의 책임감에서 비롯된 자율 규제는 법적 규제를 보완하는 효과가 있다.

30 윗글을 바탕으로 〈보기〉를 이해한 내용으로 적절하지 <u>않은</u> 것은? [3점]

─── 〈 보기 〉 ───

광고 규제 중에는 소비자가 광고의 폐해에 직접 대응하는 소비자 규제가 있다. 이는 소비자야말로 불공정하거나 불건전한 광고의 직접적인 피해자라는 점에 근거한다. 이러한 광고들은 사회 전체에도 피해를 끼치기 때문에, 소비자 규제는 발생한 피해에 대응하는 것뿐만 아니라 피해가 예상되는 그릇된 정보의 유통 자체를 문제 삼기도 한다. 이때 규제의 주체로서 집단적 성격을 지니는 소비자는 법적 규제를 입안하거나 실행하는 주체는 아니다. 그래서 소비자 규제는 법적규제와 자율 규제를 강화하도록 압박하는 방식을 취하며, 소비자의 권리 행사는 소비자 보호 운동의 형태로 나타난다.

① 소비자 규제는 소비자들의 힘을 극대화하기 위해서 소비자 책임 부담 원칙을 지지하겠군.

② 소비자 규제는 광고 규제의 효과 면에서 법적 규제와 자율 규제를 보완한다는 의의가 있군.

③ 소비자 규제의 주체는 광고의 폐해에 직접 대응하기 때문에 자율 규제의 주체와 긴장하는 관계에 있겠군.

④ 소비자 규제는 광고 주체들의 이기적인 행태를 견제하는 기능이 있다는 점에서 법적 규제와 공통점이 있군.

⑤ 소비자 규제는 경제적 측면만이 아니라 사회·문화적 측면에서도 광고에 의한 소비자의 피해를 줄일 수 있겠군.

[사례 13] 지문의 화제는 '광고 규제'이다. 상업 광고에서 규제를 하게 된 근본적인 원인 및 그 배경에 대해서 설명한 뒤 광고 규제의 종류 두 가지, 즉 법적 규제와 자율 규제를 소개한다. 지문은 광고 규제 전반에 대한 이해를 돕고 있고 구체적인 규제 방식도 소개하고 있지만, 사실상 상업 광고 규제가 생긴 근본적인 원인이 '소비자 보호'에 있음을 따져 볼 때, 과연 '법적 규제와 자율 규제'만으로 소비사가 충분히 보호받을 수 있을 것인가 의문이 든다. 학습자는 글을 읽으면서 바로 이 지점에서 비판적 읽기를 수행해야 하고, 문제를 제기해야 하는 것이다. [사례 13]의 문항은 이 지점에 포착하여, '소비자 규제'에 대한 설명으로 〈보기〉를 구성하고 있다. 그리고 선택지에서는 지문 전반에 나타난 '광고 규제의 배경 및 원인'에 대한 핵심 언어들을 활용하여, 지문을 읽으며 생겨난 문제, 즉 '과연 두 종류의 규제만으로 소비자를 충분히 보호할 수 있을 것인가'에 대한 가능성 있는 대안인 '소비자 규제'의 특징들을 기술하고 있다.

[사례 13]에서 보듯, 창의적 이해를 문항으로 구현하고자 할 때는 문제를 제기할 만한 내용을 먼저 지문에서 찾고 이를 〈보기〉를 통해 새로운 문제 상황으로 만들어야 한다. 이때 〈보기〉는 지문 내용과 관련되긴 하지만 '한 단계 조금 더 나아가는 문제'를 다루어야 한다. 그리고 선택지는 지문 내용과 관련하여 〈보기〉의 상황에 적용할 수 있거나 〈보기〉의 문제를 해결하고 대안을 탐구하는 방식으로 설계해야 한다. 즉, 문제 상황이나 해결 방법을 학습자가 능동적으로 '탐구'하도록 하는 것이 핵심이다. 현재로서는 선택형 문항의 한계 때문에 이 정도 수준이지만, 앞으로는 더 진화해 갈 수 있을 것이다.

한편 수행형 평가에서는 학습자가 〈보기〉와 같은 내용을 스스로 구성하여 문제를 제기하고, 또한 그 문제에 대해 스스로 답하고 대안을 찾는 탐구 과정 전체를 평가 도구로 구성하여 창의적 이해 능력을 평가할 수 있을 것이다.

지금까지 타당도 있는 문항 설계를 위하여 읽기 능력의 평가 요소에 대해 학습하고 그에 따른 지문 선택 및 문항 설계 원리를 살펴보았다. 그런데 신중한 지문 선택은 무엇보다도 타당도 높은 문항 완성이 목적이라는 점을 명심해야 할 것이다. 아무리 내용적으로 가치 있고 정보 함량이 많은 지문이라 하더라도, 타당도 높은 문항을 완성함으로써만 지문의 교육적 가치가 입증되기 때문이다. 선택지의 구성 과정에서 지문의 전체 주제와는 거리가 있는 지엽적인 내용을 묻거나, 주된 정보가 아닌 부수적인 정보에 주목한다면 지문의 교육적 가치는 떨어질 수 있다. 지문의 가치 있는 정보를 모두 활용하여 선택지를 구성하고 문항을 설계한다면 학습자는 평가 상황에서도 지문을 읽는 보람을 느낄 수 있을 것이다. 또한 문항에 〈보기〉와 같은 다양한 장치를 활용함으로써 지문의 부족한 논리를 채워, 학습자가 지문 내용을 단순히 이해하는 것을 넘어 능동적 사고를 할 수 있도록 유도하면 다양한 하위 기능을 측정할 가능성이 높아진다.

10강

선택형 문항에서
문두의 역할과 조건은 무엇인가

들어가며

박 교사는 교과서에 실린 시를 지문으로 하여 다음과 같은 문항을 출제했다. 의도한 정답은 ③번이었다.

---

5 윗글의 표현상 특성으로 적절하지 <u>않은</u> 것은?

　　① 자연물에 인격을 부여하여 친근감을 드러내고 있다.

　　② 유사한 시구의 반복을 통해 운율감을 형성하고 있다.

　　③ 설의적 표현을 활용하여 화자의 의도를 강조하고 있다.

　　④ 멀리 떨어져 있는 가족을 향한 그리움을 그려 내고 있다.

　　⑤ 감각적 이미지를 활용하여 공간의 성격을 드러내고 있다.

그런데 한 학생이 ④번도 정답이 될 수 있다며 이의를 제기했다. 학생이 내세운 이유는 ④가 시의 내용과 부합하긴 하지만 표현상의 특성은 아니라는 것이

었다. 즉, 시의 내용과 부합하지만 문두에 명시된 '표현상 특성'으로 적절하지 않아 정답이 될 수 있다는 것이다. 박 교사는 이러한 이의를 받아들여야 할까?

1) 문두의 개념과 역할

문두(問頭, item-stem)는 발문(發問)이라고도 하며, 문항에서 측정하고자 하는 바를 명시하여 학습자가 특정한 방향에서 문제 사태에 접근하도록 안내하는 문장을 말한다. 선택형 문항에서는 주로 의문문 형태로 진술된다.

문항에서 문두는 매우 중요한 위상을 갖는다. 이는 문두가 평가 요소를 표상하기 때문이다. 국어과 평가에 자주 등장하는 '윗글에 대한 설명으로 (가장) 적절한 것은?/적절하지 <u>않은</u> 것은?'과 같은 문두는 사실상 평가 요소가 드러나 있지 않은 문두이다. 이러한 문두가 사용된 문항에서는 선택지를 봐야 평가 요소를 미루어 짐작할 수 있다. 평가 요소가 결락된 문두는 해당 문항의 정체성을 드러내 주기 어렵다는 점을 보여 준다. 그러므로 원칙상 평가 요소가 명시적으로 드러나 있는 문두가 바람직하다 하겠다. 이처럼 모든 유형의 문항에서 문두는 매우 중요한 역할을 수행한다.

선택형 문항을 중심으로 볼 때, 문두가 하는 역할은 대체로 다음과 같이 정리될 수 있다. 첫째, 문두는 문항의 내용 타당도(▶4강)를 판단하는 준거이다. 평가는 국가 수준이든 학교 수준이든 교실 수준이든 각각의 평가 단위에서 가르치고 배운 내용을 학습자가 제대로 알고 있는지 파악하는 데 일차적인 목적이 있다. 이때 교과별, 성취기준별, 학습 목표별 내용 요소를 제대로 평가하고 있는지는 문두를 보면 알 수 있다. 이는 곧 문두가 특정 문항이 평가 목표에 부합하는지 여부를 판단하는 준거 역할을 한다는 의미이다.

둘째, 문두는 문항의 형태를 결정짓는다. 문두를 어떻게 구성하느냐에 따라 최선답형, 정답형, 불완전 문장형, 다답형, 합답형, 부정형 등의 문항 형태가 결정된다. 일반적으로 한 세트 혹은 한 시험지 내에서 다양한 문항 형태가 골고루 배치되는 것이 바람직하다. 이때 문항 간의 관계, 문항의 배치 등을 고려하는 데 문두가 중요한 표지(標識) 역할을 할 수 있다.

셋째, 문두는 선택지를 구성할 때 지표(指標) 역할을 한다. 가령 '글의 전개 방식'을 문두에 명시한다면, 지문의 내용과 관련된 정보를 중심으로 선택지를 구성하지는 않을 것이다. 선택지의 내용적 균질성을 유지하기 위해 평가자는 문두의 평가 요소를 염두에 둘 수밖에 없다. 선택지가 모두 문두의 평가 요소에 부합하는 진술로 제시되어야 궁극적으로 문항의 타당도를 높일 수 있다. 문두에 드러난 평가 요소와 맞지 않는 선택지가 있을 경우 학습자가 지문을 읽지 않아도 그 선택지를 배제할 수 있기 때문이다.

넷째, 문두는 한 세트의 전체적인 구도를 조절하는 기준의 역할을 한다. 문항 설계의 기본적인 원칙은 문항 간 상호 보완성 혹은 상호 보족성이다. 국어의 읽기 및 문학 영역 평가에서는 지문이 주어지고 거기에 3~5개의 문항이 따라붙는 형식을 취하는 경우가 많다. 이를 한 세트라고 할 때, 한 세트 내에서 각각의 문항이 평가하고자 하는 요소가 서로 다른 것이 바람직하다. 가령 글의 내용과 일치하는 선택지를 골라야 하는 사실적 사고 중심의 문항이 하나 있다면 다른 문항에서는 추론이나 비판, 창의 중심의 사고를 통해 해결해야 하는 문항이 배치되어야 한다는 것이다. 지문과 문항으로 구성된 한 세트는 여러 가지 유형이 있는데,[1] 문두의 형태에 따른 여러 가지 유형도 적절

....

1   한 세트에서 문항의 전체적인 구도를 조정하는 기준에는 사실적 사고/추론적 사고/비판적 사고/창의적 사고 외에도 여러 가지가 있다. 예를 들어 평가 요소의 초점에 따라 내용/형식/표현, 글의 일부분/글의 전체, 인지적 영역/정의적 영역, 지식 중심/활동 중심, 수렴적 사고/발산적 사고 등으로 구분할 수 있으며, 문항의 구성에 따라 자기 완결적 정보만을 담은 문항/외재적 정보를 동원한 문항으로 구분할 수도 있다.

하게 안배되는 것이 바람직하다. 이처럼 한 세트 내의 여러 문항이 서로 중복되지 않아야 하는데, 문두에 명시된 평가 요소가 한 세트의 전체적인 문항별 배치 및 구도를 조정하는 데 기준이 된다.

생각해 볼 문제

한 시험지 혹은 한 세트 단위에서 불가피하게 같거나 유사한 평가 요소를 출제할 때는 어떤 방법을 쓸까?

하나의 시험지나 한 세트에는 문항의 개수가 어느 정도 정해져 있다. 그런데 지문의 분량이나 다루는 정보가 충분하지 않다면 정해진 문항 개수를 충족시키기 어려울 수 있다. 이럴 때는 불가피하게 같거나 유사한 평가 요소가 포함된 문항이 복수로 제시된다.

이런 경우에는 문두의 진술이나 그 형식을 다르게 하여 문항의 다양성을 실현할 수 있다. 가령 '윗글의 내용과 일치하는 것은?/일치하지 않는 것은?', '윗글의 중심 내용을 드러내는 제목으로 가장 적절한 것은/적절하지 않은 것은?'은 모두 사실적 사고를 묻는 문항에 해당되지만, 문두에서 명시한 바가 다르므로 선택지도 다른 형식으로 구성될 수 있다. 또한 서술형 문항이 포함되어야 한다면 동일한 평가 요소를 객관식 문항으로 구현하고 서술형 문항으로도 구성해 볼 수 있을 것이다. 예컨대 중심 내용 찾기를 평가 요소로 삼는 선택형 문항이라면, '중심 내용이 드러나도록 윗글을 ○○자 이내로 요약하시오.'는 사실적 사고 중심의 서술형 문항에 해당된다.

이처럼 동일한 평가 요소라고 하더라도 문두의 형식을 달리하면 문항 간 역할 분담도 성공할 수 있다. 다만 이런 경우에는 문항의 선택지 간 간섭이 일어나기 쉬우므로 개별 선택지들의 정보량을 세밀하게 조절해야 하는 부담이 따른다.

다섯째, 문두의 평가 요소는 학습자가 자신의 인지를 어떻게 작동할 것인지를 결정하게 한다. 학습자는 문두를 보고 글의 전개 방식에 중점을 두고 읽을지 중심 화제를 중심으로 읽을지를 판단할 수 있고, 명시적인 정보인지와 추론을 통해 읽어 내야 하는 정보인지 중 무엇을 기준으로 정오를 구별할지 판단할 수 있다. 글에서 제목이 없으면 독자들에게 인지적 부담을 더 크게 요구하게 되는 것처럼, 평가 문항에서 문두에 평가 요소가 명시되지 않는다면 학습자는 선택지만으로 평가 방향을 예측해야 하기에 불필요한 인지적 에너지가 소모될 것이다.

생각해 볼 문제

관례적으로 통용되는 문두에 어떤 오류가 있을까?

■ (지문은 고전소설 〈채봉감별곡〉)

> 1 윗글에 대한 설명으로 적절하지 <u>않은</u> 것은?
>
> ① 김 진사는 이전에도 서울에 다니러 온 적이 있었다.
> ② 허 판서는 김 진사의 말을 괘씸하게 생각하고 있다.
> ③ 송이는 부모와 헤어진 후 부모의 소식을 궁금해하고 있다.
> ④ 장필성은 관속이 되기 전에 송이가 기생을 면한 것을 알고 있었다.
> ⑤ 송이와 장필성은 편지 왕래를 통해 서로의 안부를 확인하고 있었다.

위 문항에서 선택지들은 모두 인물, 좀 더 넓게는 소설의 내용에 대한 정보를 담고 있다. 그런데 문두의 '윗글에 대한 설명'이라는 평가 요소가 이러한 정보들의 성격과 호응하고 있지 않다. 왜 그러한가? 어떻게 수정해야 할까?

② (지문은 비문학 예술 지문)

> **3** ⓐ와 ⓑ의 특성으로 적절한 것은?
>
> ① ⓐ가 커질수록 ⓑ는 이와 비례하여 커질 것이다.
>
> ② ⓐ가 커질수록 ⓑ는 이와 반비례하여 작아질 것이다.
>
> ③ ⓐ가 사라진다면 ⓑ도 얼마 후에 사라질 것이다.
>
> ④ ⓐ가 사라진다면 ⓑ는 새로운 ⓐ를 생성해 낼 것이다.
>
> ⑤ ⓐ가 커진다고 해도 ⓑ는 부피를 일정하게 유지할 것이다.

위 문항에서 선택지들은 모두 ⓐ의 변화에 따른 ⓑ의 변화를 예측하는 형식으로 구성되어 있다. 그런데 문두의 'ⓐ와 ⓑ'라는 표현은 ⓐ와 ⓑ를 대등한 자격으로 이어 주고 있을 뿐 예측하라는 정보가 없다. 이러한 점을 고려할 때 적절한 문두는 무엇일까?

2) 문두를 기준으로 한 문항 유형

(1) 문두의 형태에 따른 유형

문두는 문항의 기본 형태를 결정짓는다. 선택형 문항의 유형은 기본 형태에 따라 일반적으로 다음과 같이 구별된다.

① 최선답형

선택형 문항의 기본형 혹은 모체로서, 여러 개의 선택지 중 가장 적절한 선택지 하나만을 고르는 형식이다. 즉, 정답의 정도가 가장 큰 선택지를 찾는 문항 유형이다. 이런 유형의 문두가 완성도를 갖추기 위해서는 이른바 매력적인 오답(▶11강)이 선택지에 포함되어 있어야 한다. 매력적인 오답은 학습자들이 정답지를 선택하는 과정에서 인지적 혼란을 일으키게 한다는 점에서 '교란지'라고도 하고, 정답지와 끝까지 경쟁한다는 점에서 '경쟁 답지'라고도 한다. 만일 매력적인 오답이 없다면 이 유형은 정답형 문항과 차이가 없어진다. 반대로 오답인 선택지의 매력도가 과도하게 높으면 변별도가 낮아지는 역효과를 낳을 수도 있다. 특히 사실보다는 해석을, 지식 자체보다는 적용을 주로 다루는 국어과 평가에서는 불필요한 정오 시비에 휘말릴 수도 있다. 특히 필자의 의도를 파악하는 등의 추론적 이해 능력, 어떤 원리를 적용하는 능력이나 글에 대한 비판적 이해 능력을 평가하는 유형의 문항에서는 문두에 필수적으로 '가장'이라는 수식어가 포함되어야 한다. 그리고 '가장'이라는 수식어가 포함된다면 반드시 긍정문 형식을 취해야 한다. 이에 대해서는 아래에 나오는 '부정형 문두'에 대한 설명을 참조할 수 있다.

② 정답형

여러 개의 선택지 중 하나만이 정답이고 다른 선택지는 명백한 오답으로 구성된 형식이다. 주로 '~(으)로 적절한 것은?/적절하지 <u>않은</u> 것은?'의 형태로 진술된다. 최선답형과의 형식상 차이는 '가장'이라는 수식어의 유무에 있다. 이는 곧 정답형 문항은 매력적인 오답이 배제된 문항이라는 의미가 된다. 따라서 이런 유형의 문두는 주로 지문의 내용을 확인하는 문항이나 사실 관계를 다루는 문항에서 나타난다.

③ 불완전 문장형

문항에서 일부분이 비어 있는 불완전 문장을 제시하고, 빈 곳에 들어갈 정답을 선택지에서 찾는 형식이다. 이러한 문항은 문두에서 불완전한 문장을 제시하기보다는 〈보기〉 형태로 제시하는 것이 일반적이다. 문두는 보통

'〈보기〉의 (   )에 들어갈 말로 (가장) 적절한 것은?/적절하지 <u>않은</u> 것은?'처럼 진술된다. 형식적으로는 정답형 혹은 최선답형과 구별되기 어렵지만, 본질적으로는 기입형 혹은 빈칸 채우기 문항의 선택형 버전에 해당한다. 이런 유형의 문항은 지문의 내용을 요약하거나, 세부 정보 간의 관계를 간략하게 정리한 문장을 활용하여 구성할 수 있다.

④ 다답형

선택지에 여러 개의 정답이 있는 형식으로, 한 문항에 복수의 정답을 담고 싶을 때 사용한다. 문항의 정답이 여러 개라는 사실을 학습자에게 주지시켜야 하므로, 보통 '~(으)로 적절한 것을 모두 고르시오.' 혹은 '~(으)로 적절한 것을 모두 고르면?'과 같은 형식의 문두를 취한다. 그러나 최근 국어과 평가에서는 이러한 유형이 거의 나타나지 않으며, 합답형 문항으로 변형하여 제시되고 있다.

⑤ 합답형

여러 개의 선택지 중 하나 이상이 합해져서 정답이 되는 형식이다. 이 형식은 다답형 문항을 변형하여 선택지에서 하나만 고르는 형식으로 만든 것이다. 합답형은 가치 있는 정보만으로 다섯 개의 선택지를 구성하기 어려울 때도 활용할 수 있다. 보통 '~(으)로 적절한 것만을 〈보기〉에서 있는 대로 고른 것은?'과 같은 형태로 제시된다. 여기에서 '만'이라는 조사는 〈보기〉의 항목들 중 거짓인 항목을 완전히 배제해야 한다는 조건을, '있는 대로'는 참[2]인 항목을 모두 포함해야 한다는 조건을 함축한다. 이러한 조건은 학습자가 각

<hr>

2   부정형 문두의 경우 '정답지'와 '참인 답지', '오답지'와 '거짓인 답지'가 각각 상반된 의미를 갖는다. 이로 인해 문항을 설명할 때 오해가 발생하곤 한다. 이러한 오해를 막기 위해 '참/거짓'을 각각 'T/F', 'T값/F값'으로 부르는 방법이 쓰이기도 한다.

항목의 참과 거짓을 분명하게 확정하도록 이끌며, 정오 시비의 여지를 원천적으로 없애는 데 도움이 된다.

⑥ 부정형

선택지 중 하나의 항목만 거짓이고 나머지는 참으로 구성하여 거짓 항목을 고르도록 하는 형식이다. 이를 사용할 때는 부정적 표현의 어구에 밑줄을 긋는 방법으로 학습자에게 거짓 항목을 고르도록 안내해야 한다. 이를 위해 문두에 '적절하지 <u>않은</u>'과 같이 부정의 수식어가 포함된다. 그런데 부정형 문두는 최선답형 문두와 양립할 수 없다는 점에 유의해야 한다. 예를 들어 '가장 적절한 것은?'이라는 문두가 사용되므로 '가장 적절하지 <u>않은</u> 것은?'이라는 문두도 가능할 것처럼 보이지만, 이는 금기에 해당된다. 이렇게 하면 중의적인 문장이 되기 때문이다. 즉 '적절하지 않은 것 중에 가장 적절하지 않은 것'을 찾으라는 요청으로도, '가장 적절한 것이 아닌 나머지 모두'를 찾으라는 요청으로도 해석될 수 있다. 전자로 해석되면 선택지에 담아내야 하는 정보의 가치를 살리기 어렵고, 후자로 해석되면 가장 적절한 것은 하나일 수밖에 없기 때문에 원천적인 딜레마에 빠진다. 결국 나머지 세 개, 네 개의 선택지 모두가 정답이 될 수 있다는 문제가 생길 수 있다. 따라서 부정형 문두는 최선답형 문두와 함께 쓰일 수 없다.

생각해 볼 문제

국어과 평가 문항의 문두에서는 왜 대부분 '적절한/적절하지 <u>않은</u>'을 쓸까?

국어과 선택형 평가 문항의 문두에서는 대체로 '적절한/적절하지 <u>않은</u>'이라는 수식어가 선호된다. 그런데 다른 교과의 문항을 보면 문두의 서술어가 다양하다. '적절한' 외에 '옳은, 바른, 올바른, 알맞은'과 같은 긍정적 의미의 서술어도 있고, '적절하지 않은' 대신에 쓰이는 '잘못된, 그른, 틀린, 어긋난' 등의 부정적 의미의 서술어도 있다. 그런데 국어과 평가 문항에서는 유독 '적절한/적절하지 않은'이 대부분을 차지한다. 이는 글에 대한 이해 정도를 절대적으로 객관화하는 것이 어렵다는 일반적인 공리와 무관하지 않다. 옳고 그름, 올바르고 틀림을 절대적인 기준으로 확정하기 어렵고, 알맞음과 어긋남도 객관적으로 규정하기 어렵다. 이런 점을 고려하여 수능을 중심으로 국어과에서는 '적절한'이라는 서술어가 쓰이기 시작했고, 다른 종류의 시험에서도 대세를 이루게 되었다. 이런 현상에는 객관화된 지식을 직접 다루는 사회나 과학 계열의 과목과는 달리 정보를 읽어 내는 능력을 겨냥하는 국어과의 특수성이 담겨 있다.

그렇다고 하더라도 여타의 서술어를 전적으로 배제할 필요는 없을 것이다. 사실 관계를 다루는 사회나 과학 계열 과목에서 여전히 '옳은, 바른' 등이 더 자주 쓰이고 있는 현상을 참조하면, 문항의 평가 요소나 문항의 형식에 맞추어 적절한 수식어를 구사하는 것이 더 정직한 선택이 될 수도 있을 것이다.

(2) 문두의 평가 요소에 따른 유형

문두는 문항의 평가 요소를 표상한다. 선택형 문항의 유형은 평가 요소에 따라 일반적으로 다음과 같이 구별된다.

① 글의 형식과 표현에 대한 이해 능력을 평가하는 문항

필자가 글을 구조화하는 데 이용한 내용 전개 방식이나 의미를 전달하는 데 활용한 표현 방식을 묻는 문항이다. 내용 자체보다는 내용의 구조와 표현에 대한 판단 능력을 측정하는 데 활용되지만, 최근에는 선택지에 지문의

내용 요소를 어느 정도 가미하여 진술하기도 한다. 모든 글이 거시 구조와 미시 구조를 가진다는 점에서 학습자의 형식 스키마를 점검하거나 측정하는 데 유효한 문항이다. 다음과 같은 문두를 거느린 문항이 이에 해당한다.

- 윗글의 내용 전개 방식에 대한 설명으로 적절하지 <u>않은</u> 것은?
- 윗글의 논지 전개 방식에 대한 설명으로 적절한 것은?
- 윗글의 표현상 특성으로 적절한 것은?
- 윗글의 서술상 특성으로 적절하지 <u>않은</u> 것은?

② 글의 사실적 이해 능력을 평가하는 문항

글의 문면에 나타나 있는 세부 정보를 잘 파악했는지 묻는 문항이다. 해독과 독해의 과정을 통해 글에 담긴 정보를 사실적으로 이해하는 것은 모든 독서의 출발점이다. 이러한 점에서 이 유형은 기초적인 능력을 평가하는 데 필수적인 문항이라 할 수 있다. 주로 화제와 중심 생각을 파악하는 능력, 중심 내용과 뒷받침 내용을 구별하는 능력, 정보 간의 의미 관계를 파악하는 능력을 측정하는 데 쓰인다. 이런 유형의 문항은 글의 응결성(cohesion) 및 응집성(coherence)[3] 개념과 연동되어 있다. 응결성은 표면적인 결합 관계, 즉

....

3   이 책에서는 'cohesion'은 '응결성'으로, 관련어 'coherence'는 '응집성'으로 옮기고자 한다. 이는 이 개념들에 대응하는 역어에 대한 합의가 아직 완전히 이루어지지 않은 상태에서의 임시적인 조치이다. 다른 자리에서 이 문제를 두고 의견을 모은 바 있어, 그 일부의 내용을 여기에 옮겨 두는 것으로 자세한 설명을 대신한다.

"'cohesion'과 'coherence'는 텍스트언어학 이론이 본격적으로 다루어지는 과정에서, 'cohesion'은 '결속 구조', '결속성', '응결성', '응집성', '구조적 결속성' 등으로, 'coherence'는 '결속성', '응집성', '일관성', '통일성', '내용적 결속성' 등으로 번역되어 왔다. 두 가지 개념의 구분에 이론(異論)이 존재하여 이렇게 된 것이 아니라, 적격한 번역 용어에 대한 학문적 합의와 공준이 쉽사리 이루어지지 못한 때문이다. 이 상황에서 '교육'이라는 특수 맥락이 더해지는 국어과 교육과정과 교과서에서 이 두 가지 개념들을 다루게 됨으로써 번역 용어의 문제는 한층 더 복잡해졌다. 국어과 교육이라는 특수 맥락과 장면에서, 'cohesion'과 'coherence'

지시어나 접속어, 개별 문장의 기능에 초점이 맞추어져 있고, 응집성은 주제와의 관련성이나 밀착도와 같은 전체적인 의미 관계에 초점을 맞춘 개념이다. 이러한 텍스트성을 바탕으로 선택지가 구성되고, 학습자 또한 이들 요소를 고려하면서 문제를 해결하게 된다. 이러한 문항 유형에 나타나는 대표적인 문두는 다음과 같다.

- 윗글을 이해한 내용으로 가장 적절한 것은?
- 윗글의 내용과 일치하는 것은?
- 윗글의 내용에 대한 이해로 적절한 것은?
- 윗글을 읽고 알 수 있는 내용으로 적절하지 <u>않은</u> 것은?
- 윗글의 ㉠에 대한 이해로 가장 적절한 것은?
- 윗글의 제목(부제)으로 가장 적절한 것은?
- 윗글의 내용을 바탕으로 대답하기 <u>어려운</u> 질문은?

③ 세부 내용의 추론 능력을 평가하는 문항

지문에 제시된 내용을 판단의 근거로 삼아 숨어 있는 세부 내용을 파악하는 능력을 측정하는 문항이다. 글의 행간에 숨어 있는 내용이나 생략된 전제, 필자의 의도와 관점, 태도 등이 추론 대상이 된다. 선택지를 구성할 때에는 글의 내용은 물론이고, 문맥, 지시어나 접속어 등의 담화 표지, 사회·문화

....

는 각각 '응집성'과 '통일성'으로 번역되었고 이는 국가 수준 교육과정 문서상으로는 제7차 교육과정에서 처음으로 공식화되었다. 이후 지금까지 수차례의 개정을 거친 교육과정과 교과서 내용 역시 그대로 유지되고 있다. 그러나 이 용어들이 과연 적격한 번역어들이며, 교육과정 및 교과서의 개념어로서 갖추어야 할 적확성을 만족시키는지에 대한 논의가 이어지고 있는 상황이다. 교육과정 내의 '통일성'과 '일관성'의 개념 구분을 둘러싼 일련의 논의들이 그 단적인 예이다. 앞으로의 교육과정 개정 시에 이 문제가 전면적으로 다루어질 것으로 기대한다"(민현식 외, 2019: 29).

적 맥락, 독자의 경험과 배경지식 등을 추론의 실마리로 제시할 수 있다. 이 유형의 문항에서 나타나는 대표적인 문두는 다음과 같다.

- ㉠에 대한 추론으로 적절한/적절하지 <u>않은</u> 것은?
- 윗글로 미루어 볼 때, ㉠에 대한 이해로 가장 적절한 것은?
- 윗글로 미루어 볼 때, ㉠과 ㉡에 대한 이해로 적절하지 <u>않은</u> 것은?
- 윗글의 ㉠과 ㉡의 관계에 대한 이해로 적절한 것은?
- 윗글의 인물에 대한 이해로 적절하지 <u>않은</u> 것은?

④ 외재적 정보 활용 능력을 평가하는 문항

〈보기〉의 형식을 통해 글 외부의 정보를 제시하는 문항으로(▶12강), 두 가지 유형으로 나누어 볼 수 있다. 하나는 적용 능력을 평가하는 문항으로서 〈보기〉의 정보에 지문의 내용을 적용하거나 반대로 〈보기〉의 정보를 지문에 적용하는 구도를 취한다. 이때 〈보기〉의 정보는 전자에서는 구체적인 사례일 것이고, 후자에서는 일반화된 원리일 것이다. 다른 하나는 〈보기〉의 정보를 바탕으로 지문에 제시된 내용을 비판적으로 이해·평가하거나, 감상할 수 있는 능력을 측정하는 유형이다. 이런 유형에서 〈보기〉의 정보는 지문의 중심 생각, 형식 및 표현, 활용된 자료 등에 대한 공감이나 반박의 근거가 된다. 다만 선택형 문항에서는 적용 능력이나 비판 능력을 직접적으로 측정한다기보다는 독자의 반응 형식으로 제시된 선택지가 적절한지 여부를 판단하는 수준으로 실현된다. 이 유형의 문항에서 나타나는 대표적인 문두는 다음과 같다.

- 윗글을 참조하여 〈보기〉에 대해 이해한 내용으로 적절한/적절하지 <u>않은</u> 것은?

- 〈보기〉를 바탕으로 윗글의 [A]를 이해한 내용으로 적절한/적절하지 <u>않</u><u>은</u> 것은?
- 〈보기〉는 ~이다. 이를 바탕으로 윗글에 대해 제기할 수 있는 비판적 질문으로 적절한/적절하지 <u>않은</u> 것은?
- 〈보기〉를 참조하여 윗글을 감상한 내용으로 적절한/적절하지 <u>않은</u> 것은?

3) 문두의 요건

하나의 문항에서 문두의 역할이 큰 만큼 문두를 구성할 때 지켜야 할 원칙과 갖추어야 할 요건이 많다. 그중에서도 중요한 몇 가지는 다음과 같다.

(1) 내용적 요건

문두를 기준으로 삼을 때, 먼저 한 시험지 혹은 한 세트 단위에서 대표 문항은 적절한 강조점을 갖추어야 한다. 한 시험지 혹은 하나의 세트에서 모든 문항이 모두 동등한 가치를 가질 수는 없다. 쉬운 문항과 어려운 문항, 단순한 문항과 복잡한 문항, 더 중요한 문항과 덜 중요한 문항이 공존하는 것이 일반적이다. 달리 말하면 한 세트 내에서 혹은 한 시험지 내에서 교육적으로 가치 있는 강조점이 실현된 이른바 대표 문항이 반드시 배치되어야 하고, 그 강조점이 문두에 나타나도록 해야 한다. 대표 문항은 가급적 문두만으로도 그 문항이 어떤 학습 목표 혹은 어떤 성취기준을 바탕으로 구성되었는지를 알 수 있는 수준으로 평가 요소와 목표를 분명히 드러내야 한다.

그리고 유사한 평가 요소를 갖는 문항이더라도 글의 종류에 따라 문두가 달리 나타나기도 한다. 예를 들어 글의 내용을 확인하는 문항의 문두는 비문학 지문에서 주로 '윗글의 내용과 일치하는 것은?'으로 나타나지만, 문학, 특히 소설 지문에서는 주로 '윗글의 내용에 대한 이해로 적절한 것은?'이 나타난다. 이는 소설에서 내용의 이해도를 평가하기 위해서는 작품의 내용을 어느 정도 간추리는 과정이 필요하다는 점에서, 문두에 '일치'가 나타날 때 초래되는 불필요한 혼란을 막기 위한 것이다.

또한 문두와 선택지의 유기성을 확보하는 것이 매우 중요하다. 문항의 평가 요소를 잘 구현할 수 있도록 선택지를 조직해야 한다는 것이다.

이제 다음과 같은 출제 상황과 이에 따른 문항 설계가 있다고 가정하여 문두의 내용적 조건에 대한 안목을 길러 보기로 하자.

[출제 상황]

■ 성취기준: 글에 사용된 다양한 설명 방법을 파악하며 설명하는 글을 읽는다.

(해설: 이 성취기준은 글에 사용된 설명 방법을 중심으로 글의 논지 전개 방식이나 구조 등을 체계적으로 이해하며 읽는 능력을 기르기 위해 설정하였다. 설명 방법은 여러 가지 글에 널리 사용되지만, 주로 정보 전달을 목적으로 하는 글에 사용될 때가 많다. 글에 사용된 개념 정의, 예시, 비교와 대조, 분류와 구분, 인과, 분석 등과 같은 설명 방법을 이해하고, 필자가 사용한 설명 방법이 설명하려는 대상이나 개념에 적합한 것인지 판단한 후, 그 효과와 적절성을 평가하도록 한다. 또한 설명 방법은 단순히 문장이나 문단 차원에서뿐 아니라, 글 전체 수준에서도 사용된다는 점을 이해하도록 한다.)

■ 대상 학년: 중학교 2학년

■ 단원 학습 목표

① 설명 방법의 종류와 효과를 파악할 수 있다.

② 설명 방법에 주목하여 글의 주요 내용을 효과적으로 이해할 수 있다.

■ 지문의 특성: 세금에 대한 설명문으로서 다음과 같은 특징을 지니고 있다.

① 세금의 정의, 직접세와 간접세의 차이, 직접세와 간접세의 종류 등을 제시함.

② 세금의 정체를 알기 쉽게 설명하기 위해 다양한 담화 표지들을 많이 활용하여 응집성을 높이고 있음.

③ 지문 중 두 단락이 비교와 대조의 거시 구조를 보이고 있음.

[문항 설계]

문항 1. 윗글을 통해 답할 수 있는 질문으로 적절하지 <u>않은</u> 것은?

문항 2. 각 단락의 중심 내용으로 적절하지 <u>않은</u> 것은?

문항 3. 윗글에서 쓰이지 않은 설명 방식은?

문항 4. ㉠~㉤에 주목하여 글을 읽는 방법으로 가장 적절한 것은? (※ ㉠~㉤은 모두 접속어나 담화 표지에 해당됨.)

문항 5. ⓐ와 ⓑ의 관계에 대한 이해로 적절한 것은?

문항 6. (서술형) 설명 방식을 고려하여 단락 [가]와 [나]의 내용을 적절한 그림 형식으로 요약하시오. (※ [가]와 [나]는 각각 직접세와 간접세를 설명하고 있음.)

문항 1~6번 중에서 '설명 방법'을 평가 요소로 갖추면서 내용 타당도를 확보하고 있는 문항은 3번과 6번 문항이다. 이 중에서 3번 문항은 선택지에 '비교', '분석', '예시' 등이 나열될 것이다. 이 문항은 읽기 능력보다는 설명 방식의 종류에 대한 지식을 측정하게 될 가능성이 크다는 점에서, 성취기준 해설에서 명시하고 있는 글의 구조적 이해에 도달하도록 하는 설계로는 다소 부족하다. 이에 비해 6번 문항은 설명 방법에 대한 이해가 글의 구조적 이해로 이어질 수 있는 여지를 보여 주고 있다는 점에서 성취기준의 취지와 더 부합하기에 이른바 대표 문항이라 할 만하다. 비교와 대조의 구조를 보이는 지문의 형식적 특성을 파악하여 벤 다이어그램으로 그려 개념 간 공통점과 차이점을 요약적으로 보여 주는 답안이 높은 점수를 받도록 설계되어 있는 것이다. 물론 선택형으로 변환할 수도 있지만, 그렇게 되면 문항의 사이즈가 매우 커진다는 점을 고려해야 한다.

4번 문항은 표면적으로는 내용 타당도가 부족해 보이지만 선택지를 어떻게 제시하느냐에 따라 그 판단은 달라질 수 있다. 대개의 설명 방법들은 고유한 담화 표지를 동반하는데, 이러한 담화 표지들이 설명 방법을 함축한다는 점에 초점을 맞추어 선택지를 구성하면 내용 타당도를 충분히 확보할 수 있다. 가령 ⓛ에 '이와는 달리'라는 담화 표지가 있고, 선택지가 'ⓛ은 뒤에 나오는 설명이 앞에 나온 설명 대상과 다른 점을 부각하므로 앞뒤의 내용을 차이점 중심으로 이해한다.'와 같이 선택지가 구성된다면, 설명 방법을 중심으로 한 글의 구조적 이해에 도달하는 경로로서의 의미를 가질 수 있다. 심층적인 차원에서는 글의 응집성 개념을 평가 요소로 함축하고 있는 문항이기도 하다. 다만 이 경우에는 문항이 중학교 2학년 단계에서 적정한 수준인지에 대한 판단이 선행되어야 타당도를 최종적으로 판단할 수 있다.

1번과 2번, 5번 문항은 독서 영역 지문 세트에서 빈번히 나타나는 유형이다. 읽기 활동에 항상적으로 개입하는 인지 활동, 그중에서도 사실적 이해를 평가 요소로 함축하고 있다.[4] 이런 유형의 문항들은 내용 타당도를 충분히 확보하지 못하고 있다 해도 읽기 능력의 항상적 요소를 거느리고 있다는 점에서 무조건 배척 대상으로 간주해서는 안 된다. 이러한 성격의 문항[5]은 적성 검사로서의 성격을 강화한다. 적성 검사는 철저하게 내용 타당도를 추구하는 성취도 검사와는 달리 읽기 능력을 구성하는 내재적이고 항상적인 요소에 초점을 맞추기 때문이다(▶4강). 다만, 이런 역할을 수행하고 있다 하더

....

4   5번 문항의 선택지가 명시적 정보가 아닌 함축적 정보로 구성되었다면, 추론 능력을 평가 요소로 하는 문항이 될 것이다.

5   읽기 능력에 내재되어 있는 항상적인 요소를 평가 요소로 거느리는 문항을 지칭하는 학술적인 용어는 없다. 대표 문항으로 나아가는 데 징검다리 역할을 한다는 점에서는 '매개문항(mediation item)'으로, 읽기 능력을 평가하는 모든 문항의 바탕이 된다는 점에서는 '기본문항(default item)'으로 부르는 것이 적절해 보인다.

라도 1번과 2번 문항처럼 두 문항의 평가 요소가 동일한 경우, 둘 중의 어느 하나만 선택적으로 출제되는 것이 바람직하다.

평가 요소의 수준을 넘어서는 문항을 어떻게 볼 것인가?

위에서 주어진 출제 상황과 관련하여 다음과 같은 문두를 지닌 문항이 설계되었다고 가정해 보자. 이 문항의 설계 취지를 참고하여 이런 유형의 문항에 대해 어떤 의견을 지지하는지 밝혀 보자.

- 문두: 〈보기〉는 중학교 2학년인 영희의 일기이다. 윗글을 바탕으로 영희의 세금 납부에 대해 이해한 것으로 가장 적절한 것은?
- 문항의 설계 취지: 이 문항은 지문에서 설명하고 있는 여러 가지 세금의 개념을 현실 생활에 적용할 수 있는가를 평가하고자 하는 취지에서 고안된 것이다. '설명 방법'이라는 평가 요소와 직접적인 관련이 없지만, 한 편의 글을 읽은 후에 개념이나 원리를 구체적이고 개별적인 사례에 적용하는 능력이야말로 글 자체의 이해를 넘어서는 고차원적인 사고력에 해당되는 것으로 보고 구상한 문항이다. 물론 이러한 문항의 평가 요소는 항상적 요소에 해당하지만, 이 문항이 가교 문항에 해당한다고 보기는 어렵다. 글에 활용된 설명 방식을 파악하여 글의 구조를 이해하는 것보다 더 높은 수준의 추론적 사고를 요구하기 때문이다.
- 의견
ㄱ. 성취기준이나 단원의 학습 목표와 거리가 멀어 내용 타당도가 떨어지므로 배제해야 한다.
ㄴ. 중학교 2학년이라는 학습자의 발달 단계에 비추어 과도하게 복합적인 사고 능력을 요구하므로 배제해야 한다.

ㄷ. 읽기 능력이 도달해야 할 궁극적인 지점 중의 하나를 평가하고자 하는
   취지이므로 성취기준과 무관하게 출제할 수 있다.

(2) 형식적 요건

문두의 형식적 요건은 각 문항 단위에서 고려된다. 먼저 문두는 평가 요
소를 겨냥한 질문의 의도가 명료하게 드러나야 한다. 이를 위해 평가 요소
를 가급적 분명히 밝히는 것이 좋고, 문두에서 제시하는 조건도 오해의 여지
가 없어야 한다. 중의적으로 해석될 수 있는 진술, 포괄적인 진술, 애매하거
나 모호한 진술은 타당도와 신뢰도에서 결함이 생길 수 있다. '매우', '많이',
'대단히' 등 질적인 표현도 객관적인 기준이 없어서 문장을 불분명하게 만들
수 있으므로 배제되어야 한다.

또한 문두는 간소하면서도 이해하기 쉬워야 한다. 문두가 지나치게 길
고 복잡하면 진위를 판단하는 데 문제가 생길 수 있다. 불필요한 수식어도
과감하게 삭제할 필요가 있다. 제공해야 할 정보가 많은 경우 필요하다면
〈보기〉와 같은 형식을 활용하여 정보를 주더라도 문두는 간소화하는 것이
좋다.[6] 그러나 간소화가 지나쳐서 문두 자체를 이해하는 것이 어려워지면 평
가 목표를 성취하기 어렵다. 문두의 간소화를 위해 전문적인 용어를 노출할
수도 있지만, 그 용어에 대한 이해가 선행되지 않은 경우에는 학습자의 능력
을 평가 목표에 맞게 측정하기 어려워진다는 난점이 생긴다.

....

6   단, 문두가 길어지더라도 선택지에 공통으로 들어갈 말은 가급적 문두에 노출하는 것이 바람직
     하다.

이제 몇 가지 사례를 통해 문두의 형식적 요건이 구체적으로 실현되는 양상을 확인해 보기로 하자.

1

수정 전	• 이 글을 읽고 알 수 있는 내용으로 알맞지 <u>않은</u> 것은?
문제점	− 해석을 요하는 문항이므로, '알맞다'라는 서술어는 어울리지 않음.
수정 후	• 이 글을 읽고 알 수 있는 내용으로 적절하지 <u>않은</u> 것은?

2

수정 전	• 이 소설에서 등장인물의 행동이나 심리를 바르게 이해하지 <u>못한</u> 것은?
문제점	− 소설이 지문으로 제시되었다면 굳이 '이 소설'을 반복할 필요가 없음. − 추론적 사고를 요하는 문항이므로, 수식어 '바르게'는 어울리지 않음. − '행동이나 심리'는 굳이 필요가 없음.
수정 후	• 윗글의 등장인물에 대한 이해로 적절하지 <u>않은</u> 것은?

3

수정 전	• 윗글의 [A]에 나타난 '정 씨'의 심정을 설명한 것으로 적절하지 <u>않은</u> 것은? • 시 (나)의 밑줄 친 ⓒ에서 알 수 있는 화자의 정서에 대해 이해한 것으로 적절한 것은?
문제점	− 불필요한 진술이 포함되어 있음. − 진술이 장황함.
수정 후	• [A]에 나타난 '정 씨'의 심정으로 적절하지 <u>않은</u> 것은? • ⓒ에서 알 수 있는 화자의 정서로 가장 적절한 것은?

4

수정 전	• 글쓴이가 이 글을 쓴 의도로 올바른 것은?
문제점	− 추론적 사고를 요하는 문항이므로, 수식어 '올바른'은 어울리지 않음. − 글쓴이의 의도는 확정하기 어려우므로, 정답형 문두는 위험함.
수정 후	• 글쓴이가 윗글을 쓴 의도로 가장 적절한 것은?

5

수정 전	• 윗글의 등장인물에 대해 바르게 이해하지 못한 사람은? • '길'의 의미를 고려하면서 윗글을 읽고 학생들이 이야기를 나누었다. 감상한 내용으로 바르지 않은 것은? (※선택지는 가상의 학습자 이름을 노출하면서 구어체로 진술함.)
문제점	− 추론적 사고를 요하는 문항이므로, 수식어 '바르게'는 어울리지 않음. − 가상의 학습자를 굳이 설정할 필요가 없음.
수정 후	• 윗글의 등장인불에 대한 이해로 적절하지 않은 것은? • '길'의 의미를 중심으로 윗글을 감상한 내용으로 적절하지 않은 것은?

6

수정 전	• 다음 중 이 시의 주된 형상화 방법으로 적절하지 않은 것은?
문제점	− 모든 선택형 문항은 주어진 몇 개의 선택지 중에서 하나를 선택하는 형식이므로, '다음 중'은 불필요한 진술임. − '주된'의 범위 설정, 즉 '주된 것'과 '부차적인 것'의 구별이 어려움. − '형상화'라는 용어를 규정하기 어려움.
수정 후	• 윗글의 표현상 특성으로 적절하지 않은 것은?

이상의 사례에서처럼 문두는 불필요한 말을 아껴 최대한 간략하게 서술 되어야 하고, 모호하거나 애매한 진술을 피하여 명확한 기준을 제기해야 하 며, 평가 문항의 취지와 어울리는 수식어나 서술어를 취해야 한다. 문두의 형 태 또한 평가 문항의 성격에 맞추어 결정되어야 한다. 물론 문두 자체만을 두 고 타당성을 독립적으로 판단하기에는 어려움이 있다. 선택지 및 〈보기〉와 의 유기성을 고려해야 하기 때문이다. 즉, 선택지들이 균질성을 지니고 있다 면 문두에서 내세운 평가 요소가 선택지의 균질성에 밀착되어야 마땅하다. 문두가 〈보기〉의 역할을 적절하게 안내하고 있는지, 〈보기〉의 내용을 문두 에서 압축적으로 제시할 수 있는데도 굳이 〈보기〉를 제시하는 것이 타당한 지 여부도 개별 문항의 특성에 따라 선택적으로 판단되어야 한다.

4) 문두와 관련된 쟁점

위에서 언급한 문두의 요건들은 원론적인 수준에서 강조되는 것이며, 문두에서 모든 요건이 절대적이고 항상적으로 갖추어질 수는 없다. 이제 이와 관련된 몇 가지 쟁점을 살펴보기로 하자.

(1) 평가 요소가 명시되지 않은 문두는 왜 나타나는가

선택형 문항에서 문두는 평가 요소를 표상한다. 그렇다면 문두에는 평가 요소가 명시되어 있어야 할 것이다. 다음의 세 문두를 비교해 보자.

㉠ 다음 중 적절한 것은?
㉡ 윗글의 특성으로 적절한 것은?
㉢ 윗글의 서술상 특성으로 적절한 것은?

세 문두는 ㉠, ㉡, ㉢ 순으로 점차 평가 요소가 선명하게 드러난다. 평가론적 원칙에 따르면 세 번째 문두가 가장 바람직해 보인다. 그런데 문제는 문두에 평가 요소를 명시하기 어려운 경우가 있다는 점이다. 예컨대 다음과 같은 사례들이 여기에 해당된다.

① 윗글에 대한 설명으로 가장 적절한 것은?
② (가)와 (나)의 공통점으로 가장 적절한 것은?
③ [A]를 바탕으로 할 때, ⓐ의 이유로 가장 적절한 것은?

①에는 선택지가 설명하는 대상이 윗글의 어떤 요소인지 명시되지 않았

다. 선택지들의 내용이 비교적 분산되어 있어서, 평가 요소 하나를 명시하기 어려울 때 이런 식의 포괄적 진술을 하기도 한다. 예를 들어 시를 지문으로 제시하고, 각각의 선택지에 시상 전개, 수사적 표현, 미적 특징 등을 담는 경우가 있다. 또한 설명문을 지문으로 제시하면서, 각각의 선택지에서 글의 전개 방식, 설명 방식, 글의 구조 등을 분할하여 다루는 경우도 있다. 문제는 이런 요소들을 모두 아우르는 상위 개념을 찾기 어렵나는 데 있다. 이러한 경우에 상위 개념을 특정하여 '윗글의 ○○○에 대한 설명으로~'라고 진술하는 대신 '윗글에 대한 설명으로~'와 같은 문장으로 진술하는 것이다.

②는 지문의 일부를 괄호로 나누어 묶은 뒤, 두 부분의 차이점이나 공통점이 무엇인지를 찾을 수 있는가를 묻는 유형의 문두이다. 그런데 여기에서도 선택지가 제각각 다른 요소를 포함하는 경우가 있다. 예를 들어 핵심적인 소재, 구성 방식, 표현 방식, 기능이나 역할 등이 각각의 선택지에 담길 수 있다. 이렇게 다양한 요소를 담게 되면 다섯 개의 선택지 모두를 균질성을 지닌 내용으로 구성하기는 어려울뿐더러, 그것이 반드시 바람직한 것도 아니다. 이러한 경우 ②와 같은 포괄적인 진술로 문두를 구성할 수밖에 없을 것이다.

③은 지문 내부의 특정 정보를 근거로 삼아 다른 부분에 담겨 있는 내용을 추론하도록 이끄는 문항의 문두이다. 이는 ①, ②와는 달리 문두를 간소화해야 한다는 원칙에 충실한 경우이다. 만일 원칙에 맞게 평가 요소를 드러낸다면 '[A]를 바탕으로 할 때, ⓐ의 이유를 추론한 것으로 가장 적절한 것은?' 정도가 되었어야 한다. 여기에는 '추론'이라는 평가 요소가 명시적으로 드러나 있기 때문이다. 그러나 군이 문두에 평가 요소를 명시하지 않더라도, '바탕으로'라는 표현을 통해 정보를 추론해야 한다는 점을 알 수 있다. 따라서 이런 경우라면 평가 요소를 명시해야 한다는 원칙보다는 문두를 간소화해야 한다는 원칙에 충실한 것이 더 바람직할 수 있다.

(2) 선택형 문항에서 부정 문두는 지양되어야 하는가

선택형 문항의 문두는 가급적 긍정문이어야 한다는 것이 평가론의 일반적인 원칙이다. 대부분의 교육평가 개론서는 이 점을 강조하고 있다. 긍정 문두가 부정 문두보다 바람직하다고 보는 몇 가지 근거는 다음과 같다. 먼저 틀린 답을 찾는 것보다 맞는 답을 찾게 하는 것이 더 교육적이라는 것이다. 또한 부정문으로 된 문두의 경우 주의력이 산만한 피험자는 높은 능력을 소유하고 있음에도 부주의로 정답을 고르지 못할 수 있고, 이는 곧 검사의 신뢰도를 떨어뜨린다는 것이다. 마지막으로 부정 문두는 경험이 풍부하지 못한 교수자가 제작하기 편한 유형이라고 보는 시각도 있다(성태제, 2002: 164). 긍정 문두라면 매력적인 오답이 있어야 의미가 살아나는 법인데, 공력을 기울이지 않으면 매력적인 오답을 만들어 내기가 쉽지 않기 때문이다.

그러나 선택형 문항이 보통 네댓 개의 선택지로 구성된다는 점을 고려하면, 이러한 일반적 원리가 절대적으로 타당하다고 규정하기는 어렵다. 긍정 문두를 가진 문항에서는 참인 정보를 담고 있는 선택지가 오직 하나이지만, 부정 문두에서는 그런 선택지가 서너 개일 것이기 때문이다. 이런 사실을 고려하면, 부정 문두를 군이 지양할 필요는 없다. 또한 선택지 정교화 작업에 드는 공력을 감안하면, 긍정 문두의 문항 제작보다 부정 문두의 문항 제작이 더 편리하다고 일반화하기는 어렵다. 부정 문두에서 참인 선택지들은 서로 간섭되지 않고 정보를 분담하도록 정교하게 진술되어야 하기 때문이다.

다른 과목에 비해 국어과의 평가 문항 중에는 부정 문두가 많은 편이다. 그것은 문학 작품을 비롯한 글에 대한 인지적 이해의 특성과 관련된다. 글에 대한 이해는 다양한 인지적 편차를 가질 수 있으며, 그렇기 때문에 이를 평가하는 문항에서 글에 대한 정보를 객관적으로 옳고 그른 것으로 전제하면서 선택지를 구성하기는 어렵다. 이는 국어과 읽기나 문학 영역의 문항에서

'적절한 것은?'이나 '적절하지 않은 것은?'이라는 서술어를 많이 사용하는 이유이기도 하다. 명백한 오류가 포함된 거짓 선택지를 제외하고, 나머지 참인 선택지를 통해 인지적 편차를 수용하게 되는 것이다. 이러한 사정을 고려하면, 부정 문두는 슬기롭게 선택할 수 있는 문항 유형으로 활용될 수 있다.

경우에 따라 긍정 문두와 부정 문두는 평가 요소를 동일하게 유지한 채 호환될 수도 있다. 다만 이때는 문항의 난도[7]에 변화가 생길 수 있다. 달리 말하면 긍정 문두와 부정 문두를 선택적으로 활용하여 난도를 조절할 수 있다는 것이다. 다음 사례를 보자.

사례 1   2017 EBS 수능완성 국어 영역(유형편)

[01~03] 다음 글을 읽고 물음에 답하시오.

> 1453년 오스만 제국의 술탄* 메흐메트 2세는 군대를 이끌고 동로마 제국의 수도 콘스탄티노플을 함락했다. 고대 그리스와 로마의 영광을 이어받았던 콘스탄티노플의 함락은 당사자인 동로마 제국뿐만 아니라 서유럽 사회 전반에도 큰 타격이었다. 그러나 다른 한편으로 볼 때, 이 역사적 사건은 이슬람 문명과 그리스도교 문명 사이의 오랜 갈등과 반목이 ㉠결정적인 고비를 넘기는 계기가 되었다고 할 수 있다. 200년이 넘도록 이어진 십자군 전쟁이 막을 내리고, 동로마 제국의 상류층 인사들과 지식인 계급이 서유럽 사회로 대거 이주했기 때문이다.
>
> 이 시기 많은 수의 동로마 제국인들은 가까운 항구 도시인 이탈리아 베네치아에 정착했다. 덕분에 베네치아는 과거 콘스탄티노플이 ⓐ수행했던 서유럽과 동방 사이의 교량 역할을 계승하게 되었다. 이후 베네치아는 견고

....

7   평가 문항의 어렵고 쉬운 정도를 가리켜 '난이도'라는 말을 사용하곤 한다. 그러나 강하고 약한 정도를 '강도'로 쓰는 것처럼, 평가론에서는 일반적으로 어렵고 쉬운 정도를 '난도'로 표현한다.

한 해상 무역망을 바탕으로 경제적, 문화적 발전을 거듭했다. 오스만 제국과 군사적, 정치적, 경제적 대결 구도를 펼치면서도, 서유럽과 이슬람 문화가 교류하는 데 선도적인 역할을 한 것이다. 젠틸레 벨리니는 그러한 활동을 한 인물 중 초기 사례에 속한다.

벨리니 가문은 베네치아의 유서 깊은 화가 가문이었다. 그중에서 유명한 인물은 야코포 벨리니이지만 그의 양식을 충실히 전수받은 아들 젠틸레와 조반니 형제 역시 베네치아 르네상스 화풍을 발전시키는 데 크게 ⓑ일조했다. 특히 젠틸레 벨리니는 콘스탄티노플 정복의 주역이었던 술탄 메흐메트 2세의 궁정에 2년 남짓 파견되기도 했다. 당시 베네치아와 오스만 제국은 평화 협정을 체결하기 위해 교섭 중이었는데, 메흐메트는 이를 기회로 삼아 이슬람 사회에까지 명성이 높았던 베네치아 화가를 자신의 궁정에 초청했던 것이다. 젠틸레 벨

▲ 「술탄 메흐메트 2세」

리니의 솜씨가 어떠했는지는 그가 제작한 술탄의 측면 초상화에서 잘 드러난다. 「술탄 메흐메트 2세」를 보면 날카로운 코와 섬세한 눈매, 풍성한 턱수염 등 인물의 개성이 생생하게 포착되어 있다. 특히 이 회화에서는 당시 베네치아 화가들이 유화 매체에 얼마나 자유자재로 적응했는지 목격할 수 있다. 무엇보다도 젠틸레 벨리니의 유화에서 두드러지는 부드러운 음영 효과와 ⓒ영롱하고 다채로운 색조 표현은 이후 베네치아 화파의 전매특허처럼 여겨졌다.

오스만 제국의 술탄이 서유럽 초상화가를 자신의 궁정에 공식적으로 초청한 사실에서 이탈리아 문화에 대한 당시 이슬람 사회의 호기심과 존중을 짐작할 수 있다. 젠틸레 벨리니는 술탄뿐만 아니라 이슬람 궁정 사람들에 대한 다양한 스케치를 남겼는데, 작품 중 일부는 이슬람 화가들에 의해 ⓓ모사되기도 했다.

현재 보스턴의 한 박물관에는 당시 메흐메트 궁정에서 제작한 것으로 추정되는 젠틸레 벨리니의 그림 한 점이 소장되어 있다. 이 그림은 젊은 서기를 그린 정측면 초상인 「앉아 있는 서기」이다. 흰 터번을 머리에 두르고, 청색 바탕에 화려한 금박의 식물 문양이 장식된 옷을 입은 이 인물은 무릎을 접고 앉아

서판에 무엇인가를 열심히 적고 있다. 인물의 복식과 자세는 전통적인 이슬람 문화를 따르고 있지만, 터번의 주름을 따라 섬세하게 표현된 명암과 서판에 드리운 부드러운 그림자, 인물 표정의 자연스러운 묘사 등은 이슬람 미술과 뚜렷하게 구별되는 서유럽 르네상스 미술의 특징을 고스란히 보여 준다. 이 그림은 원근감과 입체감이 묘사되어 있는 데 비해, 이슬람 미술은 역사적인 주제나 일상생활의 다양한 이야기를 전달하는 세밀화에서도 원근감과 입체감을 묘사하지 않았기 때문이다. 젠틸레 벨리니가 오스만 제국의 궁정에 2년 남짓 머무르면서 소개한 이탈리아 르네상스 화풍이 이슬람 미술에 그대로 흡수되지 못한 이유도 여기에 있다.

▲ 「앉아 있는 서기」

　그러나 유럽 근세 미술의 요소들은 역동적인 이슬람 사회를 통해 아시아 문화권으로 전파되었다. 일례로 젠틸레 벨리니의 스케치를 거의 그대로 모사한 것처럼 보이는 세밀화 한 점이 동시대 이슬람 화가에 의해 제작된 것을 들 수 있다. 이 화가는 티무르 제국의 유명한 세밀화 화가 비자드이다. 그의 영향력은 이란과 인도 무굴 제국에까지 미쳤는데, 17세기 초 인도 북부에서 제작된 세밀화 한 점이 비자드의 작품을 그대로 모사한 것으로 알려져 있다. 오른쪽 그림이 비자드의 그림을 모사한 것인데, 화면 하단에는 비자드의 서명과 함께 헤지라력 894년(1488~1489)이라는 제작 연도가 적혀 있다. 터번의 풍성한 주름을 비롯해 섬세한 표정과 부드러운 음영 효과, 앞으로 몸을 구부린 자연스러운 자세 등은 젠틸레 벨리니의 표현 방식을 그대로 따른 것이다. 그러나 전체적인 인체 구조, 그중에서도 한쪽으로 포갠 두 다리의 어색한 자세와 지나치게 작은 발, 명암이 거의 생략되고 윤곽선이 주를 이룬 옷의 묘사 방식을 보면 페르시아와 인도 모사가의 손길을 거치는 과정에서 동방의 양식이 ⓔ침투하고 있음을 알 수

있다. 특히 중국풍 깃이 달린 붉은 의상과 4엽 장식의 중국풍 문양이 눈길을 끈다. 이 세밀화는 서유럽 르네상스 미술이 콘스탄티노플을 거쳐 인도 대륙에까지 소개되는 과정을 보여 준다.

* 술탄: 이슬람교국의 군주. 후에 오스만 제국의 황제를 이르기도 함.

02 ㉠에 대해 추론한 것으로 적절한 것은?

① 이슬람 문명과 그리스도교 문명 사이에 벌어진 전쟁이 더 심각해지는 상황은 피하게 되었음을 가리킨다.

② 그리스도교를 믿는 사람들이 이슬람 문명의 가치를 깨달음으로써 두 문명 사이의 조화와 화해가 시작되었음을 뜻한다.

③ 그리스도교 문명이 이슬람 문명에 대해 호기심을 갖고 존중함으로써 그리스도교 문명을 통해 이슬람 문명이 유럽에 전파되는 한 계기가 되었다.

④ 이슬람 문명과 그리스도교 문명이 스스로를 자제하고 서로를 인정한 데 따른 것이 아니라 그리스도교 문명 세력에게 이슬람 문명 세력이 패배함에 따른 것이다.

⑤ 이슬람교를 믿는 사람들이 지리적 공간을 이동하여 그리스도교를 믿는 상류층 인사들과 지식인 계급이 이슬람교도와 함께 어울려 지내는 지대가 생긴 데 따른 것이다.

02-1 ㉠에 대해 추론한 것으로 적절하지 <u>않은</u> 것은?

① 이슬람 문명과 그리스도교 문명 사이에 벌어진 전쟁이 더 심각해지는 상황은 피하게 되었음을 가리킨다.

② 그리스도교를 믿는 사람들이 이슬람 문명의 가치를 깨달음으로써 두 문명 사이의 조화와 화해가 시작되었음을 뜻한다.

③ 이슬람 문명이 그리스도교 문명에 대해 호기심을 갖고 존중함으로써 이슬람

문명을 통해 그리스도교 문명이 아시아 문화권에 전파되는 한 계기가 되었다.

④ 그리스도교를 믿는 상류층 인사들과 지식인 계급이 지리적 공간을 이동함에 따라 그리스도교 문명과 이슬람 문명 간의 충돌 가능성이 낮아진 데 따른 것이다.

⑤ 이슬람 문명과 그리스도교 문명이 스스로를 자제하고 서로를 인정한 데 따른 것이 아니라 이슬람 문명 세력에게 그리스도교 문명 세력이 패배함에 따른 것이다.

02번과 02-1번 문항은 모두 추론적 사고력을 측정하는 문항으로, 02번은 긍정 문두의 문항이고, 02-1번은 02번을 부정 문두의 형식으로 재구성한 것이다. 02-1번 문항의 선택지 ①번과 ②번은 각각의 참/거짓을 그대로 유지하였다. 다만 긍정 문두의 02번 문항에서는 선택지 ①번이 정답이고 ②번이 오답이었으나, 부정 문두의 02-1번 문항에서는 ①번이 오답, ②번이 정답이 된다. 02번 문항의 나머지 선택지 ③, ④, ⑤번은 02-1번 문항에서 정보를 조정함으로써 참/거짓을 서로 맞바꾸었다. 두 문항 모두 학습자는 각각의 선택지가 지닌 정보가 지문의 정보와 일치하는지 조회함으로써 선택지의 참/거짓을 결정하는 과정을 겪을 것이다. 이때 가장 확실하게 참인 선택지 하나를 고르는 02번 문항과, 가장 확실하게 거짓인 선택지 하나를 고르는 02-1번 문항을 해결하는 데 드는 인지적 에너지는 서로 다르다. 따라서 긍정 문두와 부정 문두의 상호 변주는 문항의 난도를 조절하는 방법으로 활용될 수도 있다. 그리고 교수자의 입장에서도 참인 선택지를 만들기가 더 쉬울 수도 있고, 거짓인 선택지를 만들기가 더 쉬울 수도 있다. 그러므로 부정 문두와 긍정 문두를 결정할 때는 난도와 더불어 문항 제작의 쉽고 어려움도 함께 고려해야 한다.

긍정형 문항과 부정형 문항의 호환에 따른 난도의 차이는?

다음은 본문에서 예시로 제시된 글을 지문으로 삼아 제작한 긍정 문두의 문항이다. 이를 부정 문두로 바꾸어 보고 그 난도를 판단해 보자.

1 '젠틸레 벨리니'에 대한 설명으로 가장 적절한 것은?

① 베네치아에서 활동하면서 서유럽과 이슬람 문화가 교류하는 데 선도적인 역할을 한 인물 중 하나이다.

② 「술탄 메흐메트 2세」에서 볼 수 있는 베네치아 화파의 전매특허처럼 여겨진 표현 기법이 이슬람 미술에 그대로 흡수되도록 하였다.

③ 「앉아 있는 서기」에서 볼 수 있는 것처럼 내용상으로 이슬람 문화를 담고 기법상으로도 이슬람 미술의 특징을 보여 주는 그림을 그렸다.

④ 이슬람 화가와 아시아권 화가들에게 르네상스 기법을 직접 전수함으로써 르네상스 미술이 이슬람 사회와 아시아권으로 전해지는 데 기여하였다.

⑤ 이슬람 화가들에게 영향을 받아 근세 유럽 미술의 요소들과 함께 동방의 양식이 함께 드러나는 그림을 그렸다.

2017 EBS 수능완성 국어 영역(유형편)

11강

선택형 문항에서
선택지는 어떤 위상을 지니는가

송 교사는 학교 지필 평가 문항의 선택지 반응 분포를 살펴보고 의문점이 생겼다.

선택지	①	②	③	④	⑤	무응답
반응 수 (비율)	7명 (1.46%)	181명 (37.79%)	218명 (45.51%)	44명 (9.21%)	28명 (5.85%)	1명 (0.18%)

위 문항의 정답은 ②번이지만, ③번을 정답으로 선택한 학생의 비율이 더 높다. 이 결과를 어떻게 해석할 수 있을까? 또한 선택한 학생의 비율이 1.46%에 그친 ①번과 같은 선택지는 선택지로서 의미 있게 기능한다고 볼 수 있을까?

이 외에도 국가 수준 학업성취도 평가, 대학수학능력시험, 학교 지필 평가 등에서 학생들의 이의 신청을 거쳐 정답이 바뀌거나, 두 개의 정답이 인정되거나, 정답이 없어져서 모든 선택지가 정답으로 처리되는 경우가 있다. 이러한 상황은 왜 발생할까?

---

1) '그 안에서 고르라'는 것의 함의

선택형 문항은 주어진 범위 안에서 정답을 선택하도록 요구하는 문항이다. 정답이 정해져 있다는 점에서 선택형 문항은 발산적이기보다는 수렴적이며(▶6강), 구성주의보다는 객관주의 철학에 입각한 평가 도구로 간주된다.

그러나 정답이 정해져 있다는 이유만으로 선택형 문항이 구성주의 철학에 위배된다고 보기는 어렵다. 국어과 선택형 문항에서의 정답은 주어진 범위 안에서 인정되는 것이기 때문에, 객관주의에서 절대시되는 객관적 지식에 그대로 대응되지 않는다. 즉 선택형 문항에서 정답은 원칙적으로 주어진 범위 안에서 고르는 것이므로 절대적 위상이 아닌 상대적 위상을 지닌다. 이런 점에서 서로 경합하는 선택지들 사이에서 좀 더 적절한 선택지를 고르는 행위는 보편타당하고 간주관적(間主觀的)인 지식을 중시하는 사회 구성주의 철학에 부합한다고도 볼 수 있다.

선택형 문항은 선택지들이 의미가 있든 없든 아무 선택지를 고르거나 그나마 나은 것을 골라도 정답을 맞히면 점수를 받는다. 그러나 선택형 문항이 제대로 된 평가 도구로 기능하기 위해서는 모든 선택지들이 충분한 의미를 지녀야 하며 그중에서 가장 타당한 것을 고르게 해야 한다. 다시 말해 "그 안에서 고르라"고 정답 선택의 범위를 주는 선택형 평가에서는 '그 안'을 어떻게 설정하는가, 즉 선택지를 어떻게 구성하는가에 따라 문항의 질이 결정된다.

2) 선택지의 자격

(1) 지문, 〈보기〉, 문두의 설정 범위 안에서 논리적·사실적인 선택지

선택지는 기본적으로 평가 요소와 관련되어 있어야 하며, 지문, 〈보기〉, 문두에서 설정한 범위 안에서 논리적·사실적으로 도출 가능해야 한다. 예컨대 지문, 〈보기〉, 문두의 범위와 무관한 진술은 선택지로서 의미를 지니지 못한다. 이는 정답이든 정답이 아니든 타당한 논리로 해설할 수 있는 진술이 선택지로 구성되어야 함을 의미한다. 오답이어도 그것이 왜 오답인지 논리적으로 해설하는 과정에서 학습자들이 평가 요소와 관련된 배움을 얻을 수 있어야 선택지로서 자격을 갖추었다고 말할 수 있다. 몇 가지 사례를 살펴보자.

사례 1　　　　　　　　　　2016학년도 9월 고1 전국연합학력평가 국어 영역

(전략)

그러나 기술에 대한 이러한 관점은 근대 초기의 마키아벨리, 베이컨, 데카르트 등에 의해 강한 비판을 받았다. 예컨대 16세기 영국 철학자인 ⓒ베이컨은 인쇄술이나 화약 발명 등의 기술이 정치적인 정복이나 철학적인 논쟁보다 훨씬 이롭다고 주장하였다. 또한 독일의 철학자 피히테는 기술이 인간을 자연의 강압으로부터 해방시켜 줄 것이라는 믿음에서, 기술을 통한 자연의 정복을 선(善)으로 규정하였다.

하지만 기술의 발전에 따라 기술이 인류의 생존 자체를 위협할 수도 있다는 점에서 기술을 바라보는 ⓐ새로운 철학적 관점이 등장하였다. 20세기에 이르러 독일의 철학자 하이데거를 필두로 기술의 진정한 본질은 무엇인지, 기술은 인간에게 어떤 존재적 의미와 가치를 지니는지 등에 대한 진지한 철학적 고민이 시작된 것이다. ⓔ하이데거는 기술을 도구로 파악하였지만, 그 기술은 인간

이 세계의 사물들과 교섭하는 창구로서 사물들의 존재 의미를 구성하는 능력을 지닌 비중립적 존재임을 강조한다. 하이데거에 따르면 거대한 우주를 관측할 때 우리는 전파 망원경 같은 도구를 통해 세계에 대한 정보를 얻게 되는데, 이때 도구가 세계와 어떻게 관계를 맺는가에 따라 우리가 갖는 세계에 대한 존재론적 의미가 달라진다는 것이다.

(후략)

18 ⓐ의 내용과 가장 가까운 것은?

① 인간의 손을, 동일한 원리로 동작하는 기계로 대치할 수 있다.

② 인간만이 영혼이 있기 때문에, 인간 이외의 동물은 기계일 뿐이다.

③ 인간의 신체는 스프링을 감는 기계이며, 이것은 끊임없이 움직인다.

④ 인간은 도구를 만드는 동시에 자기 자신도 만들 수 있는 존재이다.

⑤ 인간에게 종속되었던 기술이 이제는 인간을 지배하는 역할을 할 수 있다.

[사례 1]은 기술을 바라보는 새로운 관점을 다룬 지문을 읽고 '새로운 철학적 관점'의 의미를 추론한 문항으로, 정답은 ⑤번이다. 이 문항이 의미를 지니기 위해서는 선택지들이 그 구체적 내용에 상관없이 일단 '기술을 바라보는 (새로운) 관점'에 관한 진술이어야 한다. 다섯 개의 선택지 모두 정답을 골라내기 위한 의미 있는 범위로서 기능해야 하기 때문이다. 이런 관점에서 볼 때 위의 문항에서 정답을 제외한 나머지 선택지들은 '기술을 바라보는 (새로운) 관점'에 관한 진술을 하고 있지 않다는 점에서 기본적으로 적절하지 않다. 특히 선택지 ③번과 같이 문장의 의미가 불분명한 경우는 더욱 문제가 될 수 있다. 지문, 〈보기〉, 문두의 범위 내에서 이렇게 모든 선택지를 의미 있게 설계하는 것은 선택형 문항이 갖추어야 할 요건이자 좋은 선택형 문항을

만들기 어려운 이유이기도 하다.

이렇게 선택지로서 자격을 갖추지 못한 선택지들은 지문 내용에 대한 깊이 있는 분석이 이루어지지 않았거나, 지문 자체의 정보량이 부족해 다섯 개의 유의미한 선택지가 도출되기 어려울 때 만들어진다. 따라서 이러한 선택지를 의미 있게 수정하기 위해서는 지문을 면밀히 분석하여 선택지로 구성 가능한 정보를 최대한 추출하거나, 지문에서는 추론되지 않지만 그와 관련된 보편적 상식을 사용하여 선택지를 대체해야 한다. 다만 후자의 경우 상식적인 진술로 이루어진 선택지가 정답이 되지 않도록 유의해야 한다. 이러한 방법이 불가능하다면 해당 지문을 정보량이 충분한 다른 지문으로 교체하거나, 문두를 조정하거나, 〈보기〉를 제시하여 선택지의 범위를 확장해야 한다.

사례 2   2014년 국가 수준 학업성취도 평가 중학교 3학년 국어

(가) 우리는 매일 놀이를 하면서 살아간다. 놀이에 많은 시간과 노력을 들이는 경우도 있다. 로제 카이와라는 학자는 놀이가 인간의 사회적, 제도적 측면에서 네 가지 속성을 가지고 있다고 주장했다.

(나) 우선, '경쟁'의 속성이다. 어떤 놀이들은 경쟁의 속성을 포함하고 있다. 아이들은 달리기로 경쟁하여 목표 지점에 먼저 도달하는 놀이를 하거나, 혹은 시간을 정해 놓고 더 많은 점수를 얻으려는 놀이를 한다. 이 경쟁의 속성은 스포츠나 각종 선발 시험 등에서 순위를 결정하는 원리로 변화되어, 사회 제도의 기본 원칙으로 활용되고 있다.

(다) 다음으로, '운'의 속성이다. 어떤 놀이들은 경쟁이 아닌 운의 속성을 활용하고 있다. 아이들은 놀이를 시작할 때, 종종 제비를 뽑아 술래를 결정하곤 한다. 어른들은 경쟁이 아닌 운을 실험하는 방식으로 내기를 하기도 한다. 예를 들어 복권은 운의 속성을 활용한 대표적인 사회 제도이다. 축구 경기가 경쟁을 통해 승패를 결정하는 행위라면 조 추첨을 통한 부전승은 실력을 고려하지 않고

운에 영향을 받는 행위여서, 경쟁과 운은 상호 보완적인 속성을 가지고 있다.

(라) 그다음으로, '흉내'의 속성이다. 아이들은 어려서부터 모방하는 행위를 즐긴다. 유년기의 아이들은 주로 아버지와 어머니의 행동을 흉내 내고, 소년기의 학생들은 급우와 교사의 행동을 모방한다. 아리스토텔레스 이후 많은 철학자들이 모방을 예술의 기본 원리로 파악했고, 배우는 이러한 모방을 전문화한 직업인이라고 할 수 있다.

(마) 끝으로, 균형의 파괴 혹은 '일탈'의 속성이다. 아이들은 자신의 신체적 균형을 고의로 무너뜨리는 상황에 매혹을 느낀다. 가령 어린아이들은 어른들이 자신들의 몸을 공중에 던져 주면 환호성을 지르며 열광하고, 소년기의 학생들은 아찔한 롤러코스터를 일부러 타면서 신체적 경험이 무너지는 현기증을 체험한다. 일탈의 속성 역시 우리 사회 전반에 스며들어, 사회 제도의 압박감에서 벗어나 개인의 자유로움을 추구하는 행위로 나타나곤 한다.

(바) ㉮ , 경쟁, 운, 흉내, 일탈은 놀이의 속성이면서 동시에 인간이 형성한 문화의 근간이다. 사람들은 때로는 경쟁하고 운의 논리에 자신을 맡기는 사회 제도를 만들었고, 모방을 통해 예술의 기본 원리를 확립했으며, 신체적 균형과 사회 질서에서 벗어나는 유희와 일탈의 속성을 도입하기도 했다는 것이다. 놀이의 관점으로 인간의 문화를 이해할 때 특정 원리만을 신봉하거나 특정 원리를 배격하지 않아야 한다. 놀이의 네 가지 속성이 상호 작용하여 사회의 각 분야를 형성했고, 각 분야의 역할이 확장된 형태로 어울리면서 각종 예술과 제도가 함께 성숙할 수 있었음을 기억할 필요가 있다.

18 ㉮ 에 들어갈 수 있는 말과 그 이유로 가장 적절한 것은?

① '또한'을 넣어 (바)가 (마)의 원인임을 설명한다.

② '반면'을 넣어 (마)와 (바)의 대립 관계를 보여 준다.

③ '예를 들어'를 넣어 (바)가 (가)의 결론임을 암시한다.

④ '요약하면'을 넣어 (바)가 앞의 내용을 정리함을 알려 준다.

⑤ '왜냐하면'을 넣어 (바)가 (나)~(마)와 다른 내용으로 이어짐을 보여 준다.

[사례 2]는 글의 흐름을 파악하여 문단의 관계를 추론하는 문항으로, 글의 흐름을 살펴 문단의 의미 관계를 파악하고 그에 적절한 접속 표현을 고를 것을 요구하고 있다. 그러나 이 문항은 ①, ③, ⑤번 선택지가 그 자체로 옳지 않은 진술이라 지문을 살펴보지 않아도 오답들을 골라낼 수 있다는 점에서 문제가 된다. 이 문항의 평가 요소가 개별 접속 표현의 기능을 묻는 것이 아니라는 점을 고려하여 선택지들의 진술을 재고할 필요가 있다.

[사례 1], [사례 2]와 같은 문제를 예방하려면 문항을 출제하기 전에 정답 해설을 써 보는 것이 좋다. 각각의 선택지에 대해 정답인 이유와 오답인 이유를 논리적으로 기술해 봄으로써 정답지·오답지로서의 적절성을 검토해 볼 수 있기 때문이다.

생각해 볼 문제

합답형 문항은 정답형 혹은 최선답형 문항의 대안이 될 수 있는가?

선택지로서 충분한 자격을 갖춘 선택지 다섯 개를 만드는 것은 생각보다 쉽지 않다. 이런 점에서 정답형이나 최선답형 문항이 합답형 문항(▶10강)보다 출제가 더 어렵다. 유의미한 선택지 다섯 개를 만드는 것보다 서너 개의 선택항을 주고 조건에 부합하는 것을 고르도록 하는 것이 상대적으로 수월하기 때문이다. 그러므로 수준 높은 평가 도구를 고민하는 교사라면 정답형이나 최선답형 문항 출제에 주력해 볼 필요가 있다.

[A] 고대 중국인들은 인간이 행하지 못하는 불가능한 일은 그들이 신성하다고 생각한 하늘에 의해서 해결 가능하다고 보았다. 그리하여 하늘은 인간에게 자신의 의지를 심어 두려움을 갖고 복종하게 하는 의미뿐만 아니라 인간의 모든 일을

책임지고 맡아서 처리하는 의미로까지 인식되었다. 그 당시에 하늘은 인간에게 행운과 불운을 가져다줄 수 있는 힘이고, 인간의 개별적 또는 공통적 운명을 지배하는 신비하고 절대적인 존재라는 믿음이 형성되었다. 이러한 하늘에 대한 인식은 결과적으로 하늘을 권선징악의 주재자로 보고, 모든 새로운 왕조의 탄생과 정치적 변천까지도 그것에 의해 결정된다는 믿음의 근거로 작용하였다.

하지만 그러한 하늘에 대한 인식은 인간 지혜의 성숙과 문명의 발달로 인한 새로운 시대의 요구에 의해서 대폭 수정될 수밖에 없었다.

순자의 하늘에 대한 주장은 그 당시까지 진행된 하늘의 논의와 엄격히 구분될 뿐만 아니라 그것을 매우 새롭게 변모시킨 하나의 획기적인 사건으로 규정지을 수 있다. 순자는 하늘을 단지 자연현상으로 보았다. 그가 생각한 하늘은 별, 해와 달, 사계절, 추위와 더위, 바람 등의 모든 자연현상을 가리킨다. 따라서 하늘은 사람을 가난하게 만들 수도 없고, 병들게 할 수도 없고, 재앙을 내릴 수도 없고, 부자로 만들 수도 없으며, 길흉화복을 줄 수도 없다. 사람들이 치세(治世)*와 난세(亂世)*를 하늘과 연결시키는 것은 심리적으로 하늘에 기대는 일일 뿐이다. 치세든 난세든 그 원인은 사람에게 있는 것이지 하늘과는 무관하다. 사람이 받게 되는 재앙과 복의 원인도 모두 자신에게 있을 뿐 불변의 질서를 갖고 있는 하늘에 있지 않다.

하늘은 그 자체의 운행 법칙을 따로 갖고 있어 인간의 길과 다르다. 천체의 운행은 불변의 정규 궤도에 따른다. 해와 달과 별이 움직이고 비가 내리고 바람이 부는 것은 모두 제 나름의 길이 있다. 사계절은 말없이 주기에 따라 움직일 뿐이다. 물론 일식과 월식이 일어나고 비바람이 아무 때나 일고 괴이한 별이 언뜻 출현하는 경우는 있을 수 있다. 하지만 이런 일이 항상 벌어지는 것은 아니며 하늘이 이상 현상을 드러내 무슨 길흉을 예시하는 것은 더더욱 아니다. 즉, 하늘은 아무 이야기도 하지 않는데 사람들은 하늘과 관련된 이야기를 만들어 낸다는 것이다. 그래서 순자는 천재지변이 일어난다고 해서 하늘의 뜻이 무엇인지 알려고 노력할 필요가 없다고 말한다. 그것이 바로 순자가 말하는 불구지천 (不求知天)의 본뜻이다.

순자가 말한 '불구지천'의 뜻은 자연현상으로서의 하늘이 아니라 하늘에 무슨 의지가 있다고 주장하고 그것을 알아내겠다고 덤비는 종교적 사유의 접근을 비판하려는 것이다. 그러니까 억지로 하늘의 의지를 알려고 힘을 쏟을 필요가 없다. 사람들은 자연현상에 대해 특별한 의미를 부여하지 말고 오직 인간 사회에서 스스로가 해야 할 일을 열심히 해야 한다. 즉, 재앙이 닥치면 공포에 떨며 기도나 하는 것이 아니라 적극적인 행위로 그것을 이겨 내야 한다는 것이다.

순자의 관심은 하늘에 있지 않고 사람에 있었다. 특히 인간사회의 정치야말로 순자가 중점을 둔 문제였다. 순자는 "하늘은 만물을 낳을 수 있지만 만물을 변별할 수는 없다."라고 말한다. 이는 인간도 만물의 하나로 하늘이 낳은 존재이나 하늘은 인간을 낳았을 뿐 인간을 다스리려는 의지는 갖고 있지 않다는 것이다. 따라서 하늘은 혈기나 욕구를 지닌 존재도 아니다. 그저 만물을 생성해 내는 자연일 뿐이다.

* 치세: 잘 다스려져 태평한 세상.
* 난세: 전쟁이나 사회의 무질서 따위로 어지러운 세상.

18 불구지천 에 대한 설명으로 적절한 것을 〈보기〉에서 있는 대로 모두 고른 것은?

─────〈 보기 〉─────

ㄱ. 재앙이 닥쳤을 때 하늘에 기대기보다 인간들의 의지를 중시한다.

ㄴ. 자연은 제 나름대로 변화의 길이 있으며 이는 인간의 길
과 다르다.

ㄷ. 치세와 난세의 원인을 권선징악의 주재자인 하늘에서
찾고자 한다.

ㄹ. 하늘의 의지를 알아보려는 종교적 사유의 접근을 비판
하고자 한다.

① ㄱ, ㄴ ② ㄱ, ㄷ ③ ㄷ, ㄹ ④ ㄱ, ㄴ, ㄹ ⑤ ㄴ, ㄷ, ㄹ

2018학년도 6월 고1 전국연합학력평가 국어 영역

이 문항은 하늘에 대한 고대 중국인들의 인식 및 이와는 차별화된 순자 (荀子)의 인식을 설명하는 지문을 제시하고 지문에 등장한 '불구지천(不求 知天)'의 의미를 묻는 문항으로, 정답은 ④번이다. 〈보기〉를 살펴보면 '불 구지천'의 의미에 대한 적절한 진술 세 개, 적절하지 않은 진술 한 개로 구 성되어 있다. 만약 여기에 적절한 진술을 한 개 더 만들 수 있다면 합답형이 아닌 최선답형으로 문항을 구성할 수 있었을 것이다. 그러나 지문과 관련 되면서도 기존 선택지와 구별되는 의미 있는 선택지를 만들어 낼 수 없다 면, 정답 해설을 하기에 적합하지 않은 선택지를 끼워 넣는 것보다는 지금 과 같은 합답형 문항을 택하는 것이 낫다.

이제 이 문항에서 또 하나의 적절한 선택지를 만들어 최선답형 문항으로 바꾸는 것을 시도해 보자.

(2) 주어진 범위 안에서 최대한 적확하고 타당한 정답지

정답은 선택지들 중 상대적으로 나은 것이 아니라 그 자체로 지문과 문 두, 자료의 범위 안에서 적확하고 타당해야 한다. 정답인 선택지는 다른 선택

지들 가운데서 최선인 것이 아니라 그 진술 자체가 가장 타당한 내용을 담고 있어야 한다는 것이다. 즉, 선택지들과 비교하여 더 적절하다는 것만으로는 정답으로서의 필요충분조건을 갖추었다고 할 수 없다. 예를 들어 지문에서 주어진 작품의 주제로 가장 적절한 것을 고르라는 문항에서 정답인 선택지는 해당 작품의 주제에 대해 우리 담화공동체가 현재 수준에서 공유하고 있는 가장 보편타당한 해석에 입각한 진술이어야 한다.

정답을 정답이게 하는 논리가 오로지 나머지 선택지보다 더 적절하기 때문이라면 간주관적 지식의 의미를 왜곡하는 결과로 이어질 수 있으며, 이는 평가 문항이 지닌 교육적 기능[1]을 고려할 때 심각한 문제라는 점에서 이 조건은 중요하다. 또한 정답지가 적확성과 타당성을 지니지 못하면 정답이 없다는 오답 시비로 이어질 수도 있다. 앞에서 언급한 선택지의 자격이 주로 엉뚱한 오답지를 만들지 않음으로써 문항의 질을 높이는 것과 관련이 있다면, 이 조건은 정답지를 정답지답게 만듦으로써 문항의 질을 높일 뿐만 아니라 오답 시비를 피하는 것과도 관련되므로 더욱 유의해야 한다.

사례 3 　　　　　　　　　　　　　　　2013년 국가 수준 학업성취도 평가 중학교 3학년 국어

지수물가는 가격 변동을 측정하기 위하여 통계적 방법으로 처리된 평균적인 물가이다. ㉠그런데 소비자는 실생활에서 느끼는 체감물가와 통계청에서 발표하는 지수물가가 다르다고 생각한다. ㉡이에 대한 여러 가지 원인 중에서 대표

....

1　평가는 그 자체로 교수·학습의 기능을 가진다. 특히 교수·학습 과정을 진단하고 피드백하기 위한 형성적 평가에서 이 점이 두드러지는데, 평가의 이러한 측면을 강조하고자 '학습으로서의 평가'라는 개념(▶7강)이 도입되기도 하였다. 그러나 문항을 해결해 본 경험 자체가 학습자에게 유의미하게 남는다는 점을 고려하면, 학습의 성취를 평가하는 총괄 평가에서도 평가 문항을 논리적으로 타당하게 구성하는 것이 매우 중요하다. 이러한 맥락에서, 설령 오류나 정답 시비가 없더라도 단지 평가만을 위한 평가를 구성했다면 그 자체가 비판적으로 검토되어야 한다.

적인 세 가지를 알아보자.

첫째, 지수물가는 대표적인 품목만을 대상으로 한다. 그런데 모든 소비자가 동일한 품목의 물건을 구매하지는 않는다. 그래서 모든 소비자에게 지수물가를 공통적으로 적용할 수는 없다. 중학생이 있는 집에서는 교복, 참고서, 학용품 등의 가격 변화에 민감하지만 중학생이 없는 집에서는 이를 실감할 수 없다. 사람들은 각자가 구입한 물건 값의 변화를 전체 물가의 변화로 생각하는 경향이 있다.

둘째, 지수물가는 전국 주요 도시의 상점과 서비스 업체 중 일부를 표본으로 추출하여 조사한 평균이다. 지수물가가 내려갔다고 할지라도, 개인이 구매한 물건의 가격이 올랐을 경우에 사람들은 물가가 올랐다고 생각한다. ⓒ예를 들어, 내가 산 신발 가격이 5만 원이라고 할 때 전국의 신발 평균 가격이 4만 5천 원이라고 한다면, 사람들은 자신이 느끼는 체감물가가 지수물가와 다르다고 생각한다.

셋째, 소비자의 기억 차이도 원인이 될 수 있다. 지수물가는 가격이 오른 품목ⓔ뿐만 아니라 내린 품목도 대상으로 한다. 그러나 소비자는 가격이 오르고 내린 것에 상관없이 가격이 오른 것만을 오래 기억하는 경향이 있다. 만약 800원 하던 볼펜이 1,000원으로 오르고, 500원 하던 공책이 200원으로 떨어졌더라도 소비자는 가격이 오른 볼펜만을 기억하는 것이다.

통계청이 발표하는 지수물가와 소비자가 느끼는 체감물가의 차이가 커지게 된다면 통계청의 지수물가에 대한 신뢰성이 떨어질 수 있다. 이것을 막기 위해서 많이 구매하는 물건이나 밥상에 자주 오르는 먹을거리를 중심으로 새로운 지수물가를 따로 ⓜ설정하거나 기준이 되는 품목이나 가중치를 시대의 변화에 따라 바꾸기도 한다.

18 글쓴이가 말하고자 하는 바로 가장 적절한 것은?

① 지수물가는 소비의 기준이 된다.

② 합리적 소비를 통해 지수물가를 낮출 수 있다.

③ 체감물가와 지수물가가 다른 데에는 이유가 있다.

④ 지수물가가 지나치게 높으므로 상승률을 낮춰야 한다.

⑤ 전국의 모든 상점을 지수물가의 조사 대상으로 삼아야 한다.

[사례 3]은 필자의 의도를 파악하는 문항으로, 정답은 ③번이다. 그러나 "체감물가와 지수물가가 다른 데에는 이유가 있다"는 ③번 선택지의 진술은 이 글의 핵심 내용이기는 하나, 이것이 '글쓴이가 말하고자 하는 바'와 정확히 일치한다고 보기 어렵다. 다소 혼선이 있기는 하지만, 읽기 평가틀에서 주제나 의도를 파악하는 것은 대개 사실적 이해보다 추론적 이해의 층위에 해당하는 평가 요소이다. 그렇기에 필자가 궁극적으로 말하고자 하는 바는 지문의 핵심 내용이나 명시적인 주제와 다를 수 있다.[2] [사례 3]의 지문에서 필자가 말하고자 하는 바는 소비자가 지수물가와 체감물가를 다르게 느끼니 '그 간극을 좁힐 수 있는 방안을 마련할 필요가 있다'는 것이다. 즉 ③번은 나머지 선택지들과 비교하면 가장 적절하기는 하나 지문과 문두의 주어진 범위에서 추론 가능한 정답지로서 최선의 진술인가 하는 점에서는 의문이 제기될 수 있다.

다음 [사례 4]는 부정 문두를 활용하여 지문의 핵심 내용을 파악했는지 묻는 문항이다.

....

2 2014년, 한국교육과정평가원에서는 국가 수준 학업성취도 평가에 사용되는 국어과 평가틀을 2015 개정 교육과정에 근거하여 새롭게 만들었다. 여기서 중학교 읽기 영역은 행동 영역을 '읽기 지식, 사실적 읽기, 추론적 읽기, 비판적 읽기, 읽기 태도'로, 고등학교 독서 영역은 '독서 지식, 내용 확인, 추론, 평가와 감상'으로 나누고 각기 18개, 19개의 성취기준을 배분해 놓고 있다(동효관 외, 2017; 이인호 외, 2015 등). 행동 영역별로 구체적인 성취기준의 목록은 보안상 공개되고 있지 않으나, 연구 보고서 등을 통해 일부 공개된 내용과 2017년 국가 수준 학업성취도 평가 국어 문항 및 문항 정보에 의거하면, 중학교 성취기준 중 '읽기 목적에 따라 적절한 방법으로 글의 내용을 요약할 수 있다.'는 추론적 읽기 영역에 해당하는 것을 확인할 수 있다.

　인간의 뇌를 연구하던 과학자들은 대뇌 겉질*이 영역마다 담당하는 기능이 다르다는 사실을 발견했다. 뇌 중에서도 대뇌의 가장 바깥 구조물인 대뇌 겉질에 전기 자극을 주는 실험을 통해 전두엽에는 판단, 성격, 운동 조절 등의 기능이 있으며, 측두엽, 후두엽, 두정엽은 귀, 눈, 피부 등의 감각 기관으로부터 수용하는 정보를 처리하는 기능이 있음을 밝혀냈다. 이와 유사한 과학적 발견이 이어지면서, 인간의 뇌는 영역별로 나누어 맡는 기능이 고정되어 있다는 인식이 자리를 잡았다.

　그러나 최근의 연구 성과에 따르면, 대뇌 겉질이 나누어 맡는 기능이 완전히 고정되어 있는 것은 아니다. 인간은 환경에 둘러싸여 여러 가지 경험을 하며 살아가는데, 그 경험에 따라 각 영역이 맡는 기능이 달라지기도 한다. 과학자들은 빛을 완전히 차단한 공간에 실험 참여자들을 머물게 하고 손으로 정보를 탐색하게 했는데, 이틀이 지나자 시각 정보 처리를 맡았던 뇌 영역이 손에서 오는 촉각 정보를 처리한다는 사실을 발견했다. 빛이 차단된 환경에서 이루어지는 정보 처리의 경험으로 인해 실험 참여자들의 뇌 영역이 맡은 기능이 변화된 것이다.

　경험은 대뇌 겉질의 기능만이 아니라 뇌 조직의 변화를 일으키기도 한다. 예를 들어 보자. 인간의 뇌에는 기억을 저장하고 떠올리는 과정에서 중요한 역할을 하는 '해마'라는 기관이 있다. ㉠공간 구조의 기억과 회상에 관여하는 해마로 인해 우리는 눈을 감고 머릿속에 집으로 가는 길을 떠올릴 수 있다. 그런데 바로 이 해마의 크기가 경험에 따라 달라지기도 한다.

　과학자들은 택시 기사와 버스 기사의 뇌를 비교한 연구를 통해 이를 발견했다. 대도시의 교통 체증을 피해 시시때때로 새로운 길을 탐색해야 하는 택시 기사의 해마는, 정해진 노선대로 운전해야 하는 버스 기사의 해마보다 그 크기가 더 컸다. 해마의 크기는 택시 운전 경력과 비례했다. 대도시라는 환경에서 새로운 길을 탐색하는 택시 기사의 경험이 뇌의 차이로 나타난 것이다.

　또한 평소에 명상을 자주 하는 사람들은 주의 집중의 기능을 담당하는 뇌 영역이 일반인들에 비해 더 크고, 현악기 연주를 연습하는 사람은 현의 음색과

왼손의 움직임을 담당하는 뇌 영역이, 트럼펫 연주를 연습하는 사람은 금속성 소리에 반응하는 뇌 영역이 다른 사람들과 달리 더 크다.

이와 같은 연구 결과가 쌓이면서 최근에는 경험에 대응하여 인간의 뇌가 변화한다는 사실에 많은 이들이 주목하고 있다. 과거에는 사람이 일정한 연령에 도달하면 뇌는 변화하지 않는다고 믿기도 했다. 그러나 우리의 뇌는 어떠한 경험을 하는가에 따라 끊임없이 변화한다.

22 〈자료〉의 '학생2'가 윗글의 관점에서 '학생1'에게 말할 내용으로 적절하지 <u>않은</u> 것은?

―――――――― 〈 자료 〉 ――――――――

학생1: 민수의 취미가 바둑인 거 알고 있었어? 얼마 전 학교 바둑 대회에 나가서 결승에 진출했다고 하더라. 어떻게 해서 그렇게 바둑을 잘 두는 걸까?

학생2: 민수는 ＿＿＿＿＿＿＿＿＿＿＿＿＿＿＿＿＿＿.

① 이번 바둑 대회에서 행운이 따랐을 거야

② 평소에 바둑 프로그램을 많이 시청했을 거야

③ 시간이 날 때 혼자 바둑 두는 연습을 했을 거야

④ 어릴 때부터 바둑을 쉽게 접하는 환경에 있었을 거야

⑤ 다른 대회에 나가서 여러 상대와 바둑을 두었을 거야

―――――――――――――――――――――――――――――――――

[사례 4] 지문의 핵심 내용은 '기존의 상식과 달리 경험에 따라 뇌 영역의 기능과 조직이 변화한다.'이므로 이에 따라 정답은 ①번이다. 그러나 해당 선택지가 지문의 내용을 제대로 이해하지 못한 학생들이 택할 법한 가장 적절한 선택지인지는 검토가 필요하다. 뇌의 조직과 기능은 고정되어 있다는 것이 기존의 상식이므로, 성과를 행운과 연관시킨 현재의 ①번 선택지보다

는 기존의 상식에서 나올 법한 그럴듯한 내용으로 정답 선택지를 구성한다면 문항의 질은 더 높아질 것이다.

결론적으로, 나머지 선택지들도 잘 만들어야 하지만 정답지를 잘 만드는 것이 무엇보다 중요하다. 따라서 문항을 출제할 때 정답지를 먼저 만들고 나머지 선택지를 만드는 것이 좋다. 그래야 상대적으로 더 나은 선택지 중에 정답을 확정하려는 경우를 피할 수 있다. 주어진 범위 안에서 정답은 그 자체로 정답이어야 하고, 오답 역시 그 자체로 오답이어야 한다. 다른 선택지와 비교하여 상대적으로 정답이나 오답에 가깝기 때문에 정답지나 오답지로 확정되는 상황은 선택형 문항이 맞닥뜨릴 수 있는 최악의 경우이다.

(3) 매력적인 오답이 한 개 이상 포함된 선택지

정답지가 보편타당한 수준에서 구성되었다면, 이제 오답지를 구성해야 한다. 선택형 문항은 그 특성상 기본적으로 모든 선택지가 서로 경합한다. 문항별 난이도를 조절하는 과정에서 경합의 정도를 달리할 수는 있으나, 선택형 문항으로서의 의의를 제대로 구현하기 위해서는 정답지와 치열하게 경합하는 매력적인 오답이 적어도 한 개 이상 존재하도록 문항을 설계하는 것이 바람직하다.

생각해 볼 문제

매력적인 오답이란 무엇인가?

'매력적인 오답'은 평가 맥락에서 흔히 사용되는 용어이기는 하나, 무엇이 '매력적인 오답'인지는 사실 명확하게 규정되어 있지 않다. 이와 관련하여 평가론에서는 오답지의 능률성을 기본으로 '매력도'를 정의하고 있다. 좋은 문항의 정답지와 오답지가 갖추어야 할 조건들은 대체로 다음과 같이 제시된다(권대훈, 2016: 254-256).

① 정답지는 정적 변별력이 있어야 한다. 즉 상위 집단이 하위 집단보다 정답지에 더 많이 반응해야 한다.
② 오답지는 부적 변별력이 있어야 한다. 즉 하위 집단이 상위 집단보다 오답지에 더 많이 반응해야 한다.
③ 하위 집단은 오답지에 골고루 반응해야 한다. 오답지에 대한 반응이 골고루 분포되어 있다는 것은 오답지가 매력적이고 능률적이라는 것을 의미한다. 아무도 선택하지 않은 오답지는 오답지의 기능을 전혀 수행하지 못한 것이다.
④ 좋은 오답지는 왜 그 오답지에 반응했는지에 관한 정보를 줄 수 있어야 한다.

이러한 관점에 따르면, 매력적인 오답이란 기본적으로 상위 집단보다 하위 집단에서 더 많이 반응하는 오답지를 의미하며 오답지의 능률성(매력도)은 상위 집단과 하위 집단의 오답지 선택 비율의 차이로 표시될 수 있다.

이와 관련하여 한국교육과정평가원에서 성취 수준별 선택지 반응률 분포 곡선을 산출하여 국가 수준 학업성취도 평가 문항의 심층 분석을 시도하고 있어 참고할 만하다. 이 분포 곡선은 특정 문항에 대한 성취도 점수에 따른 정오 선택지 반응률을 측정하여 나타낸 그래프로, 가로축은 성취도 점수를, 세로축은 선택지 반응률을 0에서 1 사이의 숫자로 표시한 것이다(이인호 외, 2014: 11).

다음은 2013년 국가 수준 학업성취도 평가 중학교 3학년 국어영역 3번 문항의 선택지 반응표와 선택지 반응률 분포 곡선이다(이인호 외, 2014: 34-35).

성취기준	(비판적·감상적 듣기) 담화를 듣고, 말하는 이의 말하기 특성과 효과를 평가할 수 있다.					
정답률(%)	전체	우수 학력	보통 학력	기초 학력	기초 미달	변별도
	49.62	65.63	44.69	35.53	27.94	0.15
선택지 반응률 분포(%)	①	②	③	④	⑤	무응답
	16.64	27.92	49.62	4.33	1.34	0.15

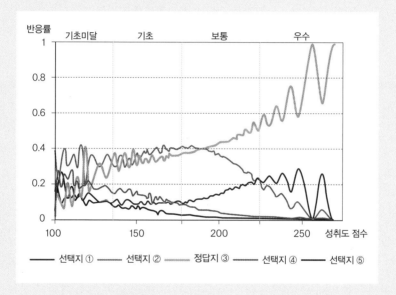

위 문항의 정답은 ③번이고, 정답률은 49.62%로 매우 낮은 편이다. 표를 보면 ①번과 ②번 선택지의 반응률이 상대적으로 높아 주목할 필요가 있다. 표 아래의 분포 곡선을 통해 이를 좀 더 자세히 분석해 보자. ②번 선택지에 대한 반응률은 기초 미달, 기초·보통 학력에서 높았다가 우수 학력에서 떨어진다. 이는 전반적인 정답지인 ③번의 반응률과 부적 관계를 보

인다. 한편 ①번 선택지에 대한 반응률은 우수 학력으로 갈수록 점차 높아지는 양상을 보여 정답지 반응률과 정적 관계를 갖는다. 즉 ②번 선택지는 기초·보통 학력 학생들에게 매력적인 오답의 역할을 했다면, ①번 선택지는 우수 학력 학생들에게 매력적인 오답의 역할을 수행했다 할 수 있다. 결국 이러한 분포 곡선은 특정 선택지가 매력적인 오답으로 작용했는지, 어떤 학습자 군에서 그러했는지에 대한 구체적인 정보를 제공해 준다는 점에서 유용한 도구가 된다.

평가론에서 매력적인 오답은 그 능률성에 따라 통계적으로 분석하여 규정될 수 있는 실체이다. 그러나 정답지와 치열하게 경합하는 오답지를 구성하고자 하는 교사에게 중요한 것은 결국 어떻게 매력적인 오답지를 만들 수 있는가, 그러한 매력도를 구성하는 구인은 무엇인가 하는 것이다. 따라서 문항을 통계적으로 분석하여 무엇이 매력적인 오답인지 확인하는 작업 외에도, 실제로 오답의 매력도를 높이는 내적 요인이 무엇인지 문항 내용을 구체적으로 분석하는 과정이 반드시 뒤따라야 한다.

그렇다면 매력적인 오답을 어떻게 구성할 수 있을까? 첫째, 국어과 지문이나 자료 자체가 갖는 의미적 다원성을 반영하여 구성한다. 이는 앞서 언급한 선택형 문항이 추구하는 간주관성과 맥이 닿아 있다. 즉, 해석의 다양성이 존재하는 가운데 상대적으로 더 보편타당한 해석을 지향하는 간주관성 논리에 근거하는 방식이다.[3] 읽기 영역이든 문학 영역이든 지문에서 읽어 낼 수

....

3   이를 최미숙 외(2015: 211-212)에서는 '의미의 구심성과 원심성'의 개념을 가져와 설명하고 있다. 읽기는 기호의 규약성에 기반하여 소통한다는 점에서 보편적인 의미가 존재한다. 또한 여러 맥락을 동반하여 다양한 의미로 소통된다는 점에서 개별적 의미도 인정되어야 한다. '의미의 구심성과 원심성'은 이처럼 보편성과 개별성을 함께 추구하는 현상을 말한다.

있는 의미의 폭과 깊이가 다양하다는 것을 전제하면, 그렇게 읽어 낸 다양한 의미들은 모두 나름의 해석적 타당성을 지닌다고 할 수 있다. 이러한 의미들이 [그림 11-1]처럼 그 폭과 깊이에 따라 정답지를 중심으로 동심원을 그리며 분포하는 상황이라면, 동심원의 중심에 근접한 의미일수록 매력적인 오답일 수 있다. 이와 달리 [그림 11-2]처럼 서로 다른 관점과 철학에 근거하여 의미들이 달리 구성되는 상황이라면, 각각의 의미들이 그 자체로 매력적인 오답이되 문두 등에서 반응 조건을 명시하는 방식을 통해 정답지 여부가 결정될 수 있을 것이다.

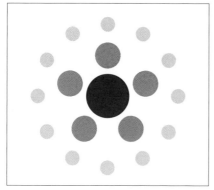 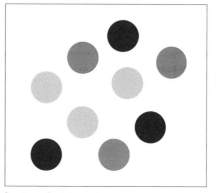

[그림 11-1] 의미의 다원성(의미의 동심원 구조)　　[그림 11-2] 의미의 다원성(의미의 경합)

　　그러나 의미의 다원성에 입각하여 구성된 오답지는 근본적으로 정오 시비의 위험에 노출되어 있다. 즉 개별 의미들이 모두 나름의 해석적 타당성을 가지며 보편타당한 해석과의 '근접성'으로 '정답'과 '정답 아님'을 가른다는 논리는, 논리 자체로서는 성립 가능하나 실제 정답을 확정하는 논리로는 충분하지 않다. 의미의 결락(缺落) 부분을 명시적으로 지적할 수 있는 경우에 한하여 근접성 정도를 조절하지 않으면 정답을 확정하기 어려운 상황이 발생할 수 있는 것이다.

문법 영역에서도 해석의 다원성이 발생하는가?

영역 특성상 간주관성의 논리를 그대로 적용하기 어려운 문법 영역에서도 해석적 다원성이 유효할까? 엄밀히 말해 문법 지식도 다른 지식 체계와 마찬가지로 보편타당하고 간주관적인 타당성의 영역에 속한 실체이다. 인간의 머릿속에 있는 문법 지식을 타당하게 설명하려는 다양한 문법 이론은 서로 경합하는 실체이며 이런 점에서 문법 지식 역시 해석의 대상이 된다. 이는 탐구 수업이 문법 교육의 새로운 관점이자 철학으로 도입되면서 명확해졌다(김광해, 1992; 김광해 외, 1997; 주세형, 2005; 남가영, 2008 등).

그러나 이러한 해석적 다원성이 문법 교수·학습 장면에서 활성화되었다 하여, 문법 평가 맥락에서도 바로 적용되기는 어렵다. 다섯 개의 선택지 중 정답을 골라야 하는 선택형 문항에서는 더욱 그러하다. 선택형 문항에서 문법 지식의 탐구 가능성을 어떤 식으로 다룰 것인가에 대해서는 여전히 고민이 많이 필요하다. 다만 제7차 교육과정을 거치면서 문법 선택형 평가 문항에서도 문법 탐구 과정을 담아내기 위한 다양한 시도들이 누적되고 있다.

둘째, 학습자의 통상적인 국어 능력과 실태를 반영하여 구성한다. 예컨대 읽기 영역의 문항에서 해당 지문과 관련하여 학습자가 놓치기 쉽거나 오인하기 쉬운 부분들을 선택지로 구성하는 방식이 이에 해당한다. 이러한 방식으로 오답지를 구성하려면 우선 평가 대상인 학습자의 읽기 능력이나 방법에 대해 끊임없이 관찰하고 정보를 수집해야 한다. 그리고 선택지를 구성하기에 앞서 주어진 지문이 학습자의 국어 능력에 적절한지 살펴보고, 반응을 예측해 보는 과정이 필요하다. 평가 요소가 지식(문법 지식 포함)인 경우에는 해당 지식과 관련한 학습자의 보편적인 오개념(誤槪念, misconception)[4]이 매력적인 오답으로 구성될 수도 있을 것이다. 또한 평가 후에 결과를 분석하는 것도 중요하다. 학습자의 국어 능력에 대한 정보를 제공하는 핵심 루트 중 하나이므로 평가 결과를 분석하여 학습자에 대한 정보를 축적할 필요가 있다.

생각해 볼 문제

평가 결과를 어떻게 보고하고, 또 활용할 것인가?

평가는 학습자의 국어 능력에 대한 핵심적인 정보를 제공하므로, 기관에 보고하는 방식을 개선하여 평가 결과의 활용도를 높이는 방안을 탐색할 필요가 있다. 예를 들어 호주에서는 전국의 3, 5, 7, 9학년을 대상으로 읽기, 쓰기, 언어 관습, 수리 과목을 평가하는 NAPLAN(National Assessment Program-Literacy and Numeracy)을 매년 실시하고, 결과 보고서를 NAPLAN 홈페이지(http://www.nap.edu.au)에 pdf 문서로 공개한다. 동시에, MySchool 사이트(http://www.myschool.edu.au)에 별도 시스템을 갖춰 주요 결과를 학교별로 전면 공개하고 있다. 빅토리아주에서는 아래 [그림 11-3]과 같이 문항별, 선택지별 반응률과 학생별 문항 반응 정보를 제공하며, 이는 평가 결과의 분석 및 활용에 도움을 주고 있다.

....

4 학습자 오개념은 관점에 따라 다르게 규정되기도 하지만, 오개념이 학습 과정에 유용한 정보를 제공하며 오개념을 활용한 교수·학습 계획의 수립이 교수·학습의 실제성을 높이는 방안이라는 인식에는 대체로 이견이 없다. 그런데 학습자의 오개념은 교수·학습 과정에서만 유용한 것이 아니다. 교육 내용에 대한 학습자의 대표적 오개념을 체계적으로 축적하고, 이를 토대로 매력적인 오답을 구성하는 방식은 평가의 실제성을 높이는 유효한 전략이 될 수 있다. 국어과에서 이루어지는 오개념 연구는 주로 문법 영역에 대해 이루어졌으나, 오개념 연구가 결국 학습자의 '지금-여기'의 국어 능력에 대한 탐색이라는 점을 감안하면 학습자의 읽기 실행에 대한 지속적인 관찰과 탐색은 교수학적으로나 평가학적으로 의미가 있다.

Item Number	Answer Key	Dimension	% Correct National	% Correct State	% Correct Group	Response	% Response National	% Response State	% Response Group	Skill Assessed
Q01	A	Reading	78	66	55	A	68	66	55	Make links between directly stated ideas in a text
						B	17	20	25	
						C	5	4	5	
						D	8	6	5	
						M	2	4	10	
Q02	A	Reading	78	66	55	A	68	66	55	Make links between directly stated ideas in a text
						B	17	20	25	
						C	5	4	5	
						D	8	6	5	
						M	2	4	10	
Q03	A	Reading	78	66	55	A	68	66	55	Make links between directly stated ideas in a text
						B	17	20	25	
						C	5	4	5	
						D	8	6	5	
						M	2	4	10	
Q04	A	Reading	78	66	55	A	68	66	55	Make links between directly stated ideas in a text
						B	17	20	25	
						C	5	4	5	
						D	8	6	5	
						M	2	4	10	

0 = incorrect response   1 = correct response   M = missing or invalid response   * = Data is not available   Page: 1 of 12

문항별 정보

ƒ = correct   A,B,C,D,E or numbers = incorrect response   (#) = incorrect - cannot represent response   (-) = missing or invalid response
(*) = absent from test   (^) = item score   NA = Not Applicable
See Reporting Guide for definitions of mean, median and standard deviation.

학생 반응 분석

[그림 11-3] 빅토리아주에서 제공하는 문항별 정보와 학생 반응 분석(김성숙 외, 2011: 36-37)

선택형 평가가 서술형·논술형 평가 및 수행 평가, 관찰 평가 등 다른 평가 유형에 비해 교수자에게 제공하는 학습자의 성취 관련 정보가 적은 것은 사실이다. 그러므로 평가 결과를 보고하는 방식을 구체화하여 수집한 정보를 활용할 필요가 있다. 문항별 오답 정보를 조회해 영역별, 평가 요소별 성취 정도나 오개념을 파악하고자 하는 시도가 더욱 활발히 이루어진다면 평가의 본유적 목적 중 하나인 '학습을 위한 평가'가 제대로 작동할 수 있을 것이다.

셋째, 앞의 두 가지가 매력적인 오답을 구성하는 기본 원리라면, 기술적으로도 매력적인 오답을 만들 수 있다. 정답지와 의미적으로 중첩되는 요소를 포함시키면서도 부분적이고 사소한 지점에서 결락이 있는 선택지를 구성하거나, 정답지와 의미적으로 경합하되 특정 조건은 충족하지 않도록 선택지를 구성하거나, 보편적이고 일반적인 내용을 담고 있지만 정답과는 다소 무관한 선택지를 구성하는 등의 방식 등이 이에 해당한다. 그러나 앞서 언급한 두 가지 기본 원칙에 의거하지 않는다면, 이러한 기술적 시도들은 학습자들에게 금세 간파될 일종의 '트릭'에 불과할 수 있다. 더 심각한 문제는 이러한 트릭으로 인해 문항 변별도[5]가 훼손될 수 있다는 것이다. 상위 능력을 가

....

5   문항 분석(item analysis)이란 검사 문항이 원래 의도한 검사 목적을 제대로 수행할 수 있도록 만들어졌는지 다양한 측면에서 확인하는 작업으로, 문항의 개선을 목적으로 한다. 고전 검사 이론에서 문항 분석은 전통적으로 문항 곤란도와 문항 변별도에 의존한다(서울대학교 교육연구소 편, 2011 참조).
     ① 문항 곤란도(item difficulty): 한 문항의 어려운 정도를 뜻하며, 문항 곤란도 지수는 각 문항에 반응한 사람의 총수에 대한 정답으로 반응한 사람 수의 비율로 표시한다. 따라서 문항 곤란도 지수는 문항의 쉬운 정도를 나타낸다. 규준 참조 평가에서는 개인차를 측정하는 것이 주된 목표이므로 대개 20~80% 사이의 문항 곤란도를 가지고 평균 곤란도가 50%에 머무는 것이 이상적이나, 준거 참조 평가에서는 아주 쉽거나 어려운 문항도 크게 문제가 되지 않는다.

진 학습자가 정답을 놓칠 수도 있는 문항보다는 매력도가 낮은 선택지를 포함한 문항이 더 낫다.

3) 선택지 구성의 세부 원칙

(1) 간결하고 명료한 진술

말하고자 하는 바가 명확하게 드러나지 않는 모호한 선택지는 다시 검토해야 한다. 다만, 모호성을 제거하기 위해 지나치게 풀어 쓰다 보면 진술이 장황해질 수 있으므로 명료성과 간결성의 균형을 잘 잡는 것이 필요하다.

사례 5   2013년 국가 수준 학업성취도 평가 중학교 3학년 국어

(가) 우리나라에서 지렁이는 소나 돼지처럼 법으로 정한 가축이다. 가축이란 인간 생활에 유용하게 사용하기 위해 기르는 동물이다. 그렇다면 지렁이는 어떤 이유에서 가축이 되었을까?

첫째, 농업을 위해 지렁이가 쓰인다. 지렁이는 소화 과정에서 해로운 미생물을 제거하고 식물 생장에 필수적인 질소, 칼슘, 마그네슘, 인, 칼륨 등이 포함된 분변토를 배출한다. 이 분변토를 사용하면 화학 비료를 적게 쓸 수 있어서 땅의 산성화를 막는 데에 도움이 된다. 또한 지렁이는 표면과 땅속을 오가면서 지표면의 물질과 땅속의 흙을 순환시킨다. 이때 땅속에 수많은 미세한 굴들이

....

② 문항 변별도(item discrimination): 개별 문항이 해당 검사에서 상위 학생과 하위 학생을 식별해 주는 변별력을 말한다. 상위 집단 학생이 하위 집단 학생보다 정답률이 높아야 변별도가 있는 문항이다. 문항 변별도는 규준 참조 평가와 준거 참조 평가에서 모두 중요하며, 변별도 지수는 -1.00에서 +1.00의 범위를 지닌다. 변별도가 .40 이상이면 매우 바람직하다.

상하좌우로 형성되고 공극*이 많아진다. 공극은 식물의 뿌리가 성장하는 데에 도움을 준다. 아울러 비가 오면 공극에 빗물이 스며들게 되어 식물에게 필요한 수분을 저장할 뿐만 아니라 지하수를 확보하는 데에 도움이 된다.

둘째, 환경을 위해 지렁이가 쓰인다. 우리나라에서는 하루 1만 7,000톤 정도의 음식물 쓰레기가 발생하고 이로 인해 한 해 동안 25조 원 정도의 비용이 낭비되고 있다. 또한 음식물 쓰레기가 버려지면 썩어서 토양과 물이 오염된다. 이를 제대로 처리하기 위해서는 많은 돈과 노력을 들여 대규모의 시설을 지어야 하고, 지역 주민들과 갈등을 빚기도 한다. 그러나 음식물 쓰레기를 지렁이가 먹으면 이런 문제를 해결하는 데에 도움이 된다. ㉠혐오스러워 보이지만 지렁이는 음식물 쓰레기를 줄이는 일등 공신이다.

아직 우리나라에서는 지렁이를 농업과 음식물 쓰레기 처리에 대규모로 이용하는 경우가 많지 않다. 지렁이의 먹이는 염분 농도가 낮아야 하기 때문에 국이나 찌개를 많이 먹는 우리 음식 문화에서는 소금기를 낮추는 별도의 처리가 필요하다. 또한 살아 있는 생명인 지렁이는 적합한 환경이 아니면 살 수 없다. 온도는 늘 15~25도로, 흙의 수분은 20%로 유지해야 하는 관리의 어려움이 있다.

지렁이를 이용하는 것이 쉽지 않지만 음식물 쓰레기의 해결과 농업에의 쓰임을 고려한다면 지렁이를 활용하는 방안은 널리 보급되어야 한다. 최근 지렁이는 주목받고 있으며 각 가정에서의 활용도 차츰 늘어나고 있다.

* 공극: 비어 있는 틈.

10 (가)에 대한 이해로 적절하지 <u>않은</u> 것은?

① 지렁이는 환경오염을 막는 데에 도움이 된다.

② 공극이 적어지면 더 많은 빗물을 저장할 수 있다.

③ 분변토는 토양을 기름지게 하므로 농업에 유용하다.

④ 음식물 쓰레기를 처리할 때 여러 가지 문제가 발생한다.

⑤ 지렁이를 이용할 때는 염도, 습도, 온도 등을 고려해야 한다.

[사례 5]는 세부 내용 파악을 묻는 문항으로 정답은 ②번이다. 그러나 ④번을 보면, '여러 가지 문제'라는 표현의 의미가 모호하여 선택지의 진술로 적절하지 않다.

(2) 선택지 간 상호 간섭이 없는 독립적 구성

선택지들은 상호 경합한다. 따라서 선택지 간 의미 간섭이 일어나 하나의 선택지가 다른 선택지의 실마리가 되지 않도록 주의해야 한다. 예컨대 하나의 선택지가 다른 선택지와 유사한 의미를 갖거나 다른 선택지의 의미에 포함되는 경우, 특정 선택지가 의미상 맞다면 자동적으로 다른 선택지가 틀리게 되는 경우, 혹은 그 반대의 경우 등이 의미 간섭이 일어나는 대표적인 사례들에 해당한다. 이런 경우 학습자는 지문, 〈보기〉, 문두와 선택지를 조회해 가며 정답을 판단하는 것이 아니라, 선택지들 간의 언어 논리를 따져 정답지를 고르거나 오답지를 제거해 나가는 전략을 택하게 된다.

한편 선택지의 상호 독립성은 하나의 문항 내에서만 해당하는 것이 아니라 동일한 지문에 딸려 있는 하위 문항들 간에도 성립되어야 한다. 이를 위해서 다음과 같은 원칙을 따라야 한다.

첫째, 평가 요소 자체가 유사하면 선택지의 중복을 피하기 어려우므로 두 문항의 평가 요소 간 거리가 일정 수준 이상으로 확보되어야 한다. 둘째, 둘 이상의 서로 다른 평가 요소를 물을 수 있어야 한다는 점에서 지문의 정보량이 충분해야 한다. 셋째, 하나의 평가 도구 안에서 한 문항이 어떤 방식으로든 다른 문항의 실마리가 되는 등 간섭이 생기지 않도록 시험지 전체를 최종적으로 검토해야 한다. 예를 들어 맞춤법이나 띄어쓰기를 묻는 문항을 출제한다면 같은 시험지 내 다른 지문에서 해당 문항의 정답을 유추할 수 있을 법한 단어나 표현이 포함되지 않도록 해야 한다.

언어를 통해 서로의 생각을 교환해 왔다. 말과 신체 언어가 서로 다른 메시지를 전달할 때 일반적으로 사람들은 말보다는 신체 언어를 더 많이 신뢰한다. ㉠가령 상대방이 말로는 '괜찮다'고 하면서도 표정이 어둡거나 손을 부르르 떨고 있으면 우리는 '괜찮다'는 그 말을 믿지 않는다.

신체 언어는 의사소통 과정에서 중요한 역할을 하는데 그중에서도 손짓은 좀 더 특별한 의미를 지닌다. ㉡손짓이란 '손을 놀려 어떤 사물을 가리키거나 자기의 생각을 남에게 전하는 일'이다. 손은 다른 신체 부위에 비해 움직임이 자유롭고 모양을 만들기가 쉬워서 다양한 감정과 생각을 담아 손짓으로 표현할 수 있다. 박수는 칭찬과 격려를, 기도하는 두 손은 염원의 메시지를 전한다. 사랑한다는 말 대신 손을 지그시 잡는다거나, 힘내라는 말보다 등을 토닥이며 위로를 전하는 손짓이야말로 말보다 더 강력한 힘을 가진다.

한편으로 손짓은 다른 신체 부위와 결합하여 다양한 의미를 생산함으로써 언어를 대신하거나 그 의미를 보조하는 데에도 큰 역할을 한다. ㉢손짓은 팔, 얼굴, 귀, 코, 눈, 머리 등과 결합해 무려 3천여 가지의 다양한 움직임을 만들어 낸다. 여기에 인간의 사고와 심리 상태 등의 메시지가 담김으로써 의사소통 방식이 훨씬 풍부해지고 다양해진다. 꼭 다문 입술에 집게손가락을 대는 행동으로 '조용히 하세요'라는 의미를 표현하거나 머리 위에 하트를 그리는 행동을 통해 상대방에게 사랑의 감정을 더욱 강하게 전달하는 것 등이 그러한 예이다.

근본적으로 손짓은 문화적 토양을 바탕으로 생성된다. 따라서 손짓은 각자의 행동 양식과 관습에 따른 문화를 반영하며, 그것이 다른 지역에서는 그곳의 관습과 문화에 따라 전혀 다른 의미로 받아들여지기도 한다. 그렇기 때문에 ㉣서로 다른 문화권의 사람들이 각자의 문화에 근거하여 손짓을 사용할 경우, 그것이 다른 의미로 해석됨으로써 오해와 갈등이 생겨나기도 한다. 예를 들면 ㉤엄지를 치켜세우는 손짓은 흔히 '최고다' 혹은 '좋다', '잘했다'의 의미이지만 서아시아 지역에서는 상대방을 모욕하는 의미가 있으므로 각별히 주의해야 한다. 손짓을 문화적 맥락 속에서 이해하고 해석하려는 노력이 필요한 이유는 바로 이 때문이다.

16 윗글을 읽는 과정에서 떠올린 질문으로 적절하지 <u>않은</u> 것은?

① 말로 의사소통을 하기 전에 인간이 사용한 몸짓이나 자세는 어떤 형태였을까?

② 신체 언어 중에 손짓이 좀 더 특별한 의미를 지니는 이유는 무엇일까?

③ 인간의 사고나 심리 상태가 담긴 신체 언어에는 어떤 것들이 더 있을까?

④ 손짓이 관습에 영향을 받지 않는 이유는 무엇일까?

⑤ 문화마다 다른 의미를 갖는 손짓에는 어떤 예가 더 있을까?

[사례 6]에서 제시된 문항을 보면, 선택지 ④번은 그 의미만으로 선택지 ⑤번과 충돌한다. '손짓이 관습에 영향을 받지 않는다'는 의미를 지닌 선택지 ④번은 '동일한 손짓이 문화마다 다른 의미를 갖는다'는 의미의 선택지 ⑤번과 상충되기 때문이다. 이 경우 하나의 선택지가 다른 선택지를 제외시키는 상황이 발생하게 되어 정답이 쉽게 추론될 수 있다.

또한 개별 선택지들을 대화문 형식으로 구성하는 경우에도 유사한 문제가 발생할 수 있다. 앞말을 받아 뒷말을 이어 가면서 유기적으로 의미를 연결하는 대화문의 특성상, 선택지의 내용이 상호 독립적이어야 한다는 조건에 위배되기 쉽다. 이런 문항은 보통 부정 문두 문항의 형태를 취하는 경우가 많은데, 서로 이어지는 말차례(turns)에서 중간에 위치한 특정 말차례만을 적절하지 않은 것으로 만들기 쉽지 않아 대개 마지막 말차례(⑤번 선택지)를 정답으로 설정하는 경우가 많다. 첫 번째 말차례(①번 선택지) 역시 이어지는 대화의 출발점이라는 점에서 대개 맞는 진술로 구성되기 때문에 선택지로서의 기능이 약하다. 무엇보다 상호 독립적인 반응을 굳이 대화의 형식으로 구성할 필요가 없기 때문에 그 형식 자체가 잉여적일 수 있다. 따라서 선택지 간 상호 독립성을 유지해야 한다는 점을 고려하면, 대화 연속체의 형태로 선택지를 구성하는 방식을 피하는 것이 좋다.

(3) 선택지 진술의 균형

선택지들이 정답을 놓고 서로 경합한다는 사실을 염두에 두고, 각 선택지들의 균형을 맞춰야 한다. 한 선택지가 특별한 이유 없이 다른 선택지와 진술 층위가 다르거나, 다른 선택지에 비해 진술의 폭이 지나치게 좁거나, 특정 선택지만 부정문으로 작성되었거나, 선택지의 길이가 유난히 길거나 짧은 등의 불균형이 발생하지 않도록 검토해야 한다. 선택지의 불균형은 학습자들이 정답을 고르는 데 실마리를 제공하게 될 수 있기 때문이다. 예를 들어 어떤 선택지의 진술 층위가 다른 선택지에 비해 너무 높다면 한 번만 봐도 옳고 타당한 진술로 보여 선택지 경쟁에서 일찌감치 제외될 수 있기 때문에 해당 선택지는 그다지 바람직한 선택지가 아니다.

사례 7   2012년 국가 수준 학업성취도 평가 중학교 3학년 국어

기업과 소비자, 기업과 지역 사회의 관계가 매우 밀접한 현대 사회에서는 기업의 경영 행위가 소비자와 지역 사회에 막대한 영향을 끼친다. 그럼에도 불구하고 대다수 기업들은 이윤만을 추구해 왔기 때문에 소비자는 기업을 점점 불신하게 되었다. 불신감이 커지자 기업과 소비자 사이의 신뢰를 회복하기 위해서 기업이 사회적 책임을 다해야 한다는 논의가 확산되었다.

기업의 사회적 책임에 대해 구체적으로 살펴보면, 우선 기업은 투명하고 효율적인 경영으로 기업을 유지할 책임이 있다. 한 기업이 망하면 직원들과 관련 기업들이 어려움을 겪게 되고, 나아가 지역 사회와 국가 경제도 타격을 받기 때문이다. 다음으로 기업은 정직한 제품을 생산할 책임이 있다. 정직하지 않은 제품은 그 제품을 사용하는 소비자들에게 돌이킬 수 없는 피해를 입힐 수도 있기 때문이다. 마지막으로 기업은 이익의 일부를 사회에 환원할 책임이 있다. 기업은 그 지역의 교통망이나 통신망, 물과 공기 등을 이용함으로써 지역 사회에 빚을 지고 있는 셈이기 때문이다.

기업이 사회적 책임을 다하지 않는 경우에는 소비자의 신뢰를 잃게 되고, 이는 실질적인 이윤의 감소로 이어지기도 한다. 예를 들어, A사는 인체에 유해한 물질을 섞은 식품을 제조하여 소비자에게 큰 피해를 입혔고, 결국 회사는 파산하였다. 반면 B사는 창업주가 전 재산을 사회에 환원함으로써 가장 존경받는 기업 중의 하나가 되었으며, 이는 매출 신장으로 이어졌다. 이와 같은 결과는 기업들의 사회 공헌을 확산시키는 계기가 되었다.

투명하게 경영하고 윤리적으로 제품을 생산하며 이익을 지역 사회에 환원하면 그만큼 기업의 이익은 줄어들 것이라 생각할 수도 있다. 그러나 장기적으로 보면 이미지가 좋아지고 소비자의 신뢰를 얻을 수 있기 때문에 기업은 더 큰 혜택을 받을 수 있다. 실제로 사회적 책임 경영 컨설팅 기업인 콘 로퍼의 '기업 시민 정신에 대한 보고서'를 보면, 소비자 10명 중 8명 이상은 가격이 비슷하면 사회적 책임을 위해 노력하는 기업의 제품을 선택하겠다는 대답을 했다고 한다. 그러므로 기업이 사회적 책임을 다한다고 해서 기업의 이익이 줄어드는 것은 아니다. 기업이 사회적 책임을 다할 때 기업의 신뢰는 비로소 회복될 수 있다. 기업은 이러한 점을 명심하고 사회적 책임을 다하기 위해 더욱 노력해야 한다.

17 위 글을 읽고 주장의 타당성을 평가하는 활동으로 적절하지 <u>않은</u> 것은?

① 글쓴이의 주장이 독자의 흥미를 유발하는지 판단해 본다.

② 주장을 뒷받침하기 위해 사용한 기업들의 사례가 적절한지 판단해 본다.

③ 글에 제시된 보고서의 통계 자료가 정확하게 인용되었는지 확인해 본다.

④ 글쓴이의 견해에 대해 기업의 입장에서 반론할 가능성이 있는지 판단해 본다.

⑤ 글쓴이의 주장이 신뢰를 중요하게 여기는 보편적 윤리에 어긋나지 않는지 검토해 본다.

　〈앞부분의 줄거리〉 '나'는 중년의 가정주부로 여동생의 아들 슬기의 유치원 재롱 잔치에 갔다가, 슬기가 공연한 연극에서 여주인공으로 참여한 딸아이의 아버지를 만나게 된다. 두 사람은 잠시 대화를 나눈다.

　"그건 그래요. 제 조카도 덩치만 컸지 계집애한테도 맞기만 하는 허풍선이랍니다. 그런 주제에 그 역할을 그렇게 좋아하고 으스댄대요. 나중에야 어찌 됐건 당장 여자 애들한테 위협적인 존재가 되는 게 신 나나 봐요. 사내 코빼기가 뭔지. 참 몇 남매나 두셨습니까?"

　"남매가 아니라 자매를 두었습니다. 국민학교 일 학년짜리하고 오늘 꼬마 염소 노릇한 녀석하고 딸만 둘입니다."

　"어머, 그럼 또 낳으셔야겠네요."

　"아뇨, 둘이면 족합니다. 아이들도 건강하고 우리 능력도 그렇고, 지구 환경한테도 미안하고."

　"말씀은 그렇게 하셔도 속마음은 아니실걸요. 남 다 있는 아들 자기만 없어 보세요. 얼마나 비참하고 섭섭한가. 물건이면 당장 훔치고 싶다는 옛말이 조금도 그르지 않죠. 하긴 요새처럼 편리한 세상에서야 훔칠 것까지야 있나요, 뭐. 수단 방법 안 가리게 되는 거죠, 그까잇 거."

　나는 걷잡을 수 없이 수다스러워지다가 무엇에 놀란 것처럼 입을 다물었다. 수다가 걷잡을 수 없었던 것보다 더 지독하게 수치심을 걷잡을 수가 없었다. 마치 실수로 중인환시리*에 속바지를 까내렸다가 치켜올린 것처럼 황당하고 망신스러웠다. 다행히 그가 내 치부를 본 것 같진 않았다. 그래도 나는 속으로 그럴 리가 없어, 저 자식은 시방 능청을 떨고 있는 거야, 라고 은근히 겁을 먹고 있었다.

　"섭섭하지 않다고는 안 했습니다. 아내가 둘째 애를 뱄을 때는 아들이길 바란 것도 사실이고요. 이왕이면 아들딸 섞어서 색색아지*로 갖고 싶은 게 인지상정 아닙니까?"

　"그거하곤 다르지요. 첫아들 낳은 사람이 둘째는 딸이었으면 하는 건 괜히 그래 보는 배부른 수작이라구요. 그 사람들 조금도 절실하지 않아요. 두 번째도 아들이면 즈네는 특별한 기술이라도 있는 사람처럼 으스대면 으스댔지 손톱만큼도 섭섭해 할 줄 아세요. 아시겠어요?"

나는 다시 열 오른 목소리가 되었다. 그제야 남자는 고개를 갸우뚱하더니 바보 같은 목소리로 말했다.

"모르겠는데요. 왜 내가 그걸 알아야 하는지는 더욱 모르겠구요."

"지금 행복하지 않으시죠? 내 말이 맞죠? 아들이 없다는 건 결혼 생활의 행복의 중대한 결격사유라는 걸 인정하셔야 돼요."

"왜 그걸 강요하십니까? 본인이 조금도 그렇게 안 느끼는 걸 가지고."

그가 여간 곤혹스러워 보이지 않았다. 암만 그래도 나보다는 덜 곤혹스러우리라. 나는 이 세상에 아들이 있고 없고하고 인생의 행, 불행하고를 연관 지어서 생각해 본 적이 한 번도 없는 것 같은 남자를 만난 게 대단히 곤혹스럽고도 기분이 나빴다. 뭐 저런 족속이 다 있나 재수 옴 붙었다 싶으면서도 그 남자를 행복한 채로 놓아 주기가 싫었다. 그것은 분명히 거짓 행복이고, 거짓은 깨부숴야 한다는 사명감이 대단한 정의감처럼 치뻗쳤다.

"야구 구경 좋아하지 않으세요?"

(중략)

"아들하고 야구 구경 다니고 싶단 생각 없으세요?"

나는 너 약 좀 올라 봐라 하는 듯이 눈을 가느스름히 뜨고 조롱하는 투로 말했다.

"또 아들 타령입니까."

                   – 박완서, 〈꿈꾸는 인큐베이터〉 –

* 중인환시리: 여러 사람들이 에워싸고 보는 중.
* 색색아지: 여러 가지 빛깔. 색색가지.

14 〈자료〉를 읽고 윗글을 감상한 내용으로 가장 적절한 것은?

─── 〈 자료 〉 ───

여성주의 비평은 기존의 사회 체제가 남성주의적이며 가부장적이라는 인식으로부터 출발한다. 다수의 여성주의 비평가들은 여성이 남성을 배타적으로 대하지 말아야 하며, 여성과 남성이 이 사회에서 서로 평등해야 한다고 생각한다. 왜냐하면 여성과 남성이 각기 다른 성적 역할을 수행하기 때문이다.

① '남자'는 아내가 둘째를 가졌을 때 아들이기를 바랐다. 한 가정에는 꼭 아들과 딸이 있어야 한다.

② '남자'는 아들은 아들이어서 좋고, 딸은 딸이어서 좋다고 생각한다. 남자와 여자의 역할은 서로 다르다.

③ '남자'는 자녀를 둘만 낳아 기르고 있다. 아들과 딸을 구별하기 이전에 우리나라는 출산율 향상이 필요하다.

④ '나'는 야구 구경을 아들과 함께 가야 한다고 생각한다. 야구 구경은 남성이 해야 할 일이다.

⑤ '나'의 이성적인 주장에 '남자'는 감정적으로 대응하고 있다. '남자'보다는 여성인 '나'가 옳다고 보아야 한다.

[사례 7]은 문항은 지문의 내용을 파악하고 타당성을 평가할 수 있는지를 묻고 있다. [사례 7]의 선택지 중 ①번과 ③번은 지문의 내용 파악과는 상관없이 보편적인 타당성 평가 요소만을 언급하고 있다는 점에서 문제가 된다. [사례 8]은 지문에 주어진 작품의 내용을 파악하고, 〈자료〉의 관점에 입각해 작품을 감상할 수 있는지 묻고 있다. 이러한 문항에서 선택지들은 작품의 내용 파악과 〈자료〉의 관점에 입각한 감상 둘 다를 제대로 한 경우, 작품 내용은 제대로 파악했으나 〈자료〉의 관점에 입각한 감상은 하지 못한 경우, 둘 다 제대로 하지 못한 경우를 적절히 포함해야 한다. 그러나 오답 선택지 ①, ③, ④, ⑤번은 모두 작품의 내용을 잘못 파악한 진술이므로, 문항의 타당성을 확보했다고 보기 어렵다.

선택지 구성 방식의 검토 기준은 무엇인가?

지금까지 살펴본 내용을 바탕으로 선택지를 구성했다면, 다음 원칙에 의거해 그 적절성을 검토해 보자.

- 지문, 〈보기〉, 문두에서 설정한 범위 안에서 논리적·사실적으로 도출 가능한가?
- 정답은 지문, 〈보기〉, 문두에서 요구한 범위 안에서 최대한 타당한 것인가?
- 오답은 오답으로서 타당한 논리와 근거를 가진 것인가?
- 매력적인 오답이 하나 이상 존재하되, 그것이 정답으로 인정될 가능성은 없는가?
- 선택지 진술이 명료하고 간결한가?
- 선택지 간 간섭 없이 독립적인가?
- 선택지들이 진술의 층위나 폭, 방식 등에서 균형적인가?

12강

선택형 문항에서
〈보기〉의 역할은 무엇인가

최 교사는 최근 대학수학능력시험 국어 영역 시험지를 살펴보면서, 짧은 시간 안에 읽어야 할 정보량이 너무 많다는 생각을 지울 수 없었다. 지문 자체에 대한 인지적 부담도 만만치 않은데, 문항에서 제시된 〈보기〉의 분량과 정보량 또한 적지 않았기 때문이다. 하나의 문항을 해결하기 위해 학습자는 문두의 요구 사항을 파악한 후 지문과 〈보기〉를 넘나들며 엮어 읽기를 진행한다. 그러면서 거의 동시적으로 선택지의 정오를 판단해 나가야 한다. 이러한 문제 해결 과정은 그 자체로 상당히 어려운 고차원적 사고 과정이다. 게다가 주어진 시간은 너무 짧아 이것이 과연 역량검사[1]인지 속도검사[2]인지 판단하기 어려울 정도이다. 이러한 인지적 부담에도 불구하고 〈보기〉를 포함한 문항은 꼭 필요한가? 〈보기〉는 선택형 문항에서 어떠한 기능을 하는가?

1) 〈보기〉의 개념과 역할

국어과 선택형 문항은 대개 지문, 문두, 선택지, 〈보기〉(평가 도구에 따라서는 〈자료〉)로 구성된다. 〈보기〉는 문항에서 사용되는 자료 혹은 텍스트라는 점에서 개념적으로는 지문과 구별되지 않는다. 그러나 〈보기〉는 지문과 위상이 다르다. 그렇기 때문에 형식적·내용적으로 지문과 변별되는데, 그 특징은 다음과 같다.

첫째, 지문은 문항 구성의 필수 요소이며 상대적으로 분량과 정보량이 많고, 여러 문항이 연계되어 있다. 반면 〈보기〉는 문항 구성의 선택 요소이며 지문에 비해 분량과 정보량이 간소하고 해당 문항에만 귀속된다. 물론 쓰기나 문법 영역의 문항에서 〈보기〉가 지문의 역할을 대신할 때가 있는데, 이 경우 〈보기〉는 주로 〈자료〉로 표현되고 문항 성립을 위한 필수 요소가 된다. 둘째, 〈보기〉는 지문과 상호텍스트적으로 연계된다는 점에서 지문에 종속된다. 지문과 상호텍스트적으로 연계된 것이라면 평가 의도 및 평가 요소에 따라 어떤 것도 〈보기〉로 활용될 수 있다. 예를 들어 지문 내용과 화제는 동일하지만 관점이 다른 글, 지문에서 설명하는 현상 및 개념과 관련된 통계나 그림 자료, 지문 내용을 이해하고 감상하는 데 필요한 배경지식 자료, 지문 내용을 요약적으로 구조화한 도식이나 그림 등이 모두 〈보기〉가 될 수 있다.

〈보기〉가 문항에서 담당하는 역할은 내용 영역과 평가 요소에 따라 달라

....

1   역량검사(power test)는 시간제약이 없거나 거의 두지 않고 상대적으로 고난이도의 문항을 이용하여 피험자의 능력을 측정하려는 검사이다. 시간상의 제한을 두지 않기 때문에 피험자가 가진 모든 능력을 발휘할 수 있도록 고안된다.
2   속도검사(speed test)는 제한된 시간 안에 상대적으로 많은 수의 문항을 활용하여 피험자의 능력을 측정하려는 검사이다. 피험자가 정해진 시간 안에 모든 문제를 정확하게 해결하기 어려울 것이라는 전제하에 전반적으로 난이도가 유사한 문항을 활용하여 시행된다(한국교육평가학회 편, 2004 참조).

진다. 문법 영역에서 〈보기〉는 대개 지문의 역할을 대신하는 언어 자료의 역할을 한다. 반면 읽기나 문학 영역의 경우에서는 평가 요소에 따라 역할이 달라지기도 한다. 추론적 사고나 평가적 사고를 평가하고자 하는 경우 〈보기〉는 주로 지문을 특정한 방향으로 읽도록 하는 조건의 성격을 지니면서, 정답을 확정하는 단서로 기능한다. 즉, 문두만으로 구체화하기 어려운 일종의 '안내된 읽기(guided reading)'를 구현하는 역할을 수행한다. 평가적 사고나 적용 및 종합적 사고를 평가하고자 하는 경우, 〈보기〉는 주로 지문에서 제공한 정보 및 논리를 적용할 것을 요구하는 '구체적 현상과 사례'의 성격을 지닌다.

선택형 문항에서는 다양한 유형의 〈보기〉를 활용함으로써, 문항의 유형을 다변화하고 좀 더 복합적이고 고차원적인 사고를 평가할 수 있다. 역대 대학수학능력시험 국어 영역 문항이나 국가 수준 학업성취도 평가 국어 영역의 문항을 살펴보면 실제로 이러한 양상과 추이를 뚜렷하게 확인할 수 있다.

생각해 볼 문제

〈보기〉에서는 어떤 언어 자료가 활용되고 있는가?

2014~2019년 대학수학능력시험 국어 영역 읽기 및 문학 지문의 문항을 대상으로, 〈보기〉에 어떤 형태의 언어 자료가 활용되었는지 살펴보고 다음과 같이 정리해 보자.

문항번호	평가 요소	〈보기〉의 형태	〈보기〉의 내용과 성격
2019_○○번	적용 및 종합	광고문	지문에 나온 신물질에 대한 광고

2) 〈보기〉의 유형과 작성법

〈보기〉는 지문과 상호텍스트적으로 연계된다. 그러므로 〈보기〉가 포함된 문항은 학습자가 그 문항을 해결하는 과정에서 지문과 〈보기〉를 어떻게 읽어 나가는지에 따라 다음 세 가지 유형으로 나누어 살펴볼 수 있다.

① 수렴형: 문제 해결 과정에서 학습자는 〈보기〉를 토대로 지문을 읽어 나간다. 〈보기〉가 지문을 특정한 방향으로 읽어 나가게 하는 조건·전제·토대·실마리의 역할을 하는 유형이다.

② 발산형: 문제 해결 과정에서 학습자는 지문을 토대로 〈보기〉를 읽어 나간다. 지문의 내용이 〈보기〉를 이해·설명·평가하는 근거나 토대가 되는 유형이다.

③ 종합형: 문제 해결 과정에서 학습자는 지문과 〈보기〉를 종합적으로 읽어 나간다. 지문과 〈보기〉가 문제 해결 과정에서 동일한 층위에 존재하여 두 텍스트를 견주어 읽으면서 비교·대조·종합·평가하도록 하는 유형이다.

이제 읽기와 문학 영역을 중심으로 〈보기〉의 세 가지 유형별 특징과 각각의 작성법을 살펴보자.

(1) 수렴형 〈보기〉

수렴형 〈보기〉는 지문을 특정한 방향으로 읽어 나가게 하는 역할을 하므로, 이런 이유로 〈보기〉가 정답을 확정하는 단서로 기능한다. 즉, 이 유형의 〈보기〉는 문두만으로는 구체화하기 어려운 '안내된 읽기'를 구현하는 일종의 비계가 된다. 그 결과 학습자는 문제 해결 과정에서 주로 수렴적 사고를 경험하게 되는데, 이는 다시 세 가지 세부 유형으로 나뉜다.

① 지문과 관련된 배경지식을 제공하는 〈보기〉

〈보기〉가 지문의 내용을 읽고 이해하는 데 도움이 되는 내재적·외재적 배경지식이나 정보를 주는 유형이다. 주로 사실적, 추론적, 평가적 사고를 평가하는 문항에서 대표적으로 활용된다.

특히 문학 영역의 경우 다음 [사례 1]과 같이 문학 이론이나 문학사적 정보, 작품의 역사·시대적 배경, 비평 등의 외재적 정보를 〈보기〉로 제시하고 이에 입각하여 지문의 작품을 감상하도록 하는 문항이 상당 부분을 차지한다. 이러한 유형의 〈보기〉는 다양한 해석을 유도하는 작품 감상의 본질을 훼손하지 않으면서 평가의 목적을 달성할 수 있는 유용한 장치이기 때문이다.[3] 이러한 유형의 〈보기〉가 사용된 문항의 전형적인 문두는 "〈보기〉를 바탕으로 위 작품을 감상한 내용으로 가장 적절한 것은?"이다.

사례 1

42 〈보기〉를 참고하여 (가), (나)를 감상한 내용으로 가장 적절한 것은? [3점]

> ─── 〈 보기 〉 ───
>
> 유학 이념에서는 국가를 가족의 확장된 형태로 본다. 집안의 화목을 위해서는 구성원들이 자기 역할에 충실해야 하듯, 국가의 안정적인 경영을 위해서는 군신(君臣)이 본분을 다해야 한다. 조선 시대 시가에서는 이러한 이념을 담아 국가를 집으로 표현하는 경우가 많다.

....

3 평가론의 관점에서 볼 때, 문학 영역에서는 문학사적 지식이나 시학적 개념을 직접적으로 평가하지 않는 것이 원칙이다. 또한 특정 문학 작품에 대한 내재적 접근만으로 문항을 구성하는 것은 어려울 뿐 아니라 바람직하지도 않다. 이러한 한계를 극복하기 위해 작품에 대한 다양한 정보를 〈보기〉에 제시하는 경향이 심화되고 있다.

① (가)의 '동량재'와 (나)의 '어른 종'은 모두 국가의 바람직한 경영을 위해 요구되는 중요한 요소를 뜻하겠군.

② (가)의 '기운 집'은 위태로운 상태에 놓인 국가를, (나)의 '기운 집'은 되돌릴 길 없이 기울어 패망한 국가를 나타내겠군.

③ (가)의 '의논'과 (나)의 '논의'는 모두 국가 대사를 위해 임금과 신하가 합의하여 도출해 낸 올바른 대책을 뜻하겠군.

④ (가)의 '뭇 목수'는 조정의 일에 무관심한 신하들을, (나)의 '혬 업는 종'은 조정의 일에 지나치게 관여하는 신하를 나타내겠군.

⑤ (가)의 '고자 자'와 (나)의 '문허진 담'은 모두 외세의 침입에 협조하며 국익을 저버리고 사익을 추구하는 마음을 뜻하겠군.

'안내된 읽기'를 위한 장치라는 측면에서 이러한 유형의 〈보기〉는 작품을 보다 깊이 있고 타당하게 감상하기 위한 배경지식을 채워 주거나, 작품을 읽어 내는 방법을 안내하는 배경지식을 제공한다는 점에서 교수학적 의미를 지닌다. 그러므로 〈보기〉를 작성할 때는 해당 작품을 읽는 데 실제적으로 도움이 되는 배경지식을 선별하고, 그러한 지식이 학술적으로 보편타당한 수준에서 공준된 것인지를 엄밀하게 검증하여, 작품을 읽어 내는 명확한 언어로 기술한다. 또한 선택지는 〈보기〉에서 제공된 지식을 토대로 작품을 읽어 내는 사고의 절차가 명시적으로 드러나도록 진술하는 것이 중요하다.

② 지문의 내용 조직자를 제공하는 〈보기〉

지문의 내용을 이해하는 데 도움이 되는 내용 조직자를 다양한 형태로 제공하고, 이러한 조직자에 의거하여 지문의 내용을 읽어 나가게 하는 유형이다. 내용 조직자로는 요약문, 내용의 구조 및 흐름을 가시화한 수형도 및 구조도, 그림, 도식 등이 활용된다. 주로 사실적, 추론적 사고를 평가하는 문항에서 대표적으로 볼 수 있다.

이 유형의 〈보기〉는 형태에 따라 두 가지로 나눌 수 있다. 첫째, [사례 2]와 같이 〈보기〉를 완성된 형태로 제공하고 〈보기〉에 입각해 지문을 읽도록 요구하는 유형이다. 둘째, [사례 3]과 같이 〈보기〉를 미완의 형태로 제공하고 〈보기〉의 전체 구도에 입각해 지문을 읽으면서 빈칸을 채우도록 요구하는 유형이다. 이 중 두 번째 유형은 지문에 입각해 빈칸을 채우게 한다는 점에서 발산형처럼 보이기도 한다. 그러나 기본적으로 〈보기〉에서 제시한 내용 조직자에 의거해 지문을 읽고 그 결과로 빈칸을 채우게 한다는 점에서, 수렴형에 더 가깝거나 종합형으로 분류할 수도 있다. 문항 개발의 난도 및 문항 자체의 난도는 대개 두 번째 유형이 더 낮다.

2014학년도 대학수학능력시험 국어 영역(A, B형 공통)

45 〈보기〉를 참고하여 윗글을 감상한 내용으로 가장 적절한 것은?

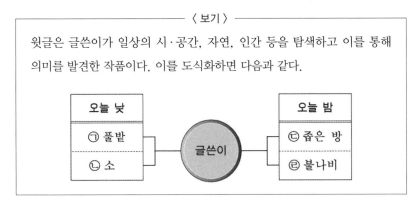

〈 보기 〉

윗글은 글쓴이가 일상의 시·공간, 자연, 인간 등을 탐색하고 이를 통해 의미를 발견한 작품이다. 이를 도식화하면 다음과 같다.

① ㉠이 권태에 빠진 글쓴이에게 충족감을 주는 안식처라면, ㉢은 나태한 삶을 피해 은신한 글쓴이에게 도피처를 의미하겠군.

② 글쓴이는 ㉠에서 자신의 무기력한 삶의 원인을 찾아 고뇌하다가 마침내 그 원인을 ㉡에서 찾고 자신의 처지를 한탄하고 있군.

③ 글쓴이는 ㉢이라는 삶의 공간에서 ㉣에 주목하여 아무런 목표 없이 살아가는

자신의 현실 대응 방식을 반성하고 이를 개선하겠다고 다짐하고 있군.

④ 글쓴이는 ⓒ을 통해 자신이 권태에 빠진 고독한 존재임을, ⓔ을 통해서는 열정 없이 살아가는 존재임을 확인하고는 권태가 지속될 내일을 두려워하고 있군.

⑤ 글쓴이는 의미 없는 일상을 반복하고 있는 자신이 ⓒ, ⓔ과 다를 바 없다고 규정하고 권태에서 벗어나려는 의욕마저 갖지 못하게 하는 현실에 대해 안타까워하고 있군.

사례 3

2010학년도 대학수학능력시험 언어 영역

24 〈보기〉는 위 글의 전개 과정을 정리한 것이다. (나)~(라)에 해당하는 것은?

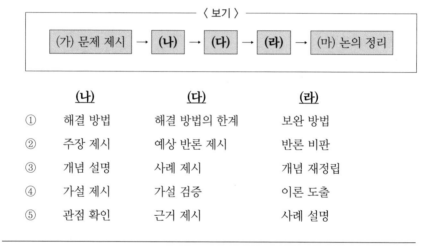

	(나)	**(다)**	**(라)**
①	해결 방법	해결 방법의 한계	보완 방법
②	주장 제시	예상 반론 제시	반론 비판
③	개념 설명	사례 제시	개념 재정립
④	가설 제시	가설 검증	이론 도출
⑤	관점 확인	근거 제시	사례 설명

'안내된 읽기'를 위한 장치라는 측면에서 이러한 유형의 〈보기〉는 지문의 내용을 구조적으로 파악하는 데 도움이 되는 조직자를 가시적으로 제공한다는 점에서 교수학적 의미를 지닌다. 그러므로 〈보기〉를 작성할 때는 글의 구조를 파악하는 데 유용한 가시적 조직자를 다양하게 활용하되, 해당 조직자가 지문의 내용을 왜곡 없이 효과적으로 드러내는지 지문과 정밀하게 견주어 가며 비교·검토한다.

③ 지문과 유사하거나 다른 관점을 제시한 〈보기〉

지문과 유사하거나 다른 관점을 제시한 글을 〈보기〉로 제공하고, 보기에 입각하여 지문을 읽게 하는 유형이다. 평가적 사고를 평가하는 문항에서 주로 확인되는 유형이다.

[사례 4]는 네트워크 협업에 기초한 집단 지성의 가치를 긍정적으로 서술한 지문의 내용과 상반된 관점의 자료를 〈보기〉로 제시한 문항이다. 이 문항은 〈보기〉에 입각해 지문의 내용을 비판적으로 평가하고 있다.

사례 4

2015년 국가 수준 학업성취도 평가 고등학교 2학년 국어

14 ㉠을 〈자료〉의 관점에서 비판한 내용으로 적절하지 <u>않은</u> 것은?

〈 자료 〉

관심이나 가치가 유사한 사람들이 모인 온라인 커뮤니티에서는 객관적 정보에 근거하지 않은 생각이나 감정적 표현이 많이 나타난다. 이는 집단 구성원들의 성향이 유사하여 그 집단 내 구성원의 의견에만 동조하거나 그러한 의견에 쏠림 현상이 일어나 극단화되기 쉽기 때문이다. 이렇게 생산된 지식은 정확성과 공정성을 보장할 수 없고 실생활에도 유용하지 않다.

---

① 집단 지성의 형성 과정에서 구성원들이 감정에 치우칠 경우, 그 집단은 현명한 판단을 내릴 수 없다.

② 집단 지성으로 형성된 지식이 객관적 정보를 바탕으로 하지 않을 경우, 그 지식은 정확한 지식으로 볼 수 없다.

③ 집단 지성을 통한 의사 결정에서 개인이 집단의 의견에 동조될 경우, 사실에 어긋난 정보라도 시정되기 어렵다.

④ 집단 지성에 의한 지식 형성 과정에서 특정 생각에 의견이 쏠릴 경우, 그 지식은 공정한 지식이라 볼 수 없다.

⑤ 집단 지성이 형성되는 과정에서 유사한 생각이 교류되는 경우, 구성원이 새롭게 접한 지식은 공유가 불가능하다.

'안내된 읽기'를 위한 장치라는 측면에서 이러한 유형의 〈보기〉는 지문의 내용을 다각적으로 읽어 나갈 수 있는 참조 체계를 제공함으로써 다양한 읽기 가능성과 지문이 다루고 있는 대상 세계에 대한 인식의 확장을 도모할 수 있다는 점에서 교수학적인 의미를 지닌다. 따라서 〈보기〉를 작성할 때는 상대적으로 제한된 분량 안에서 지문과 유사하거나 상반된 관점을 설득력 있게 기술하여야 한다. 그런데 이 경우 〈보기〉가 지문 내용에 대한 과도한 단서로 기능할 수 있다는 점을 유의해야 한다. 이러한 문제는 〈보기〉를 없애고 그 내용을 지문으로 편입하여 지문을 (가), (나)의 두 편의 글로 구성함으로써 해결할 수 있다. 그러나 〈보기〉가 있는 것과 없는 것 중 어느 쪽이 평가 문항으로서 더 효율적이고 타당한지에 대해서는 정밀한 비교와 검토가 필요하다.

(2) 발산형 〈보기〉

발산형 〈보기〉는 지문의 내용이 〈보기〉를 이해·설명·평가하는 근거 또는 토대가 되는 문항이다. 이런 점에서 〈보기〉는 지문에서 다루고 있는 개념이나 현상이 적용된 구체적이거나 현실적인 사례로서의 성격을 지니는 경우가 많다. 학습자는 이러한 유형의 문제를 해결하는 과정에서 발산적 사고를 경험한다. 발산형 〈보기〉는 내용에 따라 다시 네 가지 세부 유형으로 나눌 수 있다.

① 지문에서 제시된 개념의 구체적 사례로서의 〈보기〉

지문에서 개념이나 현상의 구체적 사례를 〈보기〉로 제시하고, 지문에 의거해 〈보기〉를 설명하거나 이해하도록 하는 적용적·종합적 사고 평가 문항이 대표적이다. 특히 사회 지문이나 예술 지문을 활용한 평가 문항에서 자주 발견된다.

[사례 5]는 지문에서 설명한 만화의 다양한 의미 구성 장치들을 〈보기〉에 주어진 만화를 통해 확인하고, 그 장치들의 기능을 이해할 수 있는지 묻는 문항이며, [사례 6]은 지문에서 설명한 법률적 개념을 바탕으로 실제 소송 사례를 법률적으로 판단하도록 하는 문항이다.

사례 5

2013학년도 대학수학능력시험 언어 영역

27 윗글을 바탕으로 〈보기〉에 대해 설명할 때, 적절하지 <u>않은</u> 것은?

① 칸 1부터 칸 6에 이르기까지 각 칸에 독자의 시선이 머무는 시간은 유동적이다.

② 칸 2는 언어적·비언어적 정보를 모두 활용하여 작중 상황을 부각하고 있다.

③ 칸 4에서 효과선을 지우면 인물의 움직임을 상상하게 하는 요소가 모두 사라진다.

④ 인물들의 얼굴과 몸의 형태를 통해 만화 이미지가 '서명된 이미지'임을 확인할 수 있다.

⑤ 다양한 크기와 모양의 칸을 통해 영화의 프레임과 차별화된 만화 칸의 유연함을 알 수 있다.

2016학년도 대학수학능력시험 국어 영역(B형)

27 윗글을 바탕으로 〈보기〉의 사례를 검토한 내용으로 적절하지 <u>않은</u> 것은? [3점]

─────── 〈 보기 〉 ───────

갑은 을을 상대로 자신에게 빌려 간 금전을 갚아 달라는 소송을 하는데, 계약서와 같은 증거 자료는 제출하지 못했다. 그 결과 (가) 또는 (나)의 경우가 생겼다고 하자.

(가) 갑은 금전을 빌려주었다는 증거를 제시하지 못하여 패소하였다. 이 판결은 확정되었다.

(나) 법원은 을이 금전을 빌렸다는 사실을 인정하면서도, 갚기로 한 날은 2015년 11월 30일이라 인정하여, 아직 그날이 되지 않았다는 이유로 갑에게 패소 판결을 내렸다. 이 판결은 확정되었다.

① (가)의 경우, 갑은 더 이상 상급 법원에 상소하여 다툴 수 있는 방법이 남아 있지 않다.

② (가)의 경우, 갑은 빌려준 금전에 대한 계약서를 발견하더라도 그것을 근거로 하여 금전을 갚아 달라고 소송하는 것은 허용되지 않는다.

③ (나)의 경우, 을은 2015년 11월 30일이 되기 전에는 갑에게 금전을 갚지 않아도 된다.

④ (나)의 경우, 2015년 11월 30일이 지나면 갑이 을을 상대로 금전을 갚아 달라는 소송을 다시 하더라도 기판력에 저촉되지 않는다.

⑤ (나)의 경우, 이미 지나간 2015년 2월 15일이 갚기로 한 날임을 밝혀 주는 계약서가 발견되면 갑은 같은 해 11월 30일이 되기 전에 그것을 근거로 금전을 갚아 달라는 소송을 할 수 있다.

그런데 적용적·종합적 사고를 평가하는 문항이라 하더라도 일차적으로 지문에서 제시된 개념에 대한 이해가 뒷받침되어야 하는 까닭에, 실제로는 지문의 내용에 대한 사실적 이해만을 묻는 문항으로 귀결될 수 있다. 특히 추상적 개념과 구체적 사례의 관계가 단순하고 직관적·작위적일수록 그 가능성은 더 높아지므로 주의가 필요하다.

　이러한 문항을 제작할 때에는 〈보기〉의 사례가 지문에 제시된 개념으로 온전히 설명되고 이해될 수 있어야 한다. 그러므로 해당 학문 분야의 지식체계를 조회하여 〈보기〉에 제시된 사례를 지문의 개념으로 설명하는 과정에서 오류가 없도록 선택지를 구성할 필요가 있다. 특히 사회 지문의 경우 특정 사례를 설명하는 변인과 조건이 다양한 까닭에, 해석과 설명의 과정이 지문에서뿐 아니라 해당 분과 학문에서도 타당한지 정밀한 검토가 필요하다.

② 지문 내용에 대한 감상 혹은 반응으로서의 〈보기〉

　지문에 제시된 글이나 작품을 읽고 난 후의 반응을 〈보기〉에서 제시하고 지문을 바탕으로 〈보기〉 내용의 타당성을 평가하거나 〈보기〉에서 일부 비워진 부분을 채워 넣게 하는 유형이다. 이러한 〈보기〉에서 활용할 수 있는 반응의 형태는 비평문, 독서 일기, 학생 간의 대화, 모방시 등 다양하다. 지문에 대한 반응을 선택지로 구성하여 적절하거나 적절하지 않은 것을 묻는 문항과 비교하면, 이를 〈보기〉로 제시한 유형의 문항은 지문에 대한 반응을 다시금 사고하도록 한다는 점에서 메타적인 사고를 요구하는 문항이라 할 수 있다.

　[사례 7]은 작품을 읽은 뒤 작성한 독서 일기 형식의 자료를 〈보기〉로 제시한 문항이고, [사례 8]은 지문의 문학 작품을 읽고 토론한 내용을 〈보기〉로 제시한 문항이다. 그런데 [사례 8]의 경우 합답형 문항의 형태를 취하고 있기 때문에 실제로는 〈보기〉가 선택지의 기능을 하고 있다. 〈보기〉를 선택

지로 대체할 수 있다면 군이 문항에 〈보기〉를 포함할 이유가 없다는 점에서 〈보기〉의 효용성을 재고해 볼 필요가 있다.

2010년 국가 수준 학업성취도 평가 중학교 3학년 국어

25 〈자료〉는 위 작품에 대한 어느 학생의 독서 일기이다. 〈자료〉에 대한 평가로 가장 적절한 것은?

───── 〈 자료 〉 ─────

이 작품은 한국전쟁으로 상처 입은 두 인물을 다루고 있다. 처음에 경찰과 공비로서 쫓고 쫓기던 두 인물은 만신창이가 된 후에도 추격과 도피를 계속한다. 어떻게 30년이 넘도록 서로 미워하며 살 수 있을까? 가족을 잃은 송기열도 그렇지만, 숨어 지내야만 했던 짝코의 삶도 불쌍하다. 이런 비극은 어디에서 생겨난 것일까? 나는 자기 입장만 생각하는 인간의 이기심 때문이라고 생각한다. 송기열이 공비를 잡겠다는 집념을 버리기만 했다면, 짝코가 일찌감치 자수를 했더라면 둘 다 그토록 고생하지는 않았을 것이다. 비극을 없애는 최선의 길은 서로에 대한 이해와 용서가 아닐까?

① 작품에 전개된 사건들을 간결하게 요약할 줄 알았으면 좋겠어.
② 어느 한쪽에 치우치지 않고 등장인물의 처지를 고루 살폈으면 좋겠어.
③ 내용 파악에만 그치지 말고 자신의 감상을 솔직하게 표현했으면 좋겠어.
④ 인물의 개인적 결단만 강조하지 말고 그들이 처한 사회적 상황도 고려했으면 좋겠어.
⑤ 느낌을 나열하는 데 그치지 말고, 작품을 읽고 깨달은 바를 담아냈으면 좋겠어.

2005학년도 대학수학능력시험 언어 영역

57 〈보기〉는 위 글을 읽고 허 생원에게 봉평이 지니는 의미를 파악하기 위해 토론한 내용이다. 적절한 의견으로 묶은 것은?

ㄱ. 허 생원은 줄곧 봉평 인근을 돌아다니고 있어. 심지어 고향인 청주에도 가 보지 않은 것 같아. 허 생원에게 봉평은 마음의 구심점인 셈이지.

ㄴ. 허 생원은 달밤이면 언제나 봉평에서 겪었던 무섭고도 기막힌 일을 이야기하고 있어. 달밤의 분위기가 그런 비현실적인 이야기를 하게끔 만드는 거지. 봉평은 허 생원을 현실 너머로 이어 주는 상상의 통로야.

ㄷ. 허 생원은 젊었을 때 모았던 돈을 투전으로 다 날리고 평생토록 가정도 꾸리지 못했어. 허 생원에게 봉평은 젊은 시절의 잘못된 삶을 반성하게 하는 곳이지.

ㄹ. 허 생원은 봉평에서 성 서방네 처녀와 평생 잊지 못할 인연을 맺었어. 허 생원에게 봉평은 가난하고 쓸쓸한 삶을 견디게 해 주는 추억이 깃들어 있는 곳이지.

① ㄱ, ㄷ   ② ㄱ, ㄹ   ③ ㄴ, ㄷ
④ ㄴ, ㄹ   ⑤ ㄷ, ㄹ

평가론적으로 볼 때, 이 유형의 〈보기〉를 활용한 문항은 다양한 학습자의 반응 자료가 활용될 수 있다는 점에서 글이나 작품에 대한 주체적인 읽기와 다양한 감상을 강조하는 최근의 국어교육 흐름과 부합한다. 특히 문학 영역에서는 문학 수용과 관련하여 개인적·주체적·창의적 차원을 다루는 평가 요소를 구현하기 위한 장치로 〈보기〉가 적극 활용되는 측면이 있다. 예를 들어 실제 평가 요소는 사실적·추론적 사고인 문항에서 〈보기〉를 추가함으로써 학습자 반응, 비평, 개인화, 주체성 등의 평가 요소를 가미할 수 있다는 점에서 교수학적 의미를 갖는다.

이러한 문항을 제작할 때에는 먼저 지문 혹은 작품에 대하여 작위적이지 않은, 즉 '그럴듯한' 반응을 정교하게 선별하여 〈보기〉에 제시함으로써 문항의 타당도를 높여야 한다. 또한 선택지는 〈보기〉에 제시된 반응을 보편 타당하게 공준되고 있는 지식 체계에 의해 평가하는 내용들로 구성해야 한다. 이때 선택지가 메타적인 언어로만 진술될 경우 방법적 지식을 명제적으로 묻는 오류에 빠질 수도 있어 주의가 필요하다.

③ 지문에서 다루어진 개념의 도식화로서의 〈보기〉

지문에 제시된 개념을 가시적으로 도식화한 그래프, 도표, 공식, 그림 등을 〈보기〉로 제시하고, 그것의 의미를 묻거나 정확성을 따지도록 하는 유형이다. 주로 과학 또는 공학 분야의 지문을 활용한 평가 문항에서 많이 발견된다.

이러한 유형은 지문에서 언어적으로 길게 풀어 설명한 정보를 공식이나 그림으로 도식화·가시화해 놓은 〈보기〉와 서로 견주면서 궁극적으로는 지문의 내용을 명확히 이해했는가를 묻는다. 그렇기에 학습자는 지문을 바탕으로 〈보기〉를 탐색하지만 이 문항이 요구하는 사고 자체는 사실적·수렴적 사고이다. 다만 언어적인 사고를 숫자나 도표, 그림 등으로 수치화·도식화·이미지화해야 한다는 점에서 복합 문식성을 요구하는 특징을 지니며, 언어적 사고를 복합 문식적 사고로 변환해야 한다는 점에서 발산적인 속성도 일부 갖는다.

다음 [사례 9]의 〈보기〉는 지문의 특정 부분에 서술된 언어적 정보를 그래프로 도식화하여 설명하고 있다. 문항을 해결하는 과정에서 학습자는 지문의 정보를 바탕으로 〈보기〉의 그래프를 읽어 낼 수 있어야 한다. 그런데 이 과정에서 학습자는 〈보기〉에 제시된 자료를 통해 지문의 내용을 보다 구조적·가시적으로 파악하기도 한다. 결국 언어화된 정보와 시각적으로 형상화된 정보를 견주어 가며 읽을 수 있는 복합적인 리터러시가 요구되는 문항인 셈이다.

54 [A]에서 2년 후의 상황을 〈보기〉의 그래프로 설명할 때, 적절하지 <u>않은</u> 것은?

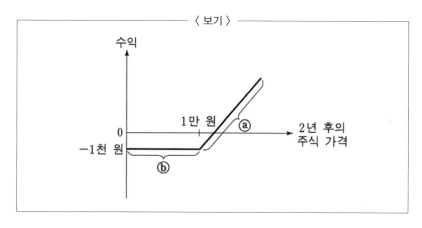

① ⓐ는 주식 가격이 1만 원이 넘으면 옵션을 행사하는 것이 유리함을 보여 준다.

② ⓑ는 주식 가격이 아무리 낮아져도 손실은 일정하다는 것을 보여 준다.

③ ⓑ의 모양이 수평인 것은 구입한 주식 옵션을 행사하였기 때문이다.

④ ⓑ가 세로축의 0보다 아래에 위치하는 것은 옵션 프리미엄이 있음을 나타내는 것이다.

⑤ ⓐ와 ⓑ의 모양이 다른 것은 수익의 비대칭성을 보여 주는 것이다.

이러한 유형의 〈보기〉를 활용한 문항을 제작할 때에는 〈보기〉의 내용적 정확성이 중요하다. 그러므로 해당 학문 분야의 비전문가가 〈보기〉를 작성할 경우 잘못된 내용을 담지 않도록 주의해야 한다. 또한 지문의 내용과 〈보기〉가 서로 정확하게 대응하는지 정밀하게 검토할 필요가 있다. 이와 관련하여 지문의 원 출처에서 언어적 설명과 함께 제시된 도식을 따로 떼어 내어 〈보기〉로 제시하는 방안도 활용할 수 있다. 마지막으로 배경지식 유무에 따라 지문의 내용을 읽을 필요도 없이 〈보기〉만으로 정답을 찾을 수 있는 경우가 발생하지 않도록 유의해야 한다.

④ 지문과 유사하거나 다른 관점을 제시한 〈보기〉

지문과 유사하거나 다른 관점을 〈보기〉에 제시하고, 지문의 관점에 입각해 〈보기〉에 대한 평가를 유도하는 유형으로, 이 유형은 수렴형 〈보기〉의 세번째 유형과 유사하지만 학습자가 발산적 사고를 경험한다는 점에서 차이가 있다. 주로 평가적 · 비판적 사고를 평가하는 문항에서 확인된다.

그런데 [사례 10]에서 확인할 수 있듯, 지문과 〈보기〉가 특정 사안에 대해 다른 관점을 보여 주는 것이 아니라 각각 찬성과 반대의 주장을 제시하고 있을 경우, 이 문항이 '동일한 화제나 내용에 대해 서로 다른 관점을 제시한 두 글을 비교할 수 있다'라는 성취기준에 부합하는 것인지에 대해 면밀한 검토가 필요하다.

사례 10　　　　　　　　　　　　2016년 국가 수준 학업성취도 평가 중학교 3학년 국어

최근 몇 년 사이 각종 방송 드라마나 오락 프로그램에서 출연자가 특정 회사의 상표가 드러나는 옷을 입거나 자동차를 타는 장면을 흔히 볼 수 있게 되었다. 이렇게 상업적 의도를 감춘 채 프로그램 내에 배치된 제품이나 기업의 상징물 등을 소비자가 인식하도록 만드는 광고를 '간접 광고'라고 한다. 우리나라는 2010년 1월부터 간접 광고를 허용했다. 허용 초기에는 간접 광고의 정도가 미미했지만 해가 갈수록 그 정도가 심해져 내용 전개와 무관한 간접 광고가 시청자들의 몰입을 방해하는 수준에 이르렀다. 이러한 상황에 있는 간접 광고의 문제를 살펴보고 적절한 해결책을 모색할 필요가 있다.

간접 광고는 어떤 문제를 안고 있을까? 간접 광고는 앞에서 언급한 몰입 방해 외에도, 특정 기업이나 상품 등에 대한 무의식적인 각인 효과를 시청자에게 심어 준다는 문제가 있다. 이렇게 되면 시청자들이 비판적 판단을 하지 못하고 간접 광고가 다루는 대상을 무조건적으로 신뢰하는 일이 벌어지게 된다.

또한 간접 광고로 인해 드라마나 오락 프로그램의 완성도가 떨어진다. 간접 광고의 대가로 광고주들은 방송 프로그램의 제작비를 지원하는데, 간접 광고가 허용된 이후 광고주들의 요구가 강해지고 있다. 그 결과 프로그램의 완성도

가 떨어지는 경우가 빈번해지고 있다. 광고주들은 간접 광고를 더 길게 더 자주 넣도록 요구하기 때문이다. 완성도가 떨어지는 프로그램을 보아야 하는 시청자들로서는 큰 피해가 아닐 수 없다.

한편 간접 광고는 시청자의 선택권을 빼앗는다는 점에서도 문제가 있다. 프로그램 앞뒤에 하는 광고는 시청자가 볼 것인가 말 것인가를 선택할 수 있지만, 간접 광고는 프로그램 내에 포함되어 있어 그렇게 할 수 없다. 이는 시청자를 더욱 수동적인 존재로 만든다.

그러므로 과도한 간접 광고가 가지고 있는 이러한 문제를 해결하기 위한 노력이 필요하다. 우선 법이나 규정을 명확히 해야 한다. ㉠그물코가 느슨하면 물고기가 그물망을 쉽게 빠져나가서 물고기를 잡을 수 없다. 이와 마찬가지로 방송법 시행령의 규정이 '제작상 불가피한', '자연스러운 노출'처럼 모호하면 광고주들과 방송사가 법망을 쉽게 피할 수 있게 되어 간접 광고가 과도해지는 것을 막을 수 없다. 실제로 광고주들이나 방송사가 법이나 규정의 모호한 표현을 악용하는 사례도 매년 늘고 있다. 그러므로 법이나 규정을 명확히 하여 과도한 간접 광고를 막아야 한다. 더 나아가 법이나 규정을 위반했을 때 가하는 법적 제재도 광고주들이나 방송사가 부담을 느낄 정도로 강화해야 한다.

또한 시청자들은 지나친 간접 광고가 프로그램을 즐겁게 시청할 자신들의 권리를 침해한다는 사실을 인식하고 지나친 간접 광고에 대해 비판의 목소리를 높여야 한다. 시청자들의 목소리는 과도한 간접 광고를 막을 수 있는 또 다른 중요한 축이다.

14 윗글의 관점에 근거해 〈자료〉를 비판한 내용으로 가장 적절한 것은?

─────── 〈 보기 〉 ───────

최근 한류 열풍에 힘입어 우리나라 방송 프로그램 안에 등장하는 제품들이 외국에서 큰 인기를 얻고 있다. 이는 기업의 매출 증가에 도움을 주고 있으며 국가 경제 발전에도 긍정적인 기여를 하고 있다. 그러므로 간접 광고를 더욱 확대할 수 있도록 간접 광고에 대한 규제를 완화해야 한다.

① 간접 광고에 대한 규제를 강화하면 프로그램의 제작 여건이 악화될 것이다.

② 방송사의 요구를 반영하지 않은 규제 완화는 한류에 큰 도움을 주지 못할 것이다.

③ 기업의 매출을 고려할 때 간접 광고에 문제가 있더라도 어느 정도 인정해야 한다.

④ 간접 광고에 대한 규제 완화는 프로그램에 대한 기업과 광고주의 관심을 떨어뜨린다.

⑤ 간접 광고에 대한 규제 완화가 프로그램의 완성도를 떨어뜨려 오히려 한류에 악영향을 끼칠 것이다.

[사례 10]의 지문을 보면 간접 광고의 폐해를 강조하고 이에 따라 간접 광고를 규제할 것을 주장하고 있다. 반면 〈보기〉는 지문과 반대되는 입장에서 광고 수익과 관련 사업 활성화를 위해 간접 광고 규제를 철폐해야 한다고 주장한다. 이 문항에서는 지문과 〈보기〉가 서로 다른 주장을 하고 있을 뿐 문두에서 명시한 것처럼 '관점'이 다른 글이라 보기 어렵다.

(3) 종합형 〈보기〉

종합형 〈보기〉는 지문과 〈보기〉가 어느 하나에 종속되어 있다기보다 거의 상호 동등한 층위에 놓여 있으며, 두 텍스트를 견주어 읽으면서 비교·대조·종합·평가하도록 하는 유형이다. 종합형 〈보기〉의 경우, 지문에 비해 분량이나 정보량이 적은 〈보기〉가 지문과 함량이 엇비슷한 텍스트여야 한다는 점이 난점으로 작용할 수 있다. 그 결과 상대적으로 간소한 〈보기〉가 지문을 읽어 내는 단서가 되어 수렴형의 문항으로 귀결되는 경우도 발생할 수 있다.[4] 종합형 〈보기〉는 다음의 두 가지 유형으로 나뉜다.

① 지문의 작품과 엮어 읽을 만한 작품으로서의 〈보기〉

문학 영역의 문항에서 지문의 작품과 상호텍스트적으로 연계된 작품을 〈보기〉로 제시한 경우로, 종합형 〈보기〉의 가장 대표적인 유형이다. 이 유형은 학습자가 지문의 작품과 〈보기〉의 작품을 견주어 읽으면서 지문과 〈보기〉의 작품을 종합적으로 감상하도록 이끈다. 〈보기〉의 분량을 고려할 때, 주로 현대시나 고전시가 작품이 활용된다.

하나의 문항에 두 작품이 등장한다는 점에서 학습자의 인지적 부담이 높아질 수 있기 때문에, 이러한 문항을 제작할 때에는 비교적 접근성이 좋은 작품을 〈보기〉로 선정하여 부담을 줄여 주는 것이 좋다. 〈보기〉는 어디까지나 지문에 제시된 작품의 엮어 읽기에 주 목적이 있기 때문에, 〈보기〉의 작품이 난해하여 지문의 작품과 종합적으로 읽어 내는 데 실패하지 않도록 구성해야 한다.

② 지문과 유사하거나 다른 관점을 제시한 〈보기〉

지문과 유사하거나 다른 관점을 〈보기〉에 제시하고, 지문의 관점과 〈보기〉의 관점을 비교하도록 하는 유형으로, 〈보기〉를 읽을 때의 사고 과정에 차이가 있을 뿐 그 내용은 앞서 언급된 수렴형·발산형 〈보기〉의 해당 유형과 동일하다.

이 유형을 활용한 문항을 제작할 때에는, 견주어 비교하는 것이 목적이

....

4 본래 〈보기〉는 존재론적으로 지문에 종속되어 있는 실체이다. 따라서 궁극적으로는 지문을 읽어 내는 데 유용한 장치로 동원되었다는 점에서 모두 수렴형으로 볼 수 있다. 반대로 지문 외의 자료를 제시하여 학습자가 지문을 종합적·확산적으로 읽어 내도록 한다는 점에서 모두 발산형으로도 볼 수 있다. 또한 한편으로는 문항을 해결하는 과정에서 이루어지는 사고의 대부분은 지문과 〈보기〉의 내용을 수시로 견주고 참고하고 종합하는 과정이기 때문에, 실질적으로 대부분 〈보기〉는 종합형에 속한다고도 볼 수 있다. 따라서 이 장에 제시된 〈보기〉의 구분은 〈보기〉의 유형을 체계화하기 위한 조작적·잠정적 구분이라고 보는 것이 타당하다.

라는 점에서 지문과 〈보기〉의 글이 동일한 함량을 가져야 하지만, 〈보기〉의 분량을 고려하여 적정 수준에서 글을 구성해야 한다. 또한 앞서 언급했듯 분량이 비교적 간소하면 〈보기〉가 지문을 읽는 실마리가 되는 경우가 많기 때문에, 이러한 문항을 구성할 때는 〈보기〉에 들어갈 내용을 지문으로 편입하여 두 개의 짧은 지문의 형태로 구성하거나 두 가지 관점을 메타적으로 서술하는 하나의 글로 지문을 구성하는 방안을 검토해 볼 필요가 있다.

3) 〈보기〉 작성의 유의점

지금까지 다양한 유형의 〈보기〉를 살펴보고, 해당 유형의 〈보기〉를 작성하는 방법을 간략히 살펴보았다. 이를 종합하여 〈보기〉 작성의 기본 원칙을 정리하면, 〈보기〉는 학습자가 문항을 해결하는 과정에서 '의미 있게 작동'해야 한다는 것이 된다. 이를 조금 더 구체적으로 살펴보자.

① 〈보기〉가 없어도 정답이 결정되는 경우가 있어서는 안 된다

단순히 문두 정보를 구체화하거나 지극히 상식적인 정보를 제공하는 〈보기〉는 실상 의미 있는 정보를 거의 제공하지 못한다고 볼 수 있다. 이 경우 〈보기〉는 학습자가 문제를 해결하는 데 거의 기여하는 바가 없게 된다. 또한 〈보기〉가 의미 있는 정보를 제공하더라도 선택지가 〈보기〉와 상관없이 구성되어 지문과 선택지만으로도 정답이 가려지는 경우에도 〈보기〉가 제 기능을 하지 못한다.

② 〈보기〉만으로 정답이 결정되는 경우도 있어서는 안 된다

지문을 읽을 필요 없이 〈보기〉와 선택지만으로 정답이 결정되는 경우도

문제가 된다. 예를 들어 〈보기〉가 지문을 읽어 내는 방향을 제시하는 수준을 넘어 지문 내용에 대한 과다한 단서를 제공하면 학습자의 지문 읽기를 방해하게 된다. 또한 지문과 〈보기〉가 표면적으로 연계되더라도 지문 읽기와 무관하게 〈보기〉를 읽는 것만으로 정답이 결정되는 문항의 경우도 문제가 될 수 있다.

③ 〈보기〉의 정보가 '안내된 읽기'를 도우면 좋다

〈보기〉는 지문의 종합적·심화적 읽기를 유도할 수 있는 유의미한 배경 정보를 제공하거나, 향후 이와 유사한 읽기에 활용할 수 있는 유의미한 조직자를 가시화하여 제공하는 것이 좋다. 이것이 〈보기〉를 포함한 문항이 갖는 교수학적 유용성이다. 그러나 지나치게 난해한 지식이나 복잡한 조직자를 제시하여 접근성이 떨어질 경우, 〈보기〉가 지문 읽기의 도구로 기능하지 못하는 문제가 발생할 수도 있다. 읽기든 문학이든 일차적인 읽기 및 감상 자료는 지문이어야 한다. 〈보기〉는 지문을 읽는 조건 또는 실마리거나 지문을 읽고 해석·평가·이해해야 하는 자료이지, 그 자체로 독해가 어렵고 부담스러운 텍스트여서는 곤란하다.

또한 보기가 지나치게 지엽적인 지식이거나 너무 간소한 조직자일 경우 지문을 왜곡된 방식으로 읽도록 이끌 수 있다는 점에서 문제가 될 수 있다.

④ 〈보기〉에 과다한 정보나 실마리를 제공하여 정답이 쉽게 결정되는 경우는 적절하지 않다

〈보기〉가 포함된 문항의 개발 난도와 문항 규모, 해당 문항을 푸는 학습자의 인지적 수고를 감안할 때, 〈보기〉에 과다한 정보가 포함되어 결과적으로 문항의 난도가 너무 쉬워지는 것은 이른바 가성비가 지나치게 떨어지는 상황이다. 〈보기〉에 제시할 정보량의 적정 수준을 늘 섬세하게 검토해야 한다.

V

선택형 평가의 새로운 방향

13강

선택형 평가의 한계를 넘어서는 방안은 무엇인가

류 교사는 선택형 평가의 유용성을 신뢰하지만 한편으로는 학습자가 정답을 찍어서 우연히 맞혀도 점수를 부여해야 하는 사태를 피하고 싶었다. 이러한 소망을 품고 PISA의 읽기 문항을 살피던 중 특이한 형식의 문항을 발견하였다. 온라인 게시판의 대화로 구성된 문항(OECD, 2019)이었다.

> **Ivana_88**: 안녕하세요! 기르는 닭에게 아스피린을 주어도 괜찮을까요? 제 닭은 두 살이고 제 생각에 다리를 다친 것 같아요. 월요일까지는 수의사에게 갈 수 없고 전화도 받지 않네요. 제 닭이 너무나 고통스러워하고 있어요. 수의사를 만나기 전까지 뭐라도 주어서 고통을 덜어 주고 싶은데요. 조언을 주시면 감사하겠습니다.
>
> **NellieB79**: 닭에게 아스피린이 안전할지 잘 모르겠네요. 저는 기르는 새에게 약을 줄 때 항상 수의사에게 물어보고 주어서요. 제가 알기로 어떤 약들은 사람에게는 이롭지만 새들에게는 치명적일 수도 있대요.

> Monie: 저는 제 닭들 중 하나가 다쳤을 때 아스피린을 준 적이 있어요. 별다른 문제도 없었구요. 다음 날 수의사에게 갔는데 훨씬 나아져 있었어요. 제 생각에 너무 많이 주면 위험할지도 모르니 적당량만 주면 괜찮지 않을까요. 닭이 빨리 낫기를 바랄게요!
>
> Avian_Deals: 안녕하세요! 애완용 닭 용품들을 저렴하게 구매할 절호의 기회를 놓치지 마세요! 지금 초특가 세일입니다!
>
> Bob: 혹시 닭이 아플 때 어떻게 아는지 알려 주실 분 있으신가요?
>
> Frank: 안녕하세요, 저는 조류 전문 수의사입니다. 닭에게 아스피린을 주셔도 괜찮습니다.

다음 중 Ivana_88의 질문에 대해 가장 신뢰할 수 있는 응답을 한 사람은?

① NellieB79   ② Monie   ③ Avian_Deals   ④ Frank

답이라고 생각한 이유를 적으시오. _____

이러한 문항은 선택형 문항과 서술형 문항 중 어떤 유형으로 분류할 수 있을까?

1) 선택형 평가의 대안이 필요한 이유

선택형 평가는 분명 여러 가지 장점을 가지고 있지만 그에 못지않은 태생적 한계도 있다. 가장 많이 지적되는 한계는 문항이 요구하는 바를 전혀 알지 못하더라도 정답을 맞혀 점수를 받을 수 있다는 것이다. 반대로 문항의 요구 사항을 상당 부분 알고 있어도 정답을 찾지 못하면 점수를 전혀 받지 못하게 되기도 한다. 결과적으로 선택형 평가는 한 문항에서 정답을 골라서 점수를 모두 받거나 정답을 고르지 못해서 점수를 전혀 받지 못하는 두 가지 경우만 있을 뿐, 정답과 오답 사이에 있는 학습자의 능력을 측정하여 부분 점수를 주는 것이 불가능하다는 한계가 있다.

선택형 평가는 과정 중심 평가(▶7강), 발산적 사고를 유도하는 평가(▶6강), 역량 중심 평가를 중시하는 흐름에 위배된다는 점에서도 자주 비판받는다. 선택형 평가에서는 학습자들이 답을 선택하는 과정을 알 수 없기에 그 결과만 평가하게 되고, 학습자들이 주어진 선택지 안에서만 인지활동을 하게 만들며, 학습자들의 역량이 아닌 지식을 평가할 수밖에 없다는 것이다. 물론 이러한 한계를 보완하기 위해 관찰법이나 서술형, 논술형 등의 평가 도구가 있다. 그러나 이는 별도의 노력이 필요하므로 선택형 평가 자체에서 사고의 절차와 과정을 알 수 있는 방안을 개발할 필요가 있다.

이 강에서는 선택형 평가가 지닌 한계를 넘어서거나 문제점을 해결하기 위한 몇 가지 대안을 제시해 보고자 한다. 여기서 대안이란 대체의 개념이 아니라 보완의 개념이다. 선택형 평가의 이점을 유지하되 그 형식적 한계를 극복해 보려는 시도인 것이다.

2) 선택형 평가의 대안을 찾아서

(1) 교과서 벗어나기

읽기 평가는 읽기 능력을 측정할 수 있어야 목표 타당도를 확보할 수 있다. 그러나 지필 평가에서는 흔히 수업에서 자세하게 다뤘던 교과서 내용을 지문으로 출제하기 때문에 읽기 능력에 대한 평가가 되기 어렵다. 특히 교과서 내용 그 자체를 묻는 문항들은 기억력 테스트라는 비판을 받을 수밖에 없다. 기억력이 그 자체로 읽기 능력이 될 수 없다는 점에서 충분히 타당한 지적이라 할 수 있다. 읽기 능력을 온전하게 평가하기 위해서는 반드시 지문 내부에서 단서를 발견하여 풀 수 있는 문제가 출제되어야 한다.

이러한 문제점에 대한 대안으로 교과서에 실려 있거나 수업에서 다룬 지문을 배제하는 것을 고려해 볼 수 있다(▶4강). 그러면 기억력 평가가 아니라 배운 것을 적용하여 읽는 능력에 대한 평가가 가능해진다. 이때 새로운 지문은 교과서의 지문이 실린 책의 다른 부분이나, 교과서의 지문과 소재는 동일하지만 필자와 관점이 다른 글 등을 선택할 수 있다. 학습 목표와 평가의 목적은 특정 자료나 텍스트에 대한 기억의 정도가 아니라 읽기 능력을 측정하는 것이라는 데 동의한다면, 이러한 방법의 정당성을 부인하기 어려울 것이다.

물론 예상되는 난점도 있다. 교사는 평가용 지문으로 적당한 함량과 품격을 갖춘 글을 찾거나 직접 평가용 지문을 작성해야 하는데, 여기에 드는 시간과 공력이 만만치 않다. 그러나 평가의 이상(理想)에 대한 믿음을 가진 교사의 평가 전문성에 기댄다면 충분히 시도해 볼 가치가 있을 것이다.

(2) 선택지별 배점 차등화하기

선택형 문항에서 각각의 선택지에 참과 거짓을 가려내야 하는 요소가 둘 이상 포함되어 있거나 문항 형태가 합답형인 경우, 정답에 가까운 정도에 따라 배점을 차등화할 수 있다. 또는 최선답형 문항에서 정답은 아니지만 부분적으로 옳은 진술을 포함하고 있는 선택지에는 부분 점수를 배치할 수 있다. 기존의 시험은 하나의 정답지에만 점수를 부여한다. 그러나 선택지가 얼마나 정답에 근접한지에 따라 배점을 달리하면 학습자들의 능력 차이를 더 잘 분별해 낼 수 있고, 그 능력의 스펙트럼을 세밀하고 정교하게 짚어 낼 수 있을 것이다.

선택형 평가의 문제점 중 하나는 정답지에만 점수를 부여하기 때문에 문항을 통해 수준 차이를 파악할 수 없다는 것이다. 비록 정답은 아니지만 정답에 거의 근접한 진술로 된 선택지를 고른 학습자와 정답과 전혀 무관한 선택지를 고른 학습자 모두 점수를 받지 못한다. 이때 선택지에 따라 배점을 차등화하면 그 문항에서 측정하고자 하는 성취 수준의 차이를 알 수 있다. 결과적으로 배점 차등화는 선택형 문항의 매력인 객관도와 신뢰도는 물론 타당도까지 높일 수 있는 방안이 될 것이다.

학교 현장, 특히 고등학교에서 선택지를 구성할 때 참/거짓을 판별해야 하는 정보가 둘 이상인 경우가 많다. 가령 표현 방법과 그 효과를 담은 진술로 각각의 선택지들을 만드는 것이 이에 해당한다. 다음의 예시 문항을 보자.

사례 1

윗글에 대한 설명으로 적절한 것은?

① 다양한 사례들을 소개하여 내용에 신뢰성을 더하고 있다.
② 일상적 경험으로 글을 시작하여 독자의 호기심을 유발하고 있다.
③ 통시적인 변화 과정을 설명하여 글의 내용에 일관성을 더하고 있다.
④ 상식적인 논리에 빗대어 난해한 과학적 원리를 쉽게 설명하고 있다.
⑤ 의문형 문장으로 글을 마무리하여 독자들에게 각성을 촉구하고 있다.

[사례 1]에서 선택지는 'A하여 B하고 있다'의 형태로 통일되어 있는데, 이는 지문에 대한 표현 방법과 그 효과를 묶어 하나의 진술로 만든 것이다. 이 문항을 해결하기 위해 학습자는 두 가지 내용을 모두 지문에서 확인해야 한다. 예컨대 선택지 ①번의 경우 다양한 사례를 소개하였는지 확인하고 그

것이 내용의 신뢰성을 더하고 있는지 판단해야 하며, 선택지 ⑤번의 경우 의문형 문장으로 끝맺었는지 확인하고 독자들의 각성을 촉구하고 있는지 판단해야 한다. 이때 지문에 대한 표현과 효과가 모두 적절한 최선답에는 4점을, 표현 방법이나 효과만 적절한 차선답에는 2점을, 표현 방법과 효과 모두 적절하지 않은 경우에는 0점을 주는 방법을 생각해 볼 수 있다.[1]

만약 지문과의 일치 여부를 묻는 사실적 사고와 관련된 문항의 경우에는 선택지에 반영된 사실 관계의 개수로 점수를 차등화할 수 있다. 또한 수업에서 다룬 내용들 중 서로 구조적으로 관련이 있는 복수의 사실이나 개념들에 대해 묻는 것도 가능하다. 이 경우 문두에 요구 사항을 명시하고, 요구되는 사실적·개념적 정보의 개수에 맞게 선택지를 구성하는 방식으로 차등화하여 평가할 수 있다.

물론 앞의 [사례 1]처럼 'A하여 B하고 있다'와 같은 문장 구조는 선택형 문항의 완성도를 높이기 위해 문항마다 질문의 내용이 하나의 사실을 묻도록 단순 명쾌하게 구조화되어야 한다(성태제, 2004: 79-123)는 평가론적 원칙에 위배되는 선택지 구성일 수도 있다. 그러나 수업에서 다룬 내용의 범위 안에서 문항을 출제하는 지필 평가의 특성상 묻고자 하는 지식이나 내용 들이 서로 밀접한 연관을 맺고 있어 독립적인 선택지를 구성하기 어려울 때가 있다. 또한 난도를 조정하여 변별력을 높여야 할 때도 있다. 이와 같은 다양한 상황을 고려하면 꼭 필요한 경우에는 선택지에서 하나 이상의 사실을 묻는 것도 허용될 수 있을 것이다. 오히려 이러한 평가론적 원칙에서 벗어남으로써 학습자들이 단편적인 사실 관계만을 조회하여 정답지를 선택하는 사태를 피하고, 표현과 그 효과에 대해 구조적으로 사고하도록 유도할 수 있다.

....

1   이와 같은 대안적 방법은 국어과 선택형 평가 문항 개발 방법을 제시한 이정찬 외(2019)에서도 제안한 바 있다.

만일 문항의 완성도를 위해 하나의 사실만을 묻고자 한다면 풀이의 경로를 설정하여 복수의 문항으로 나눠 단계적 해결을 유도하거나(류수열, 2004: 73-75), 문항의 내적 연관성에 따라 등급을 차등화하는 방법(최지현, 2000: 119-120)을 사용할 수도 있을 것이다.

(3) 복수 정답 설정하기

선택지별로 배점을 차등화하지 않고 복수 정답 문항을 통해 배점을 차등화할 수도 있다. 가령 '정답을 두 개 고르면?' 혹은 '모두 고르면?'이라는 발문을 지닌 문항에서 해당되는 정답을 모두 고른 학생에게는 최고점을 주고, 일부만을 고른 학생에게는 차점을 부여하며, 정답을 하나도 택하지 못한 학생에게는 점수를 주지 않는 것이다. 이러한 방식 역시 학생들의 이해 정도를 평가 결과에 반영할 수 있는 방안이다.

사례 2

윗글의 내용과 일치하는 것을 <u>모두</u> 고르면?

① 기술 문명은 '빠름'을 위해 지속적으로 발전하고 있다.
② 대부분의 문명의 이기들은 작업 속도를 빠르게 해 준다.
③ 현대인들은 바쁜 삶 속에서 많은 것을 잃어버리게 되었다.
④ 현대인들은 휴가에서 여행의 참된 즐거움과 여유를 찾는다.
⑤ 속성의 시대에서 기다림의 설렘과 즐거움은 무시되고 있다.

[사례 2]의 문항은 지문 내용에서 사실적 정보를 확인하는 능력을 측정하는 데 목적이 있다. 이 문항에서 정답이 ①, ②, ③번 세 개의 선택지라고

가정해 보자. 이 경우 학습자의 응답을 바탕으로 정답을 찾은 개수에 따라 차등적으로 점수를 부여하여 이해에 대한 수준 차를 구별할 수 있다. 이러한 문항 유형은 복수의 답을 고른다는 측면에서 '합답형(合答型)'과 유사해 보인다. 그러나 합답형은 묶여 있는 선택지군 중 결국 '하나'를 선택하게 하는 문항이며, 어떻게 묶이느냐에 따라 정답의 단서를 제공하게 된다는 점에서 한계를 지닌다. 반면 복수 정답 설정은 추측이나 우연에 의해 정답을 맞힐 가능성을 낮추어 문항의 타당도를 높일 수 있으며, 난도 및 배점을 쉽게 조절할 수 있어(이정찬 외, 2019: 266), 합답형 문항의 대안으로서 가치가 있다. 이런 유형에서는 선택지의 개수를 반드시 다섯 개로 제한하지 않고 더 많은 수의 선택지를 제시할 수도 있을 것이다.

다만 복수 정답을 설정하는 방식은 수능과 같은 국가 수준의 대규모 시험에서는 시행되기 어렵다는 단점이 있다. 그러나 학교 단위에서 이루어지는 지필 평가에서는 학습자의 개별적 특성을 적극적으로 고려한다는 차원에서 충분히 시행해 볼 만하다. 오직 하나의 정답만을 선택하게 하는 것은 평가자와 학습자의 사고를 편협하게 만들 수 있다. 하나의 지문에는 다양한 정보들이 각기 다른 함량을 지닌 채 의지하고 공존한다. 그 정보들을 유연하게 활용하여 학습자의 읽기 능력을 보다 잘 확인할 수 있다는 점에서 복수 정답 문항은 의의가 있다.

(4) 풀이 과정에 대해 서술하기

앞에서 언급한 것처럼 선택형 평가는 능력에 상관없이 학습자가 정답을 고를 확률이 산술적으로 20~25%에 이른다. 또한 학습자들이 특정 선택지에 반응한 결과만을 알 수 있으며, 그 과정은 파악할 수 없다. 따라서 평가 결과를 토대로 학습 목표의 성취 여부를 확인하는 데 한계가 있다.

이러한 한계를 넘어서는 하나의 대안으로 선택형 평가와 서술형 평가를 연동시켜 문항을 제작하는 방안을 생각해 볼 수 있다. 이 방법은 선택형 평가의 장점과 서술형 평가의 장점을 동시에 취할 수 있는 것으로, 선택지를 고르는 것뿐만 아니라 그 이유까지 함께 서술할 것을 요구한다. 따라서 '선택 후 서술형' 혹은 '선택-서술 연계형', '선택-서술 복합형' 등으로 명명할 수 있겠다.

사례 3

윗글의 ⓐ~ⓔ 중 그 성격이 <u>다른</u> 것은?

① ⓐ 소설의 한 구절을 읽고 또 읽는 것
② ⓑ 멀리 사는 친구에게 편지를 쓰는 것
③ ⓒ 9박 10일간 유럽 12개국을 돌아보는 것
④ ⓓ 꽃이 핀 난초 화분을 사서 방에 두는 것
⑤ ⓔ 낙엽에 불을 붙이고 불길을 망연히 바라보는 것

– 답: (   )번
– 답이라고 생각한 이유: _____

[사례 3]은 선택지 중에 답을 고른 뒤 그 이유를 쓰도록 설계한 문항이다. 이 문항에서 정답인 선택지를 골랐으나 이유를 제대로 쓰지 못한 학습자에게 점수를 부여하지 않는다면, 우연히 답을 골라 점수를 받는 상황을 막을 수 있다. 또한 이러한 유형의 문항은 학습자들의 지문 이해 능력은 물론 논리성과 사고의 수준까지 측정할 수 있다.[2]

선택형 평가에서 특정 선택지를 답으로 고르는 것은 학습자가 자신의

....

2   이 문항 유형은 현재 오개념을 조사하는 용도로 활용되고 있기도 하다.

사고를 표현하는 일종의 주장 행위로 볼 수도 있다. 사고가 표현으로 이어지는 과정에는 합리적인 이유가 필요하며 그렇기에 논리성이 수반된다. [사례 3]은 정답 선택의 이유를 서술하게 하여 하나의 선택지를 정답으로 고르기까지 그 논리적 사고 과정을 확인할 수 있다. 학습자가 소위 '찍기'로 문항을 해결하는 것을 방지하고 논리적 능력을 측정할 수 있게 되는 것이다. 그리고 학습자의 반응의 결과만 알 뿐 그 동기나 사유, 절차나 과정을 알 수 없다는 선택형 평가의 한계를 어느 정도 극복할 수 있다.

사회 계열이나 과학 계열 과목에서 종종 활용되는 '순위(정렬) 선택형'도 이와 같은 유형의 일종으로 볼 수 있다.[3] 이러한 유형의 문항은 학습자의 이해 발달 수준과 관련되는 선택지로 구성되는데, 학습자가 선택한 답을 통해 문항이 묻고자 하는 내용의 이해 수준에 대한 정보를 얻을 수 있다는 장점이 있다. 이는 특히 개방형 반응을 허용하고자 하는 경우에 유용성이 크며, 특히 학생들이 지닌 오개념을 확인하는 용도로 매우 적절하다. 평가 결과는 당연히 피드백을 통해 교수·학습 국면으로 투입되는 것이 바람직하므로 이른바 과정 중심 평가의 한 방법으로서도 충분한 가치가 있다.

나아가 이러한 문항 유형은 필요에 따라 '읽기-쓰기'의 연계형이 아니라 '읽기-말하기'의 연계형으로도 제작할 수 있다. 다만 쓰기와 말하기의 경우 언어로 표현된 논리적 이해 능력이 아니라 표현 능력 그 자체에 치중하여 평가하면 읽기 능력을 측정한다는 본래의 취지에서 벗어나게 된다. 그러므로 문항에 대한 직접적인 답을 요구하는 일반적인 서술형 문항과는 달리 답을 선택한 이유에 초점을 맞춰 문항을 구성해야 한다. 아울러 언어활동의 다양한 실제를 문항 구성에 녹인다면 읽기의 확장을 통해 국어교육의 목적을

....

3   지리 과목의 경우는 양슬기(2016)를, 과학 과목의 경우는 맹승호 외(2014)를 참고할 수 있다. 이들 논문에서는 '순위 정렬 선다형', '순위 선다형'으로 명명하고 있으나, 이 책의 맥락에 따라 '순위(정렬) 선택형'으로 제시하였다.

달성하는 데 더욱 가까워지게 될 것이다.

이러한 선택·서술 연계 문항은 학습자가 정답지를 선택했을지라도 이유를 잘못 서술했다면 점수를 부여하지 않아야 그 취지를 살릴 수 있다. 또한 이러한 문항은 모든 문항에 적용할 수는 없고, 우연에 의한 정답을 반드시 막아야 하거나 사고 과정을 알고자 할 때, 그리고 오개념을 확인하고자 할 때와 같이 특별한 평가 목적과 필요에 따라 활용 가능한 제한적인 문항 유형으로 보아야 한다.

3) 남은 문제들

지금까지 선택형 평가의 한계를 보완할 몇 가지 대안을 살펴보았다. 그러나 이러한 대안들은 현재까지 국가 수준에서 시행된 국어과의 읽기 및 문학 평가에서 전면적으로 실행된 적이 없고 어느 정도 상상력이 포함된 대안이므로 평가론적 타당성을 확고하게 장담할 수는 없다. 이 대안들이 국어교육 평가론의 층위에서 타당성을 확보하기 위해서는 다음과 같은 과정이 필요하다.

첫째, 학교 현장에서 자발적으로 실행되어야 한다. 앞에서 제시한 대안들은 전대미문의 새로운 유형이 아니라 다른 교과에서 부분적으로 활용되고 있는 문항 유형이므로 실용성에 대해서는 크게 의심할 필요가 없다. 다만 국어과 평가에서는 일반적이지 않은 문항 유형이기 때문에 읽기 및 문학 평가의 국면에서 별도로 그 가치를 확인할 수 있어야 한다. 특히 평가 목적에 대한 적극적인 고려로 그 활용 여부를 결정할 필요가 있겠다.

둘째, 대안들에 대한 평가론적 검증이 뒤따라야 한다. 수능 작문 영역의 선택형 문항과 이를 기반으로 출제한 수행형 작문 문항의 점수를 비교한 연구에서 선택형 문항의 예언 확률이 그리 높지 않았다는 결과(장성민·민병곤, 2016)를 참고하면, 읽기나 문학 영역의 선택형 문항 또한 실제 능력을 온전하게 예측하지는 못할 것으로 보인다. 반면 앞에서 제시한 대안적 평가 문항은 현재 평가론의 커다란 흐름을 이루고 있는 과정 중심 평가(▶7강)에 매우 유용한 정보를 제공할 것으로 예상되며, 이러한 예상을 검증하는 연구가 뒷받침된다면 그 위상은 더욱 높아질 것이다.

14강

서술형 문항은 어떻게 구성되어야 하는가

정 교사: 맞춤법이 틀린 것이 있으면 감점해야 하는 거 아니에요? 그래도 명색이 서술형 국어 시험인데.

최 교사: 내용만 맞으면 그냥 맞게 합시다. 제대로 알고 있는 건 분명하잖아요? 맞춤법이야 우리도 신경 못 쓰다 보면 틀리기도 하는 건데요. 내용 전달에 크게 무리만 없으면 그냥 가죠.

정 교사: 아뇨, 내용이란 것도 결국 형식에 담기는 건데, 형식이 적절하지 않았다는 건 중요한 문제지요. 그럼, 한 문장으로 쓰라는 형식을 지키면 1점을 주는 것도 안 되는 거 아니에요? 두 문장으로 쓰나 세 문장으로 쓰나 내용만 맞으면 되는 거잖아요.

최 교사: 아니, 그건 문두에서 한 문장으로 쓰라고 했으니까 다른 거죠.

정 교사: 일일이 문두에서 맞춤법에 맞게 쓰라고 얘기할 순 없는 거고, 결국 형식과 내용으로 나누어 보면 전 맞춤법에 맞게 쓰는 거나 한 문장으로 쓰는 거나 거의 같은 수준 같아요. 우리가 원하는 내용을 형식에 맞춰 쓰라는 점에서.

최 교사: 아니, 그렇긴 한데요, 그렇다고 내용을 제대로 알고 있는 애들이 맞춤법 틀려서 0점 되는 거랑 애초에 아무것도 모르는 애들이 빈 답안지 내서 0점 받는 거랑 같게 되는데, 이게 공정해요?

정 교사: 내용이 형식보다 무조건 더 중요한 거예요? 무조건? 그럼 맞춤법 틀린 걸 건건이 잡아내는 대신 다 맞으면 통으로 1점 정도 주는 방식으로 조정할 수 있잖아요. 저는 형식이 1점 정도의 가치는 있다고 봐요.

박 교사: 잠시만요, 저는 국어 시험이니까 맞춤법은 중요하다곤 생각하는데요, 이게 3점짜리라 여기서 맞춤법까지 보고 점수를 빼 버리기엔 좀 빡빡하고요, 5점짜리 문항 정도에서 맞춤법을 보면 어때요?

국어과 평가에서 채점 기준을 작성하는 일은 객관성과 공정성을 기해야 하는 작업인 동시에, 각 문항에 부여한 점수에 대한 타당성을 확보해야 하는 작업이다. 이런 점에서 어떤 부분에 얼마나 배점을 줄 것인지 결정하는 과정은 일종의 타당성 확보 과정이라 할 수 있다. 서술형 문항은 다양한 답안을 타당하게 채점할 수 있는 기준이 마련될 때 비로소 서술형 문항으로서의 의의를 가진다. 서술형 문항은 무엇이며 어떻게 구성할 수 있는가?

1) 서술형 문항의 개념과 특성

서술형 문항은 학습자가 주어진 선택지 중 하나를 선택하는 문항이 아니라 주어진 조건에 부합하는 답안을 직접 구성하여 서술하도록 요구하는 문항이다. 미리 정해진 하나의 답을 전제로 하지 않고 학습자가 자신의 생각을 구성하여 쓰는 문항이라는 점이 특징이며, 따라서 학습자의 사고 내용과 사고 과정을 잘 드러낼 수 있도록 문항을 구조화하는 것이 중요하다(최미숙 외, 2015: 126). 서술형 문항은 답안의 규모 및 형태에 따라 다시 단답형과 서술형, 논술형 문항 등으로 나누어진다. 이 중 논술형 문항은 주어진 논제에 관해 논리적이고 주체적으로 사고하여 문제를 해결하는 과정을 서술하도록 요구하는 문항으로, 주장을 일관되고 완결된 구조로 조직해야 한다는 점에서 서술형 문항과 차이가 있으나, 넓게는 서술형 문항에 포함될 수 있다.

서술형 문항은 다음과 같은 특징을 지닌다. 첫째, 서술형 문항은 학습자로 하여금 논리적·주체적으로 사고하고 이를 언어화하도록 요구한다. 따라서 선택형 문항에 비해 발산적 사고를 평가하기에 적절하며, 학습자의 지력과 핵심 역량을 좀 더 통합적이고 총체적으로 평가할 수 있다. 둘째, 서술형 문항은 답안을 통해 학습자가 평가 요소와 관련하여 가지고 있는 앎의 양상을 보다 입체적으로 파악할 수 있다. 그렇기에 선택형 문항에 비해 과정 중심 평가를 하기에 용이한 측면이 있다.

최근 평가 혁신 정책 방향에 따라 일선 학교에서 서술형 문항의 출제 비율이 지속적으로 확대되고 있다. 그러나 출제와 채점에 소요되는 시간과 노력, 평가 결과의 공정성과 객관성에 대한 문제제기 등 학교에서는 여전히 서술형 문항 출제에 어려움을 호소하고 있다. 이에 다양한 유형의 서술형 평가 문항 사례를 보급하고 온라인 자동 채점 시스템을 개발·적용하는 등 국가 및 시도교육청 차원에서 지원 방안이 꾸준히 모색되고 있으나(노은희 외, 2015, 2016 등), 여전히 서술형 평가답지 못한 문항이 출제되거나 비교적 간편한 단답형 문항으로 대치되어 출제되는 경우가 많다.

다음으로는 서술형 평가다운 문항을 어떻게 출제할 것인가, 그리고 서술형 평가는 선택형 평가와 어떻게 조화롭게 역할을 분담을 할 수 있는가, 이 두 가지 문제를 주로 살펴볼 것이다.

2) 서술형 문항의 기본 구성 원리

(1) 서술형 문항은 서술형 문항다워야 한다

서술형 문항은 학습자가 직접 답안을 구성해야 하므로 태생적으로 발산적이다. 물론 문두와 조건에서 제시된 범위 안에서 작성하기 때문에 수렴적인 속성이 있기는 하다. 그러나 조건에 부합하는 답안을 학습자가 직접 구성한다는 점, 그리고 그 답안이 단 하나의 정답에 수렴되는 것이 아니라 과녁판과 같이 촘촘하게 짜인 채점 기준 안에서 다양하게 존재할 수 있다는 점, 그렇기에 답안이 채점 기준과의 정합 정도에 의거해 부분 점수를 받을 수도 있다는 점에서 발산적이다.

서술형 문항은 이러한 본질에 부합해야 한다. 따라서 [사례 1]과 같이 암기, 회상, 재인 등 낮은 수준의 사고를 요구하는 문항이나, [사례 2]와 같이 〈자료〉의 내용을 그대로 옮기기만을 요구하는 문항은 학생의 발산적 사고를 촉진하거나 평가하는 문항으로 적합하지 않으며 난도 역시 쉬운 경우가 많다.

사례 1 　　　　　　　　　　　　2008년 국가 수준 학업성취도 평가 중학교 3학년 국어

【수행평가 10】〈자료〉는 언어의 일반적 특성에 관한 학생의 메모이다. 물음에 답하시오. [2점]

┌─────────────── 〈 자료 〉 ───────────────┐

• 시간의 흐름에 따라 언어가 변하는 성질을 일러 (　　㉠　　)(이)라고 한다.

[예]

가. 새롭게 생겨난 경우: 인터넷, 블로그

나. (　　㉡　　): 온(100), 즈믄(1,000)

다. 뜻이 바뀌는 경우: 어리다(어리석다 → 나이가 적다)

└──────────────────────────────────────┘

(1) ㉠에 적절한 언어의 일반적인 특성을 쓰시오.

: _____

(2) ㉡에 들어갈 적절한 말을 쓰시오.

: _____

사례 2

2017년 국가 수준 학업성취도 평가 중학교 3학년 국어

【서답형 2】〈자료〉는 보고서를 작성하기 위해 정리한 내용이다. 이를 바탕으로 ㉠, ㉡을 〈조건〉에 맞게 쓰시오.

〈 자료 〉

1. 설문 조사 목적: 우리 학교 학생들의 기부 참여에 대한 생각과 기부 경험에 대해 알아보고자 함.
2. 설문 조사 대상: 우리 학교 학생 300명
3. 설문 조사 결과

[그림 1] 기부에 대한 관심 및 경험 유무

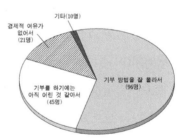

[그림 2] 기부 경험이 없는 이유
(설문 조사 대상: [그림 1]의 [A])

4. 설문 조사 결과 분석

우리 학교 학생 300명 중 기부에 대한 (㉠)은/는 있으나 실제로는 기부한 경험이 없다고 응답한 학생들이 가장 많았다. 그들이 기부를 하지 못한 가장 큰 이유는 (㉡)이다.

• ㉠, ㉡은 〈자료〉에서 찾아 그대로 쓸 것.

㉠: _____

㉡: _____

또한 [사례 3]과 같이 〈보기〉 중 조건에 부합하는 것을 한두 개 골라 쓰도록 하는 문항도 실제로는 선택형 문항과 거의 유사한 형태로 볼 수 있다.

사례 3 2010년 국가 수준 학업성취도 평가 중학교 3학년 국어

【서답형 3】〈개요〉와 〈자료〉를 읽고 물음에 답하시오. [4점]

─────────── 〈 개요 〉 ───────────

서론   태권도에 대한 세계인의 관심 저하

본론   1. 태권도 세계화의 현황

　　　　2. 태권도 세계화의 부진 원인

　　　　　　(1) 박진감을 부족하게 만드는 경기 규칙

　　　　　　(2) 모호한 경기 규칙으로 인한 잦은 판정 시비

　　　　　　(3) 현지 전문가의 부족

　　　　　　(4) 국제적 홍보 부재

　　　　3. 태권도 세계화의 방향

　　　　　　(1) 경기 내적 측면

　　　　　　　　－ _____㉠_____

　　　　　　(2) 경기 외적 측면

　　　　　　　　－ 현지 전문가 양성과 국제적 홍보를 위한 프로그램 개발

결론   태권도 세계화를 위한 적극적인 노력 필요

(가) 태권도 경기를 한 번도 관람한 적이 없는 외국인 수를 조사한 설문 결과

(나) 태권도를 가르칠 수 있는 사범이 없어서 배우지 못하고 있다는 외국 학생
   의 인터뷰

(다) 태권도 공원을 조성하여 시민들의 쉼터로 활용하겠다는 국내 자치 단체장
   후보자의 선거 공약

(라) 태권도를 방과후학교 프로그램으로 채택한 국내 ○○ 지역의 학교 현황이
   보도된 신문 기사

(마) 외국어로 된 태권도 교육 사이트를 개설하여 원격 교육을 실시하기로 했
   다는 태권도협회의 보도 자료

(1) 〈개요〉를 바탕으로 글을 쓸 때, 자료로 활용하기에 적절하지 않은 것을 〈자료〉의
   (가)~(마)에서 두 개 골라 기호를 쓰시오. [2점]

   (   ), (   )

   본질적으로 서술형 문항은 학습자의 학습에 대한 정보를 보다 구체적으
로 수집할 수 있다는 점에서 교수학적 의의가 있다. 그러므로 이러한 의의를
살려 학생의 사고 및 문제 해결 과정을 구체적으로 확인할 수 있는 서술형 문
항을 구성해야 한다. 무엇보다 이는 성취기준이나 평가 요소의 해석과 관련
이 있다. 예를 들어 [사례 1]의 평가 요소가 언어의 본질, 그중에서도 '역사
성'이라는 특징을 이해하는 것이라면, 다음과 같은 질문을 던져 볼 수 있다.
첫째, 해당 성취기준을 통해 평가자가 학습자에게 기대하는 것이 '언어가
변화한다'는 점을 아는 것인가, '언어의 역사성'이라는 용어를 아는 것인가?
둘째, 만약 전자라면 학습자가 언어가 변화한다는 것을 알고 있는지 확인하
기 위해 어떻게 물어야 하는가? 이런 질문에 답을 해 보면 [사례 1]은 언어

가 변화하는 구체적 유형과 사례를 적시하고 있다는 점에서 의미가 있지만 학생이 '언어의 역사성'이라는 용어를 명확히 기억하기를 요구하며 그 외 다른 답안은 정답으로 인정되기 어렵다는 점에서 아쉬움이 남는다.

그렇다면 평가 요소와 관련하여 학습자의 현재 앎의 상태가 어떠한지 구체적으로 확인할 수 있는 서술형 문항이란 어떤 형태를 취하는가? 우선 사고 과정이 드러나도록 구조화하거나 이를 추론할 수 있도록 조건화한 문항을 설계해야 한다. 이는 일차적으로 학습자에게 요구하는 답안의 규모와 관련이 있다. 보통 학습자가 구성하는 답안의 규모가 클수록 답안을 통해 학습자의 사고 과정을 예측할 수 있는 가능성이 높아진다.

사례 4 2015년 국가 수준 학업성취도 평가 중학교 3학년 국어

【서답형 6】〈자료〉는 ○○중학교 방과후학교 기타반 학생들이 실시한 만족도 조사 내용이다. 〈자료〉를 활용하여 〈건의문〉을 쓸 때 ㉠의 내용을 〈조건〉에 맞게 채워 쓰시오.

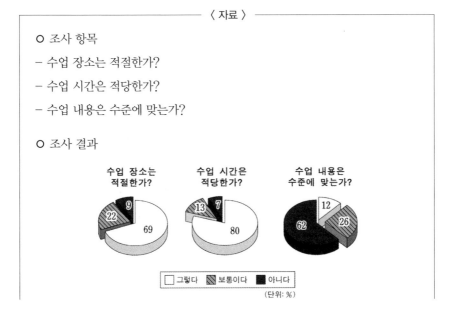

14강 서술형 문항은 어떻게 구성되어야 하는가 **385**

○ 학생 인터뷰

- "음악실에서 수업을 하니까, 마음껏 크게 연습할 수 있어서 좋아요."

- "저는 기타를 처음 치는데, 이미 배운 학생들이 있어서 따라가기 힘들어요."

- "제 친구도 기타를 배우고 싶어 하는데 초급반이 따로 있으면 참여하겠대요."

- "너무 기초부터 가르쳐 줘서 재미없어요. 제 수준에 맞는 중급반이 개설되면 더 열심히 참여할 텐데."

건의문

안녕하세요? 우리 학교의 발전을 위해 애써 주시는 교장 선생님께 감사드립니다.

지난달 방과후학교 기타반에 대한 만족도를 조사하였습니다. 이를 바탕으로 건의드리고자 합니다.

수업 장소와 수업 시간 등에 대해서도 건의드릴 내용이 있습니다만, 가장 시급한 문제는 다음과 같습니다.

현재 방과후학교 기타반 수업은 (_____ ㉠ _____)

지금까지 저희들의 건의문을 읽어 주셔서 감사합니다.
저희들의 의견을 긍정적으로 검토해 주시기를 부탁드립니다.

감사합니다.

-2015년 ○월 ○일 방과후학교 기타반 학생 일동-

〈 조건 〉

1. '문제 상황, 요구 사항, 기대 효과'의 순서로 각각 한 문장씩 작성할 것.

2. 제시된 접속어를 사용하여, 앞뒤 문맥에 맞게 작성할 것.

㉠ : _____.

그러므로 _____.

그러면 _____.

[사례 4]의 〈조건〉을 보면 학습자는 답안으로 총 세 문장을 작성해야 한다. 이는 비교적 큰 규모의 답안을 요구하는 문항이다. 이 문항을 통해 평가자는 학습자가 문제 상황, 요구 사항, 기대 효과를 각기 제대로 파악하고 하나의 과정으로 이해할 수 있는지, 또는 어느 지점에서 어려움을 겪는지 확인할 수 있다. 또한 학습자가 작성하는 각 문장마다 배점을 다르게 함으로써 사고의 결과뿐만 아니라 중간 과정도 점수를 줄 수 있다는 장점이 있다.[1]

사례 5

2016년 국가 수준 학업성취도 평가 고등학교 2학년 국어

【서답형 6】 〈자료〉는 윗글을 읽은 학생이 작성한 비평문의 일부이다. 〈조건〉에 맞게 글을 완성하시오.

―――――――― 〈 자료 〉 ――――――――

이 작품에서 작가는 고향에 대한 ㉮정서를 드러내기 위해 적절한 ㉯소재를 선택하고, 그것을 ㉰감각적 이미지를 활용하여 표현하였다. [A]에서 작가는 ＿＿＿

＿＿＿＿＿＿＿＿＿＿＿＿＿＿＿＿＿＿＿＿＿＿＿＿＿＿＿＿＿＿＿＿＿＿＿＿

＿＿＿＿＿＿＿＿＿＿＿＿＿＿＿＿＿＿＿＿＿＿＿＿＿＿＿＿＿＿＿＿＿＿＿.

―――――――― 〈 조건 〉 ――――――――

1. ㉮, ㉯, ㉰에 해당하는 내용을 포함하여 한 문장으로 쓸 것.
2. ㉯는 윗글의 [A]에서 찾을 것.

[사례 5] 역시 학습자가 문항을 해결해 나가는 사고 과정을 나누어 평가할 수 있도록 설계되어 있다. 이 문항은 작품의 정서를 어떠한 소재를 활용해

....

1   이처럼 연쇄적인 사고 과정을 확인하는 문항에서는 학습자가 과정의 첫 단계에서 잘못된 인식을 하면 이어지는 과정도 잘못될 가능성이 크다. 따라서 부분 점수를 주는 의미를 살릴 수 있도록 적절한 장치를 모색할 필요가 있다.

어떻게 감각적으로 표현했는지 구조화하여 제시함으로써, 학습자의 작품 분석 능력에 대한 구체적인 정보를 파악할 수 있게 하였다.

이처럼 학습자의 사고 과정을 추론할 수 있도록 문항을 설계한다는 것은 결국 문항을 어떻게 유의미하게 구조화할 것인가의 문제와 연결되며, 이는 보통 〈조건〉의 형태로 명세화된다. 즉, 일반적으로 문항을 하위 문항으로 쪼개거나 〈조건〉으로 반응을 정교하게 제한하는 방식을 통해 학습자의 문제 해결 과정을 구체적으로 들여다보고 어려움을 겪는 부분을 확인할 수 있다.

또한 이렇게 사고의 과정을 추론할 수 있도록 문항을 구조화하는 데서 그치는 것이 아니라, 그러한 사고 과정에 따라 부분 점수를 체계적으로 받을 수 있는 문항을 설계해야 한다. 예를 들어 5점짜리 문항이라면 5점, 4점, 3점, 2점, 1점, 0점과 같이 다양한 부분 점수가 고르게 나올 수 있도록 문항을 구성할 필요가 있다. 어떠한 과정 혹은 부분에 점수를 부여할 것인가는 이어지는 3절에서 자세히 다룰 것이다.

생각해 볼 문제

반응 제한형 서술형 문항을 구성할 때 유의할 점은 무엇인가?

사고의 과정을 추론할 수 있으면서도 채점 가능한 형태로 반응을 제한하여 문항을 만들다 보면, 〈조건〉이나 〈자료〉에 과다한 정보를 제공하기 쉽다. 〈조건〉 자체가 답안의 실마리가 되거나 〈자료〉에서 답을 거의 찾을 수 있는 등 서술형 문항으로서의 특징을 잃어버리게 될 수 있다.

> **【서답형 5】** 〈자료〉는 윗글을 읽은 학생들이 참여한 학급 누리집 대화방의 일부이다. 다음 물음에 답하시오.

〈 자료 〉

미정 영수는 못 온다고 했으니까, 이제 시작하자. 국어 수행평가 어떻게 하면 좋을까? 나는 각자 작품의 인상적인 내용을 쓰고 이걸 바탕으로 감상문을 쓰면 좋겠어.

진영 좋아! 그 내용이 왜 인상적인지도 같이 쓰면 좋을 것 같아.

> 영수 님이 입장하였습니다.

하온 어? 너 멀리 할아버지 댁에 간다더니 여기 어떻게 들어왔어?

영수 응. 직접 모여서 하는 거라면 참여 못했을 텐데, 인터넷 글쓰기는 ［ ㉠ ］는 점이 참 편리해.

재하 영수야! 깜놀이다. 일단 환영해. 취존할 테니까 말해 봐.

지성 깜놀? 깜짝 놀란다는 뜻은 알겠고, 취존은 취향 존중이란 뜻이야? 여기는 과제를 해결하기 위한 대화방인데 그런 말 써도 되니?

인호 맞아. 재하가 한 말은 지금처럼 공식적인 상황에서는 적절하지 않은 것 같아. 이런 대화방에서는 언어 사용에 주의하는 것이 좋겠어.

(1) '하온'과 '영수'의 말을 참고하여, ㉠에 들어갈 인터넷 글쓰기의 특성을 한 문장으로 쓰시오.

㉠ : _____

(2) '지성'과 '인호'의 말을 참고하여, '재하'가 쓴 말의 문제점을 지적하고 그 말이 부적절한 이유를 쓰시오.

• 문제점 : _____

• 부적절한 이유 : _____

위 문항은 문제점과 이유를 파악하여 작성하게 함으로써 학습자의 사고를 확인할 수 있다. 그러나 '공식적 상황에 어울리지 않아서'라는 부적절한 이유가 자료에 직접 드러나 있으므로 문제 상황을 파악하고 그 이유를 사고하게 하는 서술형 문항의 의도에 부합하지 못한다는 아쉬움이 있다.

2017년 국가 수준 학업성취도 평가 고등학교 2학년 국어

(2) 문항은 채점 기준과 논리적으로 대응되어야 한다

서술형 문항은 채점 기준과 세트를 이루어 존재한다. 채점 기준의 배점 요인은 문항의 문두나 〈조건〉에 명시되어야 하므로, 서술형 문항과 채점 기준은 동시에 개발되어야 한다. 배점 요인이 아닌데 〈조건〉으로 제시되거나 배점 요인임에도 〈조건〉으로 제시되지 않는 경우가 생기지 않도록 문항 개발 과정에서 문항과 채점 기준을 견주고 면밀하게 검토하는 과정이 필요하다. 다시 말해 배점 요인이 문두 및 〈조건〉에 명시적으로 제시되어 있는지, 문두 및 〈조건〉이 배점 요인 외에 다른 요인을 제시하지는 않는지 조회하고 이 둘이 논리적으로 대응되도록 구성해야 한다. 그러나 평가를 실제로 시행하기 전에 학습자의 모든 반응을 예측하기는 어렵기 때문에 원칙적으로 가채점을 해본 뒤 문항을 수정하거나 배점 요인 및 배점을 정교화하는 것이 바람직하다.

(3) 단순한 글 솜씨로 현혹될 수 있는 문항이어서는 안 된다

서술형 문항의 답안은 지문과 자료의 내용을 토대로 주어진 조건에 맞게 내용을 구성하여 작성하는 문항으로, 학습자의 일상적 작문 실력이 평가에 가급적 적게 개입되어야 한다. 즉 평가의 핵심은 문제를 해결해 나가는 학습자의 사고 과정이므로, 작문 실력이 아닌 이러한 사고 과정을 드러냄으로써 점수를 받을 수 있도록 문항을 체계적으로 구조화해야 한다.

3) 서술형 문항 구성의 백미(白眉): 채점 기준 작성

서술형 문항 구성의 백미는 바로 채점 기준을 작성하는 것이다. 채점 기준은 논리적이고 간명해야 한다. 우선 채점 기준이 논리적이라는 것은 배점 요인의 설정 및 각 요인에 대한 배점이 타당하다는 것을 의미한다. 이런 점에서 채점 기준은 무엇이 점수를 받을 만한가에 관한 출제자의 교육관이 반영된 결과물이기도 하며, 따라서 타당성과 합리성을 따질 수 있는 대상이 된다. 또한 채점 기준이 간명하다는 것은 채점을 손쉽게 진행할 수 있을 만큼 명확하다는 것을 뜻한다. 채점 기준 자체가 복잡하게 구조화되어 있어서 이해하는 데 상당한 시간이 소요되고, 그 결과 채점에 많은 시간과 노력이 따른다면 서술형 평가 실행에 걸림돌이 될 것이다. 이제 채점 기준 작성 방식에 대해 구체적으로 살펴보자.

(1) 채점 기준은 모범답안 또는 예시답안에 선행한다

서술형 문항에서는 정답이 아닌 모범답안 또는 예시답안이라는 표현을 사용한다. 이는 유일하게 인정되는 정답이 있는 것이 아니라 채점 기준상 만점에 부합하는 모범적인 예시만 존재할 수 있는 서술형 문항의 특성에서 비롯된다. 따라서 채점 기준의 만점 조건을 '예시답안과 유사하게 작성한 경우'와 같이 기술하는 것은 적절하지 않다. 모범답안은 말 그대로 만점 조건에 부합하는 하나의 모범적인 사례일 뿐이다. 채점 기준은 그 자체로 학습자의 답안을 채점하는 기준이어야 한다. 따라서 배점 요인들을 체계적으로 제시하는 채점 기준이 모범답안·예시답안에 선행하는 평가 기준이다.

(2) 배점 요인과 그에 해당하는 배점이 명시되어야 한다

이는 채점 기준 작성의 기본 원칙이다. 형식적·내용적 배점 요인과 배점이 명시되어야 부분 점수를 받을 수 있는 모든 경우의 수가 논리적으로 산출되며, 채점 기준을 적용할 때 무리가 없다.

앞서 서술형 문항의 구성 원리에서 확인했듯이, 채점 기준상의 배점 요인은 문항 개발과 긴밀하게 연관되어 있다. 따라서 배점 요인은 서술형 문항을 개발할 때 동시에 구성되어야 하며, 문두나 〈조건〉에 명시되어야 한다. 그러나 아무리 정교하게 채점 기준을 세워도 실제 평가를 거치고 나면 배점 요인을 보다 상세화해야 하는 경우가 발생한다. 그렇기 때문에 원칙적으로 채점 기준은 평가가 실행된 이후 가채점을 통해 정교하게 재조정되어야 하며, 이렇게 상세화된 채점 기준으로 본격적인 채점을 진행해야 한다.

또한 채점 기준을 작성할 때 명시적인 배점 요인 외에 별도의 감점 요인을 추가로 두는 것은 되도록 지양해야 한다. 어떤 요인이 감점 대상이 된다는 것은, 뒤집어 말하면 결국 해당 요인이 배점 요인이 될 수 있다는 의미이다. 그러므로 유의미한 감점 요인이 있다면 이를 배점 요인으로 명시하는 것이 논리적이다. 나아가 별도의 감점 요인을 둘 경우, 채점 과정이 복잡해지고 0점과 -1점이 결국 둘 다 0점 처리되는 불공정한 상황이 발생할 수 있다.

사례 6   2016년 국가 수준 학업성취도 평가 고등학교 2학년 국어

【서답형 5】 윗글을 읽은 후, 미술 동아리 부원을 모집하는 홍보 문구를 작성하려 한다. 〈조건〉에 따라 서술하시오.

───────── 〈 조건 〉 ─────────
1. [A]에서 대조되는 의미를 가진 두 단어를 찾아 사용할 것.
2. 직유법을 사용할 것.
3. 동아리 가입을 권유하는 의미를 담아 청유형 문장으로 작성할 것.

[사례 6]에서 주어진 〈조건〉에 따라 배점을 받을 수 있는 항목을 모두 추출해 보면, ① 대조되는 두 단어를 모두 찾아 쓴 경우, ② 직유법을 사용한 경우, ③ 동아리 가입을 권유하는 의미를 담을 경우, ④ 청유형 문장을 사용한 경우이다. 각각의 항목에 1점씩 배당하여 총 4점짜리 문항으로 설계하고, 학습자의 답안에서 충족하는 항목의 개수만큼 〈조건〉에 제시된 세 가지 조건에 대해 각각 1점씩 부여할 수 있다. 다만, 표면적으로 〈조건〉이 3개라는 점에서 이러한 배점 요인이 학생들에게 명시적으로 고지되지 못할 가능성이 있다.

한편 항목별로 배점을 하였더라도 동일한 점수를 배당하는 것이 타당한지 검토할 필요가 있다. 예를 들면 ③번 항목이 이 문항의 핵심적인 평가 요소라면 다른 항목보다 더 많은 점수를 주는 방식으로 채점 기준을 작성할 수 있다.

또한 〈조건〉에 명시된 배점 요인 항목 외에 별도의 감점 요인을 둔다면 어떻게 될까? 예컨대 '맞춤법에 어긋난 부분이 있으면 1점 감점'과 같은 별도의 감점 요인을 둘 경우, 맞춤법도 어긋나고 모든 배점 항목에서 점수를 받지 못한 경우와, 1점의 부분 점수를 받았으나 맞춤법에 어긋나 별도로 감점을 받은 경우가 동일하게 0점으로 처리되는 문제가 생긴다. 그러므로 맞춤법이 명백히 배점을 받을 만한 항목이라고 판단되는 경우, 이를 배점 요인으로 설정하여 채점 기준을 짜고 〈조건〉에 명시하는 것이 타당하다.

(3) 배점 요인에 대한 교육적·논리적 타당성을 숙고해야 한다

엄밀히 말해 모든 문항에 적용할 수 있는 절대적인 배점 요인은 없으며, 중요한 것은 결국 배점 요인의 교육적·논리적 타당성이다. 이는 교사 개인의 판단이 아니라 채점자 간 충분한 숙의 과정을 통해 확보될 수 있다. 채점

과정에서 채점자들이 평가와 관련한 학습자들의 질문에 설득력 있는 논리로 답할 수 있도록 어떤 요인에 얼마 정도의 점수를 부여할 것인가를 논의하는 것이 중요하다.

이런 점에서 채점 기준을 공개한다는 것은 평가의 공정성을 확보하려는 목적 외에도 여러 함의를 지니고 있다. 예를 들어 특정 평가 요소에 왜 이 정도의 점수를 주는지에 대한 평가자의 판단을 공유한다는 의미, 그에 대해 합리적 수준의 질문이 있을 경우 언제든 설득적 대화를 시도하겠다는 의미, 그러한 대화 과정에서 평가자의 판단에 부족함이 발견될 경우 이를 얼마든지 수정할 수 있다는 의미를 지닌다. 국가 수준의 평가를 비롯해 시·도 교육청, 단위 학교 수준의 평가에서 이의 제기 절차를 평가의 기본 절차로 두는 이유도 이러한 공동의 이해에 입각해 있다.[2]

다음은 [사례 6]에 대한 가상의 채점 기준이다. 이를 통해 서술형 문항 구성과 채점 기준에 대해 더 자세히 탐색해 보자.

모범답안: 수직선과 수평선이 만나듯 우리도 미술반에서 만나 즐겁게 활동해 보자.

[채점 기준]

다음 표의 세부 내용에 따라 점수를 차등적으로 부여한다.

점수	세부 내용
4점	아래 내용 조건과 형식 조건(각 1점)을 모두 만족시킨 경우 – 내용 조건 ⓐ: '수직선'과 '수평선'을 모두 찾아 쓴 경우 – 내용 조건 ⓑ: 동아리 가입을 권유하는 의미의 문장을 쓴 경우 – 형식 조건 ⓐ: 직유법을 사용한 경우 – 형식 조건 ⓑ: 청유형 문장을 사용한 경우 [유의할 점] – 맞춤법과 띄어쓰기는 고려하지 않음
3점	내용 조건 ⓐ, ⓑ와 형식 조건 ⓐ, ⓑ 중 어느 한 가지를 만족시키지 못했을 경우
2점	내용 조건 ⓐ, ⓑ와 형식 조건 ⓐ, ⓑ 중 어느 두 가지를 만족시키지 못했을 경우
1점	내용 조건 ⓐ, ⓑ와 형식 조건 ⓐ, ⓑ 중 어느 세 가지를 만족시키지 못했을 경우
0점	그 밖의 경우

이 채점 기준은 일견 상당히 구조적이고 명료하게 보인다. 그러나 다음 질문들을 던져 가며 여러 가지 측면에서 채점 기준을 더 상세화해 볼 수 있다.

1. 이 채점 기준은 명료한가? 별도의 문장 조건이 주어지지 않았으므로, 한 문장이 아닌 두세 문장으로 답안을 작성해도 되는가?

2. 한 문장 이상으로 답안을 작성해야 한다면 내용 조건 ⓐ와 형식 조건 ⓐ, 내용 조건 ⓑ와 형식 조건 ⓑ는 같은 문장에서 만족되어야 하는가? 혹은 각기 다른 문장에서 실현되어도 되는가?

3. 내용 조건 ⓑ에 대하여 반드시 '미술반'이 언급되어야 하는가? 혹은 '미술반'으로 특정되지 않아도 되는가?

4. 형식 조건 ⓑ에서 청유문만 허용되는가? 혹은 청유의 기능을 하는 다른 문장 형식도 되는가?

5. 내용 조건 ⓐ, 형식 조건 ⓐ, ⓑ를 모두 만족해도 내용 조건 ⓑ가 만족되지 않아 문장의 의미가 모호한 답안은 어떻게 채점할 것인가?

채점 기준은 공정하고 객관적인 동시에 빠르게 채점할 수 있는 도구가 되어야 한다. 그러므로 각각의 내용 조건 또는 형식 조건 아래에 이 조건을 적용하는 방식 및 유의점을 명시하는 등 답으로 처리할 것과 그렇지 않아야 할 것들을 가급적 명징하게 제시해야 한다. 그래야 부분 점수를 받을 수 있는 여러 가지 경우의 수를 체계적으로 도출해 낼 수 있다. 따라서 번거롭더라도 3점, 2점, 1점을 받을 수 있는 모든 경우의 수를 나열해 보고, 각각의 경우에 해당하는 답안 예시를 작성해 보아야 한다. 이 과정에서 배점 항목이나 부분 점수 설계의 타당성 등이 온전히 점검될 수 있다.

4) 서술형 문항 구성과 선택형 문항의 역할 분담

최근 시·도 교육청 수준의 평가 혁신 정책에 따르면, 지필 평가 내 서술형 문항의 비율은 증가하고 있다. 이때 "어떤 성취기준을 서술형 문항으로 출제할 것인가?"라는 현실적인 물음이 제기된다. 사실 이 질문에 대해 정해진 답은 없다. 문항의 질적 수준이나 출제의 수월성 등을 논외로 하면, 원칙적으로 어떤 성취기준이든 서술형 문항으로 출제될 수 있다. 이는 반대로 어떤 성취기준이든 선택형 문항으로 출제될 수 있다는 것을 의미하기도 한다.[3]

....

3   물론 내용 영역이나 성취기준별 속성에 따라 특정 평가 유형에 대한 선호도가 갈릴 수 있다. 첫째, 지식이나 기능과 관련된 성취기준보다 태도와 관련된 성취기준이 객관적 기준에 의한 가시적 성과를 특정하기 어렵다. 따라서 태도와 관련된 성취기준은 평가 대상에서 제외되거나, 그러한 태도로 나아가기 위해 필요한 기반 지식이나 기능에 대한 부분적 평가로 대체되는 경우가 많다. 둘째, 쓰기나 말하기 등 표현 능력에 대한 평가는 실제 수행 양상을 통해 표현 능력이 가시화될 수 있고 그 수준을 평가할 수 있으므로, 선택형 평가보다 서술형 평가가 상대적으로 더 부합한다. 다만 서술형 평가 역시 지필 평가에 해당하고 표현 능력에 대한 온전한 평가는 정교하게 설계된 수행 평가를 통해 이루어질 수 있다는 점에서 제한된 분량의 답안을 요구하는 서술형 평가의 한계 또한 명확하다.

결국 어떤 성취기준에 적합한 문항 형태를 고민하는 것이 아니라, 평가 요소를 제대로 측정할 수 있는 문항 형태를 선정하고 그 형태의 본질에 맞게 문항을 구성하는 것이 더 중요하다. 즉 성취기준에서 요구하는 도달점을 어떻게 해석할지, 그렇게 해석한 역량을 충분히 평가하려면 어떠한 형태로 어떻게 문항을 구성할지를 중심에 두고 문항을 설계해야 한다. 지금까지 이 장에서 논의한, 서술형 문항을 서술형 문항답게 구성하는 것이 더 주요한 과제인 셈이다.

2017~2018년 실시된 국가 수준 학업성취도 평가에서 공개한 서술형 문항의 성취기준을 살펴보면 이러한 점을 잘 확인할 수 있다.

[표 14-1] 국가 수준 학업성취도 평가 중3과 고2 서술형 문항 평가 내용(2017~2018년)

학년	영역	중영역	평가 내용	'17	'18
중3	듣말	정보전달의 의사소통	강연을 들으며 중요한 내용 요약하기	○	
		설득의 의사소통	토의에서 쟁점 파악하여 의견 조정하기		○
	쓰기	정보전달을 위한 글쓰기	보고서에서 설문 조사에 대한 결과 분석하기	○	
			절차와 결과가 드러나게 보고하는 글쓰기		○
		설득하는 글쓰기	지역사회에 대한 요구 파악하여 건의하는 글 쓰기	○	
			문제 해결 방안을 담아 건의하는 글 쓰기		○
	읽기	추론적 읽기	서로 다른 글의 관점과 내용 비교하기	○	
			읽기 목적에 따라 글의 내용 요약하기		○
	문법	단어	반의 관계 이해하고 적용하기	○	
			어휘의 의미관계 이해하기		○
	문학	문학의 생산	작품에 사용된 문학적 표현 방식 분석하기	○	
			문학적 표현방식 활용하여 자기 생각과 감정 표현하기		○

					○
고2	화법	추론적 의사소통	갈등 상황에서 자신의 의사소통 행위 점검하기		○
		비판적 의사소통	토론 담화의 타당성과 효과성 평가하기	○	
	작문	내용 조직	쓰기 과제의 요구·조건 고려해 주장하는 글 조직하기	○	
		표현과 고쳐쓰기	책임감 있게 인터넷 상에서 글 쓰기		○
	독서	평가와 감상	글을 읽고 사회적 문제의 해결 방향 제시하기	○	
			상황을 고려하여 독서 방법 선택하고 평가하기		○
	문법	국어의 변천	국어의 변천을 고려하여 과거 국어 자료 이해하기	○	
		국어 규범	한글맞춤법을 바탕으로 정확한 문자생활 실천하기		○
	문학	문학의 생산	작품의 갈등 상황을 형상화하기	○	
			문학을 통해 서로 다른 가치관에 대한 이해 심화하기		○

[표 14-1]은 2년이라는 기간에 국한된 자료이나, 중학교 3학년과 고등학교 2학년 모두 서술형 평가 문항의 성취기준(평가 내용)이 특정 내용 영역이나 중영역에 치우치지 않고 폭넓게 흩어져 있음을 알 수 있다. 다만 문학 영역을 보면 '문학의 생산' 중영역에서 서술형 문항이 지속적으로 출제되고 있는 경향이 나타난다. 이는 '문학의 생산' 중영역이 주어진 선택지 중 하나를 정답으로 결정해야 하는 선택형 문항보다 다소 열려 있고 다양한 답안을 수용할 수 있는 서술형 문항에 상대적으로 더 적합하다는 판단에 의한 결과로 볼 여지가 있다.

생각해 볼 문제

서술형 문항과 선택형 문항은 어떻게 역할 분담하는가?

다음은 2019년 국가 수준 학업성취도 평가 중학교 3학년 국어 문항 정보표이다.

문항 번호	대영역	중영역	평가 내용
1	듣·말	정보 전달의 의사소통	공식적인 상황에서 상대의 말을 정리하며 듣기
2	듣·말	친교와 정서 표현의 의사소통	대화의 상황과 맥락에 따라 공감하며 대화하기
3	듣·말	의사소통 지식	상황, 맥락, 메시지, 청자 등을 고려하여 듣고 말하기
4	듣·말	설득의 의사소통	토의에서 쟁점 파악하여 의견 조정하기
5	문학	문학의 수용	작품에 대한 서로 다른 해석의 관점과 방법 비교하기
6	문학	문학의 수용	화자의 개념을 활용하여 작품의 특징 이해하기
7	읽기	비판적 읽기	설명 방식의 특징 파악 및 적절성 평가하기
8	읽기	읽기 지식	질문을 생성하며 글 읽기
9	읽기	읽기 지식	설명문에 활용되는 다양한 설명 방식을 이해하기
10	문법	단어	어휘의 유형 이해하기
11	문학	문학의 수용	갈등의 진행과 해결 과정을 파악하며 작품 읽기
12	문학	문학의 수용	작품의 창작 의도와 소통 맥락을 고려하며 작품 수용하기
13	문학	문학의 수용	독자의 주체적인 관점에서 작품 평가하기
14	문법	언어생활	실제 언어생활과 관련지어 언어의 기능 이해하기
15	문학	문학 지식	문학적 표현 방식의 의미와 효과 이해하기
16	문학	문학의 수용	다양한 관점과 방법으로 근거를 들어 문학 작품 해석하기
17	문법	문장	문장 종결 방식에 따른 표현 효과 이해하기
18	문학	문학의 수용	화자의 개념을 활용하여 작품의 특징 이해하기
19	문학	문학의 수용	작품의 창작 의도와 소통 맥락 이해하기

20	문법	단어	품사별 특성을 알고 국어 자료에 적용하기
21	쓰기	쓰기 지식	주제, 목적, 독자를 고려하여 쓰기 계획 점검하기
22	읽기	사실적 읽기	주장하는 글의 논증 방식 파악하기
23	읽기	추론적 읽기	읽기 목적에 따라 글의 내용 요약하기
24	읽기	추론적 읽기	동일한 대상을 다룬 서로 다른 글을 읽고 관점의 차이 비교하기
25	읽기	비판적 읽기	주장과 근거의 타당성 평가하기
26	쓰기	쓰기 태도	쓰기 윤리를 준수하며 글쓰기
27	문학	문학의 생산	문학 작품에 담긴 일상 경험 파악하기
28	문학	문학의 수용	독자의 주체적인 관점에서 작품 평가하기
서답형1	듣·말	의사소통의 태도	언어폭력의 문제점을 알고 서로를 존중하는 언어 사용하기
서답형2	쓰기	정보 전달을 위한 글쓰기	절차와 결과가 드러나게 보고하는 글 쓰기
서답형3	읽기	추론적 읽기	설명하는 글의 구조를 활용하여 내용 재구성하기
서답형4	쓰기	설득하는 글쓰기	문제 해결 방안을 담아 건의하는 글 쓰기
서답형5	문법	음운	음운 변동의 규칙성 탐구하기
서답형6	문학	문학의 생산	다양한 문학적 표현 방식의 개념과 특징 알기

[참고] - 4번+서술형 1번 세트 문항

　　　 - 7번+8번+서술형 2번 세트 문항[지문: 실학자 이지함에 대한 인물평전]

　　　 - 9번+10번+서술형 3번 세트 문항[지문: 소비자의 청약철회권에 대한 설명문]

　　　 - 서술형 4번 단독 문항

　　　 - 서술형 5번 단독 문항

- 27번+28번+서술형 6번 세트 문항[지문: 안도현 수필 '나와 구두
  의 관계']

이 자료를 바탕으로 아래 질문을 던져 봄으로써 서술형 문항과 선택형 문항의 역할 분담 방식에 대해 더 생각해 보자.

- 선택형 문항과 서술형 평가의 비율은 어떠한가?
- 서술형 평가용 성취기준은 무엇인가?
- 세트 문항 내에서 선택형 문항과 서술형 문항의 성취기준 배분 양상은 어떠한가? 세트 문항 내에서 동일한 성취기준을 다른 문항 유형(선택형⇌서술형)으로 바꾸어도 무방한가?
- 서술형 평가 문항의 위치는 적절한가?

부록

국어과 선택형 문항 개발 실습

프로젝트 1: 문학

- 이 프로젝트의 목적은 한 세트의 문학 문항을 자유롭게 구성하는 것입니다.
- 중학교 혹은 고등학교 문학 영역의 성취기준이나 단원 학습 목표 중 하나 혹은 둘을 선택하여 서너 개 문항을 구성합니다. 서술형 문항 한 개를 포함시킬 수도 있습니다.
- 주어진 지문을 활용하여 절차에 따라 문항을 구성합니다. (지문의 문단 번호는 임의로 붙인 것입니다.)

[1] 오늘은 당신이 가르쳐 준 태백산맥 속의 소광리 소나무숲에서 이 엽서를 띄웁니다. ㉠아침 햇살에 빛나는 소나무 숲에 들어서니 당신이 사람보다 나무를 더 사랑하는 까닭을 알 것 같습니다. 200년, 300년, 더러는 500년의 풍상(風霜)을 겪은 소나무들이 골짜기에 가득합니다. 그 긴 세월을 온전히 바위 위에서 버티어 온 것에 이르러서는 차라리 경이였습니다. 바쁘게 뛰어다니는 우리와는 달리 오직 '신발 한 켤레의 토지'에 서서 이처럼 우람할 수 있다는 것이

충격이고 경이였습니다. ⓐ생각하면 소나무보다 훨씬 더 많은 것을 소비하면서도 무엇 하나 변변히 이루어 내지 못하고 있는 나에게 소광리의 솔숲은 마치 회초리를 들고 기다리는 엄한 스승 같았습니다.

② 어젯밤 별 한 개 쳐다볼 때마다 100원씩 내라던 당신의 말이 생각납니다. 오늘은 소나무 한 그루 만져 볼 때마다 돈을 내야겠지요. 사실 서울에서는 그보다 못한 것을 그보다 비싼 값을 치르며 살아가고 있다는 생각이 듭니다. 언젠가 경복궁 복원 공사 현장에 가 본 적이 있습니다. 일제가 파괴하고 변형한 조선 정궁의 기본 궁제(宮制)를 되찾는 일이 당연하다고 생각하였습니다. 그러나 막상 오늘 이곳 소광리 소나무 숲에 와서는 그러한 생각을 반성하게 됩니다. 경복궁의 복원에 소요되는 나무가 원목으로 200만 재, 11톤 트럭으로 500대라는 엄청난 양이라고 합니다. 소나무가 없어져 가고 있는 지금에 와서도 기어이 소나무로 복원한다는 것이 무리한 고집이라고 생각됩니다. 수많은 소나무들이 베어져 늪혀진 광경이라니 감히 상상할 수가 없습니다. 그것은 이를테면 고난에 찬 몇 백만 년의 세월을 잘라 내는 것이나 마찬가지입니다.

③ 우리가 생각 없이 잘라 내고 있는 것이 어찌 소나무만이겠습니까. 없어도 되는 물건을 만들기 위하여 없어서는 안 될 것들을 마구 잘라 내고 있는가 하면 아예 사람을 잘라 내는 일마저 서슴지 않는 것이 우리의 현실이기 때문입니다. 우리가 살고 있는 이 지구 위의 유일한 생산자는 식물이라던 당신의 말이 생각납니다. 동물은 완벽한 소비자입니다. 그중에서도 최대의 소비자가 바로 사람입니다. 사람들의 생산이란 고작 식물들이 만들어 놓은 것이나 땅속에 묻힌 것을 파내어 소비하는 것에 지나지 않습니다. 쌀로 밥을 짓는 일을 두고 밥의 생산이라고 할 수 없는 것이나 마찬가지입니다. 생산의 주체가 아니라 소비의 주체이며 급기야는 소비의 객체로 전락되고 있는 것이 바로 사람입니다. 자연을 오로지 생산의 요소로 규정하는 경제학의 폭력성이 이 소광리에서만큼 분명하게 부각되는 곳이 달리 없을 듯합니다.

④ 산판일을 하는 사람들은 큰 나무를 베어 낸 그루터기에 올라서지 않는 것이 불문율로 되어 있다고 합니다. 잘린 부분에서 올라오는 나무의 노기가 사람을 해치기 때문입니다. 어찌 노하는 것이 소나무뿐이겠습니까. 온 산천의 아우성이 들리는 듯합니다. 당신의 말처럼 소나무는 우리의 삶과 가장 가까운 자리

에서 우리와 함께 풍상을 겪어 온 혈육 같은 나무입니다. 사람이 태어나면 금줄에 솔가지를 꽂아 부정을 물리고 사람이 죽으면 소나무 관 속에 누워 솔밭에 묻히는 것이 우리의 일생이라 하였습니다. 그리고 그 무덤 속의 한을 달래 주는 것이 바로 은은한 솔바람입니다. 솔바람뿐만이 아니라 솔빛·솔향 등 어느 것 하나 우리의 정서 깊숙이 들어와 있지 않는 것이 없습니다. 더구나 소나무는 고절(高節)의 상징으로 우리의 정신을 지탱하는 기둥이 되고 있습니다. 금강송의 곧은 둥치에서뿐만 아니라 암석지의 굽고 뒤틀린 나무에서도 우리는 곧은 지조를 읽어 낼 줄 압니다. 오늘날의 상품 미학과는 전혀 다른 미학을 우리는 일찍부터 가꾸어 놓고 있었습니다.

⑤ ⓛ나는 문득 당신이 진정 사랑하는 것이 소나무가 아니라 소나무 같은 '사람'이라는 생각이 들었습니다. 메마른 땅을 지키고 있는 수많은 사람들이란 생각이 들었습니다. 문득 지금쯤 서울 거리의 자동차 속에 앉아 있을 당신을 생각했습니다. 그리고 외딴섬에 갇혀 목말라 하는 남산의 소나무들을 생각했습니다. 남산의 소나무가 이제는 더 이상 살아남기를 포기하고 자손들이나 기르겠다는 체념으로 무수한 솔방울을 달고 있다는 당신의 이야기는 우리를 슬프게 합니다. 더구나 그 솔방울들이 싹을 키울 땅마저 황폐해 버렸다는 사실이 우리를 더욱 암담하게 합니다. 그러나 그보다 더 무서운 것이 아카시아와 활엽수의 침습(侵襲)이라니 놀라지 않을 수 없습니다. 척박한 땅을 겨우겨우 가꾸어 놓으면 이내 다른 경쟁수들이 쳐들어와 소나무를 몰아내고 만다는 것입니다. 무한 경쟁의 비정한 논리가 뻗어 오지 않는 곳이 없습니다.

⑥ ⓑ나는 마치 꾸중 듣고 집 나오는 아이처럼 산을 나왔습니다. 솔방울 한 개를 주워들고 내려오면서 생각하였습니다. 거인에게 잡아먹힌 소년이 솔방울을 손에 쥐고 있었기 때문에 다시 소생했다는 신화를 생각하였습니다. 당신이 나무를 사랑한다면 솔방울도 사랑해야 합니다. 무수한 솔방울들의 끈질긴 저력을 신뢰해야 합니다.

-신영복, 「당신이 나무를 더 사랑하는 까닭」

■1단계: 지문의 특성 파악하기

(1) 문단별 표현과 내용

문단	표현과 내용
1문단	좁은 면적만을 차지한 채 긴 세월을 버텨 온 소나무를 (　　)에 비유하여 소비가 많은 자신의 삶을 반성함.
2문단	경복궁 복원 공사 현장을 보면서 가졌던 생각을 고쳐먹으면서, 소나무 그 자체를 소나무가 살아온 (　　)(으)로 치환하여 소나무를 잘라 내는 일의 (　　)을/를 강조함.
3문단	소나무를 잘라 내는 일을 지구에서 벌어지고 있는 사회 현상으로 일반화하여 적용하면서 자연에 대한 (　　)을/를 비판함.
4문단	소나무를 (　　)에 비유하면서 자연과의 공존을 도모하는 지혜와 거기에서 (　　)을/를 읽어 내는 안목을 예찬함.
5문단	경쟁수에 의해 희생되고 있는 (　　)의 생태에 빗대어 인간사에서 일어나고 있는 (　　)의 비정함을 비판함.
6문단	소나무로부터 질책을 들은 듯한 느낌을 받은 자신의 모습을 (　　)에 빗대면서 솔방울의 생명력을 예찬함.

(2) 전체적인 형식 및 글의 전개 과정상의 특성

전체적인 형식상의 특성	– 첫 문장에서 알 수 있듯이 특정 수신인을 염두에 둔 (　　) 형식을 취하고 있음. – 수신인을 '(　　)'(으)로 호칭하거나 지칭하고 있음. – 수신인인 '(　　)'의 말을 부분적으로 인용하고 있음. – 경어체를 사용하고 있음.
글의 전개 과정상의 특성	– ㉠과 관련하여 ㉡에서 생각의 전환이 일어나고 있음. – ⓐ와 ⓑ가 서로 호응하고 있음.

■ 2단계: 문항 구성하기

(1) 평가 요소 설정 및 문두 설계

문항 번호	평가 요소	문두 설계	문항 형식 (선택형/서술형)
1			
2			
3			
4			

(2) 문항 제작(별도 지면 활용)

■ 3단계: 문항 점검하기

점검 단위	체크 사항	점검 결과
세트	① 각 문항의 평가 요소들이 상호 보완적이면서도 상호 변별적으로 분포되어 있는가?	
	② 문제 해결의 난도나 문항 구성의 복잡도를 기준으로 문항이 골고루 분포되어 있는가?	
	③ 지문의 개성, 읽을 만한 가치를 드러내는 대표 문항이 포함되어 있는가?	
	④ 긍정 문두와 부정 문두를 사용한 문항들이 적절하게 균형을 이루고 있는가?	
	⑤ 성취기준에 따른 선택형 문항과 서술형 문항의 분배가 적절한가?	

점검 단위		체크 사항	점검 결과			
			1번 문항	2번 문항	3번 문항	4번 문항
문 항	내 용	① 문두에 평가 요소가 드러나 있는가? (불가피한 경우는 제외)				
		② 매력적인 오답이 포함되어 있는가?				
		③ 직관에 의한 정답지 선택이나 오답지 배제의 가능성이 없도록 모든 선택지가 유사한 층위에서 서술되어 있는가?				
		④ 〈보기〉를 활용한 경우) 〈보기〉는 지문과 엮어 읽기에 충분히 흥미롭고 정보량이 충분한가?				
	형 식	⑤ 선택지가 일정한 기준에 따라 차례대로 배열되어 있는가?				
		⑥ 모든 선택지가 비슷한 길이로 구성되어 있는가?				
		⑦ 〈보기〉를 활용한 경우) 〈보기〉만으로 정답지가 확정되지 않도록 선택지가 구성되어 있는가?				
		⑧ 〈보기〉를 활용한 경우) 〈보기〉의 정보를 고려하지 않고 지문만 으로도 정답이 확정되지 않도록 선택지가 구성되어 있는가?				
	표 현	⑨ 쉬운 말로 간결하게 서술되어 있는가?				
		⑩ 중의적이거나 애매한 표현 없이 뜻이 분명하게 서술되어 있는가?				
		⑪ (선택지가 문장 형태일 경우) 선택지 문장의 통사 구조가 비슷하게 구성되어 있는가?				
		⑫ 동시에 참이거나 거짓인 복수의 선택지가 포함되어 있지 않은가?				

■ **4단계: 점검표를 반영하여 문항 수정하기**(별도 지면 활용)

- 이 프로젝트의 목적은 한 세트의 읽기 문항을 자유롭게 구성하는 것입니다.
- 중학교 혹은 고등학교 읽기 영역의 성취기준이나 단원 학습 목표 중 하나 혹은 둘을 선택하여 서너 개의 문항을 구성합니다. 서술형 문항 한 개를 포함시킬 수도 있습니다.
- 주어진 지문을 활용하여 절차에 따라 문항을 구성합니다. (지문의 문단 번호는 임의로 붙인 것입니다.)

1 동화 '오즈의 마법사'에서 도로시와 강아지 토토는 갑자기 불어닥친 회오리바람 때문에 자신들이 살고 있던 삼촌의 집과 함께 마법의 세계인 오즈로 날아가게 된다. 오즈의 나라에 온 도로시는 고향으로 돌아가기 위해 마법사를 찾아가는데, 오즈에서 가장 똑똑한 이가 바로 에메랄드시에 살고 있는 마법사였기 때문이다. 도로시는 에메랄드시로 가던 도중 여러 명의 친구를 만나는 행운도 누린다.

2 그중 첫 번째로 만난 것이 허수아비다. 막대기에 매달려 있어 움직일 수 없는 허수아비를 도로시가 내려 주면서 둘의 이야기가 시작된다. 도로시 덕분에 자유로워진 허수아비는 똑똑해지기 위해 도로시와 함께 마법사를 찾아가기로 한다. 허수아비는 마법사가 자신에게 뇌를 만들어 주면 똑똑해질 수 있다고 믿고 있었다.

3 사실 똑똑해지기를 원하는 것은 허수아비뿐만이 아니다. 사람들은 대부분 자신이 좀 더 똑똑해지거나 현명해지기를 원한다. 그리고 부모는 자식이 똑똑해지기를 바라는 마음에서 태교뿐 아니라 교육에 많은 공을 들이기도 한다.

4 그렇다면 똑똑하다거나 어리석다는 것을 판별하는 객관적 기준은 무엇일까? 이 판단 기준을 세우기 위해 많은 사람이 노력했지만, 아직 확실한 기준을 마련하지는 못했다. 다만 똑똑하다는 것은 일반적으로 지능이 높다는 뜻으로 이해하는 데 머물러 있다. 지능이라는 것은 통찰이나 이해, 사고 등의 여러 가

지 의미를 포함하고 있으며, 지능이 높다는 것은 바로 이러한 능력이 뛰어나다는 뜻으로 여겨진다.

⑤ "너는 부모님을 닮아서 똑똑한 거야."라는 말을 들어본 적이 있는가? 사람들은 이처럼 지능이 다른 신체적 특징과 마찬가지로 유전된다고 생각하는데, 이렇게 유전에 의해 타고난 지능을 선천적 지능이라 한다. 반면 태어난 후에 교육이나 경험을 통해 얻게 되는 것을 후천적 지능이라 한다. 지능을 이와 같이 선천적 지능과 후천적 지능으로 나누기도 하지만 어디까지가 선천적인 것이고 후천적인 것인지를 구분하기란 쉽지 않다.

⑥ 다시 '오즈의 마법사' 이야기로 돌아가자. 오즈의 나라에서 허수아비는 말을 할 줄 안다. '말을 할 수 있다는 것'은 허수아비의 뇌에서 언어 중추가 정상적으로 작동하고 있음을 나타낸다. 말은 입으로 하지만 뇌의 언어 중추가 정상적으로 작동해야 할 수 있다. 말을 하기 위해 입을 움직이려면 뇌에서 내려간 명령에 따라야 하기 때문이다.

⑦ 막대에서 내려온 허수아비는 길을 걸어가면서 넘어지는 등 여러 가지 실수를 하게 된다. 도로시는 넘어지지 않는데 허수아비만 넘어지는 것은 허수아비의 평형 감각이 발달하지 않았기 때문이라고 볼 수 있다. 평형 감각은 귓속의 전정 기관에서 담당하는데, 이 부분은 위치 감각과 회전 감각을 함께 느끼기 때문에 여기에 문제가 있으면 올바른 자세를 잡을 수 없다. 한편 허수아비가 자주 실수하는 이유가 허수아비의 신경 작용이 원활하지 않기 때문이라고 생각할 수도 있다. 길을 확인하면서 다리를 적당하게 내밀어 걸어가야 하는데, 길에 발을 딛는 것과 다리를 벌리는 것 사이에 신경이 아직 원활하게 작동하지 않는 것이다.

⑧ 그러나 허수아비는 이후 도로시와의 모험을 통해 많은 경험을 쌓으면서 실수를 줄인다. 그리고 결국 자기가 멍청하지 않다는 것을 보여 준다. 특히 서쪽 마녀를 물리치러 갈 때 허수아비가 보여 준 묘책은 그의 '똑똑함'을 증명하는 계기가 된다. 서쪽 마녀가 수많은 벌로 그들을 공격해 오자 허수아비는 나무꾼에게 자신의 몸에서 지푸라기를 꺼내 도로시 일행을 감싸게 시킨다. 허수아비가 꾀를 내어 벌로부터 그들을 보호한 것이다. 이러한 문제 해결 능력을 가진 허수아비에게 마법사는 "허수아비는 이미 똑똑하다."라고 하며, "경험이

허수아비의 뇌"라고 말한다.

⑨ 인간은 경험을 통해 학습할 수 있으며, 학습을 통해 문제 해결 능력을 향상시킬 수도 있다. 재미있는 것은 인간은 많은 경험과 지식을 얻을수록 더욱더 빨리 문제를 해결하지만, 컴퓨터는 오히려 데이터의 양이 많아질수록 해결 속도가 더 느려진다는 것이다. 지능은 타고나는 것이기도 하지만 환경의 영향을 받고 달라지기도 한다. 따라서 허수아비가 도로시와 함께 여러 가지 경험을 한 것이 그의 지능 발달에 매우 중요한 역할을 했다는 오즈의 마법사의 말은 결코 틀린 것이 아니다.

−최원석, 「똑똑하다는 것의 의미」, 『세계 명작 속에 숨어 있는 과학 1』

■ **1단계: 지문의 특성 파악하기**

(1) 문단별 내용

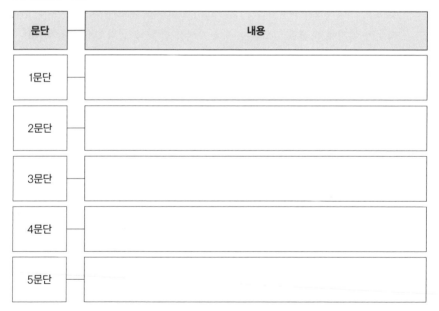

문단	내용
1문단	
2문단	
3문단	
4문단	
5문단	

(2) 전체적인 형식 및 논지 전개 방식의 특성

■ 2단계: 지문 재구성하기

(1) 지문 점검 사항

① 정보 전달 목적성

② 완결성

③ 정보 압축성

④ 정보 다양성

- 추상성과 구체성

- 총칭성과 개별성

(2) 지문 재구성

　① 지문의 구조 재구성

　② 지문의 내용 재구성

　　- 압축하기: 구, 절, 문장 단위 적절성 점검, 명사화 장치

　　- 맥락화하기: 응결성 장치, 초점화 장치

　　- 글의 목적 명시를 위한 장치

■ 3단계: 문항 구성하기

(1) 평가 요소 설정 및 문두 설계

문항 번호	평가 요소	문두 설계	문항 형식 (선택형/서술형)
1			
2			
3			
4			

(2) 문항 제작(별도 지면 활용)

▪ 4단계: 문항 점검하기

점검 단위	체크 사항	점검 결과
세트	① 각 문항의 평가 요소들이 상호 보완적이면서도 상호 변별적으로 분포되어 있는가?	
	② 문제 해결의 난도나 문항 구성의 복잡도를 기준으로 문항이 골고루 분포되어 있는가?	
	③ 지문의 개성, 읽을 만한 가치를 드러내는 대표 문항이 포함되어 있는가?	
	④ 긍정 문두와 부정 문두를 사용한 문항들이 적절하게 균형을 이루고 있는가?	
	⑤ 성취기준에 따른 선택형 문항과 서술형 문항의 분배가 적절한가?	

점검 단위		체크 사항	점검 결과			
			1번 문항	2번 문항	3번 문항	4번 문항
문항	내용	① 문두에 평가 요소가 드러나 있는가? (불가피한 경우는 제외)				
		② 매력적인 오답이 포함되어 있는가?				
		③ 직관에 의한 정답지 선택이나 오답지 배제의 가능성이 없도록 모든 선택지가 유사한 층위에서 서술되어 있는가?				
		④ (〈보기〉를 활용한 경우) 〈보기〉는 지문과 엮어 읽기에 충분히 흥미롭고 정보량이 충분한가?				
	형식	⑤ 선택지가 일정한 기준에 따라 차례대로 배열되어 있는가?				
		⑥ 모든 선택지가 비슷한 길이로 구성되어 있는가?				
		⑦ (〈보기〉를 활용한 경우) 〈보기〉만으로 정답지가 확정되지 않도록 선택지가 구성되어 있는가?				

	⑧ (〈보기〉를 활용한 경우) 〈보기〉의 정보를 고려하지 않고 지문만으로도 정답이 확정되지 않도록 선택지가 구성되어 있는가?				
표현	⑨ 쉬운 말로 간결하게 서술되어 있는가?				
	⑩ 중의적이거나 애매한 표현 없이 뜻이 분명하게 서술되어 있는가?				
	⑪ (선택지가 문장 형태일 경우) 선택지 문장의 통사 구조가 비슷하게 구성되어 있는가?				
	⑫ 동시에 참이거나 거짓인 복수의 선택지가 포함되어 있지 않는가?				

■ 5단계: 점검표를 반영하여 문항 수정하기(별도 지면 활용)

참고문헌

1강

강현석 · 이지은(2018), 「백워드 설계를 통한 역량기반 교육과 이해중심 교육과정의 통합 방
　　안」, 『예술인문사회융합멀티미디어논문지』 8(1), 329-339.

성태제(2002), 『타당도와 신뢰도』(2판), 학지사.

조진수(2021), 『문법 문식성과 문법교육』, 사회평론아카데미.

Bruner, J. S. (1960), *The Process of Education*, Harvard University Press.

Tyler, R. W. (1949), *Basic Principles of Curriculum and Instruction*, University of
　　Chicago Press.

Wiggins, G. P. & McTighe, J. (2005), *Understanding by Design*(2nd Ed.), Association for
　　Supervision and Curriculum Development.

2강

조진수(2021), 『문법 문식성과 문법교육』, 사회평론아카데미.

주세형 · 남가영(2014), 『국어과 교사 전문성 신장 노트 1: 국어과 교과서론』, 사회평론아카데미.

Wiggins, G. P. & McTighe, J. (2005), *Understanding by Design*(2nd Ed.), Association for
　　Supervision and Curriculum Development.

3강

교육부(2015), 『국어과 교육과정(제2015-74호 [별책 5])』, 교육부.

교육부 · 한국교육과정평가원(2014), 『문답식으로 알아보는 성취 평가제: 고등학교 보통 교과
　　(PIM 2014-9)』, 한국교육과정평가원.

교육부 · 한국교육과정평가원(2017), 『과정을 중시하는 수행평가, 어떻게 할까요: 중등(ORM
　　2017-19-2)』, 한국교육과정평가원.

김대행(2002), 「고등학교 국어 교과서와 독서교육」, 『독서연구』 7, 150-168.

리사 카터(Lisa Carter), 박승열 · 이병희 · 정재엽 · 강운학 역(2017), 『교육과정, 수업, 평가의
　　일체화: 성취기준에서 학생의 성장에 이르기까지』, 살림터.

박승철 · 박승렬 · 이원재 · 강정화 · 이영선(2015), 『교육과정, 수업, 평가 운영 실태 및 일체화
　　방안 연구』, 경기도교육연구원.

박영목 · 정호웅 · 천경록 · 양기식 · 이은경 · 나윤 · 전은주 · 박형라 · 박의용 · 서우종 · 남영민 · 이
　　혜진 · 하고운(2014), 『고등학교 국어 1』, 천재교육.

장상호(2000), 『학문과 교육 (상)』, 서울대학교출판부.

전경희(2016), 『과정 중심 수행평가의 방향과 과제(이슈페이퍼 CP 2016-02-4)』, 한국교육개
　　발원.

4강

권대훈(2016), 『교육평가』(3판), 학지사.
서영진(2010), 「담화 유형별 위계 설정: 2007 개정 초·중등 국어과 교육과정 듣기·말하기 영
　　역을 중심으로」, 『새국어교육』 85, 141-166.
서혁·류수경(2014), 「국어 교과서 텍스트의 유형과 복잡도」, 『국어교육학연구』 49(1), 446-
　　468.
정혜승(2010), 「글 난도 평가를 위한 질적 방법 연구」, 『국어교육』 131, 523-549.

5강

이완기(2003), 『영어 평가 방법론』, 문진미디어.
정혜승(2008), 「교사의 읽기 평가 전문성 실태: 지필 평가 문항 분석을 중심으로」, 『독서연구』
　　19, 307-346.
최미숙·원진숙·정혜승·김봉순·이경화·전은주·정현선·주세형(2015), 『국어교육의 이해:
　　국어 교육의 미래를 모색하는 열여섯 가지 이야기』(3판), 사회평론아카데미.

6강

구자옥·김성숙·이혜원·조성민·박혜영(2016), 『OECD 국제 학업성취도 평가 연구: PISA
　　2015 결과 보고서(RRE2016-2-2)』, 한국교육과정평가원.
권대훈(2016), 『교육평가』(3판), 학지사.
김혜정(2008), 「고등학교 국어과 평가의 문제점과 개선 방안: 평가 사례를 중심으로」, 『국어교
　　육학연구』 32, 97-127.
이재선(1989), 『한국문학주제론』, 서강대학교출판부.
최미숙·원진숙·정혜승·김봉순·이경화·전은주·정현선·주세형(2015), 『국어교육의 이해:
　　국어교육의 미래를 모색하는 열여섯 가지 이야기』(3판), 사회평론아카데미.
최지현(2012), 「문학교육의 이론과 실제: 이론의 실천성에 대한 논란을 중심으로」, 『새국어교
　　육』 89, 429-460.

7강

강원도교육청(2018), 과정중심평가, 왜 힘들까? 교사들의 솔직한 이야기, 검색일자 2018. 06.
　　16. https://blog.naver.com/happygwedu/221289404993.
교육부(2015), 『국어과 교육과정(제2015-74호 [별책 5])』, 교육부.
교육부(2018), 『학생의 성장을 돕는 과정 중심 평가: 수행평가 문항 자료집(중학교 국어)』, 교

육부.

교육부 · 한국교육과정평가원(2017), 『과정을 중시하는 수행평가, 어떻게 할까요: 중등(연구자료 ORM 2017-19-2)』, 교육부.

김인숙 · 임은영 · 박지현(2017), 『맞춤형 교육 지원을 위한 형성평가 체제 도입(Ⅳ): 형성평가 시스템 고도화 및 현장 적용(RRE 2017-5)』, 한국교육과정평가원.

김인숙 · 임은영 · 정연준(2016), 『맞춤형 교육 지원을 위한 형성평가 체제 도입(Ⅲ): 채점 및 피드백 시스템 개발(RRE 2016-12)』, 한국교육과정평가원.

김희경 · 김인숙 · 정연준(2015), 『맞춤형 교육 지원을 위한 형성평가 체제 도입 (II): 온라인 문항관리시스템 개발(RRE 2015-10)』, 한국교육과정평가원.

김희경 · 박종임 · 정연준 · 박상욱 · 김창환 · 이채희 · 최재화(2014), 『맞춤형 교육 지원을 위한 형성평가 체제 도입 (I): 온 · 오프라인 형성평가 시스템 설계(RRE 2014-9)』, 한국교육과정평가원.

서울대학교 교육연구소 편(2011), 『교육학용어사전(전정판)』, 하우동설.

신혜진 · 안소연 · 김유원(2017), 「과정 중심 평가 활용의 정책적 분석: 서울특별시 소재 중학교 교사의 수행평가 활용 사례를 중심으로」, 『교육과정평가연구』 20(2), 135-162.

이경화(2016), 「과정 중심 평가의 실행을 위한 방향 탐색」, 『수학교육학연구』 26(4), 819-834.

이지연 · 이은배 · 강지혜(2018), 『인천 혁신미래교육 기반의 학교혁신 기본방안 연구』, 인천광역시교육청.

ETS(2010), "ETS item bank measuring student success", 검색일자 2016. 10. 27. www.schoolcity.com/docs/ets-itembank-flyer-2011.pdf.

Harlen, W. (2012), On the relationship between assessment for formative and summative purposes. In J. Gardner(Eds.), *Assessment and Learning*, SAGE Publishing.

McMillan, J. H. (2014), *Classroom assessment: Principles and practice for effective instruction*(6th Ed.), Pearson.

Shepard, L. A. (2000), "The role of assessment in a learning culture", *Educational Researcher 29*(7), 4-14.

Swaffield, S. (2011), "Getting to the heart of authentic assessment for Learning", *Assessment in Education 18*(4), 433-449.

Van der Kleij, F. M. (2013), "Computer-based feedback in formative assessment", Unpublished doctoral dissertation, University of Twente.

VanLehn, K. (2008), Intelligent tutoring systems for continuous, embedded assessment, In C. A. Dwyer(Eds.), *The Future of Assessment: Shaping Teaching and Learning*, Routledge.

8강

김영욱(2015), 『갈등 해소와 대체적 분쟁 해결』, 이화여자대학교출판문화원.

김혜정(2011), 「'정보전달' 텍스트의 특성과 교수 학습 방법」, 『국어교육』 136, 37-66.

민병곤·박재현·정민주·함재우·이선화(2015), 『실용 국어』, 미래엔.

서혁·이소라·류수경·오은하·윤희성·변경가·편지윤(2013), 「읽기(독서) 교육체계화를 위한 텍스트 복잡도(Degree of Text Complexity) 상세화연구 (2)」, 『국어교육학연구』 47, 253-290.

이삼형(1994), 「설명적 텍스트의 내용 구조 분석 방법과 교육적 적용 연구」, 서울대학교 박사 학위논문.

이순영·최숙기·김주환·서혁·박영민(2015), 『독서교육론』, 사회평론아카데미.

전경문·박현주·노태희(2004), 「고등학교 과학 교과서의 '과학의 탐구' 단원에 제시된 과학사 내용 분석: 6차와 7차 교육과정에서 개발된 교과서 비교」, 『한국과학교육학회지』 24(5), 825-832.

조진수(2021), 『문법 문식성과 문법교육』, 사회평론아카데미.

주세형·남가영(2015), 「국어과 읽기 평가 맥락에서 과학 지문의 특성 연구: 대학수학능력시험 언어영역(국어) 지문을 중심으로」, 『교육과정평가연구』 18(3), 313~342.

최경봉·김윤신·주세형·이동석(2017), 『국어 선생님을 위한 문법교육론』, 창비교육.

피터 냅(Peter Knapp)·메건 왓킨스(Megan Watkins), 주세형·김은성·남가영 역(2019), 『장르, 텍스트, 문법: 작문교육을 위한 테크놀로지로서의 문법』, 사회평론아카데미.

Van Dijk, T. A. (1980), *Macrostructures: An Interdisciplinary Study of Global Structures in Discourse, Interaction, and Cognition*, Routledge.

Wang, H. C. (1998), "Science in historical perspectives: A content analysis the history of science in secondary school physics textbooks", Doctoral dissertation, University of Southern California.

9강

김상욱(2008), 「문학에 바탕을 둔 읽기/쓰기 통합의 방법과 의의」, 『한국초등국어교육』 38, 463-496.

김혜정(2002), 「텍스트 이해에서 의미 구성의 층위와 인지적 상호 작용」, 『국어교육학연구』 15, 273-317.

김혜정(2008), 「고등학교 국어과 평가의 문제점과 개선 방안: 평가 사례를 중심으로」, 『국어교육학연구』 32, 97-127.

최미숙(2005), 「사고력 신장을 위한 국어과 평가 문항 연구: PISA 읽기 문항 분석을 중심으로」, 『어문연구』 33(1), 417-444.

최미숙·원진숙·정혜승·김봉순·이경화·전은주·정현선·주세형(2015), 『국어교육의 이해:

국어 교육의 미래를 모색하는 열여섯 가지 이야기』(3판), 사회평론아카데미.

10강
민현식 외(2019), 『국어 의미 교육론』, 태학사.
성태제(2002), 『현대교육평가』, 학지사.

11강
권대훈(2016), 『교육평가』(3판), 학지사.
김광해(1992), 「문법과 탐구학습」, 『선청어문』 20(1), 81-101.
김광해·권재일·임지룡·김무림·임칠성(1997), 『국어지식탐구』, 박이정.
김성숙·김경희·김완수·김희경·남가영·이인호·신진아·최인봉(2011), 『국가수준 학업성취도 평가 결과의 수요자 중심 통계 정보 시스템 개발(CRE 2011-15)』, 한국교육과정평가원.
남가영(2008), 「문법 탐구 경험의 교육 내용 연구」, 서울대학교 박사학위논문.
동효관·김경주·강민경·장의선·성경희·임해미·김성경·이재봉·배주경·김소연·최병택·최원호·김용진·이기영·김희영(2017), 『2017년 국가수준 학업성취도 평가 출제 연구(RRE 2017-2)』, 한국교육과정평가원.
서울대학교 교육연구소 편(2011), 『교육학용어사전(전정판)』, 하우동설
이인호·김도남·김경주·이상일(2014), 『2013년 국가수준 학업성취도 평가 결과 분석: 국어(ORM 2014-30-1)』, 한국교육과정평가원.
이인호·이상일·김희영·김승현·이정우·서민철·조윤동·이광상·김현경·동효관·배주경·김성혜·권경필·이규호·정기문(2015), 『2015년 국가수준 학업성취도 평가 출제 연구(RRE 2015-12-1)』, 한국교육과정평가원.
주세형(2005), 「통합적 문법교육의 내용 설계의 원리와 실제 연구」, 서울대학교 박사학위논문.
최미숙·원진숙·정혜승·김봉순·이경화·전은주·정현선·주세형(2015), 『국어교육의 이해: 국어 교육의 미래를 모색하는 열여섯 가지 이야기』(3판), 사회평론아카데미.

12강
한국교육평가학회 편(2004), 『교육평가용어사전』, 학지사.

13강
김창원(2003), 「국어교육 평가의 구조와 원리」, 『어문학교육』 27, 5-37.
류수열(2004), 「중등학교 국어 시험의 현황과 개선 방안: 고등학교 중간고사 및 기말고사를 중심으로」, 『국어교육학연구』 20, 59-83.

맹승호·이기영·박영신·이정아·오현석(2014), 「순위 선다형 문항을 이용한 천문 시스템 학습 발달 과정 개발 및 타당화 연구」, 『한국과학교육학회지』 34(8), 703-718.

성태제(2004), 『문항제작 및 분석의 이론과 실제』, 학지사.

양슬기(2016), 「구인 모델링 방식을 적용한 지리 학습 발달 과정에 대한 연구: 중심지 이론을 중심으로」, 고려대학교 석사학위논문.

이정찬·민준홍·이지훈·하성욱(2019), 『국어과 객관식 문항 개발의 방법과 실제』, 사회평론 아카데미.

장성민·민병곤(2016), 「대학수학능력시험 "국어" 작문 영역 평가의 타당성 검토: 선다형 점수 와 수행형 점수의 상관관계를 중심으로」, 『작문연구』 29, 163-209.

최지현(2000), 「선택형 지필 평가의 한계와 가능성」, 『국어교육』 103, 107-131.

OECD(2019), "PISA 2018 released field trial and new reading items", ETS.

14강
노은희·송미영·박종임·김유형·이도길(2016), 『한국어 문장 수준 서답형 문항 자동채점 프로그램 고도화 개발 및 적용(RRE 2016-11)』, 한국교육과정평가원.

노은희·송미영·성경희·박소영(2015), 『한국어 문장 수준 서답형 문항 자동채점 프로그램 개발 및 적용(RRE 2015-9)』, 한국교육과정평가원.

최미숙·원진숙·정혜승·김봉순·이경화·전은주·정현선·주세형(2015), 『국어교육의 이해: 국어 교육의 미래를 모색하는 열여섯 가지 이야기』(3판), 사회평론아카데미.

찾아보기